Bernd Hochberger

Financial Planning

GABLER EDITION WISSENSCHAFT

Schriften zum europäischen Management
Herausgegeben von
Roland Berger Strategy Consultants – Academic Network

Die Reihe wendet sich an Studenten sowie Praktiker und leistet wissenschaftliche Beiträge zur ökonomischen Forschung im europäischen Kontext.

Bernd Hochberger

Financial Planning

Eine Finanzdienstleistung für private Haushalte des Retail-Segmentes

Mit einem Geleitwort von Prof. Dr. Hermann-Josef Tebroke

Deutscher Universitäts-Verlag

Bibliografische Information Der Deutschen Bibliothek
Die Deutsche Bibliothek verzeichnet diese Publikation in der Deutschen
Nationalbibliografie; detaillierte bibliografische Daten sind im Internet über
<http://dnb.ddb.de> abrufbar.

Dissertation Universität Bayreuth, 2003

1. Auflage August 2003

Alle Rechte vorbehalten
© Deutscher Universitäts-Verlag/GWV Fachverlage GmbH, Wiesbaden 2003

Lektorat: Brigitte Siegel / Sabine Schöller

Der Deutsche Universitäts-Verlag ist ein Unternehmen der
Fachverlagsgruppe BertelsmannSpringer.
www.duv.de

Umschlaggestaltung: Regine Zimmer, Dipl.-Designerin, Frankfurt/Main
Druck und Buchbinder: Rosch-Buch, Scheßlitz
Gedruckt auf säurefreiem und chlorfrei gebleichtem Papier
Printed in Germany

ISBN 3-8244-7908-7

langerem bekannte Ansatz wurde in Deutschland bislang vor allem sehr vermögenden Privatkunden als Dienstleistung angeboten. Aufgrund des sich wandelnden finanziellen Umfeldes der privaten Haushalte wird Financial Planning zunehmend auch für das Retail-Segment der Finanzdienstleister relevant. Zum einen wächst die individuelle Eigenverantwortung aufgrund des Rückzuges des Staates aus dem öffentlichen Sozialversicherungsangebot. Zum anderen führen eine wachsende Zahl und Vielfalt von Finanzprodukten zwar grundsätzlich zu einer Ausweitung der finanziellen Dispositionsmöglichkeiten der privaten Haushalte, in weiten Teilen aber auch zu einer Verunsicherung und zu einem vermehrten Bedarf an Hilfestellung bei finanziellen Entscheidungen. Obwohl also die Finanzplanung für private Haushalte eine höchst aktuelle Aufgabe mit weitreichenden Konsequenzen ist, muss konstatiert werden, dass zumindest für das Retail-Segment der Finanzdienstleister weder die theoretischen noch die empirischen Grundlagen hinreichend bekannt sind.

An dieser Stelle setzt die Dissertation von Herrn Bernd Hochberger an. Zunächst geht es darum, den Begriff des "Financial Planning" konzeptionell für das Retail-Segment zu erfassen und einer weiter gehenden theoretischen und empirischen Analyse zugänglich zu machen. Auf dieser Grundlage werden aus Sicht der privaten Haushalte die zentralen Bestimmungsfaktoren der Nachfrage nach dieser Finanzdienstleistung herausgearbeitet, wozu vor allem verhaltenswissenschaftliche Aspekte herangezogen werden, und die relevanten Gestaltungsmerkmale aufgezeigt. Im empirischen Teil der Arbeit werden schließlich die Erwartungen der potenziellen Nachfrager mittels einer Internetbefragung erhoben und detailliert ausgewertet. Die Ergebnisse erlauben interessante Schlussfolgerungen für die Gestaltung eines sinnvollen und erfolgversprechenden Financial Planning-Angebotes.

Die vorliegende Arbeit leistet wichtige Erkenntnisfortschritte zur Erklärung des Nachfrageverhaltens im Retail-Segment. Zudem gibt sie wertvolle Hilfestellung für die Praxis, um kundengerechte Angebote erstellen zu können. Die Dissertation von Bernd Hochberger erweitert die bislang geringe Zahl wissenschaftlicher Veröffentlichungen im Bereich des Financial Planning und stellt sowohl für Wissenschaft als auch Praxis eine Bereicherung dar. Ihr ist daher eine weite Verbreitung zu wünschen.

Prof. Dr. Hermann-Josef Tebroke

Vorwort

Private Finanzplanung ist eine Thematik, die grundsätzlich jeden privaten Haushalt betrifft. Für das Alter bzw. Kinder vorzusorgen, Risiken abzusichern oder die laufende Liquidität sicherzustellen sind Aufgaben, die von elementarer Bedeutung für Privatpersonen sind. Um so erstaunlicher ist der vergleichsweise geringe Verbreitungsgrad der Dienstleistung "Financial Planning" in Deutschland, die ebendiese Themenfelder vernetzt betrachtet. Zwar sind Angebote von Finanzdienstleistern auf dem Markt, doch beschränken sich diese vornehmlich auf (sehr) vermögende Privatkunden. Auch die wissenschaftliche Forschung hat bislang nur vereinzelt Beiträge zur Privaten Finanzplanung hervorgebracht, die sich ebenfalls fast ausschließlich mit vermögenden Kundensegmenten beschäftigen. Anspruch dieser Arbeit ist es, den bisherigen Stand der Forschung zum Financial Planning auf das Retail-Segment auszudehnen.

Bei der Anfertigung dieses Werkes habe ich vielfältige Unterstützung erhalten, für die ich mich ganz herzlich bedanken möchte. An erster Stelle ist hierbei mein Doktorvater, Professor Dr. Hermann-Josef Tebroke zu nennen, der meine wissenschaftlichen Bemühungen seit dem Studium begleitet. Er gab mir die notwendigen Freiräume, fand die Zeit den Stand der Arbeit kritisch zu hinterfragen und trug mit hilfreichen Hinweisen ganz wesentlich zum Gelingen bei. Bedanken möchte ich mich ferner bei Professor Dr. Dr. h.c. Peter Rütger Wossidlo für die wertvolle Diskussion und die Übernahme des Korreferats.

Dank schulde ich zudem meinen Kollegen von Roland Berger Strategy Consultants, Thomas Eichelmann, Dr. Nils Bickhoff und Dr. Jürgen Bufka, die durch Schaffung von organisatorischen Freiräumen und kritischer Diskussion das Entstehen der Arbeit gefördert haben. Für die Durchführung der empirischen Erhebung gebührt mein Dank dem Roland Berger Market Research und hier insbesondere Bernd Otto und Andreas Grether.

Einen ebenfalls wichtigen Beitrag zum Gelingen haben die Doktorandenseminare des Lehrstuhls BWL I für Finanzwirtschaft und Bankbetriebslehre der Universität Bayreuth sowie der Doktorandenzirkel von Roland Berger Strategy Consultants geleistet. Die konstruktiven Diskussionen mit anderen Doktoranden gaben mir zahlreiche inhaltliche Anregungen für die ich mich bedanken möchte. Mein Dank gilt ebenfalls Ulrike Frommelt und Hanno S. Ritter, die mir durch ihre orthografische und stilistische Qualitätssicherung eine große Hilfe waren.

Der größte Dank gilt schließlich meiner Frau Sigrun und meiner Tochter Sophie für deren fortwährende Unterstützung. Ihnen widme ich diese Arbeit.

Bernd Hochberger

Inhaltsverzeichnis

Inhaltsverzeichnis.. IX

Abbildungsverzeichnis.. XV

Tabellenverzeichnis.. XIX

Abkürzungsverzeichnis..XXI

1   Einleitung 1

1.1   Ausgangssituation und Problemstellung...1

1.2   Untersuchungsgegenstand...3

1.3   Zielsetzung und Gang der Untersuchung...7

2   Grundlagen der Untersuchung...11

2.1   Entstehungsgeschichte des Financial Planning.....................................11
2.1.1   Entwicklung des Financial Planning in den USA.....................................11
2.1.2   Entwicklung in Deutschland...15
2.1.3   Klassifikation der Anbieter in Deutschland..18

2.2   Begriffsbestimmung von Financial Planning 21
2.2.1   Analyse vorhandener Definitionen 21
2.2.2   Problemadäquate Definition von Financial Planning 26

2.3   Gestaltungsformen des Financial Planning...28
2.3.1   Financial Planning-Prozess aus der Perspektive privater Haushalte......28
2.3.2   Inhalte des Financial Planning 32
2.3.3   Formen des Financial Planning...34

2.4   Financial Planning als Beratungsdienstleistung 37
2.4.1   Finanzdienstleistung, Finanzprodukt und Finanzberatung 37
2.4.2   Formen der Beratung...40
2.4.3   Financial Planning versus Allfinanz und Vermögensverwaltung.............43

2.5   Marktsegmentierung und Financial Planning 45
   2.5.1   Wesen der Marktsegmentierung und Zielgruppenbildung 45
   2.5.2   Methoden und Kriterien der Marktsegmentierung 46
   2.5.3   Private Haushalte des Retail-Segmentes 52

3   Bestimmungsfaktoren der Nachfrage nach Financial Planning im
    Retail-Segment 53

3.1   Einflussfaktoren des Nachfrageverhaltens privater Haushalte 53
   3.1.1   Verhaltenswissenschaftliche Erklärungsansätze 53
   3.1.2   Konzeptioneller Rahmen 56

3.2   Persönliche Situation privater Haushalte 58
   3.2.1   Finanzielle Situation privater Haushalte 58
       3.2.1.1   Einkommenssituation 60
       3.2.1.2   Ersparnisbildung und Sparquoten 64
       3.2.1.3   Vermögenssituation 67
       3.2.1.4   Verschuldungssituation 70
   3.2.2   Traditionelles Lebensphasenmodell 74
   3.2.3   Lebensstil 77

3.3   Ökonomische Disposition privater Haushalte 80
   3.3.1   Bedürfnisse und Motive privater Haushalte 80
       3.3.1.1   Erklärung von Zielerreichung und Nachfrage 80
       3.3.1.2   Aktivierende Prozesse: Bedürfnis- und Motivstrukturen
                 privater Haushalte 82
   3.3.2   Liquiditätsplanung 86
   3.3.3   Fremdfinanzierung 91
       3.3.3.1   Fremdfinanzierung und Verbraucherschutz 91
       3.3.3.2   Gründe der Fremdfinanzierung 93
   3.3.4   Risikoabsicherung 96
       3.3.4.1   Risiken für private Haushalte 96
       3.3.4.2   Risikotheorie und Versicherungsnachfrage 99
       3.3.4.3   Lebensrisiken und Versicherungsschutz 101
   3.3.5   Erklärung des Sparverhaltens und Vermögensaufbau 106
       3.3.5.1   Permanente Einkommenshypothese und Lebenszyklushypothese ... 106
       3.3.5.2   Vermögensaufbau 110
   3.3.6   Empirische Evidenz der Ziele und Nachfragegründe 112

3.4   Psychografische Disposition privater Haushalte 116
   3.4.1   Informationsverhalten 116
       3.4.1.1   Informationsaufnahme 117
       3.4.1.2   Informationsverarbeitung und Produktbeurteilung 120
       3.4.1.3   Entscheidungsverhalten und Produktauswahl 122

3.4.2 Komplexität, Unsicherheit und Planung 126
   3.4.2.1 Informationskomplexität und wahrgenommene Unsicherheit 126
   3.4.2.2 Planung zur Komplexitätsreduktion 129
3.4.3 Delegationsbereitschaft 130
   3.4.3.1 Kontrollüberzeugung und wahrgenommene Kontrolle 130
   3.4.3.2 Subjektive Kompetenz und Involvement 132
   3.4.3.3 Vertrauen 134

3.5 Bestimmungsfaktoren des Nachfrageverhaltens 136

4 Kundenorientierte Gestaltungsmerkmale eines Financial Planning-Angebotes im Retail-Geschäft 139

4.1 Besonderheiten des Retail-Segmentes 139

4.2 Produktpolitische Aspekte des Financial Planning 142
4.2.1 Qualität des Financial Planning 142
   4.2.1.1 Qualitätsproblematik in der Beratungspraxis 142
   4.2.1.2 Qualitätsmerkmale des Financial Planning 144
4.2.2 Operationalisierung des Financial Planning-Prozesses 151
   4.2.2.1 Sensibilisierung durch Finanzerziehung 152
   4.2.2.2 Planung mit Beratungssoftware 157
   4.2.2.3 Realisierung mit Produktvergleichstools 160

4.3 Distributionsformen für Financial Planning-Angebote 162
4.3.1 Darstellung und Beurteilung der Distributionsformen 163
4.3.2 Internetbasierte Distributionsformen und Financial Planning 165
   4.3.2.1 Internetberatung – Instrumente und Anwendung 166
   4.3.2.2 Individualisierung internetbasierter Beratung 169
   4.3.2.3 Softwareagenten 172
4.3.3 Sonstige elektronische Distributionsformen 176
4.3.4 Distributions-Mix für das Financial Planning 177

4.4 Bepreisung von Financial Planning-Angeboten 179
4.4.1 Financial Planning und Beratungshonorare 180
   4.4.1.1 Honorare in der Finanzberatung 180
   4.4.1.2 Preisdefinition für Financial Planning 181
4.4.2 Vergütungsmodelle für Financial Planning 183
   4.4.2.1 Vergütungsgestaltung in Abhängigkeit vom Leistungsmodell 183
   4.4.2.2 Preismodelle für das Financial Planning 186
   4.4.2.3 Möglichkeiten der Preisdifferenzierung 188
4.4.3 Psychologische Bestimmungsfaktoren der Preisstrategie bei Financial Planning 190
   4.4.3.1 Preiszufriedenheit und Preisbereitschaft 191
   4.4.3.2 Der Preis als Qualitätsindikator 194
4.4.4 Elemente einer Preisstrategie für das Financial Planning 196

5   Empirische Exploration des Financial Planning-Konzeptes 199

5.1   Grundlagen der Empirie 199
   5.1.1   Forschungsstrategie und Zielsetzung 199
   5.1.2   Online-Marktforschung 201

5.2   Vorgehensweise und Design 204
   5.2.1   Methodik der Datenerhebung 204
      5.2.1.1   Fragebogen und Pretest 204
      5.2.1.2   Befragungsablauf und -güte 206
   5.2.2   Methodik der Datenauswertung 208
      5.2.2.1   Analysedesign und Analyseablauf 208
      5.2.2.2   Analysemethoden und Gütemaße 210
   5.2.3   Struktur der Stichprobe 213

5.3   Definition der Kunden-Cluster 218
   5.3.1   Kunden-Cluster nach Haushaltseinkommen 218
   5.3.2   Kunden-Cluster nach psychografischen Merkmalen 221
      5.3.2.1   Faktorenanalyse der psychografischen Merkmale 221
      5.3.2.2   Clusteranalyse der psychografischen Merkmale 223

5.4   Bekanntheit und bisherige Nutzung von Financial Planning 228

5.5   Angebotsgestaltung 233
   5.5.1   Produktpolitik 233
      5.5.1.1   Eigenschaften des Financial Planning 233
      5.5.1.2   Financial Planning-Prozess 237
      5.5.1.3   Spezifische Komponenten eines Financial Planning-Angebotes 241
   5.5.2   Distributionspolitik 247
   5.5.3   Preispolitik 250
      5.5.3.1   Zahlungsbereitschaft 250
      5.5.3.2   Honorarformen 253
   5.5.4   Formen des Angebotes 256
      5.5.4.1   Angebots-Pakete 256
      5.5.4.2   Leistungsumfang und Eigenleistung der Nachfrager 262

5.6   Nachfrage nach Financial Planning 264
   5.6.1   Allgemeine Nachfrage nach Financial Planning 264
   5.6.2   Bedürfnisse als Gründe für eine Financial Planning-Nachfrage 268
   5.6.3   Akzeptanz der Beratung als Grund für die Nachfrage nach Financial Planning... 273
   5.6.4   Wahl des Anbieters 275

5.7   Angebotsorientierte Nachfragersegmentierung 278

5.8   Meinungen der Befragten zu Thema und Fragebogen 280

5.9   Zentrale Aussagen der empirischen Untersuchung 282

6   Zusammenfassung und Ausblick 285

6.1   Wissenschaftliche Betrachtung 285

6.2   Implikationen für die Finanzdienstleistungspraxis 290

Anhang 293

Literaturverzeichnis 307

Abbildungsverzeichnis

Abb. 1-1:   Konstitutive Dimensionen des Financial Planning 7

Abb. 2-1:   Der Financial Planning-Prozess 29

Abb. 2-2:   Inhalte von privaten Finanzplanungen 33

Abb. 2-3:   Formen des Financial Planning 36

Abb. 2-4:   Marktsegmentierungskriterien für Nachfrager von Financial Planning 47

Abb. 2-5:   Kundensegmentierung vs. Angebotsdifferenzierung 51

Abb. 3-1:   Die Situation und Disposition privater Haushalte 56

Abb. 3-2:   Haushalte nach Haushaltsnettoeinkommensklassen 1998 62

Abb. 3-3:   Entwicklung des Nettoäquivalenzeinkommens von 1973-1998 63

Abb. 3-4:   Sparquoten 1998 nach der Höhe der ausgabefähige
            Einkommen und Einnahmen 66

Abb. 3-5:   Nettogeldvermögen zu Nettohaushaltseinkommen 1998 nach
            Einkommensklassen 69

Abb. 3-6:   Tilgungs- und Zinsquoten 1998 nach der Höhe der ausgabefähigen
            Einkommen und Einnahmen 72

Abb. 3-7:   Finanzwirtschaftliches Lebensphasenmodell 76

Abb. 3-8:   Milieus in Westdeutschland 2000 – soziale Lage und Grundorientierung 79

Abb. 3-9:   Bedürfnis/Motiv im Zielerreichungs- und Kaufentscheidungsprozess 81

Abb. 3-10: Finanzielle Grund- und Ergänzungsbedürfnisse 85

Abb. 3-11: Finanzielle Grundbedürfnisse im Zusammenhang 86

Abb. 3-12: Zusammenhang zwischen Einnahmen-/Ausgabenrechnung und
            privater Bilanz 90

Abb. 3-13: Optimale Versicherungsnachfrage eines risikoaversen Haushaltes 100

Abb. 3-14: Einteilung des Versicherungswesens in Deutschland 101

Abb. 3-15: Ausgewählte Versicherungen in privaten Haushalten 103

Abb. 3-16: Sparen und Entsparen im Lebenszyklus 108

Abb. 3-17: Anlageformen privater Haushalte 111

Abb. 3-18: Informationsaufnahme durch Konsumenten 117

Abb. 3-19: Einflussfaktoren auf die Produktbeurteilung 121

Abb. 3-20: Financial Planning zur Komplexitäts- und Unsicherheitsreduktion 126

Abb. 3-21: Einflussfaktoren bei der Entscheidung bzgl. der Nutzung des
            Financial Planning-Konzeptes 137

Abb. 4-1:   Qualitätsmerkmale des Financial Planning.. 145

Abb. 4-2:   Der Financial Planning-Prozess und seine Instrumente................................... 151

Abb. 4-3:   Die Grundformen des E-Learning... 156

Abb. 4-4:   Ausgewählte Finanzplanungssoftware... 158

Abb. 4-5:   Vertriebsarten für Finanzdienstleistungen 163

Abb. 4-6:   Vor- und Nachteile der Internetberatung aus Kundensicht.............................. 167

Abb. 4-7:   Entwicklung der Internetberatung.. 168

Abb. 4-8:   Individualisierungsmöglichkeiten für Financial Planning im Internet............. 170

Abb. 4-9:   Anwendungsfelder intelligenter Softwareagenten im Financial Planning......... 174

Abb. 4-10: Distributionsformen für das Financial Planning 178

Abb. 4-11: Honorarbasierte Vergütung in Abhängigkeit von der Leistungsart des
            Finanzplaners 184

Abb. 4-12: Komponenten der Preisfairness 192

Abb. 4-13: Komponenten einer Preisstrategie für das Financial Planning 196

Abb. 5-1:   Strukturmodell des Fragebogens.. 205

Abb. 5-2:   Auswertungsdesign 209

Abb. 5-3:   Demographische Struktur der Stichprobe 213

Abb. 5-4:   Nettohaushaltseinkommen und Nettogeldvermögen der Stichprobe................ 215

Abb. 5-5:   Bildungsabschluss und berufliche Position.. 217

Abb. 5-6:   Bekanntheit und bisherige Nutzung von Financial Planning........................... 229

Abb. 5-7:   Anbieter, mit denen Financial Planning durchgeführt wurde 230

Abb. 5-8:   Signifikanzniveaus für Bekanntheit und bisherige Nutzung von
            Financial Planning in Abhängigkeit von ausgewählten Merkmalen................. 232

Abb. 5-9:   Eigenschaften eines Financial Planning-Angebotes 234

Abb. 5-10: Signifikanzniveaus für Eigenschaften eines Financial Planning-Angebotes
            in Abhängigkeit von ausgewählten Merkmalen.. 237

Abb. 5-11: Financial Planning-Prozess 238

Abb. 5-12: Gewählte Prozessschrittkombinationen 240

Abb. 5-13: Financial Planning-Prozess der potenziellen Nachfrager 241

Abb. 5-14: Wichtigkeit spezifischer Elemente eines Financial Planning-Angebotes 243

Abb. 5-15: Signifikanzniveaus für Elemente eines Financial Planning-Angebotes in
            Abhängigkeit von ausgewählten Merkmalen 244

Abb. 5-16: Anforderungen der potenziellen Nachfrager an spezifische Elemente
            eines Angebotes 246

Abb. 5-17: Durchführung des Financial Planning – Ort und Kommunikationsform 247

Abb. 5-18: Signifikanzniveaus für Kommunikationsformen in Abhängigkeit von
            ausgewählten Merkmalen 249

Abb. 5-19: Bereitschaft zur Honorarzahlung 251

Abb. 5-20: Signifikanzniveaus für Honorarakzeptanz in Abhängigkeit von ausgewählten
            Merkmalen 252

Abb. 5-21: Honorarbereitschaft der Psychografischen-Cluster........................... 253

Abb. 5-22: Akzeptanz der Honorarformen... 254

Abb. 5-23: Signifikanzniveaus für Honorarformen in Abhängigkeit von ausgewählten
            Merkmalen 255

Abb. 5-24: Preisbereitschaft nach Angebotspaketen... 257

Abb. 5-25: Preisbereitschaft der potenziellen Nachfrager für die Angebotspakete 259

Abb. 5-26: Von den potenziellen Nachfragern gewählte Kombinationen der Pakete 261

Abb. 5-27: Formen des Financial Planning.. 263

Abb. 5-28: Signifikanzniveaus für die Nachfrage nach Financial Planning in
            Abhängigkeit von ausgewählten Merkmalen...................................... 265

Abb. 5-29: Nachfrage nach Financial Planning in Abhängigkeit von der Kenntnis
            und bisherigen Nutzung der Dienstleistung 266

Abb. 5-30: Nachfrage nach Financial Planning in Abhängigkeit vom
            Nettogeldvermögen 268

Abb. 5-31: Signifikanzniveaus für die Nachfragefaktoren nach Financial Planning
            in Abhängigkeit von ausgewählten Merkmalen................................... 272

Abb. 5-32: Entscheidungsverhalten der Psychografischen-Cluster 273

Abb. 5-33: Entscheidungsverhalten der bisherigen und potenziellen
            Financial Planning-Nachfrager 274

Abb. 5-34: Anbieterpräferenzen.. 276

Abb. 5-35: Signifikanzniveaus für Anbieterpräferenzen in Abhängigkeit von
            ausgewählten Merkmalen 278
Abb. 5-36: Angebotsorientierte Segmentierungsmatrix 279

Tabellenverzeichnis

Tab. 2-1:   Institutionen im Bereich von Financial Planning in den USA 13

Tab. 2-2:   Institutionen im Bereich von Financial Planning in Deutschland 18

Tab. 2-3:   Klassifikation von Financial Planning-Anbietern in Deutschland 19

Tab. 2-4:   Grundsätze ordnungsmäßiger Finanzplanung 23

Tab. 2-5:   Definitionenvergleich Financial Planning 25

Tab. 2-6:   Beratungsansätze in der professionellen Finanzberatung 41

Tab. 3-1:   Einkommen, Einnahmen und Ersparnis privater Haushalte 1993 und 1998 61

Tab. 3-2:   Kundensegmentierung nach Einkommenskriterien 64

Tab. 3-3:   Ersparnisbildung privater Haushalte 1998 65

Tab. 3-4:   Zusammensetzung des Vermögens privater Haushalte 1998 68

Tab. 3-5:   Hypotheken- und Konsumentenkreditschulden 1993 und 1998 71

Tab. 3-6:   Auslösende Faktoren der Überschuldung – Bundesgebiet 1999 73

Tab. 3-7:   Schuldenhöhe überschuldeter Haushalte 1999 74

Tab. 3-8:   Einnahmen- und Ausgabenstruktur eines durchschnittlichen
            privaten Haushaltes in Deutschland 88

Tab. 3-9:   Risiken privater Haushalte 97

Tab. 3-10: Versicherungsabdeckung nach Einkommensklassen 104

Tab. 3-11: Wichtigkeit von Zielen bei der Inanspruchnahme von Financial Planning 114

Tab. 4-1:   Systematisierung von Preismodellen des Financial Planning 186

Tab. 4-2:   Preisteilleistungen als Gegenstände der Preiszufriedenheit 193

Tab. 5-1:   Kunden-Cluster nach dem Nettohaushaltseinkommen 218

Tab. 5-2:   Einkommensgruppenvergleich – soziodemografische Merkmale 220

Tab. 5-3:   Faktorenanalyse psychografischer Eigenschaften 222

Tab. 5-4:   Klassifikationsprüfung durch die Diskriminanzanalyse 224

Tab. 5-5:   Mittelwertausprägungen der Clusterbeschreibungsfaktoren 224

Tab. 5-6:   Psychografische Kunden-Cluster, soziodemografische Merkmale (I) 227

Tab. 5-6:   Psychografische Kunden-Cluster, soziodemografische Merkmale (II).............. 228

Tab. 5-7:   Bekanntheit und bisherige Nutzung von Financial Planning
             durch die Cluster 231

Tab. 5-8:   Akzeptanz der Pakete durch Nachfrager und Nicht-Nachfrager...................... 258

Tab. 5-9:   Akzeptanz der Pakete nach Clustern – nur potenzielle Nachfrager.................. 260

Tab. 5-10:   Potenzielle Nachfrage nach Financial Planning durch die Cluster 267

Tab. 5-11:   Faktorenanalyse der Nachfragegründe für Financial Planning 269

Tab. 5-12:   Mittelwertausprägungen der Nachfragefaktoren.. 271

Abkürzungsverzeichnis

Abb.	Abbildung
Abs.	Absatz
AG	Aktiengesellschaft
Art.	Artikel
Aufl.	Auflage
Bd.	Band
BFuP	Betriebswirtschaftliche Forschung und Praxis
Bill.	Billion
BLC	Behavioral Life Cycle
bzw.	beziehungsweise
ca.	circa
CBT	Computer Based Training
CFP	Certified Financial Planner
C-V	Cramers V
CRM	Customer Relationship Management
DBW	Die Betriebswirtschaft
DEVFP	DEVFP Deutscher Verband Financial Planners e.V.
DGF	Deutsche Gesellschaft für Finanzplanung
d.h.	das heißt
DM	Deutsche Mark
EDV	Elektronische Datenverarbeitung
et al.	und andere
etc.	et cetera
EuA	Einnahmen- und Ausgabenrechnung
EUR	Euro
EigZulG	Eigenheimzulagengesetz
e.V.	eingetragener Verein
EVS	Einkommens- und Verbrauchsstichprobe
evtl.	eventuell
f.	folgende
ff.	fortfolgende
Fn.	Fußnote
GmbH	Gesellschaft mit beschränkter Haftung
GoB	Grundsätze ordnungsmäßiger Buchführung
GoF	Grundsätze ordnungsmäßiger Finanzplanung
GuV	Gewinn- und Verlustrechnung
HGB	Handelsgesetzbuch
HNWI	High Net Worth Individual
Hrsg.	Herausgeber
IAFP	International Association for Financial Planning
ICFP	Institute of Certified Financial Planners
i.d.R.	in der Regel
inkl.	inklusive
InsO	Insolvenzordnung
IrC	Internet Relay Chat

Jg.	Jahrgang
K-W	Kruskal und Wallis
KWG	Kreditwesengesetz
Mio.	Million
Mrd.	Milliarde
MwSt.	Mehrwertsteuer
NCFE	National Center for Education
Nr.	Nummer
OECD	Organisation for Economic Cooperation and Development
ÖBA	Österreichisches Bankarchiv
o.V.	ohne Verfasser
p	Signifikanzniveau
PAngV	Preisangabenverordnung
PDA	Personal Digital Assistant
S.	Seite
SMS	Short Message Service
Sp.	Spalte
Tab.	Tabelle
TDM	Tausend Deutsche Mark
u.a.	unter anderem
USD	US-Dollar
UMTS	Universal Mobile Telecommunication Standard
u.U.	unter Umständen
VerbrKrG	Verbraucherkreditgesetz
vgl.	vergleiche
Vol.	Volume
vs.	versus
WAP	Wireless Application Protocoll
WBT	Web Based Training
WiSt	Wirtschaftswissenschaftliches Studium
WpHG	Wertpapierhandelsgesetz
www	World Wide Web
z.B.	zum Beispiel
ZfbF	Zeitschrift für betriebswirtschaftliche Forschung
ZfgG	Zeitschrift für das gesamte Genossenschaftswesen
ZfgK	Zeitschrift für das gesamte Kreditwesen

1 Einleitung

1.1 Ausgangssituation und Problemstellung

Das finanzielle Umfeld des privaten Haushaltes in einer modernen Gesellschaft wird wesentlich von der persönlichen Situation, den politischen Rahmenbedingungen und den Angeboten der Finanzdienstleistungsindustrie beeinflusst. Alle diese Faktoren waren in den vergangenen Jahrzehnten von Veränderungen geprägt, die insgesamt zu einer neuen Ausgangslage für die finanziellen Belange der Haushalte geführt haben.

Ein Großteil der Bevölkerung in Deutschland genießt eine zunehmend bessere Lebensqualität, die mit einer höheren Lebenserwartung und einer größeren Freiheit des Lebensstils einhergeht. Die wesentliche Basis der Lebensqualität ist der finanzielle Wohlstand. Ein starkes Indiz für die Wohlstandsgesellschaft ist die imposante Entwicklung des Geldvermögens der privaten Haushalte in der Bundesrepublik. Diese Vermögensposition stieg von 3,08 Bill. DM im Jahre 1990 um fast 87% auf 7,1 Bill. DM in 2000 an.[1] Auch das private Immobilienvermögen der Deutschen wuchs im Zeitraum von 1990 bis 1997 um etwa 40% von 5,08 Bill. DM auf 7,09 Bill. DM.[2] Darüber hinaus entsteht durch die zukünftig zu erwartenden Erbschaften, die in den nächsten zehn Jahren auf etwa 2,7 Bill. DM geschätzt werden, eine zusätzliche Vermögensbildung und -umschichtung bei vielen Haushalten.[3]

Andererseits sind aber auch negative Entwicklungen zu beobachten, die den Wohlstand gefährden. Arbeitslosigkeit und die Furcht vor wirtschaftlichen Rezessionen bedrohen die finanzielle Situation großer Teile der Bevölkerung. Eine bereits heute festzustellende Problematik ist das größer werdende Ungleichgewicht in der Verteilung der Einkommen und Vermögen. Während 42% der Privatvermögensbestände auf die vermögendsten 10% der Haushalte entfallen, besitzen die unteren 50% der privaten Haushalte lediglich 4,5% des Vermögens.[4] Diese Ungleichverteilung beruht außer auf einer ungleichmäßigen Einkommensverteilung auch auf den unterschiedlichen Sparmöglichkeiten und dem Wissen um die Möglichkeiten beim Umgang mit den eigenen Finanzen.

In Zukunft wird der Wandel im öffentlichen Sozialangebot, insbesondere bei der Arbeits-, Kranken- und Rentenpolitik, die privaten Haushalte wesentlich beeinflussen.[5] Die staatlichen Leistungen werden sich immer mehr auf eine Mindestabsicherung und -versorgung der Bevölkerung beschränken. Der teilweise Rückzug des Staates aus der sozialen Sicherung führt zur einer wachsenden Eigenverantwortung jedes Einzelnen. Ein Beispiel hierfür sind die neu-

---

[1]　Vgl. Deutsche Bundesbank (Hrsg.) (1999), S. 43; Deutsche Bundesbank (Hrsg.) (2001), S. 30.
[2]　Vgl. Deutsche Bundesbank (Hrsg.) (1999), S. 43.
[3]　Vgl. Betsch (2000), S. 6.
[4]　Das Privatvermögen besteht aus dem verzinslichen Geldvermögen und Immobilien abzüglich der Bau- und Konsumschulden, vgl. Bundesregierung (Hrsg.) (2001a), S. 67.
[5]　Vgl. Lange (1995), S. 4; Schäfer (2001b), S. 394.

en Regelungen zur privaten Altersvorsorge, die dem Haushalt durch Zuschüsse zur Eigenvorsorge künftige Rentenkürzungen ausgleichen sollen.[6] Untersuchungen zeigen, dass die Thematik der privaten Altersvorsorge von den Haushalten zwar als wichtig erkannt, jedoch oftmals nicht mit konkreten Handlungen angegangen wird.[7] Eine weitere Verlagerung der Absicherungsverantwortung findet durch die Neuregelungen bei der Rente für vermindert Erwerbsfähige statt.[8] Die gekürzten staatlichen Leistungen und restriktive Anerkennungskriterien bei einer Berufsunfähigkeit zwingen vor allem jüngere Berufstätige zum Abschluss von privaten Versicherungen, wenn sie eine Absicherung dieses Risikos wünschen. Die Veränderungen im sozialen Bereich bringen für viele private Haushalte Unsicherheit hinsichtlich der eigenen Situation und der Möglichkeit, die selbst gesteckten Ziele zu erreichen, mit sich. Die Erreichung dieser Ziele wird in vielen Fällen vom Einsatz geeigneter Produkte und Dienstleistungen determiniert, hinter denen letztlich die Finanzdienstleister stehen.

Die Finanzprodukte und das finanzwirtschaftliche Umfeld zeichnen sich durch eine zunehmende Komplexität aus. Die steigende Zahl von Anbietern bringt ein wachsendes Güterangebot und damit eine schwierigere Entscheidungssituation für die privaten Haushalte mit sich. Neben Investitions- und Finanzierungsentscheidungen werden Privatpersonen u.a. mit steuerlichen und rechtlichen Themenstellungen in den verschiedensten Lebenssituationen konfrontiert. Zusätzlich beeinflussen sich diese Bereiche gegenseitig, wodurch die Entscheidungsfindung bzgl. der eigenen Finanzen nochmals erschwert wird. Durch die begrenzte Informationsaufnahme- und Verarbeitungskapazität des Individuums entsteht häufig eine Intransparenz, der die Verbraucher oftmals nicht mehr gewachsen sind.[9]

Für die Anbieter von Finanzdienstleistungen bedeuten wachsende Vermögen und die Notwendigkeit privater Vorsorge eine steigende Marktattraktivität, die in den letzten Jahren zu einem tiefgreifenden Strukturwandel geführt hat. Die ursprünglich getrennten Marktsegmente etwa für Bank- und Versicherungsprodukte sind weitgehend verschmolzen. Finanzdienstleistungen aller Art werden heute von nahezu allen Wettbewerbern angeboten. Banken vertreiben Versicherungsprodukte und umgekehrt. Zusätzlich versuchen immer neue Wettbewerber auch aus fremden Bereichen, wie der Konsumgüter- oder Automobilindustrie, mit Angeboten aus dem Finanzbereich in diesem lukrativen Segment Fuß zu fassen.[10] Die Unsicherheit der Verbraucher wird durch einige unseriöse Anbieter in dieser Branche, die durch mangelhafte Beratung nicht unerhebliche Finanz- und Vertrauensschäden verursacht haben, verstärkt.[11]

---

[6]   Vgl. Bundesministerium für Arbeit und Sozialordnung (Hrsg.) (2001b), S. 9ff; Hoffmann (2000), S. 1260; Laux (2000), S. 1250ff; Weisgerber (2000a), S. 686; Weisgerber (2000b), S. 347. Das Nettorentenniveau wird von 71% im Jahre 2000 in einem Zeitraum von 30 Jahren auf 68% gesenkt. Für diesen Verlust wird eine kapitalgedeckte Eigenvorsorge durch den Staat gefördert.

[7]   Beispielsweise sind sich 66% der Sparkassenkunden über ihre Eigenverantwortung im Klaren, doch haben sich nur 56% ausreichend mit dieser Thematik auseinandergesetzt, vgl. Müller/Roth/Wichmann (1999), S. 30.

[8]   Vgl. Bundesministerium für Arbeit und Sozialordnung (Hrsg.) (2001a), S. 8ff.

[9]   Vgl. Schütt (1996), S. 36.

[10] Vgl. Beck/Fraser/Reuter-Domenech/Sidebottom (1999), S. 40; Besser/Eschen/Millonig (2001), S. 36; Betsch (2000), S. 6.

[11] Vgl. Gröneweg (2002), S. 29; Lange (1995), S. 5.

Die Technologisierung der Umwelt hat auch den Finanzdienstleistungsbereich und seine Ab-
satzwege erfasst. Begonnen hat diese Entwicklung mit der Automatisierung der Geschäftsstel-
len bei Kreditinstituten durch elektronische Geldautomaten und Kontoauszugsdrucker. Heute
sind es vor allem die Kommunikationsmedien Internet und Telefon, die in nahezu allen Bereichen der Finanzdienstleistungsangebote eingesetzt werden. Die rasche Verbreitung der Internetnutzung und die Durchdringung der Bevölkerung mit mobilen Telefonen stellen neue Anforderungen an Anbieter und Verbraucher.[12] Für die Anbieter sind die neuen Techniken ver-
meintlich kostengünstige Distributionsformen, die auch im Mengengeschäft profitable Angebote ermöglichen.[13] Dabei wird jedoch häufig die Akzeptanz und Nutzung dieser Medien
durch die Kunden falsch eingeschätzt. Die bislang geringen Erfolge von Internetversicherun-
gen, Internetangeboten für vermögende Privatkunden und Services über Mobilfunkgeräte im
Finanzdienstleistungsbereich zeigen dies. Inzwischen ist jedoch unbestritten, dass den elektronischen Vertriebskanälen zukünftig eine zentrale Rolle im Finanzdienstleistungsbereich
zukommen wird.[14]

Die Situation der privaten Haushalte in ihrem finanziellen Umfeld kann zusammenfassend
wie folgt charakterisiert werden:

- Die finanzielle Situation der Haushalte ist geprägt durch tendenziell wachsende, aber zunehmend ungleich verteilte Einkommen und Vermögen.

- Die persönliche Wohlfahrt wird durch den Rückzug des Staates aus dem öffentlichen Sozialangebot und der damit verbundenen stärkeren Eigenverantwortung des Individuums
  gefährdet.

- Der Finanzdienstleistungssektor mit seinen Anbietern und Produkten, die Risikoabsicherung und Vorsorge gewährleisten sollen, sowie das rechtlich regulatorische Umfeld werden für Privatpersonen immer komplexer.

- Die Technologisierung beeinflusst die Distribution von Finanzdienstleistungen nachhaltig.

Durch diese Aspekte wird einerseits der konkrete Handlungsbedarf der Haushalte zur Planung
ihrer finanziellen Angelegenheiten erkennbar, andererseits zeigt sich aber auch die Problematik des Planungsgegenstandes. Die Private Finanzplanung ist demnach eine wichtige, aber
komplexe Angelegenheit, die zunehmend für alle Bevölkerungsschichten von Bedeutung ist.

---

[12]   Im Jahr 2001 hatten 69% der Deutschen ein Mobiltelefon. Für das Jahr 2004 wird ein Durchdringungsgrad
       von 87% prognostiziert. Weltweit nutzen etwa 500 Millionen Menschen das Internet. Im Jahr 2001 waren in
       Deutschland 37% der Bevölkerung Internetnutzer, deren Quote bis 2004 auf 54% steigen soll. Vgl. Bundes-
       verband Informationswirtschaft (Hrsg.) (2002), S. 10 und 14.
[13]   Vgl. Krick (1998), S. 1085.
[14]   Vgl. Cramer (2000), S. 14.

1.2   Untersuchungsgegenstand

Zur Gestaltung der finanziellen Verhältnisse werden verschiedenste Beratungsleistungen
nachgefragt, die den privaten Haushalt bei seiner persönlichen Finanzplanung unterstützen.
Bei der Betrachtung der traditionellen Beratung von Finanzdienstleistern ist zu beobachten,
dass die verschiedenen Planungsbereiche (z.b. Vermögensanlage, Erbschaftsplanung, Versicherungsschutz) in der Mehrzahl der Fälle isoliert behandelt werden. Optimale Kundenlösun-
gen werden dadurch oftmals verfehlt. Einen Lösungsansatz, der die finanziellen Angelegenheiten in ihrer Gesamtheit berücksichtigt, bietet die in Deutschland noch relativ junge und
wenig verbreitete Dienstleistung "Financial Planning".[1] Dieses Konzept unterstützt den privaten Haushalt, seine finanzielle Situation in den Griff zu bekommen.

Unter Financial Planning versteht man im Wesentlichen eine systematische, integrierte und
bedürfnisorientierte Gestaltung der finanziellen Belange eines privaten Haushaltes.[2] Das Vorgehen bei dieser Planung folgt einem strukturierten Prozess (systematisch). Um eine individuelle Finanzarchitektur erstellen zu können, werden verschiedenste Aspekte aus dem finanziellen Umfeld, wie z.B. die Familien-, Vermögens-, Risiko- oder Steuersituation gemeinsam
beleuchtet und auch die Wechselwirkungen in der Analyse berücksichtigt (integriert). Ein
wesentliches Merkmal des Financial Planning ist die Ausrichtung an den Wünschen und Zielen des privaten Haushaltes, wie Einkommenssicherung, Altersvorsorge, Konsum oder Liquiditätserfordernisse (bedürfnisorientiert).[3]

Der Ursprung des Financial Planning ist in den USA zu finden, wo bereits seit den 1960er
Jahren der Berufsstand des Financial Planners vorzufinden ist.[4] In Deutschland werden entsprechende Dienstleistungen zwar seit mehr als zehn Jahren angeboten, doch hat sich bis dato
noch kein Bewusstsein für diese Dienstleistung – vergleichbar dem in den USA – in der Öf-
fentlichkeit entwickeln können.[5] Im deutschsprachigen Raum werden derartig umfassende
Finanzanalysen in erster Linie für vermögende Privatkunden von den Großbanken bzw. deren
Tochtergesellschaften[6] sowie von Privatbanken angeboten. In letzter Zeit haben auch Finanzdienstleister wie MLP oder Tecis damit begonnen, zielgruppenspezifische Beratungsangebote
zu offerieren, die sich am Konzept der privaten Finanzplanung orientieren.[7] Daneben treten

---

[1]   Vgl. Kruschev (1999), S. 6. Bezeichnungen wie z.B. "Financial Consulting", "Vermögensplanung", "Vermö-
       gensstrukturberatung" etc. beschreiben oftmals ähnliche Dienstleistungen, werden jedoch in unterschiedlichs-
       tem Kontext gebraucht. Die Begriffe Financial Planning und (private) Finanzplanung werden im Folgenden
       synonym verwandt.

[2]   Zur Definition des Financial Planning vgl. Abschnitt 2.2.

[3]   Vgl. Betsch (1995), S. 7; Kruschev (1999), S. 43.

[4]   Merrill Lynch, Pierce, Fenner & Smith Inc. (1994), S. 8. Die Lizenz- bzw. Zertifizierungsbezeichnung dieser
       Finanzplaner ist Certified Financial Planner (CFP) und wird inzwischen auch in Deutschland durch den
       Deutschen Verband Financial Planners e.V. (DEVFP) vergeben.

[5]   Vgl. Kruschev (1999), S. 28f.

[6]   Z.B. Commerz Finanz-Management GmbH, Deutsche Bank Trust AG.

[7]   Diese Unternehmen (Marschollek, Lautenschläger & Partner AG - MLP und die Tecis Holding AG - Tecis)
       verfolgen einen zielgruppenorientierten Beratungsansatz, der als eine Ausprägung der produktorientierten
       Beratung bezeichnet werden kann; zu dieser Problematik vgl. Kruschev (1999), S. 11f und Abschnitt 2.4.2.

zunehmend auch Sparkassen, Kreditgenossenschaften, Versicherungen oder auch Steuerbera-
tungs- und Wirtschaftsprüfungsgesellschaften mit einer Vielzahl unterschiedlichster Bera-
tungskonzepte an den Markt.

Die wissenschaftliche Einordnung des Financial Planning ist derzeit nur schwer möglich. Eine
Zuordnung zur Bankbetriebslehre als Teilgebiet der Betriebswirtschaftslehre erscheint zwar
naheliegend, ist aber nicht angebracht.[8] Finanzplanung beschränkt sich nicht auf Kreditinstitute, sondern betrifft z.B. auch Versicherungen oder freie Finanzdienstleister. Zudem tangiert
dieses Dienstleistungskonzept auch deutlich nicht-betriebswirtschaftliche Disziplinen, wie die
Soziologie und Psychologie, da der Mensch und seine Verhaltensweisen entscheidend zum
Wesen von privater Finanzplanung beitragen. Es wird deshalb verschiedentlich vorgeschlagen, die Thematik des Financial Planning in der gegenwärtig entstehenden, wissenschaftlichen
Disziplin der Finanzökonomie anzusiedeln.[9] Der Begriff Finanzökonomie wurde mit der Auf-
legung des Kontaktstudiums Finanzökonomie durch die ebs Finanzakademie GmbH in einem
neuen Zusammenhang quasi wiederbelebt.[10]

Die Finanzökonomie beschäftigt sich mit der Erklärung und Gestaltung von Finanz- und
Vermögenstransaktionen privater Haushalte. Dabei integriert sie alle Geld-, Kapital-, Immobi-
lien- und Versicherungsprodukte, die bei der Problemlösung Verwendung finden können. Finanzökonomie versucht unter Bezug auf andere Wissenschaftsgebiete[11] die Erklärung des (Fi-
nanz-)Verhaltens privater Haushalte. Dabei beschränkt sie sich nicht auf Banken, sondern
schließt alle Finanzdienstleister ein, die sich mit der Beratung und Betreuung privater Haushalte beschäftigen.[12]

Die Thematik des Financial Planning wurde in der deutschsprachigen Literatur erstmals Mitte
der 1980er Jahre aufgegriffen.[13] Anfang der 1990er Jahre wurde der Gedanke einer integrierten oder ganzheitlichen Vermögensplanung mittels Finanzplänen entwickelt. Dort sind erste
Parallelen zum Konzept des Financial Planning zu erkennen, allerdings mit Fokussierung auf
Einzelthemen, wie etwa Vermögensanlage und -verwaltung.[14]

Erst Ende der 1990er Jahre rückte das Konzept des Financial Planning wieder stärker in das
Interesse von Praxis und Forschung. Basierend auf den umfangreichen Erfahrungen in den
USA und den sich ändernden Kundenbedürfnissen vor allem vermögender Privatkunden im
deutschsprachigen Raum wurde zunächst das Interesse der Praxis geweckt, weshalb die Veröffentlichungen in Deutschland bislang vorwiegend praxisorientiert sind.[15] Bis heute ist das

---

[8] Vgl. Tilmes (2000a), S. 9ff.

[9] Vgl. Tilmes (2000a), S. 9; Ulrich (2001), S. 74ff.

[10] Bereits in den 1970er Jahren wurde der Begriff Finanzökonomie verschiedentlich benutzt, ohne jedoch nachhaltig Verwendung zu finden, vgl. Fichte (1970); Nachtigall (1974).

[11] Hier ist insbesondere die Konsumentenforschung zu nennen, die mit sozialwissenschaftlichen und psychologischen Untersuchungsansätzen das Verhalten von Nachfragern auf Gütermärkten zu erklären versucht, vgl.
Kroeber-Riel/Weinberg (1999), S. 4ff und das Kapitel 3 der vorliegenden Arbeit.

[12] Vgl. Tilmes (2000a), S. 9f.

[13] Vgl. Stracke/Thies (1986), S. 402.

[14] Vgl. Bätscher (1989); Lange (1995); Patterson (1991), S. 339ff; Schütt (1996); Wiek (1993), S. 4.

[15] Vgl. Böckhoff/Stracke (1999), Kruschev (1999); Müller (1997); Warth & Klein (Hrsg.) (1999).

Thema der privaten Finanzplanung von wissenschaftlicher Seite nach wie vor nur unzureichend bearbeitet.[16]

Die vorhandenen Untersuchungen beschränken sich auf die Gruppe der vermögenden Privatkunden, für die dieses Konzept ursprünglich entwickelt wurde.[17] Dies lässt sich u.a. mit der
zunehmenden Komplexität des Beratungsbedarfes bei steigendem Einkommen begründen.[18]
Zwar wird vielfach die Notwendigkeit von Financial Planning für größere Kreise der Bevölkerung angesprochen[19], doch fehlt bislang eine wissenschaftlich fundierte Untersuchung, ob eine
derartige Dienstleistung für weniger vermögende Personen Relevanz bzw. Akzeptanz besitzt.
Außerdem mangelt es an tragfähigen Konzepten zur Ausgestaltung des Angebotes solcher
Dienstleistungen für das Mengengeschäft.[20]

Die empirischen Arbeiten zu Financial Planning untersuchten bisher entweder ausschließlich
vermögende Privatkunden[21] und/oder beschränkten sich geographisch auf die Vereinigten
Staaten von Amerika.[22] Auch in der empirisch orientierten Forschung besteht demnach ein
Defizit, das durch eine fokussierte Betrachtung des Mengengeschäfts mit privaten deutschen
Haushalten reduziert werden sollte.

Insgesamt bleibt festzustellen, dass der bisherige Forschungsstand als unbefriedigend anzusehen ist. Angesichts der fortschreitenden Anstrengungen der Praxis ist ein wissenschaftlicher
Erkenntnisfortschritt dringend erforderlich, um die Etablierung solcher Finanzplanungsdienstleistungen theoretisch fundiert zu unterstützen. Insbesondere erscheint eine Untersuchung der
Möglichkeiten notwendig, wie komplexe Finanzplanungen von Privatpersonen auch im Mengengeschäft (Retail-Geschäft) von Finanzdienstleistern über geeignete Vertriebswege sinnvoll
abgebildet werden können. Hierzu sind die theoretischen Grundlagen aufzuarbeiten und in
Technologien, d.h. in Systeme von Aussagen umzusetzen, um letztlich auch praktische Relevanz herzustellen.[23]

Einen Überblick über mögliche Untersuchungsdimensionen des Financial Planning gibt die
Abb. 1-1. Die vorliegende Arbeit nimmt eine konsequent nachfrageorientierte Perspektive ein.
Im Mittelpunkt der Untersuchung stehen private Haushalte des Mengengeschäftes mit ihren

---

[16]   Vgl. Engels/Meissner/Schölzel (1999), S. 162; Kennickell/Starr-McCluer/Sundén (1997), S. 1.

[17]   Vgl. Kloepfer (1998); Kruschev (1998); Kruschev (1999); Tilmes (2000a). Die Abgrenzung von vermögen-
        den Privatkunden ist uneinheitlich. KRUSCHEV beispielsweise geht bei seiner Zielgruppenbestimmung von
        einem liquiden Geldvermögen von mindestens 250 bis 500 TDM aus, vgl. Kruschev (1999), S. 49.

[18]   Vgl. Patterson (1991), S. 86f.

[19]   Vgl. o.V. (2001a), S. 55; Schäfer (2001), S. 719, Wolfensberger (2001), S. 14.

[20]   Vgl. Stracke/Thies (1986), S. 406. Das Mengengeschäft wird auch als Retail-Geschäft bezeichnet und be-
        zieht sich auf die Masse der Bevölkerung mit durchschnittlichen und geringen Einkommens- und Vermö-
        gensverhältnissen.

[21]   Vgl. Kennickell/Starr-McCluer/Sundén (1997); Tilmes (2000a), S. 249ff.

[22]   Vgl. Bae/Sandanger (1997); College for Financial Planning (Hrsg.) (1993); Kennickell/Starr-McCluer/ Sun-
        dén (1997); Kerr & Downs Research (Hrsg.) (1994); Srinivas (2000).

[23]   Vgl. Rapp (1992), S. 32.

spezifischen Bedürfnissen, Verhaltensweisen und finanziellen Gegebenheiten.[24] Als potenzielle Anbieter von privater Finanzplanung kommen dabei grundsätzlich alle Arten von Finanzdienstleistern in Frage. Die Anbieterseite ist insofern Gegenstand der Arbeit, als dass Handlungsempfehlungen zur Konzeption eines Finanzplanungsangebotes abgeleitet werden. Dabei
wird ebenfalls eine nachfragerbezogene Sichtweise verfolgt, um die Entwicklung eines kundenorientierten Angebotes zu gewährleisten. Die interne Operrationalisierung eines entsprechenden Angebotes beim Finanzdienstleister ist nicht Gegenstand der Untersuchung.

Abb. 1-1: Konstitutive Dimensionen des Financial Planning

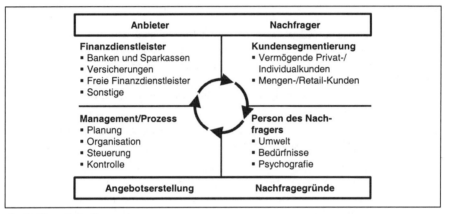

Quelle: Eigene Darstellung.

1.3   Zielsetzung und Gang der Untersuchung

Ziel der Untersuchung ist es, das Konzept des Financial Planning für das Mengengeschäft von
Finanzdienstleistern fundiert zu untersuchen und damit theoretische Defizite zu reduzieren. Im
Rahmen einer wissenschaftlich konzeptionellen Betrachtung wird dabei erstmals die bislang
vorherrschende Betrachtungsweise sehr vermögender Haushalte überwunden und private
Haushalte unterer und mittlerer Einkommensschichten in den Mittelpunkt der Ausführungen
gestellt. Neben einer theoretischen Untersuchung der Dienstleistung Financial Planning und
des Bedarfs der Haushalte des Retail-Segmentes werden Gestaltungsmerkmale eines Financial
Planning-Angebotes für das Zielsegment entwickelt, um damit für die Anbieter Handlungsempfehlungen zur Produktkonzeption abzuleiten. Die theoretischen Erkenntnisse werden zusätzlich durch eine umfangreiche empirische Analyse nachhaltig erweitert und unterstützt.

Konzeptionell basiert die vorliegende Untersuchung auf einem Forschungsansatz, der einerseits vorhandenes theoretisches Wissen verarbeitet und andererseits tatsächliches Verhalten

---

[24] Die Begriffe "privater Haushalt", "Nachfrager", "Individuum", "Personen", "Probanden" oder "Befragte"
bezeichnen alle die hier gewählte Untersuchungsperspektive und werden deshalb im Folgenden synonym
verwandt.

von privaten Haushalten auswertet. Diese Dualität der Forschungsstrategie, also die Analyse
eines Problems sowohl auf theoretischem als auch auf empirischem Weg, prägt die Untersuchung und soll eine möglichst fundierte Behandlung der Problemstellung gewährleisten.

Die vorliegende Darstellung hat grundsätzlich eine explorative Ausrichtung, da zur oben beschriebenen Problemstellung speziell im deutschsprachigen Raum nur begrenzt wissenschaft-
liches Material zur Verfügung steht. Im Vordergrund steht die qualitative Abklärung der Problemstellung, die Schaffung theoretischer Voraussetzungen zur Hypothesenformulierung und
die Erarbeitung von praktikablen Lösungsvorschlägen im Sinne explorativer Forschung.[1] Dieses qualitative Vorgehen wird durch die Empirie in Form einer Internet-Befragung privater
Haushalte unterstützt.

Um die Untersuchung der Aufgabenstellung theoretisch fundiert durchführen zu können, werden Erkenntnisse aus verschiedenen Forschungsbereichen hinzugezogen und interdisziplinär
verarbeitet. Dazu gehören insbesondere Untersuchungsansätze aus der Spar-, Investitions-,
Finanzierungs- und Versicherungstheorie.[2] Diese werden durch Ansätze der verhaltenswissenschaftlichen Konsumentenforschung, der Marketingforschung sowie durch empirische Methoden der Wirtschaftsforschung ergänzt.[3]

In Anlehnung an die oben genannte Zielsetzung gliedert sich die Arbeit neben der Einleitung
in fünf weitere Kapitel mit folgenden inhaltlichen Schwerpunkten:

- *Kapitel 2* vermittelt die zur Analyse von Financial Planning notwendigen theoretischen
  Grundlagen und führt die zentralen Begrifflichkeiten ein. Nach einer Beschreibung der
  historischen Entwicklung in den USA und Deutschland wird die Dienstleistung Financial
  Planning definiert. Darauf aufbauend werden die möglichen Ausgestaltungsformen und
  Inhalte der Finanzplanung erörtert, bevor eine Abgrenzung und Einordnung in die ver-
  schiedenen Beratungsdienstleistungen erfolgt. Nach einer Vorstellung von Methoden und
  Kriterien der Marktsegmentierung werden die privaten Haushalte des Retail-Segmentes
  als Untersuchungsobjekt eingeführt.

- *Kapitel 3* analysiert die Bestimmungsfaktoren des Nachfrageverhaltens privater Haushalte
  des Retail-Segmentes nach Financial Planning. Dazu werden vorwiegend Erklärungsansätze der Konsumenten- und Verhaltensforschung eingesetzt. Ausgehend von soziökonomischen Merkmalen wird die finanzielle Situation der Haushalte in Deutschland untersucht und auf ihre Bedarfs- und Nachfragerelevanz geprüft. Als ebenfalls nachfragebein-
  flussend werden die finanziellen Ziele Rentabilität, Risiko oder Sicherheit (ökonomische
  Disposition) und die Befriedigung damit in Verbindung stehender Bedürfnisse analysiert.
  Weiterhin werden schließlich Merkmale der psychografischen Disposition (Verhaltensweisen) privater Haushalte auf ihre Erklärungskraft hinsichtlich der Finanzplanungsnachfrage untersucht.

---

[1] Vgl. Atteslander (1993), S. 76f; Bortz/Döring (1995), S. 49f.
[2] Vgl. zur Versicherungstheorie Farny (1988), S. 867ff, zur Theorie des Sparens Hartmann-Wendels/ Pfings-
     ten/Weber (1998), S. 228ff, zur Investitions- und Finanzierungstheorie Perridon/Steiner (1995).
[3] Vgl. zur empirischen Forschung Bortz/Döring (1995), zur Marketingforschung Gierl (1995), zur Konsumen-
     tenforschung Kroeber-Riel/Weinberg (1999).

- *Kapitel 4* entwickelt die Gestaltungsmerkmale eines Financial Planning-Angebotes für das Retail-Segment von Finanzdienstleistern. Zunächst werden dazu die Besonderheiten des Mengengeschäftes herausgestellt. Anschließend erfolgt eine Konzeption des Angebotes im Rahmen eines klassischen Marketing-Mix. Dabei werden Aspekte der Produkt-, Distributions- und Preispolitik berücksichtigt und problemadäquat auf den Untersuchungsgegenstand angewandt.

- *Kapitel 5* führt zu einer empirisch explorativen Erweiterung des Gesamtkonzeptes Financial Planning für das Retail-Segment. Als Methodik kommt ein WWW-Umfrage zum Einsatz. Motivierend für die empirische Untersuchung sind dabei die in den vorangegangenen Kapiteln der Arbeit aufgezeigten Wesensmerkmale der Finanzplanung, die Nachfragefaktoren und Angebotscharakteristika. Die identifizierten Bestimmungs- und Gestaltungsfaktoren werden damit einer realwissenschaftlichen Plausibilitätsprüfung unterzogen.

- *Kapitel 6* nimmt eine kritische Würdigung der Ergebnisse des Forschungsprozesses vor, zeigt den weiteren Forschungsbedarf auf und fasst die Implikationen für die Praxis zusammen.

2 Grundlagen der Untersuchung

Das zentrale Element dieser Arbeit ist die Beratungsdienstleistung "Financial Planning". Für alle weiterführenden Überlegungen muss zunächst ein einheitliches Verständnis des Begriffs Financial Planning geschaffen werden. Eine gemeinsame begriffliche Basis ist Voraussetzung für die Nachvollziehbarkeit und Verständlichkeit der weiteren Argumentationen.

Dazu wird zunächst die Geschichte des Financial Planning in den USA und Deutschland beleuchtet, bevor eine Definition des Begriffs für die vorliegende Arbeit erstellt wird. Danach erfolgt eine Betrachtung der möglichen Gestaltungsformen des Financial Planning und dessen Einordnung in die verschiedenen Beratungsdienstleistungen. Abschließend werden Konzepte der Marktsegmentierung vorgestellt und das Untersuchungsobjekt "private Haushalte des Retail-Segmentes" konkretisiert.

2.1 Entstehungsgeschichte des Financial Planning

2.1.1 Entwicklung des Financial Planning in den USA

Das Ursprungsland des Financial Planning sind die Vereinigten Staaten von Amerika, wo diese Dienstleistung seit den 1970er Jahren praktiziert wird. Financial Planning ist in den USA weit verbreitet, und Mitte der 1980er Jahre gab es dort bereits mehr als eine halbe Million Finanzplaner.[1]

Die hohe Akzeptanz von Financial Planning lässt sich vor allem durch die starke Eigenverantwortung der US-Bevölkerung hinsichtlich ihrer sozialen Sicherung begründen. Die fehlenden staatlichen Absicherungssysteme und auch die kostspielige Universitätsausbildung zwingen breite Bevölkerungsschichten zur privaten finanziellen Vorsorge und Planung. Die Altersvorsorge, die Absicherungen gegen Krankheit oder Arbeitslosigkeit liegt in wesentlichen Teilen in der Verantwortlichkeit des einzelnen Bürgers und wird weit weniger als beispielsweise in Europa durch den Staat getragen. Die vor allem mit der privaten Altersvorsorge verbundenen langen Zeithorizonte begünstigen zudem die Inanspruchnahme solcher Finanzplanungsdienstleistungen.

Durch die zunehmende Deregulierung des Finanzwesens und die große Zahl bankenunabhängiger Finanzdienstleister konnte sich auch eine neue Berufsgruppe etablieren, die sich Financial Planner nennt.[2] Mit der Verbreitung der Financial Planner, die oftmals aufgrund einer speziellen Qualifikation die Bezeichnung Certified Financial Planner (CFP) führen, beschleunigte sich die Durchdringung des Marktes zusätzlich.

Aus diesen Besonderheiten heraus hat sich eine Kultur des Financial Planning entwickelt, die weltweit einzigartig ist. Die Entwicklung dieser Dienstleistung ist eng mit der Entstehung von

---

[1]   Vgl. Mittra (1990), S. 23.

[2]   Vgl. Tilmes (2000a), S. 16.

zahlreichen Interessenvertretungen, Berufsverbänden und Zertifizierungs- und Weiterbildungsorganisationen verbunden. Einen Überblick über die wichtigsten Organisationen in den USA, die sich mit dem Thema Financial Planning beschäftigen, gibt die Tab. 2-1.

Diese Interessensvertretungen haben wesentlich zur Verbreitung und zum Bekanntheitsgrad von Financial Planning beigetragen. Allerdings ist inzwischen durch die Vielzahl der Organisationen und der sehr ähnlichen Zielsetzungen ein äußerst unübersichtlicher Markt entstanden.

Die beiden Organisationen mit der wohl größten Bedeutung im internationalen Kontext beschäftigen sich mit der Verbreitung und Weiterentwicklung des Berufstandes Certified Financial Planner (CFP). Dies sind das Certified Financial Board of Standards (CFP Board) sowie das International CFP Council.

Durch das sog. CFP Board werden die Qualitätsmaßstäbe für Financial Planning gesetzt. Es wurde 1985 in Denver/Colorado als gemeinnützige Organisation gegründet. Das CFP Board hält die weltweiten Rechte am Lizenzzeichen CFP und an der Berufsbezeichnung "Certified Financial Planner". Zu seinen Aufgaben gehört die Erarbeitung ethischer und professioneller Standards für das Financial Planning.[3]

Die Internationalisierung des CFP-Gedankens begann erst 1990 mit der Gründung des International CFP Council durch das CFP Board.[4] Damit wurde die Grundlage für die Verbreitung des Financial Planning-Konzeptes durch institutionelle Verbandsunterstützung geschaffen. Das CFP Council hat drei zentrale Aufgaben: Es stellt erstens die ethischen, fachlichen und beruflichen Standards für die Financial Planner weltweit auf. Zweitens will das Council die öffentliche Wahrnehmung der Vorteile des Financial Planning fördern und drittens dem Markenzeichen "CFP" zu einem global anerkannten "Standard of Excellence" verhelfen.[5]

---

[3]   Vgl. Certified Financial Planner Boards of Standards (Hrsg.) (2001a), S. 1.
[4]   Vgl. Bills (2001) S. 1.
[5]   Vgl. Bills (2001), S. 2.

Tab. 2-1: Institutionen im Bereich von Financial Planning in den USA

Organisation	Erläuterung
Association for Financial Counseling and Planning Education (AFCPE)	■ Zertifizierungsprogramme für Finanz- und Immobilienberater ■ Herausgeber des "Financial Counseling and Planning Journal" ■ www.hec.ohio-state.edu/hanna/afcpe
International Association of Registered Financial Consultants (IARFC)	■ Gegründet 1994 als gemeinnützige Organisation ■ Das IARFC vergibt die Berufsbezeichnungen "Registered Financial Consultant (RFC)" und "Registered Financial Associate (RFA)" ■ Etwa 1.000 Mitglieder ■ www.iarfc.org
National Association of Personal Financial Advisors (NAPFA)	■ Berufsverband von Financial Plannern, die ausschließlich auf Honorarbasis arbeiten ■ Zur Zeit etwa 750 Mitglieder in den USA ■ www.napfa.org
Registered Financial Planners Institute (RFPI)	■ Gegründet 1983 ■ Ziel: Professionalität der Finanzplanung zu fördern ■ Gibt Hilfestellung bei der Suche nach qualifizierten Beratern ■ www.rfpi.com
Financial Planning Association (FPA)	■ Gegründet 2000 durch den Zusammenschluss des Institute of Certified Financial Planners (ICFP) und der International Association for Financial Planning (IAFP) ■ Ziel: Etablierung des Financial Planning-Prozesses und der Beratung durch CFPs ■ Herausgeber des "Journal of Financial Planning" ■ www.fpanet.org
College for Financial Planning	■ Gegründet 1972 ■ Entwicklung des ersten Ausbildungsplans für Financial Planner und Initiator der CFP-Ausbildung ■ www.fp.edu
National Center for Financial Education (NCFE)	■ Gegründet 1983 durch Loren Dunton (1918-1997), der zuweilen als Gründer der Finanzplanung in den USA bezeichnet wird ■ Gemeinnützige Organisation mit dem Ziel, die amerikanische Bevölkerung im Umgang mit Ausgaben, Sparen, Investieren, Versichern und der Planung der Zukunft zu unterrichten bzw. zu motivieren ■ www.ncfe.org
Certified Financial Planner Board of Standards (CFP- Board)	■ Gegründet 1985 als gemeinnützige Organisation ■ Ziel: Wahrung der Qualitätsmaßstäbe für Certified Financial Planner (CFP) im internationalen Kontext ■ www.cfp-board.org
International CFP Council	■ Gegründet 1990 durch das CFP-Board ■ Ziel: Etablierung weltweiter Qualitätsstandards für Financial Planner ■ Mitglieder sind nationale Finanzplanerverbände in derzeit 10 Ländern, die eine Zertifizierung als CFP anbieten ■ www.cfp-council.org

Quelle: Eigene Darstellung; Informationen der Institutionen.

Die ersten Lizenzen für CFPs wurden 1973 in den USA vergeben, wo es inzwischen mehr als 37.000 zertifizierte Finanzplaner gibt.[6] Weltweit sind heute etwa 62.000 CFPs nach den Grundsätzen der Verbände lizenziert. Insgesamt bestehen derzeit in 13 Ländern Financial Planning Verbände, die alle Mitglieder des International CFP Councils sind und dessen Zertifizierungs-Standards anwenden.[7] Dabei entwickelt jeder nationale Verband seine eigenen Regeln der Zertifizierung, die jedoch gemeinsamen Richtlinien genügen. Diese gemeinsamen Standards, die jeder CFP erfüllen muss, lassen sich vereinfacht in den sogenannten 4 Es zusammenfassen: Education (Ausbildung und laufende Fortbildung), Examination (Prüfungen), Experience (Berufserfahrung) und Ethics (Einhaltung der ethischen Regeln).[8]

In einer Umfrage des CFP-Boards unter seinen Mitgliedern wurden die Charakteristika des typischen CFP-Inhabers erhoben.[9] Diese Beschreibung gibt ein gutes Bild über die Financial Planning-Kultur der USA. Ein CFP in den Vereinigten Staaten ist i.d.R. Angestellter eines überregionalen Finanzdienstleisters oder selbständig tätig. Financial Planning ist dabei der Schwerpunkt seiner Tätigkeit und wird teilweise durch Wertpapier- oder Versicherungsgeschäft ergänzt.[10] Ein CFP betreut im Durchschnitt 280 Kunden (teilweise mit Unterstützung mehrerer Angestellter), mit denen er im Durchschnitt seit sieben Jahren eine Geschäftsbeziehung unterhält. Die Bezahlung erfolgt zumeist mit einer Mischung aus Beratungshonoraren und Provisionen.

Financial Planning ist in den USA eine Dienstleistung, die für breite Bevölkerungsschichten in den unterschiedlichsten Ausprägungen anzutreffen ist.[11] Dabei ist insbesondere zu beobachten, dass die Private Finanzplanung in den USA auch im Kundensegment mit mittlerem Einkommen und Vermögen nicht in Frage gestellt wird.[12] Eine Vielzahl von unabhängigen Financial Planning-Büros betreut Kunden aller Bevölkerungsschichten mit einer ähnlichen Selbstverständlichkeit wie es Steuerberater tun.[13]

---

[6]   Vgl. Certified Financial Planner Boards of Standards (Hrsg.) (2001b), S. 5; CFP-Council (Hrsg.) (2001), S. 1; Bills (2001), S. 1.

[7]   Die folgenden Verbände sind Mitglieder des International CFP Councils (in Klammern das Jahr des Beitritts): Institute of Financial Planning in the United Kingdom (1995), Financial Planners Standards Council of Canada (1996), Financial Planners and Insurance Advisors of New Zealand (1996), Association Francaise des Conseils en Gestione de Patrimoine Certifies (1997), DEVFP Deutscher Verband Financial Planners (1997), Institute of Life and Pension Advisers in South Africa (1998), Financial Planning Association of Singapore (1998), Swiss Financial Planners Organization (1999), Financial Planning Association of Australia (1999), Japan Association for Financial Planners (1999), Institute of Financial Planners of Hong Kong (2000), Financial Planning Association of Malaysia (2000), die Korea Financial Planning Association (2001). In weiteren drei Ländern wird ein Beitritt vorbereitet: Indien, Brasilien und Bermudas; vgl. Bills (2001), S. 2f; Certified Financial Planner Boards of Standards (Hrsg.) (2001b), S. 10.

[8]   Vgl. Küsters (2000), S. 827; Schnörer (2001), S. 66.

[9]   Vgl. Certified Financial Planner Boards of Standards (Hrsg.) (1999a).

[10] Durchschnittlich hat ein CFP sieben Schwerpunkte. Zu den meistgenannten gehörten: Investment Planning and Advice, Pension/Retirement Planning, Comprehensive Planning, Estate Planning and Portfolio Management.

[11] Vgl. Anthes/Lee (2001), S. 90; Kruschev (1999), S. 26f.

[12] Vgl. Holliday (1993), S. 44.

[13] Vgl. Spatafore (1998), S. 113.

Der jüngste Trend im Financial Planning geht in Richtung einer noch umfassenderen Betrachtung des Individuums in der Planung durch sogenanntes "Life Planning".[14] Bis dato ist die Finanzplanung in den USA stark zahlengetrieben. Im Vordergrund stehen die finanziellen Ziele des Kunden, die dann mittels eines Finanzplanungsprozesses operationalisiert werden. Die Weiterentwicklung hin zu einem neuen Konzept des Life Planning soll sich nicht nur darauf konzentrieren, Vermögen zu schaffen, sondern zudem helfen, das Vermögen auch effektiv zu nutzen und damit ein zufriedenes Leben zu führen. Die zugrundeliegende Überlegung ist, dass der Mensch sein Leben als ein Ganzes begreift. Persönliche Beziehungen, Emotionen und physisches Wohlbefinden sind ebenso von Bedeutung wie Karriere und die finanzielle Situation.[15] Neben den finanziellen Aspekten werden also auch psychologische Komponenten in die Beratung miteinbezogen.[16]

Obgleich es sich beim Life Planning noch um ein relativ junges Konzept handelt, wurde bereits eine Definition entwickelt:

> *"Life Planning is the process of (1) helping people focus on the true values and motivations in their lives, (2) determining the goals and objectives they have as they see their lives develop, and (3) using these values, motivations, goals and objectives to guide the planning process and provide a framework for making choices and decisions in life that have financial and nonfinancial implications or consequences."[17]*

Die Anwendung dieses Konzeptes erfordert eine noch stärkere Einbeziehung der Persönlichkeit des Kunden und dessen Verhaltensweisen und Einstellungen. Dies stellt vor allem an die Qualifikation der Berater neue Anforderungen, die sich bislang auf die finanziellen Fakten konzentriert haben. Der stark interdisziplinäre Ansatz kann womöglich nur durch ein Netzwerk unterschiedlicher Spezialisten verwirklicht werden. Ansonsten ist es fraglich, ob der Anspruch des Life Planning in seiner angestrebten Ganzheitlichkeit umgesetzt werden kann.

2.1.2 Entwicklung in Deutschland

In jüngster Vergangenheit ist das Thema Financial Planning in Deutschland durch die Medien zunehmend in die öffentliche Diskussion gekommen. In Fachzeitschriften, aber auch in den Wirtschaftsteilen der Tageszeitungen finden sich immer öfter Artikel über diese, für den deutschen Markt noch immer weitgehend unbekannte Dienstleistung.[18]

---

[14] Vgl. Anthes/Lee (2001), S. 91ff.

[15] Vgl. Traynor (1999).

[16] Ein Beispiel soll das Konzept verdeutlichen: Auch wohlhabende Rentner sind oftmals mit Ihrem Dasein unzufrieden, weil Sie keine ausfüllende Betätigung mehr haben. Der Life Planner sollte diesen Umstand berücksichtigen und nach Lösungsmöglichkeiten suchen, die der Person ein Leben nach dessen Interessenlagen, persönlichen Vorlieben und Abneigungen ermöglicht. Das vorhandene Vermögen hat hierbei lediglich eine unterstützende Funktion.

[17] Anthes/Lee (2001), S. 93.

[18] Vgl. Brückner (2001), S. 31, Schnörer (2001), S. 60ff.

In Deutschland begann man in den 1980er Jahren, sich mit der privaten Finanzplanung zu beschäftigen.[19] Zwischenzeitlich hat sich eine Vielfalt an Begrifflichkeiten entwickelt, um diese Dienstleistung bzw. ähnliche Angebote zu beschreiben. Das Konzept wird vielfach unter den Bezeichnungen "Vermögensanalyse", "Vermögensplanung", "Finanzplanung", "Finanzberatung", "Vermögensstrukturanalyse" oder auch "Financial Planning" diskutiert.[20] Weder auf Anbieter- bzw. Nachfragerseite noch in der Literatur ist bislang ein einheitliches Begriffsverständnis vorhanden.

Es handelt sich dabei in Deutschland um eine neue Beratungsleistung, die bislang vornehmlich für vermögende Privatkunden angeboten wird.[21] Ursprünglich wurde Kunden der Privatbanken eine umfangreiche Betreuung angeboten, die über das übliche Beratungsangebot hinaus ging.[22] Durch die zunehmende Konzentration auf ertragbringende, vermögende Kunden begann man auch bei den Großbanken, zusätzliche Beratungsservices anzubieten, die jedoch zunächst auf Fragen der Vermögensanlage und -verwaltung zugeschnitten waren. Erst durch die Gründung eigener Financial Planning-Einheiten wurde die Finanzplanung - im eigentlichen Sinn - auf dem deutschen Markt erhältlich.[23] Im weiteren Verlauf der Entwicklung haben auch unabhängige Finanzdienstleister begonnen, neben der ursprünglichen reinen Vermittlungstätigkeit von Bank- und Versicherungsprodukten die Finanzplanung als verkaufsförderndes und kundenbindendes Instrument einzusetzen.[24] Auch die öffentlich-rechtlichen Finanzdienstleister (Landesbanken und Sparkassen) haben inzwischen die Private Finanzplanung als lukratives Geschäftsfeld entdeckt und beginnen damit, es zu bearbeiten.[25]

Bei allen vorhanden Angeboten, die im Kontext des Financial Planning vorgehalten werden, ist es schwierig, die echten Finanzplaner von den Anlageberatern, Vermögensverwaltern oder Versicherungsvermittlern zu unterscheiden. Oftmals erzeugen Banken und Versicherungen den Eindruck, als würde eine ganzheitliche Beratung stattfinden, die alle relevanten Einfluss-

---

[19] STRACKE/THIES verwendeten 1986 den Terminus "individuelle Finanzplanung" erstmals im Sinne einer ganzheitlichen Beratung von Privatkunden, vgl. Stracke/Thies (1986), S. 402ff.

[20] Begriffe wie "Anlageberatung", "Vermögensverwaltung", "Vermögensberatung", "Vermögensstrukturberatung" fokussieren auf die Beratung rund um das Vermögen und damit nur auf einen Teilaspekt des Financial Planning, vgl. Betsch (1995), S. 7; Kloepfer (1999), S. 23 und 53; Kruschev (1999), S. 15 und S. 29; Patterson (1991), S. 19ff. Der Begriff "Finanzberatung" wurde von SCHÜTT erstmals 1996 im Zusammenhang mit einem strukturierten Planungsprozess, ähnlich dem Financial Planning-Prozess gebraucht; vgl. Schütt (1996), S. 119ff. Der Ausdruck "Financial Planning" oder auch genauer "Personal Financial Planning" wurde aus dem Ursprungsland dieser Dienstleistung, den USA, übernommen. Zur Definition von Financial Planning vgl. Abschnitt 2.2.2.

[21] Vgl. Engenhardt (1998), S. 233; Schäfer (2001a), S. 718.

[22] Die umfangreichste Form der Betreuung wird bis heute im Rahmen von sogenannten "Family-Offices" angeboten, wo neben den finanziellen Belangen alle erdenklichen Dienstleistungen für wohlhabende Familien erbracht werden, vgl. Boissier (1999); von Maltzan (1999), S. 5.

[23] Zu den Vorreitern dieser Finanzplanungsunternehmen gehörte die Matuschka Privat Finanz und im Folgenden die Commerz Finanz-Management GmbH, die bis heute als der Marktführer für Private Finanzplanungen in Deutschland bezeichnet wird, vgl. Kruschev (1999), S. 33; Schäfer/Unkel (2000), S. 45; Schäfer/Unkel (2001), S. 69.

[24] Zu den bekanntesten Vertretern in Deutschland zählen Marschollek, Lautenschläger & Partner AG (MLP), die Tecis AG und die AWD Holding AG.

[25] Vgl. Harth/Auner-Fellenzer (2000), S. 383; Krauß (2001), S. 180; Süßenberger/Weidenhaupt/Behnert (1996), S. 456ff; Trück (2001), S. 407.

faktoren berücksichtigt. In Wirklichkeit sind es jedoch häufig lediglich Anlage- bzw. Vorsorgeaspekte, die ggf. noch mit den steuerlichen Gegebenheiten in Verbindung gebracht werden. Dies ist aber weit entfernt vom Verständnis einer umfassenden Finanzplanung. Es besteht letztlich keine Markttransparenz hinsichtlich der Dienstleistung Financial Planning, was sich negativ auf die Nachfrage auswirkt.

Auf der Nachfragerseite wird Financial Planning bislang kaum wahrgenommen. Das liegt zum einen am oftmals zögerlichen Marketing der Anbieter, die lediglich ihren vermögenden Privatkunden mitteilen, dass es überhaupt die Möglichkeit zur Inanspruchnahme einer solchen Dienstleistung gibt.[26] Ein aktives Bewerben des Angebotes seitens der Finanzdienstleister findet kaum statt.[27] Es fehlt zudem an tragfähigen Konzepten, das Angebot des Financial Planning auf breitere Kundenschichten auszuweiten, um so eine insgesamt höhere Akzeptanz im Markt zu erreichen.[28]

Andererseits fehlt es auch am Problembewusstsein der privaten Haushalte. Es ist zwar häufig ein subjektives Empfinden vorhanden, dass nicht alle finanziellen und persönlichen Ziele mit der gegenwärtigen Anlagestruktur erreicht werden, aber es ist unklar, wie die Situation verbessert werden könnte.[29] Viele Kunden haben zudem große Scheu, über Ihre persönliche und finanzielle Situation derart umfassend Auskunft zu geben, wie es bei einer klassischen Finanzplanung notwendig ist.

Einen wichtigen Beitrag zur Etablierung des Financial Planning leisten verschiedenste Organisationen, die sich ähnlich wie in den USA dieses Themas annehmen. Einen Überblick über wichtige Institutionen in Deutschland gibt die Tabelle 2-2:

---

[26] Vgl. Kloepfer (1999), S. 229.
[27] Vgl. Kruschev (1999), S. 30.
[28] Die Entwicklung solcher Konzepte zu unterstützen ist Ziel der vorliegenden Arbeit.
[29] Vgl. Kruschev (1999), S. 31.

Tab. 2-2: Institutionen im Bereich von Financial Planning in Deutschland

Organisation	Erläuterung
Deutsche Gesellschaft für Finanzplanung (DGF)	• Gegründet 1995 als eingetragener Verein (e.V.) • Ziele: Förderung des interdisziplinären Austausches zwischen den in der Finanzberatung tätigen Personen, Institutionen in Wissenschaft und Forschung; Erarbeitung und Veröffentlichung von Qualitätsstandards (Normen-Setzung) sowie deren Überprüfung; Schaffung des Berufsbildes des "Finanzplaners" • www.finanzplanung.de
Deutscher Verband Financial Planners (DEVFP)	• Gegründet 1997 als eingetragener Verein (e.V.) • Aufgabe: Lizenzierung von Finanzplanern zu CFPs, Überwachung der Berufsausübung nach den ethischen Regeln sowie die Pflege eines öffentlich zugänglichen Registers aller CFPs in Deutschland • Weiterentwicklung der Grundsätze ordnungsmäßiger Finanzplanung (GoF) • Ende 2000 waren in Deutschland 600 CFPs lizenziert • www.devfp.de; www.cfp.de
Bundesverband Finanz-Planer e.V. (BFP)	• Vorgängerorganisation war der 1984 gegründete Bundesverband Bau-Finanz-Berater; 2000 erfolgte die Umbenennung zum BFP • Ziel: Errichtung eines Berufsbildes des unabhängigen Finanzplaners • www.bundesverband-finanz-planer.de
AIFP – fee only e.V.	• 2000 gegründeter Verband der "Analysten für Investments und Finanzplanung nur gegen Honorar (AIFP – fee only)" • Ziele: Förderung der Honorarberatung in Finanz- und Vermögensfragen, Qualitätssicherung bei den registrierten Mitgliedern • www.finanzanalysten.org

Quelle: Eigene Darstellung, Informationen der Institutionen.

Mit der DGF wurde 1995 die erste Berufsorganisation der Finanzplaner geschaffen. Allerdings tritt diese Organisation nicht so stark in Erscheinung wie die DEVFP. Die DEVFP engagiert sich stark in der Vergabe der CFP-Lizenz als Gütesiegel für die Finanzberater. Die Notwendigkeit von Qualifikationsmaßnahmen für Finanzberater wird allgemein befürwortet; ob es sich mit dem CFP um die für den Kunden richtige und auch erwartete Ausbildung handelt, muss sich allerdings erst herausstellen.[30]

Bei BFP und AIFP handelt es sich um neue Institutionen, die bislang den Eindruck erwecken, lediglich eigene kommerzielle Interessen zu verfolgen und erst in zweiter Linie an der Weiterentwicklung des Financial Planning-Gedankens interessiert zu sein.

Neben den in der Tab. 2-2 beschriebenen Institutionen befinden sich noch weitere im Aufbau. Dazu gehört u.a. das Institut für Financial Planning an der Universität Passau.

2.1.3 Klassifikation der Anbieter in Deutschland

Entscheidenden Einfluss auf die Entwicklung des Financial Planning haben die Anbieter dieser Beratungsleistung. Einen Überblick und eine Kategorisierung von verschiedenen Anbieter-

---

[30] In der Praxis wird die Ausbildung zum CFP als alleinigem Qualifikationsinstrument durchaus kritisch gesehen, vgl. Reuß (2001b), S. 46.

typen gibt die Tab. 2-3. Aufgeführt sind hier lediglich Anbieter, deren Dienstleistungen zumindest in Richtung Financial Planning zielen. Ausschlaggebend hierfür ist das Bestreben,
eine umfassende bedarfsorientierte Beratung anzubieten, die im Idealfall produktunabhängig
und objektiv ist.

Tab. 2-3: Klassifikation von Financial Planning-Anbietern in Deutschland

Typen	Beispiele	Merkmale
"Traditionelle Finanzdienstleister" (Großbanken, Privatbanken, Versicherungen bzw. deren Tochterunternehmen)	• Commerz Finanz Management GmbH (CFM) • Deutsche Bank Trust AG • Advance Finanzplanungs AG (Allianz/Dresdner Bank) • Systematische Anlage- und Finanzplan-Entwicklung S/AFE (Hamburg-Mannheimer)	• Größtenteils zielgruppen- und produktorientierte Beratungsansätze • Angebote i.d.R. nur für vermögende Privatkunden
"Freie Finanzdienstleister" (Finanzproduktvermittler, Strukturvertriebe etc.)	• Marschollek, Lautenschläger und Partner (MLP AG) • Tecis AG • Allgemeiner Wirtschaftsdienst (AWD) • Deutsche Vermögensberatung AG (DVAG) • Selbständige Finanzplaner	• Zielgruppenorientierter bzw. problemorientierter Beratungsansatz • Teilweise stark provisionsgetrieben
"Online Financial Planner"	• aspect-online.de • avanturo.de • incam AG	• Angebote für Jedermann • Reine Internet-Anwendungen • Eingeschränkter Beratungsumfang • i.d.R. keine persönliche Beratung
"Software-Hersteller"	• MWS Braun • Microsoft (MS Money) • Intuit (Quicken)	• Finanzplanungssoftware • Keine individuelle, persönliche Beratung im Sinn • Hohe Eigenleistung des Anwenders
"Sonstige"	• Wirtschaftsprüfer- und Steuerberater • Verbraucherzentralen	• Erweiterung der Geschäftsmodelle wie z.B. Steuerberatung oder Schuldnerberatung

Quelle: Eigene Darstellung, Unternehmensinformationen.

Unter den traditionellen Finanzdienstleistern haben vor allem die Banken frühzeitig den Bedarf für kundenindividuelle Problemlösungen erkannt und dazu eigene Gesellschaften gegründet. Bei der Deutsche Bank Trust AG wird die Private Finanzplanung für vermögende
Privatkunden vorgehalten.[31] Im Zuge der Fusion von Allianz und Dresdner Bank wurde hierzu
ein eigener Geschäftsbereich, die Advance Finanzplanungs AG geschaffen, in der die Finan-

---

[31] Vgl. von Maltzan (1999), S. 16f.

cial Planning-Aktivitäten gebündelt werden.[32] Dabei werden neben Internet- und Telefonangeboten auch mobile Finanzberater, die den Kunden besuchen, eingesetzt.

Zu den freien Finanzdienstleistern zählen in erster Linie die Großvertriebe wie MLP, AWD, Tecis oder Deutsche Vermögensberatung, die hauptsächlich durch die Vermittlung von Versicherungen in den letzten Jahren stark gewachsen sind.[33] Diese Vertriebsgesellschaften haben ihr Dienstleistungsportfolio um Finanzplanungsleistungen erweitert. Durch entsprechende Softwareanwendungen unterstützen sie Ihre Verkaufsaktivitäten. Nicht zu vergessen sind schließlich die unabhängigen Finanzberater, die selbständig Private Finanzplanung anbieten.

Mit dem Aufschwung der "New Economy", vor allem in den Jahren 1999 und 2000, wurden zahlreiche Internetfirmen gegründet, die sich ebenfalls mit der privaten Finanzplanung beschäftigen. Dies ist damit zu begründen, das gerade die Finanzthemen im Internet zu den beliebtesten Anwendungen der Nutzer überhaupt gehören.[34] Die Finanzplanung im eigentlichen Sinn, wird jedoch bis heute nur als unterstützendes bzw. kundenbindendes Instrument verstanden. Im Vordergrund steht nach wie vor die Finanzproduktvermittlung oder der -verkauf.

Auch verschiedene Softwarehersteller haben ihre Produkte von reinen Buchhaltungsprogrammen zu Finanzplanungsinstrumenten weiterentwickelt.[35] Hier können die Anwender selbständig ihre Finanzen verwalten und kontrollieren. Diese Angebote sind qualitativ natürlich bei weitem nicht mit einer Finanzplanung durch Spezialisten vergleichbar, bieten aber einen Einstieg in das Thema Financial Planning.

Als letzte Gruppe sind Steuerberater und Verbraucherzentralen anzuführen, die ihr Serviceportfolio durch die Finanzplanung zu erweitern versuchen. Die steuerberatenden Berufe haben dabei den Vorteil, dass Sie schon immer für ihre Dienstleistungen Honorare nehmen, eine Vertrauensbasis zu Ihren Kunden haben und die notwendige Kompetenzvermutung besitzen.[36] Auch die Verbraucherzentralen genießen das Vertrauen der Verbraucher und gelten als unabhängig und damit objektiv. Aus der Erfahrung mit Finanzdienstleistungen und auch der Schuldnerberatung können sich diese Institutionen in Richtung der privaten Finanzplanung weiterentwickeln.[37]

---

[32] Die Aktivitäten der Dresdner Bank-Tochter Advance Bank wurden 2001 mit der ehemaligen Dresdner Vermögensberatungsgesellschaft und der mobilen Vermögensplanung der Allianz unter einer gemeinsamen Holding zusammengeführt. Bis 2004 bzw. 2006 sollen bis zu 1.700 Financial Planner zur individuellen Kundenberatung eingesetzt werden, vgl. Karsch (2001), S. 570; o.V. (2001b), S. 51.

[33] Beispielsweise betreute die MLP AG im Jahre 2001 mit ca. 2.000 Beratern 390.000 Kunden, vgl. o.V. (2001c), S. 883.

[34] Vgl. van Eimeren/Gerhard/Frees (2001), S. 387.

[35] Vgl. Kotlikoff/Warshawsky (1999).

[36] Vgl. Reuß (2001a), S. 40.

[37] Die Verbraucherzentralen in Baden-Württemberg, Berlin, Hamburg und Hessen bieten bereits Finanzberatungen an. Die Einzelberatungen kosten dabei zwischen 150 und 200 DM, vgl. o.V. (2001a), S. 55.

2.2 Begriffsbestimmung von Financial Planning

Sowohl in US-amerikanischer als auch in deutschsprachiger Literatur sind verschiedene Definitionen des Begriffs Financial Planning vorzufinden.[1] Allerdings hat sich bislang noch keine einheitliche Definition etablieren können. Die vorliegenden Definitionen spiegeln die unterschiedlichen Auffassungen, was unter Financial Planning zu verstehen ist, wider. Insgesamt besteht keine Einigkeit, wie weit der Begriff Financial Planning zu fassen ist, d.h. welche Bestandteile zum Financial Planning gehören und welche nicht. Für die vorliegende Arbeit ist eine geeignete begriffliche Abgrenzung von Financial Planning zu entwickeln, welche die Besonderheiten der verfolgten Zielsetzung berücksichtigt.

Diese Definition entsteht mittels einer detaillierten Analyse von vier stellvertretend ausgewählten Definitionen. Durch die anschließende Synthese bestehender Elemente und das Hinzufügen neuer Wort- und Sinnbestandteile wird schließlich Financial Planning im hier unterstellten Kontext definiert.

2.2.1 Analyse vorhandener Definitionen

Zur Analyse bereits vorhandener Definitionen wurden stellvertretend vier Varianten ausgewählt, die einerseits einen guten Überblick über den aktuellen Forschungsstand geben und andererseits durch ihre Bestandteile eine sinnvolle "Re"-Kombination einzelner Merkmale zur notwendigen Arbeitsdefinition erlauben. Neben zwei Definitionen aus deutschsprachiger Literatur werden auch zwei Versionen aus den Vereinigten Staaten untersucht, wodurch Einflüsse aus dem Ursprungsland von Financial Planning berücksichtigt werden.

- Definition von TILMES

Durch TILMES wurde im Jahre 2000 erstmals in der deutschsprachigen Literatur eine festsetzende Definition[2] von Financial Planning eingeführt.[3] Dabei handelt es sich um eine Nominaldefinition, deren Begriffsinhalte die Realität beschreiben, die aus wissenschaftlicher Sicht jedoch keinen Wahrheitsanspruch erhebt.[4]

„Financial Planning ist eine ganzheitliche Beratungsleistung, die als ein systematischer koordinierter Planungsprozess - bestehend aus Auftragsvergabe, Datenaufnahme, Analyse und Planung, Dokumentation, Betreuung mit Realisierung und periodischer Kontrolle - organisiert ist.

---

[1] Für die US-amerikanische Literatur vgl. u.a. Mittra (1990), S. 4f; U.S. Securities and Exchange Commission, (1987), S. 2; Sestina (1992), S. 1. Für die deutsche Literatur vgl. Kloepfer (1999), S. 51 und S. 53; Kruschev (1999), S. 21; Müller (1997), S. 8, Schäfer/Unkel (2000), S. 30; Tilmes (2000a), S. 31.

[2] Eine festsetzende Definition bereichert die Sprache um neue Begriffe und belegt diesen mit einem konkreten Sinn; im Gegensatz zur feststellenden Definition, die lediglich den Sinn eines Ausdrucks getreu wiedergeben möchte, vgl. hierzu Pawlowski (1980), S. 18f und S. 23.

[3] Vgl. Tilmes (2000a), S. 15ff.

[4] Bei Nominaldefinitionen werden neue Wörter mittels schon bekannter Wörter per Definition eingeführt, vgl. Schannewitzky (1983), S. 65; Tilmes (2000a), S. 31.

Financial Planning soll Privatpersonen in ihren möglichen Rollen als wirtschaftlich handelnde Individuen, Haushalte oder Unternehmer in die Lage versetzen, ihre durch den Eintritt oder die Erwartung bestimmter Lebensereignisse ausgelösten finanziellen Ziele zu konkretisieren und unter Berücksichtigung der spezifischen finanziellen, rechtlichen, persönlichen und familiären Ausgangslage sowie externer Rahmenbedingungen optimal zu erreichen.

Financial Planning ist auf Basis der Grundsätze ordnungsmäßiger Finanzplanung durchzuführen."[5]

Es wird insbesondere auf das Merkmal der Ganzheitlichkeit der Beratungsleistung abgezielt, die in Form eines Planungsprozesses strukturiert ist. Die Verwendung des Begriffs der Ganzheitlichkeit suggeriert das umfassende und möglichst alles berücksichtigende Wesen des Financial Planning. Dadurch wird ein hohe Erwartungshaltung aufgebaut, an der sich die beschriebene Dienstleistung messen lassen muss. Die anschließend verwendete Prozessbeschreibung orientiert sich an gängigen Prozesskonstrukten, wie sie in der entscheidungsorientierten Betriebswirtschaftslehre eingesetzt werden.[6] Eine gezielte Unterscheidung von Financial Planning hinsichtlich dieses Merkmals von anderen Planungsprozessen, z.B. der Vermögensverwaltung, ist nicht ohne weiteres möglich. Hervorzuheben ist, dass die Realisierung, als Umsetzung der Planungsergebnisse, explizit Bestandteil des Prozesses ist.[7]

Im zweiten Teil werden Privatpersonen als Zielgruppe dieser Dienstleistung eingeführt und die Relevanz des Einflusses der verschiedenen Lebensphasen betont (Lebenszykluskonzept). Wichtig ist hierbei, dass neben den finanziellen und rechtlichen Rahmenbedingungen insbesondere persönliche und familiäre Aspekte in der Planung Berücksichtigung finden. Durch diese Aspekte wird der Anspruch an eine ganzheitliche Beratung deutlich. Diese Merkmale tragen wesentlich zur Unterscheidung dieses Ansatzes von anderen gängigen Verfahren der Beratungspraxis bei und sind Differenzierungsmerkmal.

Abschließend werden die Grundsätze ordnungsmäßiger Finanzplanung (GoF) integriert. Dabei handelt es sich um ein Grundsatzsystem, das durch die Deutsche Gesellschaft für Finanzplanung e.V. (DGF)[8] entwickelt wurde und das die Anforderungen an eine Finanzplanung beschreibt. Dieser Grundsatzkatalog besteht aus insgesamt sieben Elementen, die implizit Bestandteil der Definition von TILMES sind (vgl. Tab. 2-4).

Zusammenfassend ist festzuhalten, das die Definition von TILMES sehr umfassend und allgemein gehalten ist. Umfassend hinsichtlich der Integration der GoF, allgemein in Bezug auf die Phasen des Planungsprozesses. Es werden vielfältige Aspekte im Umfeld privater Haushalte in die Überlegungen einbezogen, was die Definition wesentlich von früheren unterscheidet.[9]

---

[5]   Tilmes (2000a), S. 31.

[6]   Vgl. Corsten (1992), S. 683; Domschke/Scholl (2000), S. 24; Schütt (1995), S. 123.

[7]   Vgl. auch Tilmes (2000a), S. 49. Grundsätzlich sollte die Planung so erfolgen, dass eine Umsetzung bzw. konkrete Produktauswahl auch durch Dritte möglich ist.

[8]   Bei der DGF handelt es sich um die 1995 gegründete Berufsorganisation der Financial Planner in Deutschland. Neben der Weiterentwicklung der GOF verfolgt der Verein das Ziel der wissenschaftlichen Förderung von Financial Planning, vgl. www.finanzplanung.de [Stand: 08.10.2001].

[9]   Vgl. Kloepfer (1999), S. 51 und S. 53; Müller (1987), S. 8.

Es erscheint jedoch fraglich, ob die teilweise Abstraktheit für alle Schichten privater Haushalte verständlich ist und somit in der Praxis breite Akzeptanz finden kann.[10] Ebenso bleibt offen, was letztlich das Ergebnis von Financial Planning für den Kunden ist. Lediglich aus dem Kontext bzw. den GoF ist zu schließen, dass auch Handlungsempfehlungen zum Erreichen der finanziellen und persönlichen Ziele vorliegen sollen.

Tab. 2-4: Grundsätze ordnungsmäßiger Finanzplanung

Grundsatz	Erläuterung
Vollständigkeit	Alle Kundendaten (Vermögensgegenstände, Verbindlichkeiten, Einnahmen, Ausgaben, persönliche Informationen und Zielsystem) sind zweckadäquat zu erfassen, zu analysieren und zu planen.
Vernetzung	Alle Wirkungen und Wechselwirkungen der Daten hinsichtlich Vermögen/Verbindlichkeiten und Einnahmen/Ausgaben sind unter Beachtung von persönlichen, rechtlichen, steuerlichen und volkswirtschaftlichen Faktoren zu berücksichtigen.
Individualität	Mittelpunkt der Überlegungen ist der Mandant mit seinem familiären und beruflichen Umfeld, seinen Zielen und Bedürfnissen. Verallgemeinerungen dürfen nicht vorgenommen werden.
Richtigkeit	Die Planung ist auf Basis geltender Gesetzgebung und mit anerkannten Methoden der Finanzplanung zu erstellen. Analyse und Planung sollen grundsätzlich fehlerfrei sein. Planungen können dabei per se nicht sicher, sondern lediglich plausibel sein. Sie sollen allgemein anerkannten Verfahren der Planungsrechnung entsprechen.
Verständlichkeit	Die Finanzplanung inklusive ihrer Ergebnisse ist in einer für den Mandanten verständlichen Form darzustellen. Sie muss nachvollziehbar sein und die im Rahmen der Auftragsvergabe gestellten Fragen beantworten.
Dokumentations-Pflicht	Prämissen, Ergebnisse und die Finanzplanung sind dem Mandanten in schriftlicher oder anderer geeigneter Form zur Verfügung zu stellen.
Einhaltung der Berufsgrundsätze	Ein Financial Planner muss die Berufsgrundsätze - Integrität, Vertraulichkeit, Objektivität, Neutralität, Kompetenz und Professionalität - beachten.

Quelle: In Anlehnung an Deutsche Gesellschaft für Finanzplanung e.V.[11]

- Definition von SCHÄFER/UNKEL

Eine ebenfalls aktuelle Definition von privater Finanzplanung findet sich bei SCHÄFER/UNKEL. Dort wurde eine Arbeitsdefinition(-hypothese) aufgestellt, die u.a. aus den GoF abgeleitet wurde:

"Private Finanzplanung ist ein kundenorientierter, kontinuierlicher und von Interaktion geprägter Prozess, der der Ermittlung der finanziellen Ziele eines Privathaushaltes sowie Handlungsempfehlungen zu deren Realisierung dient. Grundlage dafür ist eine intertemporal ausgerichtete umfassende und individuelle Analyse der Vermögens- und Risikosituation des Privathaushaltes, die mit Hilfe von EDV-

---

[10] Verständlichkeit ist einer der Bausteine der GoF, die ihrerseits Teil der Definition sind.

[11] Vgl. www.finanzplanung.de [Stand: 08.10.2001]. Für eine ausführliche Beschreibung der Grundsätze ordnungsmäßiger Finanzplanung vgl. Richter (2001).

Unterstützung von entsprechend qualifizierten Beratern auf Honorarbasis erstellt wird."[12]

Auch hier steht die prozessuale Struktur der Beratung am Anfang der Ausführungen. Hervorgehoben werden Kontinuität und Interaktion. Allerdings werden lediglich die finanziellen Ziele der Haushalte berücksichtigt, etwaige persönliche Ziele bleiben außen vor. Klar herausgestellt ist das Ergebnis der Finanzplanung, die Handlungsempfehlungen. Die anschließende Realisierung bzw. Durchführung etwaiger Finanztransaktionen ist jedoch nicht Bestandteil der Definition. Außerdem erfolgt die klare Beschreibung, was analysiert wird, nämlich Vermögens- und Risikosituation, also nicht etwa familiäre Umstände des Mandanten.

Weiterhin erfolgt eine Eingrenzung durch die Forderung nach EDV-Unterstützung und qualifizierten Beratern[13]. Die obligatorische Vereinbarung eines Honorars soll eine möglichst hohe Unabhängigkeit des Beraters und damit letztlich Neutralität gewährleisten.[14]

Insgesamt liegt hier durch die starke Konkretisierung eine sehr enge Definition von Financial Planning vor. Dies führt dazu, dass nur spezialisierte Planungskonzepte unter dieses Begriffsverständnis fallen. Dadurch wird die Unterscheidung von anderen Modellen erleichtert.

Die beiden folgenden Definitionen stammen aus der amerikanischen Literatur und wurden von der International Association for Financial Planning (IAFP) sowie dem Institute of Certified Financial Planners (ICFP) entwickelt. Diese beiden Organisationen haben sich im Jahre 2000 zur Financial Planning Association zusammengeschlossen.

- Definition der IAFP

Die IAFP definiert Financial Planning wie folgt:

"Financial Planning is providing to a person, for compensation, a plan recommending strategies and actions designed to help achieve the financial goals of that person on the basis of an evaluation of the personal and financial conditions and capabilities of that person."[15]

Zielgruppe der IAFP-Definition sind ebenfalls Privatpersonen. Hervorgehoben wird das erforderliche Honorar für die Planungsaktivitäten. Unter Financial Planning wird hier ausschließlich die Erstellung eines Planes verstanden, der helfen soll, finanzielle Ziele zu erreichen. Dabei sollen die persönlichen und finanziellen Möglichkeiten der Person Berücksichtigung finden.

Diese Definition ist die allgemeinste der hier vorgestellten und beschreibt in ihrer Einfachheit das grundsätzliche Konzept von Financial Planning. Allerdings bleibt die Frage, was eigentlich genau hinter diesem Strategie- und Aktionenplan steckt, offen.

- Definition des ICFP

---

[12] Schäfer/Unkel (2000), S. 30.

[13] Offen bleibt die Art der notwendigen Qualifizierung (z.B. CFP), die wesentlichen Einfluss auf die Qualität der erbrachten Dienstleistung hat.

[14] Vgl. Schäfer/Unkel (2000), S. 28.

[15] Mittra (1990), S. 4.

Das ICFP definiert Financial Planning folgendermaßen:

> *"Personal financial planning is the organization of an individual's financial and personal data for the purpose of developing a strategic plan to constructively manage income, assets, and liabilities to meet near- and long-term goals and objectives. Important to the success of the personal financial planning process is the monitoring and periodic review of the plan to ensure that it continues to meet individual needs."*[16]

Hervorzuheben ist die Ergänzung des Begriffes Financial Planning um den Zusatz "Personal", der den Bezug zum privaten Haushalt deutlich macht. Damit erfolgt eine klare Abgrenzung zum Financial Planning in Unternehmen.[17] Durch die Organisation und Strukturierung finanzieller und persönlicher Daten erfolgt die Entwicklung eines Strategiedokumentes. Die Inhalte dieses Planes konzentrieren sich auf das Management von Geld- und Sachvermögen sowie Verbindlichkeiten. Keine Erwähnung finden hingegen Absicherungsinstrumente wie etwa Versicherungen. Der Planungshorizont wird mit kurz- und langfristig, ohne nähere Beschreibung angegeben. Einen besonderen Stellenwert nimmt schließlich die regelmäßige Überwachung und Anpassung ein, um den Erfolg sicherzustellen. Auch diese Definition des *ICFP* ist relativ allgemein gehalten und konzentriert sich auf den Prozessgedanken des Financial Planning.

Einen Überblick über die Bestandteile der vier untersuchten Definitionen gibt die Tab. 2-5:

Tab. 2-5: Definitionenvergleich Financial Planning

Definition: Bestandteil:	Tilmes	Schäfer/ Unkel	IAFP	ICFP
Zielgruppe: private Haushalte	X	X	X	X
Individualität der Dienstleistung	X	X	X	X
Ganzheitlichkeit, im Sinne einer Berücksichtigung persönlicher, finanzieller und externer Rahmenbedingungen	X			
Beschreibung des Planungsprozesses	X	(X)		(X)
Realisierung der Handlungsempfehlungen	X			
Kontinuität, periodische Wiederholung	X	X		X
Planungshorizont				X
Honorarbasis		X	X	
EDV-Unterstützung		X		
Durchführung durch qualifizierte Berater		X		

Anm.: X = Bestandteil, (X) = eingeschränkter Bestandteil.

Quelle: Eigene Darstellung.

Allgemein ist festzustellen, dass durch den gezielten Einsatz von spezifischen Bestandteilen in der Definition ihre Aussage entsprechend allgemeingültig oder spezifisch wird. Die folgende

---

[16] Mittra (1990), S. 5.

[17] Zum Konzept des Financial Planning bei Unternehmen vgl. beispielsweise Zunk (2000).

Zusammenfassung der Gegenüberstellung veranschaulicht die Gemeinsamkeiten, aber auch die unterschiedlichen Auffassungen der Literatur zur Definition des Financial Planning:

- Weitgehende Übereinstimmung besteht in der Festlegung der Zielgruppe, der Individualität der Beratungsleistung und in der grundsätzlichen Kontinuität bzw. regelmäßigen Wiederholung der Planung. Auch die Vorgehensweise in Form eines strukturierten Prozesses ist zumindest implizit bei den meisten Varianten vorhanden.

- Unterschiede entstehen durch die Fokussierung der Definitionen auf bestimmte Aspekte. So konzentriert sich TILMES auf eine genaue Prozessbeschreibung und die ausdrückliche Berücksichtigung auch nicht-finanzieller Rahmenbedingungen, wie z.B. persönlicher oder externer Lebensumstände. Dadurch soll die Ganzheitlichkeit des Ansatzes unterstrichen werden.

- Die Realisierung der Handlungsempfehlungen, also die Durchführung der entsprechenden Transaktionen, wie z.B. der Kauf von Versicherungen oder Wertpapieren ist nur bei TILMES ausdrücklicher Bestandteil des Financial Planning. SCHÄFER/UNKEL verwenden zwar den Begriff Realisierung, meinen aber nicht explizit die Durchführung im Rahmen des Financial Planning.

- Das ICFP nennt als einzige der untersuchten Definitionen den Planungshorizont, für den Financial Planning gedacht ist. Dabei wird festgestellt, dass sowohl kurz-, als auch langfristige Planungszeiträume berücksichtigt werden sollen.

- Die Bezahlung der Dienstleistung durch entsprechende Honorare wird von SCHÄFER/UNKEL und *IAFP* thematisiert. Die beiden anderen Versionen lassen diesen Aspekt offen.

- SCHÄFER/UNKEL erweitern ihre Definition noch um die Forderung nach EDV-Unterstützung bei der Durchführung der Planung, die außerdem durch qualifizierte Berater durchgeführt werden soll. Durch diese speziellen Merkmale ist die Definition vergleichsweise eng und erlaubt nur geringe Abweichungen.

Im Folgenden soll basierend auf der angestellten Analyse eine für diese Arbeit geeignete Definition des Financial Planning konzipiert werden.

2.2.2 Problemadäquate Definition von Financial Planning

Durch die Analyse bestehender Definitionen des Financial Planning sind die wesentlichen Merkmale transparent geworden. Es gilt nun, für die vorliegende Arbeit eine Begriffsbestimmung vorzunehmen, die der bearbeiteten Fragestellung gerecht wird. Dabei wird nicht der Anspruch verfolgt, eine festsetzende Definition[18] zu finden, also ein neues Verständnis des Begriffes aufzustellen. Die formulierte Definition von Financial Planning ist damit keine Definition im strengen wissenschaftstheoretischen Sinn.[19] Man kann hier vielmehr von der Bil-

---

[18]   Vgl. Pawlowski (1980), S. 3.

[19]   Bei Definitionen, die im Rahmen einer exakten, als ein deduktives System darstellbaren wissenschaftlichen Theorie gebildet sind, werden bestimmte Behauptungen als Axiome herausgestellt. Alle anderen Behauptungen dieser Theorie lassen sich aus diesen Axiomen ableiten, vgl. Pawlowski (1980), S. 9.

dung einer regulierenden Definition sprechen, da ein bereits bestehender Ausdruck schärfer bestimmt und damit für den hier erforderlichen wissenschaftlichen Zweck brauchbar wird.[20] Dabei wird vor allem berücksichtigt, dass durch Financial Planning nicht nur gehobene Privatkunden, sondern auch Privatkunden mittlerer und unterer Einkommensschichten angesprochen werden sollen.

Zunächst wird ein Katalog an Anforderungen für eine solche Begriffsbestimmung aufgestellt, dem die Bestandteile und die Formulierung schließlich entsprechen müssen. Die Definition hat insbesondere den folgenden Anforderungen zu genügen:

* **Verständlich**, d.h. private Haushalte aller Einkommensschichten müssen die Formulierungen und Inhalte nachvollziehen können

* **Umfassend**, d.h. alle relevanten Aspekte, die das Wesen von Financial Planning beschreiben, müssen enthalten sein

* **Klar abgrenzend**, d.h. es muss eine deutliche Unterscheidung zu anderen Konzepten, wie beispielsweise Anlageberatung oder Versicherungsvertrieb erkennbar sein

* **Ergebnisorientiert**, d.h. für den Leser muss das Resultat von Financial Planning ersichtlich sein

* **Zielgruppenorientiert**, d.h. die adressierte Zielgruppe (Mengen/Retail-Segment) muss mit ihren besonderen Bedürfnissen angesprochen werden

Die genannten Anforderungen sollen letztlich eine Akzeptanz von Financial Planning in Wissenschaft und Praxis sicherstellen. Die Definition soll motivieren, sich mit der Thematik auseinander zu setzen bzw. sie auch zu nutzen. Um diesem Anspruch gerecht zu werden, wurden die vorhandenen Definitionen umgeformt bzw. ergänzt.

Financial Planning im hier unterstellten Kontext wird wie folgt definiert:

"Financial Planning ist ein bedarfsorientierter und grundsätzlich langfristig ausgerichteter Beratungsprozess – bestehend aus Datenaufnahme, Analyse, Dokumentation und regelmäßiger Kontrolle – zur Ermittlung und Erreichung persönlicher und finanzieller Ziele privater Haushalte. Dabei sind die individuellen finanziellen, rechtlichen und persönlichen Lebensumstände sowie externe Rahmenbedingungen in der Analyse und Planung zu berücksichtigen. Die Beratung erfolgt durch qualifizierte Financial Planner und/oder EDV-Instrumente gegebenenfalls gegen Entgelt. Als Ergebnis liegen Handlungsempfehlungen vor, die eine geeignete Realisierung der Ziele unter Nutzung von Finanzprodukten ermöglichen."

Bei der privaten Finanzplanung geht es um die Beratung eines privaten Haushaltes, orientiert an dessen individuellen persönlichen und finanziellen Zielen, die zunächst ermittelt werden müssen. Oftmals sind dem Haushalt seine Ziele gar nicht oder nur latent bewusst. Kennt er hingegen seine Ziele, stellt sich die Frage, was zu tun ist, um sie auch zu erreichen. Wie der Beratungsprozess genau aussieht, ist im Einzelfall zu entscheiden. Im Grundsatz erfolgt eine

---

[20] Vgl. Pawlowski (1980), S. 19 zu regulierenden Definitionen.

langfristige Planung, was aber nicht ausschließt, dass kurz- oder mittelfristige Ziele berücksichtigt werden.

Durchgeführt oder unterstützt wird dieser Prozess durch qualifizierte Berater und/oder EDV-Instrumente. D.h. es besteht auch die Möglichkeit, dass etwa eine Privatperson die Finanzplanung selbständig – vielleicht mit Hilfe einer Softwareanwendung – durchführt. Financial Planning in diesem Sinne muss also nicht ausschließlich durch professionelle Berater durchgeführt werden, sondern kann auch durch den Haushalt selbst praktiziert werden. Spezielle Softwareprogramme oder Angebote im Internet können dabei unterstützend eingesetzt werden. Die Finanzplanungsdienstleistung wird u.U. gegen ein gesondertes Beratungshonorar erbracht.

Als Ergebnis des Prozesses erhält man die gewünschten Handlungsempfehlungen, die es ermöglichen, die realistischen Ziele zu erreichen. Die Realisierung der Ziele ist nicht ausdrücklich Bestandteil dieses Financial Planning-Begriffes. Die Produktauswahl und anschließende Durchführung der Finanztransaktionen wird nicht im Rahmen des Planungsprozesses erbracht.

Im Grundsatz geht es bei Financial Planning letztlich um die Bereitstellung von Informationen zur rationellen Nutzung von Finanzprodukten.[21] Dabei wird eine individuelle Finanzarchitektur konstruiert, die den privaten Haushalt unterstützt, seine persönlichen und finanziellen Ziele zu ermitteln und schließlich zu verwirklichen.

2.3   Gestaltungsformen des Financial Planning

2.3.1   Financial Planning-Prozess aus der Perspektive privater Haushalte

Das Wesen des Financial Planning zeichnet sich durch einen mehrstufigen Prozess aus, der sich grundsätzlich an traditionellen Planungsprozessen orientiert. In der Literatur finden sich eine Reihe von Prozessbeschreibungen, mit deren Hilfe im jeweiligen Kontext dieser Beratungsdienstleistung eine Struktur gegeben wird.[22] Die in der Literatur beschriebenen Prozesskonstrukte sind von unterschiedlichem Detaillierungsgrad geprägt und subsumieren unter Financial Planning verschiedene Inhalte. Für die Zielsetzung dieser Arbeit wird deshalb ein neuer Financial Planning-Prozess entworfen, der ergänzt durch einige zusätzliche Spezifika den hier gestellten Anforderungen gerecht wird. Dabei handelt es sich wie bereits bei der Begriffsbestimmung im vorangegangenen Kapitel um Besonderheiten aus der Sicht privater Haushalte. Es wird also für die Prozessgestaltung die Perspektive der privaten Haushalte und nicht etwa die der Anbieter gewählt.

---

[21]   Zum Begriff Finanzprodukt vgl. Abschnitt 2.4.1.

[22]   Vgl. Böckhoff/Stracke (1999), S. 36ff; Engels/Meissner/Schölzel (1999), S. 162ff; Engenhardt (1998), S. 5; Kruschev (1999), S. 70ff; Mittra (1990), S. 23ff; Reittinger/Stracke/Tilmes (1997a), S. 582; Sestina (1992), S. 39ff; Schäfer/Unkel (2000), S. 40; Schnörer (2001), S. 62f; Stracke/Thies, S. 404f; Tilmes (2000a), S. 41ff; Tilmes (1996), S. 598ff; Reittinger/Stracke/Tilmes (1997a), S. 582.

Den gesamten Prozess mit seinen Schritten und deren Inhalten zeigt die Abbildung 2-1. Die grau schattierten Teilschritte kennzeichnen den Financial Planning-Prozess im engeren Sinn. Diese enge Sichtweise entspricht der hier unterstellten Definition von Financial Planning.[1] Um die Sichtweise des Nachfragers, also des privaten Haushaltes, besser abzubilden, ist es erforderlich, die Phasen vor der eigentlichen Planung mit einzubeziehen (Schritte 1 und 2). Falls der Haushalt externe Unterstützung hinzuzieht, sind die hierfür notwendigen Rahmenbedingungen zwischen den Parteien festzulegen (Schritt 3). Die Realisierung der Maßnahmen (Schritt 7) ist nicht Bestandteil der Planung im engeren Sinn, kann aber bei einem weiter gefassten Financial Planning integriert werden. Dies ist dann abhängig vom Wunsch des Kunden bzw. der Ausgestaltung des Angebotes des Financial Planning-Dienstleisters.

Abb. 2-1: Der Financial Planning-Prozess

Prozessschritt	Inhalte
1 Bedarfserkennung	Realisierung des Bedarfs für eine strukturierte Finanzplanung durch den privaten Haushalt
2 Entscheidung bzgl. Durchführung	Entscheidung des privaten Haushalts bzgl. Selbstberatung oder Inanspruchnahme eines professionellen Beraters und evtl. des Financial Planning-Anbieters
3 Auftragsvergabe	Grundlagen der Zusammenarbeit (Auftragsumfang, Honorierung, Haftung, Garantien etc.)
4 Datenaufnahme	Finanzielle Ist-Situation, Kundenprofil, Definition der finanziellen und persönlichen Ziele (Soll-Situation)
5 Analyse und Planung	Soll-Ist-Analyse, Szenarioplanungen, Handlungsempfehlungen
6 Dokumentation und Strategie	Planungs- und Ergebnispräsentation, Detailabstimmung, evtl. Anpassungen, Strategiedefinition
7 Realisierung	Produktvergleich, Auswahl geeigneter Finanzprodukte, Produktvermittlung und -verkauf, Durchführung der Finanztransaktionen
8 Regelmäßige Kontrolle	Periodische Überprüfung und Anpassung des Finanzplans, Erfolgsüberwachung

Anm.: Rahmen = Financial Planning-Prozess im engeren Sinn.

Quelle: Eigene Darstellung.

An den Schritten 1 und 2 ist in erster Linie der private Haushalt beteiligt. Dieser muss zuerst die Vorteilhaftigkeit einer strukturierten Finanzplanung für sich erkennen. Die Sensibilisie-

---

[1]   Vgl. Abschnitt 2.2.2.

rung für dieses Thema kann auf verschiedenste Weisen erfolgen, etwa durch den Eintritt bestimmter Lebensereignisse, den Hinweis von Verwandten oder Bekannten. Weitere Sensibili-
sierungsmöglichkeiten versprechen Finanzerziehungsmaßnahmen oder die Ansprache bzw.
Werbung der Anbieter dieser Dienstleistung. Die Bedarfserkennung erfolgt zumindest bis
heute in den wenigsten Fällen durch den Haushalt selbst. Oftmals herrscht zwar eine gewisse
Unsicherheit bzgl. der eigenen finanziellen Belange vor, an Financial Planning als Lösungsal-
ternative denkt aber in Deutschland bis heute kaum jemand. Die Bekanntheit des Konzeptes
ist im Gegensatz zu den USA noch äußerst gering.[2] Die Mehrzahl der Kunden denkt bei Finanzangelegenheiten an den Bankberater[3], häufig in Unkenntnis eines Angebots von Financial
Planning-Dienstleistungen.[4] Daraus resultiert der Umstand, dass Financial Planning "verkauft"
werden muss.[5] Die Anbieter müssen also im Allgemeinen den Haushalt vom Nutzen überzeugen.[6]

Im zweiten Prozessschritt fällt der Kunde die grundlegende Entscheidung, auf welche Weise
er Financial Planning nutzen möchte. Dabei sind grundsätzlich zwei Alternativen denkbar.
Erstens besteht die Möglichkeit der Selbstberatung für den Kunden. Fühlt sich der private
Haushalt in der Lage, eine solche Finanzplanung selbst durchzuführen, so kann er evtl. unter
Zuhilfenahme von entsprechender Literatur oder Software selbst eine Planung durchführen. In
der Realität wird mancher Haushalt die anschließende Finanzplanung im engeren Sinn durchführen, ohne je von Financial Planning gehört zu haben. Fraglich bleibt dabei, inwieweit Privatpersonen eine Finanzplanung aufgrund des hierzu notwendigen Wissens eigenständig erle-
digen können. Die zweite Möglichkeit besteht in der Konsultation eines spezialisierten Finanzberaters, der die Planung zusammen mit dem Kunden durchführt. Hat sich der Haushalt
für die Unterstützung durch einen Finanzberater entschieden, so ist aus den bestehenden Anbietern noch der geeignete auszuwählen.

Beauftragt der private Haushalt schließlich einen externen Financial Planner, so ist es sinnvoll, die Grundlagen der Zusammenarbeit festzulegen. Dies kann mit einem Beratervertrag
geschehen, dessen wichtigster Bestandteil die Beschreibung und inhaltliche Bestimmung der
Leistungspflichten ist.[7] Außerdem sollten darin auch das evtl. zu zahlende Honorar, vereinbar-
te Garantien und Haftungsfragen geregelt werden.[8]

---

[2]   Vgl. Kloepfer (1999), S. 86; Bae/Sandager (1997), S. 9.

[3]   Vgl. Schnörer (2001), S. 61.

[4]   Vgl. Kruschev (1999), S. 28.

[5]   Vgl. Tilmes (2000a), S. 45.

[6]   Es erscheint wünschenswert, dass private Haushalte zukünftig ein Bewusstsein für den eigenen Umgang mit
      finanziellen Dingen entwickeln und die Vorteilhaftigkeit einer strukturierten Finanzplanung selbst erkennen.
      Dies wäre sowohl für Anbieter als auch Nachfrager vorteilhaft.

[7]   Der Beratungsvertrag als solcher taucht im Bürgerlichen Gesetzbuch (BGB) als dem relevanten Gesetzestext
      nicht auf. Dort sind allerdings Dienst-, Werk- und Geschäftsbesorgungsverträge geregelt, weshalb ein Bera-
      tungsvertrag je nach Erfordernis als Beratungsdienstvertrag, Beraterwerkvertrag und Geschäftsbesorgungs-
      vertrag ausgestaltet sein kann, vgl. Linke (2001), S. 62f.

[8]   Zu den haftungsrechtlichen Fragestellungen im Zusammenhang mit dem Financial Planning vgl. Böckhoff/
      Stracke (1999), S. 56ff.

Mit dem vierten Prozessschritt beginnt das Financial Planning im engeren Sinne. In der Datenaufnahme werden der persönliche und finanzielle Status Quo (Ist-Situation) sowie die Zielvorstellungen (Soll-Situation) des Kunden erhoben.[9] Instrumente zur Strukturierung der Ist-Situation sind beispielsweise die private Bilanz und Gewinn- und Verlustrechnung (GuV).[10]

In der Analyse- und Planungsphase wird ein Soll-Ist-Vergleich durchgeführt und die zukünftige Entwicklung prognostiziert. Für die Planung sind zusätzlich externe Faktoren einzubeziehen. Dazu gehören vor allem steuerliche und rechtliche Rahmenbedingungen, die entscheidenden Einfluss auf die Gestaltung der Maßnahmen haben können. Ein sinnvolles Instrument ist in diesem Schritt die Szenarioplanung, bei der die Planung unter Änderung verschiedener Faktoren simuliert wird.[11] Spätestens bei dieser Phase ist eine Software-Unterstützung dringend erforderlich, da ansonsten die Gefahr von Fehlplanungen und das Vergessen wichtiger Parameter zu groß wird.[12] Im Ergebnis erhält man Handlungsempfehlungen, die zur Erreichung der vorher identifizierten Ziele geeignet sind. Idealerweise enthält die Maßnahmenplanung eine Auswahl geeigneter Finanzinstrumente, welche die Kundensituation optimal mit den Kundenwünschen in Einklang bringt.[13]

Die Ergebnisse sollten schriftlich dokumentiert werden. Dabei ist darauf zu achten, dass dies in einer verständlichen und nachvollziehbaren Form geschieht. Wesentliche Bestandteile des Finanzplanes sind die Darstellung der Ist-Situation, evtl. Problembereiche, Szenariobetrachtungen, Handlungsempfehlungen und Implementierungsmaßnahmen.[14] Falls eine persönliche Beratung stattgefunden hat, ist nun ein Strategiegespräch zu führen, in dem die Ergebnisse erläutert und Hinweise für das weitere Vorgehen gegeben werden. Etwaige Änderungswünsche des Kunden sind aufzunehmen, und der Plan ist dann entsprechend anzupassen, bis eine für den Kunden ideale Finanzarchitektur erstellt ist.

Der siebte Prozessschritt sieht die Umsetzung der Empfehlungen vor. Je nach dem Leistungsmodell des Anbieters besteht neben der reinen Beratung auch die Möglichkeit der Finanzproduktvermittlung oder des -verkaufs.[15] Eine Verteilung von Analyse und Realisierung auf zwei unterschiedliche Anbieter trägt i.d.R. dazu bei, zusätzliches Vertrauen in die Objektivität der Beratung herzustellen. Aus der Analysephase liegen normalerweise Vorschläge für Finanzprodukte vor (z.B. der Erwerb einer Rentenversicherung), ohne einen konkreten Produktgeber zu benennen. Um für den privaten Haushalt die geeignetste Produktwahl zu treffen, kann ein Vergleich der Finanzprodukte nach Preis und Leistung angebracht sein. Die dann

---

[9]   Vgl. Stracke/Thies (1986), S. 404f.

[10] Detaillierte Beschreibungen dieser Instrumente sind zu finden bei Bätscher (1989), S. 159ff; Böckhoff/ Stracke (1999), S. 111ff und S. 153ff und Tilmes (2000a), S. 51ff. Vgl. hierzu auch Abschnitt 3.3.2.

[11] Bei der Szenarioplanung ist auf die Komplexität zu achten. Schon mit drei Ausprägungen (optimistisch, realistisch, pessimistisch) und vier Parametern (Einkommensentwicklung, Kapitalmarkttendenz, Inflation und Steuersituation) erhält man $3^4 = 81$ Szenarien, was für keinen Kunden mehr nachvollziehbar ist.

[12] Vgl. Kruschev (1999), S. 89ff.

[13] Vgl. Bätscher (1989), S. 178f; Kruschev (1999), S. 93.

[14] Vgl. Kruschev (1999), S. 99ff; Mittra (1990), S. 42.

[15] Zur Problematik der objektiven Beratung und dem Einsatz von Beratungshonoraren vgl. Abschnitt 4.4.2.1.

ausgewählten Produkte können über den Finanzplaner, den Vergleichsanbieter oder einen Dritten (z.B. Hausbank oder Versicherung) bezogen werden.[16]

Als letzter Schritt des Prozesses ist es ratsam, eine regelmäßige Kontrolle des Planes vorzunehmen. Die individuelle Lebenssituation kann sich des Öfteren ändern, genauso tun dies die externen Rahmenbedingungen. Der langfristige Erfolg der Finanzplanung kann durch die fortlaufende Anpassung an sich verändernde Situationen sichergestellt werden. Natürlich sollten auch die prognostizierten Entwicklungen und Erfolge nachgehalten werden. Damit wird der Nutzen eines Financial Planning erst deutlich.

Durch die Unterteilung des Financial Planning-Konzeptes in verschiedene Prozessstufen ist es möglich, verschiedene Nutzergruppen dahingehend zu unterscheiden, inwieweit sie einzelnen Schritten unterschiedlichen persönlichen Nutzen beimessen. Beispielsweise werden bestimmte Nutzer lediglich die Analysephase benötigen, während andere den gesamten Prozess inkl. einem Produktvergleich und der Durchführung der Transaktionen von einem Anbieter fordern.[17]

Die Beteiligten an den Prozessschritten sind nicht einheitlich festzulegen. Der private Haushalt ist eigentlich in jeder Phase in unterschiedlicher Intensität beteiligt. Der Financial Planner kommt i.d.R. erst ab Schritt 3 hinzu und ist in allen weiteren Schritten involviert. Eine Ausnahme bildet der Schritt 7. Die Realisierung wird je nach Leistungsmodell entweder durch den Financial Planner (falls dieser beispielsweise eine Bank ist) oder einen Dritten, z.B. eine weitere Bank, durchgeführt.

2.3.2 Inhalte des Financial Planning

Bei den Inhalten einer Finanzplanung geht es im Wesentlichen darum zu klären, welche Elemente Gegenstand der Analysephase sind (Prozessschritt 5: Analyse und Planung). Dadurch kann das Financial Planning am besten von anderen Beratungsformen unterschieden werden. In der Literatur werden bislang lediglich verschiedene Finanzplanungstypen unterschieden, wobei je nach Typ des Finanzplanes unterschiedliche Inhalte vorgeschlagen werden.[18] In der einfachsten Variante, dem Risiko-Vorsorge-Check wird eine Übersicht der finanziellen Situation erstellt und darüber hinaus Aspekte der Risikoabsicherung und Altersvorsorge berücksichtigt. In den nächsten Stufen werden zusätzlich Rendite-/Steuerplanungen durchgeführt, Vermögensanlagen optimiert und Übertragungs- und Unternehmeraspekte aufgegriffen. Eine derartige Einteilung der Inhalte von Finanzplanung hat den Nachteil geringer Flexibilität, und zudem bleiben die Inhalte relativ unkonkret. Gleichzeitig werden die Anforderungen des Retail-Segmentes nicht in der notwendigen Weise berücksichtigt.

Um die konkreten Inhalte von Finanzplanungen für das Retail-Segment aufzuzeigen, werden nun die einzelnen Komponenten, unterteilt nach Basis- und Spezialmodulen, in der Abb. 2-2 dargestellt.

---

[16]   Gleiches gilt sinngemäß auch für den Verkauf von Produkten, die nicht mehr benötigt werden.

[17]   Eine empirische Überprüfung dieses Aspektes findet sich im Abschnitt 5.5.1.2.

[18]   Vgl. Böckhoff/Stracke (1999), S. 42; Reittinger/Stracke/Tilmes (1997a), S. 585; Tilmes (2000b), S. 551.

Die Basisinhalte sind der Kern von privaten Finanzplanungen, wobei auch hier die Möglichkeit besteht, einzelne Aspekte herauszugreifen und einzeln zu planen.[19] Die Steuerplanung nimmt eine Sonderstellung ein, da die steuerlichen Rahmenbedingungen regelmäßig auch bei allen anderen Inhalten zu beachten sind.

Abb. 2-2: Inhalte von privaten Finanzplanungen

Basisinhalte	Spezialinhalte
• **Vermögensplanung** (Vermögensaufbau und -strukturierung) • **Altersvorsorgeplanung** (private Rente, Fördermittel etc.) • **Versicherungsplanung** (Personen- und Sachschäden) • **Liquiditätsplanung** (Einnahme- und Ausgabeplanung, private Bilanz) • **Investitions- und Finanzierungsplanung** (Immobilienerwerb, besondere Anschaffungen etc.) • **Steuerplanung**	• **Erbschafts-planung** • **Unternehmens-nachfolgeplanung** • **Schuldnerbera-tung** • **Finanzerziehung**

Quelle: Eigene Darstellung.

Bei der Vermögensplanung geht es um ein zielgerichtetes, risiko- bzw. renditeoptimiertes Management des Vermögensauf- und -ausbaus. Im Rahmen der Gestaltung der persönlichen Altersvorsorge sind insbesondere gesetzliche, betriebliche und private Altersvorsorgekomponenten zu kombinieren. Hier sind auch entsprechende staatliche Zuschüsse und Vergünstigungen zu erkennen und zu berücksichtigen. Die Versicherungsplanung beschäftigt sich mit der Optimierung der Risikoabsicherung, d.h. mit der Gestaltung der Gesundheitsvorsorge und der Sach- und Vermögenssicherung. Durch die Abstimmung der monatlichen regelmäßigen und unregelmäßigen Ein- und Auszahlungen wird ein Liquiditätsmanagement durchgeführt, das mit dem Vermögensmanagement abgestimmt werden sollte. Mit der Investitions- und Finanzierungsplanung kann in erster Linie ein Immobilienerwerb oder andere Anschaffungen, die nicht aus dem vorhandenen Vermögen zu leisten sind, geplant werden.

Die speziellen Inhalte sind nicht regelmäßig Gegenstand von Finanzplanungen. Sie werden nur bei Vorliegen besonderer Umstände oder Anforderungen von Kundenseite integriert. Dazu gehört die Gestaltung der Vermögensübertragung durch Erbschaft und Schenkung oder die Unternehmensnachfolgeplanung bei Selbständigen. Bei Haushalten, die durch eine Verschuldung in die Gefahr einer Überschuldung kommen, kann auch eine spezielle Schuldnerberatung, die sich im Grundsatz ebenfalls der Planungsmethoden des Financial Planning bedient, zweckdienlich sein. Ein ebenfalls eher ungewöhnlicher Bestandteil der Finanzplanung kann die Finanzerziehung sein.[20] Durch Seminare oder Lernprogramme mit finanziellen Inhalten

---

[19] Vgl. hierzu die Formen des Financial Planning im Abschnitt 2.3.3.

[20] Vgl. hierzu Abschnitt 4.2.2.1.

kann der private Haushalt in die Lage versetzt werden, die Vorteilhaftigkeit und Notwendigkeit einer Finanzplanung zu erkennen, bzw. eine solche selbstständig durchzuführen.

2.3.3 Formen des Financial Planning

Die Grundphilosophie der privaten Finanzplanung besteht aus einer ganzheitlichen Betrachtung aller finanziellen und persönlichen Aspekte von Privatpersonen, unter dem Anspruch, die Ziele und Wünsche mit den finanziellen Möglichkeiten zu koordinieren.[21]

Neben diesem grundsätzlich richtigen, hohen Anspruch lassen sich aber noch weitere Ausprägungsformen der privaten Finanzplanung skizzieren. Die konkrete Ausgestaltung eines Financial Planning-Angebotes lässt sich anhand von zwei zentralen Kriterien beschreiben:[22]

- Umfang der Beratungsleistung des Anbieters, d.h. die Beratung erfolgt entweder sehr umfassend (comprehensive) oder eher themenzentriert (goal-oriented)

- Grad an Eigenleistung des privaten Haushaltes, d.h. inwieweit führt der private Haushalt das Financial Planning oder bestimmte Schritte selbst durch (Grad an Selbstberatung)

Allgemein kann man zwischen einer umfassenden bzw. einer themenzentrierten Finanzplanung unterscheiden.[23] Die umfassende Finanzplanung möchte eine möglichst optimale Lösung aller Probleme erreichen. Im Ergebnis entstehen sog. "Mehrthemenpläne". Bei einer themenzentrierten Finanzplanung hingegen wird durch die Konzentration auf spezielle Bereiche versucht, partielle Ziele eines Kunden zu erfüllen.[24] Resultat der Planung sind sog. "Einthemenpläne", die sich beispielsweise mit der Sicherstellung der Altersvorsorge oder der Anlage von Vermögenswerten befassen. Allerdings ist auch bei der themenzentrierten (oder auch zielorientierten) Finanzplanung eine vernetzte Betrachtung und Analyse der gesamten Situation des privaten Haushaltes notwendig, bei der dann Schwerpunkte auf verschiedene Themen gelegt werden.[25]

In der deutschen Praxis wird unter Financial Planning bislang zumeist die ganzheitliche, umfassende Finanzplanung favorisiert.[26] Dies rührt daher, dass zuerst die spezialisierten Anbieter, die sich auf die Betreuung von vermögenden Privatkunden konzentrieren, mit Financial

---

[21]   Vgl. Böckhoff/Stracke (1999), S. 21; Kruschev (1999), S. 17.

[22]   Ein drittes Kriterium wäre das Leistungsmodell des Anbieters. Außer der beratenden Funktion kann auch die Finanzproduktvermittlung und der Finanzproduktverkauf Gegenstand des Leistungsangebotes sein. Da die Vermittlung und der Verkauf aber keine originären Bestandteile des Financial Planning nach der hier unterstellten Definition sind, wird dieses Kriterium nicht berücksichtigt. Vgl. hierzu Abschnitt 4.4.2.1.

[23]   Vgl. Bae/Sandager (1997), S. 9ff; Kruschev (1999), S. 26f; Mittra (1990), S. 548ff.

[24]   Vgl. Tilmes (2000a), S. 232. RICHTER bezeichnet die zielorientierte Finanzplanung als "Finanzplanung i.e.S." und die umfassende Finanzplanung als "Financial Planning", vgl. Richter (2001), S. 42. Dieser Auffassung wird hier nicht gefolgt, da eine derartige Unterscheidung lediglich die Begriffsvielfalt erhöht und damit nicht zu einer breiten Etablierung des Financial Planning beiträgt.

[25]   Vgl. Tilmes (2000a), S. 232. KRUSCHEV hingegen führt aus, dass, während die umfassende Planung eine vollständige Datenerhebung und eine komplette Zielbestimmung erfordert, bei der zielorientierten Finanzplanung lediglich eingeschränkte Daten und eine einseitige Zieldefinition notwendig sind, vgl. Kruschev (1999), S. 26. Mit dieser Charakterisierung besteht jedoch die Gefahr, dass es sich bei der Beratung wiederum um eine herkömmliche Anlage- oder Versicherungsberatung handelt.

[26]   Vgl. Kruschev (1999), S. 27; Tilmes (2000a), S. 232.

Planning auf den Markt getreten sind. Dieser Klientel sollte mit dem umfassenden Ansatz ein neues und gegenüber den herkömmlichen Angeboten stark differenziertes Angebot unterbreitet werden. Es entstehen jedoch zunehmend mehr Angebote, die dem Konzept eines themenzentrierten Financial Planning folgen.[27]

In den USA hingegen ist die themenzentrierte Finanzplanung weiter verbreitet als die umfassende Form.[28] Durch die geringere Komplexität dieser Beratungsform und die dadurch niedrigeren Preise war dies ein wichtiger Faktor für die starke Verbreitung und hohe Akzeptanz des Financial Planning in den Vereinigten Staaten.

Das zweite Kriterium, anhand dessen sich Financial Planning-Dienstleistungen unterscheiden lassen, ist der Grad der Eigenleistung, den der private Haushalt erbringt. Dabei sind die beiden Extrempositionen einerseits die Inanspruchnahme eines professionellen Finanzplaners für die gesamte Planung (Fremdbezug) und andererseits die komplett eigenständige Durchführung quasi als Selbstberatung (Eigenfertigung). Dazwischen sind verschiedenste Abstufungen denkbar. Der Haushalt kann entweder den gesamten Financial Planning-Prozess mit fremder Hilfe durchführen, oder aber einzelne Teile selbst in die Hand nehmen. Um selbständig solche Planungsschritte bewältigen zu können, bietet sich die Unterstützung durch spezielle Softwareprogramme oder Internet-Tools an.

Die Variante einer Eigenerstellung der Finanzplanung durch den Haushalt wird bislang in der Financial Planning-Literatur vernachlässigt.[29] Dies ist insoweit verwunderlich als in der Realität sehr viele private Haushalte ihre Finanzen eigenständig und ohne Unterstützung von professionellen Beratern planen. Außerdem kann die Kenntnis um die Kriterien, anhand derer eine Entscheidung bezüglich Eigenfertigung oder Fremdbezug gefällt wird, wertvolle Hinweise zu den Bestimmungsfaktoren der Nachfrage nach Financial Planning liefern.[30]

Bezeichnet man nun zwei Achsen eines Portfolios mit diesen Kriterien (Beratungsumfang und Eigenleistung), so können damit die verschiedenen Formen des Financial Planning veranschaulicht werden (vgl. Abb. 2-3).[31]

Innerhalb des Raumes, der durch die genannten Kriterien aufgespannt wird, lassen sich drei Formen des Financial Planning positionieren. Die ursprüngliche und klassische Form ist gekennzeichnet durch eine umfangreiche Beratungsleistung mit hoher Komplexität, bei welcher der private Haushalt nur wenig selbst beitragen kann.[32] In der Analysephase werden möglichst

---

[27] So bietet die Dresdner Bank mit Ihrer strategischen Vermögensplanung ein tendenziell zielorientiertes Financial Planning an, vgl. Berzdorf/Heinsen (1999), S. 23ff. Auch das "S-Vermögensmanagement" der Sparkassen-Organisation geht in diese Richtung. Dabei werden nach einer Bestandsaufnahme sämtlicher Vermögensfragen sowie der persönlichen Verhältnisse und Bedürfnisse des Kunden und seiner Familie Vorschläge zur Optimierung der Vermögenslage erarbeitet, vgl. Krauß (2001), S. 182.

[28] Vgl. Bae/Sandager (1997), S. 11f.

[29] Eine Ausnahme stellt die Abhandlung von SRINIVAS dar, vgl. Srinivas (2000), S. 3.

[30] Vgl. hierzu den Abschnitt 3.4.1.3.

[31] Die hier vorgenommene Klassifikation der Financial Planning-Formen wird im Rahmen der empirischen Untersuchung im Abschnitt 5.5.4.2 überprüft.

[32] Hierbei handelt es sich um das Financial Planning im Sinne der bisher einschlägigen, deutschsprachigen Literatur, vgl. Kloepfer (1999), Tilmes (2000a).

viele Aspekte der finanziellen Umwelt des Haushaltes berücksichtigt und auch dementsprechend Handlungsempfehlungen für diese Bereiche erarbeitet. Die Zielgruppe für diese Art des
Financial Planning sind vermögende Privatkunden.

Abb. 2-3: Formen des Financial Planning

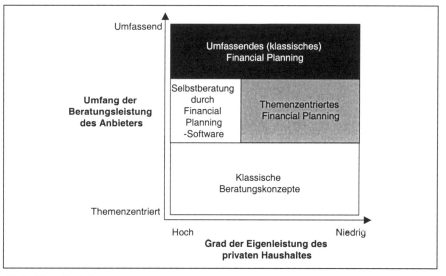

Quelle: Eigene Darstellung.

Die zweite Form des Financial Planning ist tendenziell in der Beratungsleistung mehr auf einzelne Ziele orientiert und damit auch weniger komplex. Es kann sich dabei z.b. um eine Al-
tersvorsorgeplanung durch den Aufbau von Geld- und Sachvermögen unter Berücksichtigung
der steuerlichen Situation handeln. Auch hier sollten möglichst viele Aspekte berücksichtigt
werden (individuelle persönliche Situation, Steuern, Vermögen etc.). Handlungsempfehlungen
werden jedoch nur für ein(ige) Gebiet(e) erstellt. Hier besteht für den privaten Haushalt eine
größere Möglichkeit, sich selbst in die Planung einzubringen. So könnte er etwa ein entsprechendes Internet-Tool zur Berechnung und Planung verwenden oder eine persönliche, aber
weitgehend standardisierte Beratung mit einem Finanzplaner durchführen. Zielgruppe dieser
Form des Financial Planning sind Privatkunden mit durchschnittlichem Einkommen.

Die Selbstberatung des Haushaltes könnte mit Hilfe entsprechender Softwareprogramme realisiert werden. Mit Financial Planning-Software kann der private Haushalt selbständig eine
Finanzplanung durchführen, die sich i.d.R. durch einen geringen Komplexitätsgrad auszeichnet. Natürlich wird der Beratungsumfang nicht derart umfassend wie eine klassische Finanzplanung sein können. Neben einer speziellen Finanzplanungssoftware kann auch sogenannte

"Personal Financial Management Software" eingesetzt werden.[33] Mit Hilfe derartiger Programme wird der Haushalt in die Lage versetzt, Einnahmen und Ausgaben zu steuern und Transparenz in die eigene finanzielle Situation zu bringen. Ist dieser Überblick erst einmal gegeben, fällt die Planung der eigenen Finanzen deutlich leichter. In Verbindung mit den Möglichkeiten der Informationsbeschaffung durch das Internet ermöglicht derartige Finanzplanungssoftware einen Einstieg in die Private Finanzplanung unabhängig von klassischen Finanzberatern.[34] Die Zielgruppe sind Bezieher sowohl durchschnittlicher als auch unterdurchschnittlicher Einkommen.

In diese Matrix können auch die klassischen Beratungsdienstleistungen eingeordnet werden. Diese zeichnen sich im Allgemeinen durch eine starke Zielorientierung auf bestimmte Bereiche der persönlichen Finanzen aus. Im Unterschied zum Financial Planning erfolgt jedoch in aller Regel keine umfassende Bestandsaufnahme und Betrachtung der finanziellen und persönlichen Gesamtsituation des privaten Haushaltes. Vielmehr werden partielle Probleme des Kunden gelöst. Der Grad der Eigenleistung des Haushaltes ist variabel, je nachdem, inwieweit der Berater in die Entscheidungsfindung einbezogen wird. Die Grenzen zur themenzentrierten Finanzplanung sind fließend.

2.4 Financial Planning als Beratungsdienstleistung

Das Financial Planning steht in engem Zusammenhang mit den Begriffen Finanzdienstleistung, Finanzprodukt und Finanzberatung, weshalb eine Einordnung zweckmäßig erscheint. Zudem erfolgt eine Abgrenzung gegenüber anderen Beratungsdienstleistungen und den Begriffen Allfinanz und Vermögensverwaltung.

2.4.1 Finanzdienstleistung, Finanzprodukt und Finanzberatung

Der Begriff Finanzdienstleistungen wurde in den 1970er Jahren als Übersetzung des amerikanischen Ausdrucks Financial Services eingeführt.[35] Vielfach werden deshalb die beiden Begriffe Finanzdienstleistungen und Financial Services synonym verwandt.

Die Definitionen für Finanzdienstleistungen in der Literatur sind vielfältig.[36] Grundsätzlich lassen sich zwei wesentliche Sichtweisen bei der Begriffsdeutung beobachten:

- Anbieterbezogene Definitionen

- Nachfrager- bzw. funktionsorientierte Definitionen

---

[33] Eine Finanzplanung im Internet wird durch die Incam AG angeboten, vgl. www.incam.de. Vgl. hierzu auch den Abschnitt 4.2.2.2 zu Beratungssoftware.

[34] Zu den verbreitetsten Standards dieser Software gehören Intuit Quicken und Microsoft Money; vgl. Bellof/Bercher (1999), S. 319; Clemons/Hitt (2000), S. 2.

[35] Vgl. Obele (1998), S. 4; Stracke/Geitner (1992), S. 30.

[36] Auf eine Erörterung des Begriffes "Dienstleistungen" wird hier verzichtet. Vgl. hierzu etwa Berekoven (1974), S. 29 und als Zusammenfassung der Diskussion Meffert (1995), S. 23 bis 27.

Die anbieterbezogene Definition versteht unter Finanzdienstleistungen die von Finanz-dienstleistern (Finanzintermediären)[1], wie z.B. Kreditinstituten, Versicherungen und Bausparkassen angebotenen Leistungen.[2] Aus dieser Sichtweise heraus ist verhältnismäßig leicht festzustellen, bei welcher Dienstleistung es sich um eine Finanzdienstleistung handelt. Die Gesamtheit aller von Finanzdienstleistern angebotenen Produkte sind Finanzdienstleis-tungen. Wird also Financial Planning durch eine solche Institution angeboten, handelt es sich nach dieser Definition um eine Finanzdienstleistung.

Bei der nachfrager- bzw. funktionsorientierten Sichtweise der Finanzdienstleistung wurde in der jüngeren Literatur hauptsächlich der Liquiditäts- bzw. Geldbezug der Dienstleistung in den Vordergrund gerückt.[3] OBELE beispielsweise definiert Finanzdienstleistungen wie folgt:

"Finanzdienstleistungen sind geldbezogene Ansprüche, Verpflichtungen sowie Transaktionen zur Erfüllung der finanzwirtschaflichen Funktionen Durchführung von Finanztransaktionen, Bildung von Geldvermögen, Bildung von Sachvermögen sowie Risikoabsicherung zur Sicherung des Vermögensstatus."[4]

Dabei wird unterstellt, dass ein grundlegendes Merkmal von Finanzdienstleistungen die Transformation von Liquidität über die Zeit sei. Dies ist sicherlich eine Kernfunktion[5] von bestimmten Finanzdienstleistern wie z.B. Kreditinstituten, eine Übertragung auf Finanzdienst-leistungen im Allgemeinen erscheint jedoch nicht zwangsläufig sinnvoll.

In dieser engen Form beschreiben die Definitionen eigentlich **Finanzprodukte**, die als gegen-seitige rechtliche Zahlungsversprechen das Ziel verfolgen, heutige und künftige Liquidität zu tauschen.[6] Finanzprodukte dienen der Ausführung von finanzwirtschaftlichen Aktivitäten. Solche Produkte und die entsprechenden Aktivitäten (in Klammern) sind etwa: Wertpapiere (Anlegen, Vermögen Bilden), Kreditkarten (Einnehmen, Ausgeben), Versicherungen (Si-chern), Kredite (Finanzieren).

Der Hinweis auf den Geldbezug der finanzwirtschaftlichen Funktionen (respektive Finanz-produkte) Liquiditätssicherung, Vermögensbildung und Risikoabsicherung ist zunächst zutref-fend. Die Beschränkung auf Finanzprodukte vernachlässigt allerdings wesentliche Angebote

---

[1] Finanzdienstleistungsinstitute sind nach § 1 Abs. 1a KWG Unternehmen, "... die Finanzdienstleistungen für andere gewerbsmäßig oder in einem Umfang erbringen, der einen in kaufmännischer Weise eingerichteten Geschäftsbetrieb erfordert, und die keine Kreditinstitute sind." Das Kreditwesengesetz (KWG) unterscheidet zwischen Kreditinstituten, Finanzdienstleistungsinstituten und Finanzunternehmen (§ 1 KWG).

[2] Vgl. Bätscher (1989), S. 58; Bernet (1996), S. 25; Walz (1991), S. 6.

[3] Vgl. beispielsweise Roemer (1998), S. 32; Obele (1998), S. 8; Will (1995), S. 19.

[4] Obele (1998), S. 8.

[5] Die hier gemeinte Fristentransformation ist neben der Losgrößen- und Risikotransformation eine der drei wesentlichen Aufgaben von Kreditinstituten in Finanzmärkten. Kreditinstitute leisten Fristentransformation, wenn sie die unterschiedlichen Zeiträume (Fristen) für Kapitalanlage und Kapitalaufnahme durch Ausgleich von Angebot und Nachfrage in laufzeitmäßige Übereinstimmung bringen, vgl. Bernet (1996), S. 25f; Hart-mann-Wendels/Pfingsten/Weber (1998), S. 6f und S. 13.

[6] Vgl. Roemer (1998), S. 33; Schütt (1995), S. 50.

moderner Finanzdienstleister, die ihren Nachfragern auch andere marktfähige Leistungen wie Depotleistungen, Transaktions- und Zahlungsverkehrs- oder Beratungsleistungen anbieten.[7] In einer allgemeineren Definition der funktionsorientierten Sichtweise können unter Finanzdienstleistungen alle Dienstleistungen subsumiert werden, die eine finanzwirtschaftliche Funktion erfüllen.[8] Unter finanzwirtschaftlichen Funktionen sind im Wesentlichen die Liquiditätssicherung, Vermögensbildung und die Risikoabsicherung zu verstehen.[9]

Eine entsprechend weiter gefasste Definition von Finanzdienstleistungen liefert BÄTSCHER:

"Finanz-Dienstleistungen sind dominant immaterielle, im Kern ergebnis- und/oder aktivitätsbezogene Marktleistungen, die zur Erfüllung einer oder mehrerer finanzwirtschaftlicher Grund- und Hilfsfunktionen beitragen oder deren Erfüllung ganz übernehmen."[10]

Wichtig bei dieser Definition ist die Unterscheidung in finanzwirtschaftliche Grund- und Hilfsfunktionen. Grundfunktionen nach BÄTSCHER sind: Einnehmen, Anlegen, Vermögen bilden, Verteilen, Ausgeben und Sichern.[11] Als Hilfsfunktionen bezeichnet er: Umwelt einbeziehen, Ziele setzen, Ist-Zustand analysieren, Handlungsalternativen ermitteln und bewerten, Entscheiden, Durchführen und Kontrollieren.[12] Durch die Integration der Hilfsfunktionen in die Definition von Finanzdienstleistungen, die quasi einen Problemlösungsprozess beschreiben, wird implizit auch die Finanzberatung miteinbezogen.[13] Diese Erweiterung der finanzwirtschaftlichen Funktionen um die Finanzberatung ist nachhaltig sinnvoll, da Finanzdienstleister ganz wesentlich Beratungsleistungen anbieten. Die skizzierte Finanzberatung entspricht einem typischen entscheidungsorientierten Phasenschema und kann letztlich als eine Kette von finanzwirtschaftlichen Hilfsfunktionen interpretiert werden.[14]

Bezieht man unter Finanzdienstleistungen auch Finanzberatung mit ein, so ist die Geldbezogenheit nicht mehr elementares Merkmal, da mit einer Beratung kein Liquiditätsfluss verbunden sein muss.

Betrachtet man die Finanzberatung isoliert vom Begriff der Finanzdienstleistung, so kann diese wie folgt definiert werden:

"Eine Finanzberatung ist eine von einem Finanzdienstleister angebotene Leistung, in der dieser gemeinsam mit einem oder mehreren Nachfragern deren finanzwirtschaft-

---

[7] Vgl. Roemer (1998), S. 34; Schütt (1995), S. 50.

[8] Vgl. Bätscher (1989), S. 121.

[9] Vgl. Obele (1998), S. 5; Bätscher (1989), S. 66ff; BÄTSCHER versteht unter diesen drei Funktionen lediglich die finanzwirtschaftlichen Grundfunktionen.

[10] Bätscher (1989), S. 121.

[11] Vgl. Bätscher (1989), S. 76. Die Funktion Finanzieren wird nicht ausdrücklich erwähnt. Zur Vervollständigung dieses Funktionenkataloges erscheint sie jedoch wichtig.

[12] Vgl. Bätscher (1998), S. 77.

[13] Vgl. hierzu Abschnitt 3.3.1.2.

[14] Vgl. Schütt (1995), S. 122f.

liches Problem durch die Erstellung von (kundenindividuellen) Problemlösungen löst."[15]

Bei der Finanzberatung handelt es sich um eine Finanzdienstleistung, die den Kunden in seinen finanzwirtschaftlichen Aktivitäten und in der Auswahl der Finanzprodukte unterstützt.[16]

Financial Planning ist demnach eine Finanzdienstleistung, die als spezielle Finanzberatung in einem Beratungs-/Problemlösungsprozess, unter Berücksichtigung von Finanzprodukten, kundenindividuelle Finanzpläne generiert.

2.4.2 Formen der Beratung

Bei Financial Planning handelt es sich um eine besondere Form der Beratung. Der Begriff Beratung in Verbindung mit Finanzdienstleistungen kann am Beispiel der Anlageberatung verdeutlicht werden. SEVERIDT definiert Anlageberatung wie folgt:

"Eine Anlageberatung ist die Bereitstellung von Informationen und das Aussprechen von Empfehlungen an einen Kunden, der sich mit einer Anlageentscheidung konfrontiert sieht, unter Berücksichtigung seiner Ziele, Risikoeinstellungen und persönlichen Lebensumstände."[17]

Verallgemeinert man die Aussagen dieser Definition, dann handelt es sich bei der Beratung zunächst um das Zur-Verfügung-Stellen, die Aufbereitung und Bewertung von Informationen. Diese Informationen werden anschließend unter Beachtung der individuellen Situation des Beratenen zu einer Handlungsempfehlung verarbeitet. In der einfachsten Form kann Beratung als Wissenstransfer zwischen zwei Parteien beschrieben werden.[18] Unter dieser Umschreibung kann auch die bereits erarbeitete Definition von Financial Planning subsumiert werden (vgl. Abschnitt 2.2.2). Financial Planning ist demnach auch eine Form der Beratung, die in der Praxis in verschiedenen Beratungsansätzen operationalisiert wird. Einen Überblick über die vorherrschenden Beratungsansätze gibt die Tab. 2-6.

---

[15] Roemer (1998), S. 37.
[16] Vgl. Kloepfer (1999), S. 2; Roemer (1998), S. 32.
[17] Severidt (2000), S. 43.
[18] Vgl. Patterson (1991), S. 12.

Tab. 2-6: Beratungsansätze in der professionellen Finanzberatung

Beratungsansatz	Merkmale	Anbieter (Beispiele)
Produktorientiert	▪ Im Vordergrund steht das Produkt ▪ Beratung lediglich Mittel zum Zwecke des Produktverkaufs	▪ Banken, Sparkassen ▪ Versicherungen ▪ Bausparkassen
Problemlösungs-orientiert	▪ Standardisierte Beratung als Mittel zum Verkauf standardisierter Produkte ▪ Schwerpunkt Produktvermittlung	▪ Allgemeiner Wirtschaftsdienst (AWD) ▪ Deutsche Vermögensberatung AG (DVAG)
Zielgruppenorientiert	▪ Bearbeitung spezifischer Kundensegmente oder Berufsgruppen ▪ Konzentration auf Zielgruppenspezifische Produkte	▪ Marschollek, Lautenschläger und Partner (MLP AG) ▪ Tecis AG
Bedarfsorientiert	▪ Individuelle, bedarfsgerechte Beratung ▪ Produkt lediglich Mittel zum Zweck der Bedarfserfüllung ▪ Teilweise erfolgt nur Beratung, ohne Produktvermittlung oder -verkauf	▪ Commerz Finanz Management GmbH (CFM)

Quelle: Eigene Darstellung in Anlehnung an Stracke/Geitner (1992), S. 597.

Die Hersteller der Finanzprodukte präferieren häufig noch immer eine produktorientierte Beratung. Diese dient lediglich der Herbeiführung eines Produktverkaufs im Rahmen eines Vertriebsprozesses.[19] Auf die produktorientierten Beratungsansätze treffen auch die Bezeichnungen Anlage-, Finanzierungs- oder Versicherungsberatung etc. zu. Diese Formen der Beratung setzen ein Beratungssubjekt voraus, z.b. Wertpapiere oder Immobilien.[20] Auch bei Allfinanz-Konzernen, die eine breite Produktpalette vorhalten, beschränkt sich die Beratung meist auf eine Produkterklärung sowie den abgestimmten bzw. koordinierten Verkauf.[21] Die Anreize für den Berater liegen vor allem in Zielvorgaben seines Arbeitgebers und in den Provisionen des Produktverkaufs.[22]

Bei den problemlösungsorientierten Ansätzen liegt der Schwerpunkt in der Produktvermittlung. Dies ist auf die Unternehmen zurückzuführen, die sich dieses Beratungsansatzes bedienen. Diese auch als Strukturvertriebe bezeichneten Finanzdienstleister haben sich aus der Vermittlung von Bank- und Versicherungsprodukten entwickelt. Dabei werden standardisierte Produkte oder Produktkombinationen durch weitestgehend ebenso standardisierte Beratungen vertrieben. Vorteilhaft kann sich die teilweise vorhandene Unabhängigkeit von den Produktherstellern auswirken. Da allerdings im Vordergrund die Vermittlung von Produkten und damit die Provisionen stehen, entsteht oftmals die Problematik fehlender Objektivität und Neutralität.

---

[19] Vgl. Schäfer/Unkel (2000), S. 36.
[20] Vgl. Kruschev (1999), S. 24.
[21] Vgl. Schäfer (2001a), S. 718; Schäfer (2001b), S. 400; Kloepfer (1999), S. 7.
[22] Vgl. Richter (2001), S. 4, Schäfer (2001a), S. 718.

Im Rahmen des zielgruppenorientierten Beratungsansatzes sollen die betreuten Personen in ihrem Lebensweg bei finanziellen Fragestellungen begleitet werden. In seiner Ausgestaltung ist dieser Ansatz dem problemlösungsorientierten Vorgehen sehr ähnlich. Es erfolgt lediglich eine Beschränkung auf bestimmte Zielgruppen. Dies sind i.d.R. auch die attraktiven Gruppen wie z.b. junge Akademiker, bei denen mit stark steigenden Einkommen zu rechnen ist. Auch hier ist eine starke Provisionsorientierung der Berater einer objektiven Beratung hinderlich.

Der bedarfsorientierte Beratungsansatz entspricht am ehesten dem hier unterstellten Verständnis des Financial Planning.[23] Idealtypischerweise ist dieser unabhängig von bestimmten Zielgruppen anzuwenden. Bei dieser Vorgehensweise ist zunächst kein Beratungssubjekt erforderlich. Erst wenn sich im Laufe der Analysephase ein entsprechender Handlungsbedarf ergibt, erfolgt eine Konkretisierung, z.b. auf eine Vermögensanlageform.[24] Dieser Beratungsansatz löst zudem nicht nur Probleme, sondern geht basierend auf einem ganzheitlichen Anspruch von den individuellen Bedürfnissen von Personen aus und entwickelt unter Beachtung der finanziellen Situation Strategien zur Erreichung der Ziele.[25] In seiner Reinform erfolgt lediglich die Beratung durch den Anbieter und keine anschließende Produktvermittlung.

Neben diesen Beratungsansätzen ist noch eine weitere Form der Beratung in Verbindung mit Financial Planning von Relevanz, nämlich die Selbstberatung. Die Selbstberatung ist ein Konzept, das vor dem Hintergrund immer stärker emanzipierter Verbraucher zunehmend an Bedeutung gewinnt.[26] Diese Entwicklung ist auf mehrere Ursachen zurückzuführen:[27]

- Der vereinfachte Zugang zu Finanzinformationen (v.a. über das Internet);
- Die rasche Verbreitung von computerisiertem Online-Handel mit Finanzdienstleistungen;
- Die Entwicklung von alternativen Vertriebswegen, wie z.B. Internetportale für Investmentfonds verschiedenster Anbieter;
- Die Verbreitung von privaten Investment-Clubs;
- Die zunehmenden Professionalisierung und das Selbstvertrauen der privaten Haushalte in finanziellen Angelegenheiten.[28]

Die zahlreichen Discount-Broker in Deutschland, die in den Jahren 1999 und 2000 hunderttausende Kunden gewinnen konnten, waren wegen dieses Trends zur Selbstberatung erfolgreich. Die Kunden glaubten, selbst in der Lage zu sein, die notwendigen Entscheidungen in ihrer Anlagestrategie treffen zu können, und griffen auf die kostengünstigeren Angebote der Broker zurück. Dieses Phänomen war wohl zu großen Teilen auf die schier unaufhaltsam steigenden Aktienkurse zurückzuführen. Das zeigte die Entwicklung nach der Abschwächung der Börsenbooms im vorgenannten Zeitraum. Die Kunden verspürten im Angesicht der einbre-

[23] Vgl. Kruschev (1999), S. 16.
[24] Vgl. Kruschev (1999), S. 24.
[25] Vgl. Schäfer (2001a), S. 718; Schäfer (2001b), S. 400.
[26] Vgl. Srinivas (2000), S. 4 und S. 29.
[27] Vgl. Srinivas (2000), S. 29.
[28] Vgl. Mullainathan/Thaler (2000), S. 6.

chenden Kurse wieder das Verlangen nach Beratung. Eventuell wurden die eigenen Fähigkeiten überschätzt und die Einschätzungen diesbezüglich neu überdacht.[29] Dennoch ist die Selbstberatung eine ernstzunehmende Variante der Beratung. Selbst bei komplexeren Produkten oder Dienstleistungen ist der Verzicht auf eine umfassende Beratung durch Spezialisten festzustellen.[30] Im Kontext des Financial Planning stellt die Selbstberatung die Alternative der Eigenfertigung im Gegensatz zum Fremdbezug dar.[31]

2.4.3 Financial Planning versus Allfinanz und Vermögensverwaltung

Im Zusammenhang mit dem Begriff Financial Planning werden oftmals die Termini "Allfinanz" und "Vermögensverwaltung" sinngleich gebraucht. Vielfach besteht die Auffassung, das sich hinter diesen Konzepten letztlich die gleichen Dienstleistungen verbergen. In Wirklichkeit bestehen jedoch signifikante Unterschiede und bisweilen wichtige Verbindungen zwischen diesen Modellen, so dass eine Klärung für das gemeinsame Verständnis angebracht ist.

In der Regel ist unter **Allfinanz** die Synthese von Finanzdienstleistungen und/oder Finanzintermediären zur umfassenden und integrierten Abdeckung der Bedürfnisse des Kunden aus einer Hand zu verstehen.[32] Bereits in den 1960er Jahren haben Sparkassen und Genossenschaftsbanken im Rahmen der Verbundmodelle ihre Produktpalette um Versicherungen erweitert.[33] Insbesondere zu Beginn der 1980er Jahre war eine intersektorale Annäherung von Banken und Versicherungen zu beobachten, die zusammen mit einer starken Kundenorientierung zu verstärkten Allfinanz-Überlegungen geführt hat.[34]

Bislang sind in der Praxis nur wenige Beispiele solcher Allfinanzanbieter zu finden.[35] Oft zitiertes Beispiel ist ING aus den Niederlanden, die 1991 aus der Fusion von NMP Postbank (Bank) und der Nationale-Nederlanden (Versicherung) hervorgegangen ist.[36]

Trotz des allgemein beschworenen Trends zur Allfinanz[37], der u.a. durch makro- und mikroökonomische Ursachen unterstützt wurde[38], war diesem Konzept zumindest in Deutschland bislang kein großer Erfolg beschieden.[39] Die Probleme in der Praxis waren vielfältig und die

---

[29] Vgl. Mullainathan/Thaler (2000), S. 5.

[30] Vgl. Diez (2000), S. 22f.

[31] Vgl. Severidt (2000), S. 45.

[32] Vgl. Rehm/Simmert (1991), S. 9; Walz (1991), S. 13.

[33] Vgl. Ritterbex (1998), S. 632.

[34] Vgl. Amely (1994), S. 32; Börner (2001), S. 50.

[35] Beispiele sind S-E-Banken/Trygg-Hansa in Skandinavien, Fortis/Generale Bank in Belgien oder Lloyds TSB (Fusion aus Lloyds Bank, Building Society Cheltenham & Gloucester und der Lebensversicherung Scottish Widows), vgl. Dombret (2000), S. 369; Gubert (1999), S. 11.

[36] Dieser Zusammenschluss gilt als einer der erfolgreichen der Branche. So lag die Marktkapitalisierung der Unternehmen bei der Fusion mit 7 Mrd. USD deutlich unter der Marktbewertung in 1999 von etwa 55 Mrd. USD, vgl. Dombret (2000), S. 369.

[37] Vgl. Blum (1992), S. 96f.

[38] Zu den Ursachen des Allfinanz-Trends vgl. Amely (1994), S. 34ff; Börner (2001), S. 52ff; Gessner (1993), S. 516ff; Steiner (1993), S. 563f.

[39] Vgl. Steiner (1993), S. 571.

Reinform des Konzeptes galt schließlich als gescheitert.[40] In der jüngsten Vergangenheit wurde die Diskussion durch die Fusion von Allianz und Dresdner Bank im Jahre 2001 zu einem der weltweit größten integrierten Finanzdienstleister allerdings wieder neu belebt.

Das Allfinanz-Konzept ist stark vertriebs- und produktorientiert, was im Gegensatz zur Financial Planning-Philosophie steht.[41] Man versteht in der Praxis unter Allfinanz vorrangig das breitgefächerte Produktangebot für den Kunden aus einer Hand. Mit Cross-Selling-Aktivitäten wird versucht, die vorhandene Kundenbeziehung möglichst optimal auszuschöpfen.[42]

Allfinanzanbieter bündeln verschiedenste Finanzprodukte und schaffen damit die Voraussetzung für die Umsetzung der Ergebnisse aus der privaten Finanzplanung.[43] Daneben haben Allfinanzanbieter verschiedentlich auch den Anspruch, ein individuelles Beratungskonzept für maßgeschneiderte Angebote zu offerieren.[44] Ein solches individuelles Beratungskonzept kann durchaus Financial Planning sein. Financial Planning stellt dann ein Beratungskonzept im Rahmen des Allfinanzgedankens dar und ist die Voraussetzung für einen bedarfsgerechten Verkauf von heterogenen Finanzdienstleistungen, das diese erst in einen ganzheitlichen Kontext bringt.

Bei der **Vermögensverwaltung** handelt es sich um eine umfassende Betreuung der Kapitalanlage und -verwaltung.[45] Eine klassische Vermögensverwaltung gliedert sich schwerpunktmäßig in drei Prozessschritte. Zunächst wird eine Anlagestrategie ausgearbeitet, bei der die aktuelle Vermögenssituation des Kunden und dessen Risikobereitschaft als Ausgangspunkt herangezogen wird. Darauf aufbauend erfolgt die Festlegung der Asset Allocation, d.h. die grundlegende Zusammensetzung des Portfolios. Mit der Durchführung evtl. notwendiger Transaktionen erfolgt die Neustrukturierung des Wertpapierportfolios. Abschließend findet eine Berichterstattung und ein regelmäßiges Vermögenscontrolling statt.[46]

Die Vermögensverwaltung beschränkt sich auf die kontinuierliche, planmäßige und aktiv durchgeführte Betreuung von Vermögensteilen, die einen hohen Liquiditätsgrad aufweisen.[47] Sie ist also keine integrierte, Private Finanzplanung, wie es hier unterstellt wird. Die Vermögensverwaltung fokussiert vielmehr auf einen bestimmten Vermögensausschnitt, der zwar auch bei der privaten Finanzplanung von zentraler Bedeutung ist, isoliert betrachtet aber zu kurz greift.[48] Das Financial Planning kann als Instrument im Rahmen des Vermögensmanagements eingesetzt werden.[49] Bei einer vernetzten Betrachtung der Gesamtsituation des Kun-

---

[40]   Vgl. Kern (2000), S. 370; Klein (2001), S. 14.

[41]   Vgl. Kloepfer (1999), S. 7.

[42]   Vgl. Böckhoff/Stracke (1999), S. 22f; Stracke/Geitner (1992), S. 30f.

[43]   Vgl. Betsch (1995), S. 7.

[44]   Vgl. Blum (1992), S. 93.

[45]   Vgl. Patterson (1991), S. 24f.

[46]   Vgl. Dobler (1999), S. 188f; Mittra (1990), S. 388ff; Wiek (1993), S. 69ff.

[47]   Vgl. Brunner (1987), S. 6.

[48]   Vgl. Betsch (1995), S. 8; Böckhoff/Stracke (1999), S. 19f.

[49]   Vgl. Engels/Meissner/Schölzel (1999), S. 161ff.

den in der Planungsphase kann es sich aber durchaus um eine themenzentrierte (zielorientier-te) Finanzplanung handeln.

2.5 Marktsegmentierung und Financial Planning

Für die Analyse in den späteren Kapiteln der Arbeit ist es von Interesse, aus welchem Blick-winkel, d.h. für welche Zielgruppe die Untersuchung durchgeführt werden soll. Hierzu ist ein tieferes Verständnis der Konzepte zur Marktsegmentierung erforderlich. Es ist zu vermuten, dass verschiedene Kundengruppen an Financial Planning unterschiedliche Anforderungen und Erwartungen haben.

2.5.1 Wesen der Marktsegmentierung und Zielgruppenbildung

Unter Markt- oder Kundensegmentierung wird allgemein die Aufteilung eines Gesamtmarktes in einzelne Käufergruppen (Segmente) verstanden.[1] Die gebildeten Segmente sollen in sich möglichst homogen und untereinander möglichst heterogen sein.[2] Das Beschreiben, Erklären, Analysieren und Interpretieren dieser Homogenität bzw. Heterogenität bezeichnet man als Segmentierung.[3]

Im Allgemeinen werden die Begriffe Markt- und Kundensegmentierung synonym gebraucht.[4] Die Marktsegmentierung erlaubt eine segmentweise Marktbearbeitung, d.h. es kann ein diffe-renziertes Produktprogramm für einen in Nachfragersegmente aufgeteilten Gesamtmarkt vor-gehalten werden.[5] Detaillierte Informationen über ein Marktsegment versetzen ein Unterneh-men in die Lage, eine wesentlich gezieltere Marketingpolitik (Produkt-, Preis, Distributions- und Kommunikationspolitik) einzusetzen.[6] Damit wird versucht, den Zielkonflikt zwischen einer möglichst individuellen Bedürfnisbefriedigung der Nachfrager und einer möglichst öko-

---

[1]   Vgl. Wöhe (1993), S. 660. Zum Begriff Marktsegmentierung vgl. Böhler (1977), S. 10 bis 12.

[2]   Vgl. Kaas (1999), S. 13; Obele (1998), S. 48; Steinig (1998), S. 291.

[3]   Vgl. Bernet (1996), S. 192.

[4]   Vgl. Bernet (1996), S. 192; Wöhe (1993), S. 660. KRAFFT/ALBERS hingegen unterscheiden zwischen der Markt- und Kundensegmentierung. Bei der Marktsegmentierung werden die Segmente nach allgemeinen Verbrauchermerkmalen und speziellen Verhaltensmerkmalen gebildet. Im Unterschied hierzu erfolgt bei der Kundensegmentierung die Segmentbildung vor allem mit Größen, anhand derer die Kundenwertigkeit beur-teilt werden kann. Dazu gehören ökonomische und nicht-ökonomische Merkmale, vgl. Krafft/Albers (2001), S. 516.

[5]   Vgl. Böcker (1994), S. 23f.

[6]   Vgl. Böcker (1994), S. 26; Freter (1983), S. 16; Krafft/Albers (2001), S. 515; Schweitzer/Müller-Peters (2001), S. 34; Wöhe (1993), S. 634.

nomischen Allokation der Marketingressourcen zu lösen.[7] Auf diese Art entstehen schließlich Zielgruppen, auf die sich die absatzpolitischen Bemühungen konzentrieren sollten.[8]

Durch die Segmentierung werden die Zielmärkte identifiziert, beschrieben und analysiert. Aus den dadurch gewonnenen Erkenntnissen können Entscheidungsregeln und Handlungsempfehlungen für die Ausgestaltung des Angebotes in den jeweiligen Marktsegmenten abgeleitet werden.[9]

Da die Diskussion um die "richtige" Marktsegmentierung im Finanzdienstleistungssektor nach wie vor in vollem Gange ist und keine allgemeingültigen Verfahren vorliegen[10], werden im Folgenden die gängigen Methoden hinsichtlich ihrer Eignung für das Financial Planning diskutiert.

2.5.2 Methoden und Kriterien der Marktsegmentierung

Die Kriterien zur Segmentierung sind Merkmale oder Merkmalskombinationen zur Differenzierung von Nachfragergruppen innerhalb eines Zielmarktes. Diese Merkmale müssen einigen Anforderungen genügen, um im Ergebnis eine praktikable Segmentierung des Financial Planning-Marktes zu ermöglichen:[11]

- **Kaufverhaltensrelevanz**: Die Kriterien müssen die grundlegenden Bestimmungsfaktoren des Käuferverhaltens widerspiegeln

- **Messbarkeit**: Die Segmentierungskriterien müssen mit vorhandenen Marktforschungsmethoden messbar sein

- **Erreichbarkeit**: Die Kriterien sollen die Nachfrager so segmentieren, dass sie identifiziert und durch Marketing-Programme erreicht werden können

- **Handlungsfähigkeit**: Die Kriterien müssen für Marketingmaßnahmen verwertbar sein, d.h. sie sollen Basis für die Gestaltung der Marketing-Programme bilden

- **Wirtschaftlichkeit**: Die Segmente müssen groß genug sein, um eigene Marketing-Programme zu rechtfertigen

---

[7]   Vgl. Krafft/Albers (2001), S. 515; Wind (1978), S. 318ff.

[8]   Vgl. Steinig (1998), S. 288ff. Die Begriffe Zielgruppen und Kundensegmente werden weitgehend synonym benutzt. Zielgruppe kann als ein eher technischer Begriff verstanden werden, der unter dem Oberbegriff Marktsegmentierung einzuordnen ist und vor allem bei der strategischen Planung in Unternehmen gebraucht wird, vgl. Bernet (1996), S. 196; Kaas (1999), S. 12; Steinig (1998), S. 291. Teilweise werden bei der Zielgruppenbestimmung neben den weiter unten beschriebenen klassischen Kriterien der Kundensegmentierung auch Faktoren wie Kundenbindungsgruppen oder Einflussgruppen (z.B. Meinungsführer oder Multiplikatoren) verwandt, vgl. Keller/Lerch/Matzke (2000), S. 377.

[9]   Der Segmentierungsansatz wird auch eingesetzt, um Fragestellungen der Kundenbindung, Kundenzufriedenheit oder Kundenloyalität zu untersuchen, vgl. Keller/Lerch/Matzke (2000), S. 376.

[10] Vgl. hierzu u.a. Bühler (2000a); Bühler (2000b); Kaas (1999); Machauer/Morgner (2001); Minhas/Jacobs (1999).

[11] Vgl. Blum (1997) S. 211; Freter (1983), S. 43f; Kotler/Bliemel (1992), S. 435; Obele (1998), S. 64; Steinig (1998), S. 291f.

- **Zeitliche Stabilität:** Die durch die Kriterien gebildeten Marktsegmente sollten ausreichend lange stabil sein, so dass die geplante Bedienung wirtschaftlich lohnend und tragbar ist

Bei den Segmentierungskriterien kann zwischen allgemeinen Verbrauchermerkmalen, die im Rahmen einer A-priori-Segmentierung (traditionelle Verfahren) eingesetzt werden und psychografischen Verhaltensmerkmalen, die bei der Post-hoc-Segmentierung (moderne Verfahren) Verwendung finden, unterschieden werden (vgl. Abb. 2-4).[12]

- Mit geographischen Kriterien werden Märkte nach regionalen Gesichtspunkten wie Länder oder Stadtviertel eingeteilt.[13] Geographische Kriterien verlieren mit der steigenden Technisierung der Finanzdienstleistungen zunehmend an Bedeutung. Eine Unterscheidung nach regionaler Zugehörigkeit der Kunden spielt z.b. bei Finanzdienstleistungen, die über das Internet vertrieben werden, kaum eine Rolle.[14] In der Versicherungswirtschaft bedient man sich allerdings immer stärker mikrogeographischer Segmentierungstechniken, um immer spezifischere Tarifwerke für kleinste regionale Einheiten abbilden zu können.[15]

Abb. 2-4: Marktsegmentierungskriterien für Nachfrager von Financial Planning

Quelle: Eigene Darstellung in Anlehnung an Bernet (1996), S. 201; Böhler (1977), S. 83ff; Kotler/Bliemel (1992), S. 418f; Wöhe (1993), S. 661.

---

[12] Vgl. Bohm/Werner/König (1998), S. 25; Machauer/Morgner (2001), S. 6f; Steinig (1998), S. 293ff, hier wird zwischen traditionellen und lebensweltorientierten Ansätzen differenziert.

[13] Vgl. Böhler (1977), S. 64; Kotler/Bliemel (1992), S. 420; Wöhe (1993), S. 661.

[14] Vgl. Minhas/Jacobs (1996), S. 4. Trotzdem sind Verbrauchergewohnheiten in verschiedenen Ländern trotz neuer Medien nach wie vor unterschiedlich.

[15] Vgl. Jänsch (1995), S. 29ff.

- Die demographischen Kriterien sind wie die geographischen leicht messbar. Sie erlauben eine Darstellung des Lebenszyklusses, der gerade für die Nachfrage nach Finanzprodukten große Relevanz besitzt.[16] Selbst wenn eine Segmentierung anhand anderer Merkmale durchgeführt wird, so sind die demographischen Merkmale wichtig, um daraus Größe und Erreichbarkeit des Zielmarktes ableiten zu können.[17]

- Die Verwendung sozioökonomischen Kriterien ist bei Finanzdienstleistern weit verbreitetet.[18] Die Praxis in der deutschen Kreditwirtschaft teilt derzeit den Markt in zwei grundlegende Geschäftssegmente ein. Erstens in ein Individualkundengeschäft[19], dem einkommensstarke und vermögende Kunden zugeordnet werden.[20] Zweitens das Mengen- oder Retail-Geschäft, mit entsprechend weniger vermögenden Kunden als Klientel.[21] Diese Grobaufteilungen lassen sich natürlich beliebig detaillieren. Gerade dieser Segmentierung nach der Höhe des Vermögens werden allerdings wesentliche Schwächen vorgeworfen:[22]

  – Es können zwar wichtige Bedarfsunterschiede innerhalb bestimmter Bereiche wie z.B. dem Anlagegeschäft festgestellt werden, eine Übertragung der Bedürfnisstruktur auf andere Bereiche wie etwa Versicherungsprodukte muss nicht zielführend sein

  – Ein evtl. vorhandenes "gespaltenes Kundenverhalten" bleibt unberücksichtigt. Ein und derselbe Kunde kann von Geschäftssparte zu Geschäftssparte unterschiedliches Nachfrageverhalten zeigen

  – Ein an monetären Größen ausgerichtetes Segmentieren überbetont das Anlagegeschäft, wobei die Rentabilität eines Kunden nicht notwendigerweise von der Anlagesumme abhängig ist

- Die sonstigen Verbrauchermerkmale beziehen sich auf die klassischen Einteilungsmerkmale von Kundengruppen bei Finanzdienstleistern. Die Aufteilung in Privat- und Firmenkunden kennzeichnet häufig die grundlegenden Marktbearbeitungsstrategien. Eine wertorientierte Unterscheidung zwischen Kundensegmenten wird mittels des Deckungsbeitrages einzelner Kundenverbindungen durchgeführt. Von besonderem Interesse ist die Poten-

---

[16] Vgl. Böhler (1977), S. 68; Kremer, M. (1994), S. 121f; Stracke/Geitner (1992), S. 49ff und S. 391f; Obele (1998), S. 88. Dem Lebenszykluskonzept wird zuweilen vorgeworfen, nicht zu berücksichtigen, dass Personen psychologisch eine andere Einstellung zu ihrem Alter haben, als es ihrem biologischen Alter nach zu vermuten wäre. Daraus würden falsche Schlussfolgerungen gezogen, die dazu führen, standardisierte Dienstleistungen anzubieten, welche die Erwartungen der Kunden nicht erfüllen, vgl. Machauer/Morgner (2001), S. 7. Allerdings wird dieses Verfahren der Segmentierung anhand des Lebenszyklusses teilweise bei Kunden von Internetunternehmen angewandt, um eine einfache und schnelle Segmentierung in einem sich schnell verändernden Umfeld zu ermöglichen, vgl. Hütt/Le Brun/Mannhardt (2001), S. 12f.

[17] Vgl. Kotler/Bliemel (1992), S. 421.

[18] Vgl. Bernet (1996), S. 202; Blum (1997), S. 217; Böhler (1977), S. 68; Bühler (2000a), S. 749f; Hart (2001), S. 403; Laakmann (1990), S. 10; von Maltzan (1999), S. 4; Obele (1998), S. 86f; Patterson (1991), S. 82.

[19] Weitere Begriffe, die im Zusammenhang mit diesem Geschäftssegment benutzt werden, sind vermögende Privatkunden oder High Net Worth Individuals (HNWIs).

[20] Im Bankenbereich wird dieser Zweig auch Private Banking genannt. Zur ausführlichen Definition und Abgrenzung von Segmenten vermögender Privatkunden vgl. Blum (1997), S. 218ff; Obele (1998), S. 97ff.

[21] Vgl. Patterson (1991), S. 82 und die dort zitierte Literatur.

[22] Vgl. Buhl/Mellwig (2001), S. 18; Blum (1997), S. 217; Bühler (2000a), S. 750f.

zialorientierung, bei der die zukünftig profitablen Kunden schon frühzeitig identifiziert und zu relativ geringen Akquisitionskosten für das Unternehmen gewonnen werden.[23] Anschließend wird versucht, die Kunden möglichst lebenslang zu betreuen.

Die Verwendung der bislang beschriebenen Kriterien zur Bildung von Segmenten, die daraufhin auf ihre individuellen Charakteristika untersucht werden, wird als A-priori-Segmentierung bezeichnet.[24] Eine A-priori-Segmentierung unterstellt eine signifikante Korrelation zwischen den externen Kriterien der Kunden und ihren Bedürfnissen.[25] Eine Aussage, inwieweit eine Segmentzugehörigkeit das Käuferverhalten beeinflusst, kann aber nur selten gemacht werden.[26] Die Praxis zeigt, dass heute oftmals Kunden gleichen Alters und gleichen Einkommens ein unterschiedliches Verhalten bezüglich verschiedener Dienstleistungen aufweisen.[27] Kritisch zu sehen ist zudem die Effizienz der kundenbezogenen Kriterien hinsichtlich ihrer Aussagekraft bzgl. des zukünftigen Verhaltens der Kunden.[28] Um diese Schwächen der rein kundenbezogenen Segmentierung zu beseitigen, wird vorgeschlagen, zusätzlich sogenannte verhaltensspezifische Kriterien einzubinden.[29]

Moderne Segmentierungsansätze bilden die Kundensegmente post hoc. Dazu wird eine heterogene Kundenbasis untersucht und die Segmente aufgrund homogener Antwortmuster gebildet.[30] Im Rahmen der Post-hoc-Segmentierung werden häufig verhaltensbezogene Kriterien, die das Kaufverhalten und die Einstellungen gegenüber bestehenden Produkten widerspiegeln, eingesetzt. Nach der Segmentierung erfolgt die Prüfung, ob sich die Segmente auch anhand der kundenbezogenen Merkmale (demographisch, sozioökonomisch etc.) signifikant unterscheiden bzw. zutreffend beschreiben lassen.[31]

Die auf verhaltensorientierten Merkmalen basierende Segmentierung wird auch als psychografisch bezeichnet.[32] Als psychografische Kriterien werden Merkmale bezeichnet, die in der Psyche und Persönlichkeit eines Individuums liegen und nicht direkt durch Verhaltensäußerungen erkennbar sind.[33] Neben den aktivierenden Elementen (vgl. Bedürfnisse weiter unten)

---

23 Vgl. Buhl/Mellwig (2001), S. 18. Dies ist die Strategie der Finanzproduktvermittler wie MLP, Tecis etc.

24 Vgl. Machauer/Morgner (2001), S. 6.

25 Vgl. Machauer/Morgner (2001), S. 6.

26 OBELE zeigt beispielsweise, dass außer dem Lebenszyklus kein demographisches Segmentierungskriterium eine Kausalität für Bedürfnisse wie Transaktion, Sicherung oder Anlage aufweist, vgl. Obele (1996), S. 162f.

27 Vgl. Carl (2000), S. 31; Kaas (1999), S. 13.

28 Vgl. Bühler (2000a), S. 751; Haley (1968), S. 30ff.

29 Vgl. Böhler (1977), S. 83ff; Bohm/Werner/König (1998), S. 24f; Machauer/Morgner (2001), S. 7; Minhas/Jacobs (1996), S. 3ff; Verwilghen (1997), S. 17ff.

30 Vgl. Machauer/Morgner (2001), S. 7.

31 Vgl. Bohm/Werner/König (1998), S. 25; Kotler/Bliemel (1992), S. 425.

32 Welche Merkmale als psychografisch zu bezeichnen sind, wird in der Literatur nicht einheitlich diskutiert, vgl. hierzu Böhler (1977), S. 84. KOTLER/BLIEMEL bspw. unterscheiden verhaltensbezogene und psychografische Kriterien, vgl. Kotler/Bliemel (1992), S. 423 und 425.

33 Vgl. Freter (1993), Sp. 2807 und 2808. Psychographische Merkmale werden auch "nicht-beobachtbare hypothetische Konstrukte zur Erklärung des Käuferverhaltens" genannt.

sind es vor allem kognitive[34] Merkmale, die zur psychografischen Segmentierung herangezogen werden. Diese beschreiben dass Verhalten von Menschen bzgl. ihres Umgangs mit Informationen, der Erfahrung mit Finanzdienstleistungen oder auch dem Vertrauen, das sie Finanzinstitutionen entgegenbringen.[35] Im Folgenden werden vier für das Financial Planning erfolgversprechende Segmentierungsmöglichkeiten vorgestellt:

- Die Bedürfnisse oder auch Motive von Menschen sind zentraler Gegenstand der Verhaltensforschung. Bedürfnisse zählen zu den aktivierenden Prozessen des menschlichen Verhaltens.[36] Die individuelle Wahrnehmung von Risiken, die Risikoeinstellung und das Risikoverhalten sind Verhaltensweisen, die sich aus dem Bedürfnis nach Sicherheit ergeben.[37] Ähnlich verhält es sich mit den weiteren Bedürfnissen, wie Anlegen oder Sparen. Die bedürfnisorientierte Kundensegmentierung erscheint als ein weiterer Schritt in Richtung Kundenorientierung erfolgversprechend.[38]

- Der wahrgenommene Nutzen ist Gegenstand der Benefit-Segmentation.[39] Bei der Nutzen-Segmentierung werden die Kunden aufgrund ihres erwünschten oder erwarteten Nutzens durch den Gebrauch eines Produktes eingruppiert. Man geht davon aus, dass der Nutzen, den sich jemand von einem Produkt verspricht, der eigentliche Grund für den Kauf ist. Ein wesentlicher Vorteil dieser Segmentierungsform liegt in der Zukunftsbezogenheit der Aussagen.[40]

- Der Verwenderstatus unterscheidet im Falle des Financial Planning Personen mit Erfahrung bzgl. dieser Dienstleistung und solche ohne Erfahrung. Diese beiden Segmente können sich signifikant in ihren Erwartungshaltungen hinsichtlich der Nachfrage unterscheiden und sind deshalb in unterschiedlicher Weise durch das Marketing-Instrumentarium zu adressieren.[41]

- Als weiteres Segmentierungsmerkmal ist der Preis bzw. die Preisbereitschaft der Nachfrager zu nennen.[42] Bei einer preisorientierten Segmentierung werden Merkmale des Preisverhaltens zur Beschreibung und Auswahl von Zielgruppen verwendet.[43] Als preisbezogene Merkmale werden z.B. der wahrgenommene Differenzierungswert und die wahrgenommene Kostenbelastung herangezogen. Damit lassen sich Preissegmente bilden, die dann mit unterschiedlichen Preisstrategien bearbeitet werden können.

---

[34] Kognitive (gedankliche) Prozesse beschreiben das Wahrnehmungsverhalten, die Denkweisen, das Lernverhalten und das Gedächtnis des Individuums, vgl. Kroeber-Riel/Weinberg (1999), S. 224; Wöhe (1993), S. 659.

[35] Vgl. Harrison (1994), S. 18f; Machauer/Morgner (2001), S. 7.

[36] Vgl. Wöhe (1993), S. 659.

[37] Vgl. Kaas (1999), S. 15f.

[38] Vgl. Blum (1997), S. 233; Obele (1998), S. 173ff.

[39] Vgl. Böhler (1977), S. 103; Bohm/Werner/König (1998), S. 25; Haley (1968), S. 30ff; Machauer/Morgner (2001), S. 6f; Minhas/Jacobs (1996), S. 3f.

[40] Vgl. Minhas/Jacobs (1996), S. 5.

[41] Vgl. Tilmes (2000a), S. 287ff.

[42] Vgl. Bernet (1996), S. 195f; Diller (1999), S. 45; Diller (2000a), S. 393ff.

[43] Vgl. Diller (1999), S. 53.

Die beiden letztgenannten Segmentierungskonzepte haben zu einer neuen Segmentierungs-form, der sog. "Selbstsegmentierung" geführt.[44] Die Abb. 2-5 zeigt diese Selbstsegmentierung als Stufe 2 und das Konzept der Wahlangebotsstrategien als nochmalige Weiterentwicklung in der dritten Stufe.

Die traditionellen Verfahren selektieren die Kunden nach bestimmten Merkmalen, "screenen" also den Markt. In einer ersten Weiterentwicklung wird vorgeschlagen, dass sich der Kunde selbst einem bestimmten Segment zuordnet.[45] Der Nachfrager tut dies, indem er ein zielgrup-penspezifisches Produkt auswählt. Die dritte Stufe verändert die Vorgehensweise grundle-gend. Durch eine Angebotsdifferenzierung wird es allen Kunden ermöglicht, je nach deren individueller Situation zwischen verschiedenen Produktalternativen auszuwählen.[46]

Abb. 2-5: Kundensegmentierung vs. Angebotsdifferenzierung

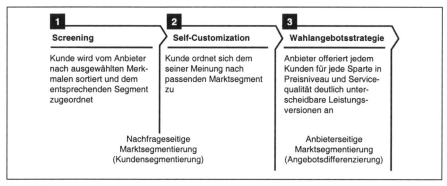

Quelle: Eigene Darstellung in Anlehnung an Bühler (2000a), S. 752.

Man unterstellt dabei, dass Kunden trotz gleicher Segmentzugehörigkeit in verschiedenen Situationen unterschiedliche Erwartungen und andersartigen Bedarf haben. Wahlangebotsstra-tegien setzen allerdings voraus, dass alle angebotenen Produkte und Dienstleistungen bepreist sind. Ansonsten besteht die Gefahr, dass Kunden stets das Angebot mit dem höchsten Service-bzw. Qualitätsniveau wählen, jedoch keine ausreichenden Erlösströme für den Anbieter gene-rieren und das gesamte Konzept damit unrentabel wird. Im Abschnitt 5.7 wird eine angebots-orientierte Nachfragersegmentierung auf Basis der empirisch erhobenen Daten durchgeführt, bei der das sozioökonomische Kriterium Einkommen mit psychografischen Kriterien und An-gebotspaketen kombiniert wird.

---

[44] Vgl. Diller (1999), S. 45.

[45] Vgl. Bühler (2000a), S. 752; Laakmann (1990), S. 11; Reiß/Koser (2001), S. 138.

[46] Vgl. Bühler (2000b), S. 847; Diller (1999), S. 45. Die Problematik der bisherigen Strategien liegt darin, dass zwar verschiedentlich ein im Leistungsumfang differenziertes Angebot für verschiedene Kundengruppen ge-macht wird (z.B. Standard-Paket, Komfort-Paket, Spezialangebot), Kundengruppen mit geringerer "Wertig-keit" aber keine oder nur sehr eingeschränkte Wahlmöglichkeiten haben (z.B. nur Standard-Paket für Basis-kunden).

2.5.3 Private Haushalte des Retail-Segmentes

Zentraler Untersuchungsgegenstand der vorliegenden Arbeit sind private Haushalte des Retail-Segmentes von Finanzdienstleistern. Vor den weiterführenden Analysen werden die Begriffe "privater Haushalt" und "Retail-Segment" im hier unterstellten Verständnis kurz eingeführt.

In einer Volkswirtschaft lassen sich drei Grundtypen von Wirtschaftssubjekten identifizieren: Unternehmen, öffentliche Haushalte und private Haushalte.[47]

Das Statistische Bundesamt definiert private Haushalte wie folgt:

> *"Als Haushalt wird eine Gruppe von verwandten oder persönlich verbundenen (auch familienfremden) Personen, die sowohl einkommens- als auch verbrauchsmäßig zusammengehören, bezeichnet. Sie müssen i.d.R. zusammen wohnen und über ein oder mehrere Einkommen oder über Einkommensteile gemeinsam verfügen und voll oder überwiegend im Rahmen einer gemeinsamen Hauswirtschaft versorgt werden. Als Haushalt gilt auch eine Einzelperson mit eigenem Einkommen, die für sich allein wirtschaftet"*[48]

Trotz der steigenden Zahl von Einpersonenhaushalten ist nach wie vor der Großteil aller Deutschen Teil eines Mehrpersonenhaushaltes. Im April 1999 gab es in Deutschland 33,795 Mio. Haushalte.[49] Davon waren 35,6% Single-Haushalte, 33,3% Zwei-Personen-Haushalte und 31,1% Haushalte mit drei und mehr Personen.

Beim Financial Planning handelt es sich um ein Konzept, das möglichst keine isolierte Betrachtung einzelner persönlicher und finanzieller Aspekte vornimmt. Wo immer möglich wird das Individuum mit den vielfältigen Facetten seiner Situation und seiner Umwelt betrachtet. Die Besonderheiten, die durch das Umfeld eines jeden Menschen auftreten können, müssen bei einer Finanzplanung beachtet werden. Die Familie spielt dabei eine wesentliche Rolle. Heirat, Geburt oder auch Tod sind Ereignisse, die sich in einem Haushalt abspielen und die auch finanzielle Implikationen haben. Daher ist es nur folgerichtig, als Untersuchungsobjekt den privaten Haushalt[50] in seiner Gesamtheit auszuwählen.

Schwerpunkt der weiteren Untersuchungen ist das Retail- oder Mengen-Segment. Darunter werden die eher gering oder durchschnittlich verdienenden Haushalte mit einem monatlichen Nettoeinkommen von bis zu 7.500 DM verstanden.[51] Die Bezeichnung Retail-Segment dient hier lediglich einer groben Unterscheidung von den vermögenden Kundensegmenten und hat die Aufgabe, den Untersuchungsgegenstand dieser Arbeit bzgl. der Zielgruppe abzugrenzen.

---

[47] Vgl. Lange (1995), S. 12.

[48] Statistisches Bundesamt (Hrsg.) (2001c), S. 9.

[49] Vgl. Statistisches Bundesamt (2001a), S. 64.

[50] Ein privater Haushalt kann in verschiedenen Konstellationen auftreten. Ein- bzw. Mehrpersonenhaushalte bilden die grundsätzliche Ausprägung. In dieser Arbeit wird der private Haushalt als handelndes Subjekt betrachtet, wenngleich in der Realität jeweils Vertreter als agierende Personen auftreten.

[51] Diese Einkommensgrenze wird im Abschnitt 3.2.1.1 aufgrund der Einkommenssituation der deutschen Haushalte hergeleitet.

3 Bestimmungsfaktoren der Nachfrage nach Financial Planning im Retail-Segment

In diesem Kapitel soll die Nachfrage nach Financial Planning durch private Haushalte des Mengengeschäftes untersucht werden. Private Haushalte sind Erkenntnisobjekte in verschiedenen Teildisziplinen der Wirtschaftswissenschaften. Neben der Makroökonomie[1] beschäftigt sich die Mikroökonomie bzw. Haushaltstheorie[2] mit einzelwirtschaftlichen Phänomenen. In der Betriebswirtschaftslehre ist es insbesondere die Konsumentenforschung als Teilgebiet des Marketing, die versucht, das Verhalten von Personen bzw. privaten Haushalten vor, bei und nach dem Kauf von Produkten oder Dienstleistungen zu erklären oder zu prognostizieren.[3] Im Rahmen der Konsumentenforschung werden vor allem sozialwissenschaftliche und psychologische Untersuchungsansätze herangezogen. Die vorliegende Arbeit bedient sich dieser verhaltenswissenschaftlichen Ansätze zur Erklärung und Begründung des Nachfrageverhaltens.[4]

3.1 Einflussfaktoren des Nachfrageverhaltens privater Haushalte

3.1.1 Verhaltenswissenschaftliche Erklärungsansätze

Aus einer pragmatischen Sichtweise wurde eine nachfrageorientierte Erklärungsweise des Konsumentenverhaltens deshalb gewählt, weil es dem privaten Haushalt letztlich gleichgültig ist, wie das von ihm in Anspruch genommene Produkt oder die genutzte Dienstleistung erstellt wird, ob der Preis die Kosten des Anbieters deckt und dergleichen. Die positive oder negative Kaufentscheidung wird vielmehr durch eine Vielzahl von intrapersonalen Faktoren beeinflusst.

Um das Verhalten von privaten Haushalten zu verstehen und die relevanten Bestimmungsfaktoren zu beleuchten, ist es deshalb zweckmäßig, Methoden und Erkenntnisse der Verhaltenswissenschaften in die Betrachtungen einzubeziehen. Durch psychologisch, soziologisch, biologisch oder ökonomisch orientierte Modelle der Verhaltensforschung wird versucht, das

---

[1] Die makroökonomische Theorie unterscheidet grundsätzlich vier Gruppen von Wirtschaftssubjekten: Unternehmungen, private Haushalte, öffentliche Haushalte (Staat) und das Ausland, vgl. z.B. Cezanne (1993), S. 239.

[2] Gegenstand der Haushaltstheorie sind die Kaufentscheidungen und das Faktorangebot in Form von Kapital und Arbeitsleistungen des Haushalts, vgl. Schütt (1995), S. 7. Auch die Mikroökonomik versucht das Konsumentenverhalten zu erklären. Die zentrale Hypothese ist, dass die Wirtschaftssubjekte durch ökonomisches Handeln ihre Bedürfnisse bestmöglich befriedigen wollen. Die Modelle basieren dabei auf dem Menschenbild des homo oeconomicus, eines ausschließlich rational handelnden Menschen, vgl. Böcker (1994), S. 40f; Roemer (1998), S. 106; Thaler (2000), S. 134.

[3] Vgl. Böcker (1994), S. 37; Kroeber-Riel/Weinberg (1999), S. 8.

[4] Zu einer ausführlichen Analyse des Nachfrageverhaltens nach Finanzdienstleistungen mit Hilfe ökonomischer Modelle vgl. Roemer (1998), S. 108ff.

Wechselspiel dieser Faktoren und deren Einfluss auf das Entscheidungsverhalten zu analysieren.[5]

Im weiteren Verlauf werden neben Erkenntnissen aus der Konsumentenforschung auch Ergebnisse der verhaltenswissenschaftlich fundierten Kapitalmarktforschung herangezogen, um das Verhalten der privaten Haushalte im Umgang mit Financial Planning zu erklären.[6]

Die Konsumentenforschung bedient sich sozialwissenschaftlicher und psychologischer Methoden. Bei den sozialwissenschaftlichen Ansätzen steht die soziale Situation und das soziale Verhalten im Vordergrund.[7] Schwerpunkt der Betrachtungen sind Analysen von sozialen Faktoren wie den Lebensphasen oder der sozialen Stellung, die durch Bildung, Einkommen und weitere Determinanten geprägt wird. Im Gegensatz dazu steht bei den psychologischen Forschungsansätzen die Analyse der Bedürfnisse und Ansprüche der Nachfrager mit ihrer individuellen Komponente im Vordergrund. Bei der psychologischen Betrachtungsweise wird im Gegensatz zur klassisch-ökonomischen Perspektive, die das Individuum als "black box" behandelt, versucht, explizit Informationsverarbeitungsprozesse der Person zu untersuchen, um dadurch Verhaltensweisen zu erklären.[8] Dabei wird mit Hilfe des Stimulus-Organismus-Response-Modells (S-O-R-Modell) der Entscheidungsprozess, der zu einem bestimmten Verhalten führt, anhand intrapersonaler Verhaltensdeterminanten erklärt.[9] Die Variablen des Organismus, die das menschliche Verhalten beeinflussen, sind insbesondere aktivierende (Emotionen, Einstellungen, Motive) und kognitive (Variablen der Wahrnehmung, des Denkens und Lernens).[10]

Auch die Kapitalmarktforschung bedient sich zunehmend verhaltenswissenschaftlich ausgerichteter Methoden, die unter dem Begriff der "Behavioral Finance"[11] zusammengefasst werden.[12] Aus forschungstheoretischer Sicht ist die verhaltenswissenschaftliche Orientierung zur Untersuchung insbesondere deshalb geeignet, weil die in der neoklassischen Entscheidungs-

---

[5]   Vgl. Bernet (1996), S. 59.

[6]   Für einen Literaturüberblick zur Konsumentenforschung vgl. Kroeber-Riel/Weinberg (1999) und für einen Überblick zur verhaltenswissenschaftlich fundierten Kapitalmarktforschung vgl. Bitz/Oehler (1993a und b) und Oehler (1995).

[7]   Vgl. Kroeber-Riel/Weinberg (1999), S. 9ff.

[8]   Vgl. Böcker (1994), S. 35; Unser (1999), S. 143f.

[9]   Das S-O-R-Modell der neobehaviouristischen Forschungsrichtung ist eine Weiterentwicklung der S-R-Modelle, die bestrebt waren, einen direkten Zusammenhang zwischen den Stimulusgrößen und den Reaktionsgrößen herzustellen.

[10] Vgl. Böcker (1994), S. 38; Oehler (1995), S. 86; Unser (1999), S. 145.

[11] Bei der Bevavioural Finance handelt es sich um einen Forschungsansatz, der versucht, dass Geschehen auf den Finanzmärkten unter Berücksichtigung menschlicher Verhaltensweise zu erklären, vgl. Rossbach (2001), S. 10.

[12] Bei dieser verhaltenswissenschaftlichen Orientierung handelt es sich für den deutschen Sprachraum um eine sehr junge Wissenschaftsdisziplin, die sich bislang hauptsächlich mit dem Anlegerverhalten beschäftigt hat, vgl. hierzu Oehler (1995); Unser (1999).

und Finanzierungstheorie unterstellte Erwartungsnutzentheorie nicht den Regelfall darstellt.[13] Bei der hier berücksichtigten neueren Formen der Verhaltensforschung wird dabei im Gegensatz zur Neoklassik von der Annahme Abstand genommen, dass ein Entscheider ein vollständig informiertes Wesen sei, das stets unter rationalen Gesichtspunkten handelt.[14] Vielmehr bauen diese Konzepte auf der Annahme unvollkommener Märkte sowie begrenzter menschlicher Rationalität und damit eines nur eingeschränkten rationalen Verhaltens von Anbietern und Nachfragern auf.[15] Das Konzept der beschränkten Rationalität zielt auf den Entscheidungsprozess und das -ergebnis ab. Dabei berücksichtigt es die begrenzten kognitiven Verarbeitungs- und Speicherungskapazitäten von Informationen. SIMON führte dazu die Anspruchsanpassungstheorie ein, die davon ausgeht, dass Individuen aufgrund ihrer "bounded rationality" nach der Erfüllung von Anspruchsniveaus streben.[16] Damit steht nicht mehr die Nutzenmaximierung im Vordergrund, sondern satisfizierendes Verhalten. Diese Grundkonzeption wurde mehrfach ergänzt.[17] Eine wichtige Erweiterung besteht im Einbezug von motivationalen Faktoren, da die Erklärungskraft rein kognitiver Faktoren für reales Verhalten als nicht ausreichend angesehen wurde.[18]

Ein weiteres Kennzeichen der verhaltenswissenschaftlichen Orientierung liegt in der Bedeutung von kontextorientierten Sichtweisen.[19] Das Individuum wird dabei in seiner jeweiligen individuellen Lebenssituation unter Einbeziehung des sozialen Umfelds betrachtet. Damit erhält die persönliche Situation (Soziodemographie) der Individuen eine besondere Bedeutung für die Verhaltenserklärung.

Bislang wurden verhaltenswissenschaftliche Argumentationsweisen im Zusammenhang mit finanzwissenschaftlichen Themen hauptsächlich beim Anlegerverhalten und der Entwicklung

---

[13] Die Erwartungsnutzentheorie gilt als Grundpfeiler der normativen Entscheidungstheorie. Die Erwartungsnutzentheorie geht von einem rational handelnden Individuum sowie vollkommener Informationswahrnehmung und -verarbeitung aus. Unter Akzeptanz verschiedener Axiome (vollständige Ordnung, Stetigkeit, Unabhängigkeit, Dominanzprinzip) wird davon ausgegangen, dass ein Entscheidungsverhalten so beschrieben werden kann, als würde der Erwartungswert einer "Nutzenfunktion" als maximierende Zielvariable benutzt. Handlungsalternativen mit höherem erwarteten Nutzen werden bevorzugt. Vgl. Bamberg/Coenenberg (1996), S. 2ff; Oehler (1995), S. 12f und S. 59f. Da jedoch Individuen Entscheidungsprobleme nicht ganzheitlich und umfassend strukturieren und die Informationsaufnahme und -verarbeitung nicht immer rational abläuft, entstand der Bedarf nach differenzierteren Erklärungsmustern. Daraus entwickelte sich der moderne verhaltenswissenschaftlich orientierte Forschungsansatz. Vgl. Bamberg/Coenenberg (1996), S. 6f; Oehler (1995), S. 56; Roßbach (2001), S. 3f. Die verbesserte Erklärungskraft konnte zwischenzeitlich auch empirisch nachgewiesen werden. Vgl. hierzu beispielhaft bei der Lebenszyklushypothese, Graham/Isaac (2001), S. 1.

[14] Vgl. Bitz/Oehler (1993a), S. 248; Oehler (1995), S. 12ff. Für eine Analyse des Nachfrageverhaltens von Versicherungs- und Bankkunden unter der Annahme der idealtypischen Axiome "vollkommene Information" und "Rationalität" vgl. Kremer, M. (1994), S. 40ff.

[15] Vgl. zu begrenzt rationalem Verhalten vgl. Bitz/Oehler (1993a), S. 249ff; Eisenführ/Weber (1993). Zu einer Übersicht der Abweichungen des realen Verhaltens von Individuen und Märkten (Anomalien und Heuristiken) gegenüber rationalem Verhalten vgl. Oehler (1995), S. 26ff; Roßbach (2001), S. 12ff.

[16] Vgl. u.a. Simon (1959) und die bei Unser (1999), S. 13 zitierte Literatur.

[17] Vgl. Mullainathan/Thaler (2000), S. 4; Oehler (1995), S. 60f; Unser (1999), S. 14 und die dort zitierte Literatur.

[18] Vgl. Selten (1990), S. 651.

[19] Für diese Argumentation im Zusammenhang mit dem Anlegerverhalten vgl. Oehler (1995), S. 61.

von Aktienkursen eingesetzt.[20] Für die vorliegende Untersuchung werden diese Ansätze auf das Konzept des Financial Planning übertragen.

3.1.2 Konzeptioneller Rahmen

Jeder private Haushalt befindet sich in einer spezifischen Lebenssituation. Der Ist-Zustand des Haushaltes ist gekennzeichnet durch situative und dispositive Merkmale.[21] In der Vorstellung des Individuums besteht i.d.R. ein gewünschter Soll-Zustand, in dem sowohl ökonomische als auch persönliche Ziele eine Rolle spielen. Financial Planning ist ein Konstrukt, das durch einen Planungsprozess zur Zielerreichung beiträgt.

Zur Erklärung der Nachfrage nach Financial Planning durch private Haushalte werden Elemente der persönlichen Situation und Elemente der persönlichen Disposition (ökonomisch und psychografisch[22]) herangezogen (vgl. Abb. 3-1).

Abb. 3-1: Die Situation und Disposition privater Haushalte

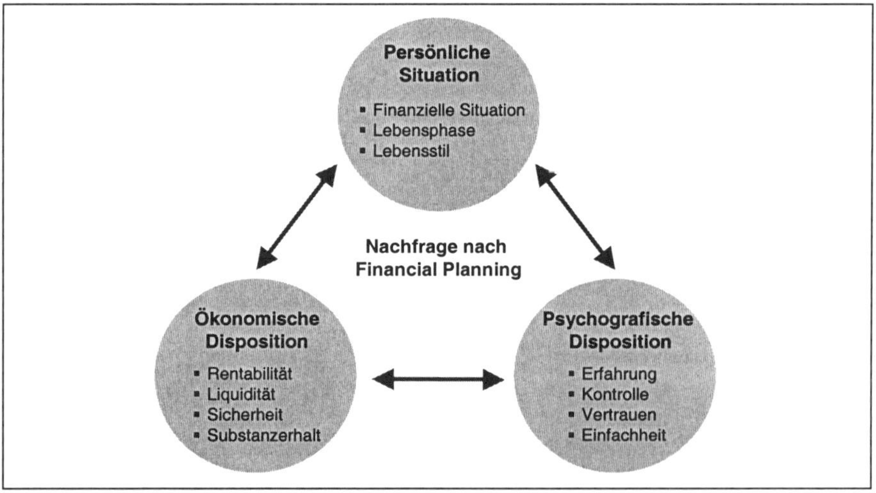

Quelle: Eigene Darstellung.

Die **persönliche Situation** soll mit Hilfe von sozioökonomischen Daten zur Bevölkerung Deutschlands, den Konzepten zu Lebensphasen und Lebensstilen untersucht werden. Aus der finanziellen Situation der privaten Haushalte werden Rückschlüsse auf die Verwendung des

---

[20] Vgl. Mullainathan/Thaler (2000), S. 6; Oehler (1995); Unser (1999).

[21] Vgl. Oehler (1995), S. 86ff; Unser (1999), S. 145f.

[22] Eine ähnliche Unterscheidung in ökonomische und verhaltensorientierte Erklärungsansätze findet sich in der betrieblichen Finanzwirtschaft. Dort werden unter den holistischen Unternehmungstheorien u.a. traditionelle ökonomische Konzeptionen mit den Zielsetzungen Rentabilität, Liquidität und Risiko subsumiert. Als behavioristische Unternehmungstheorien werden u.a. verhaltensorientierte Theorien mit Zielen wie z.B. Macht, Reputation oder Marktanteil genannt, vgl. Perridon/Steiner (1995), S. 9.

Finanzplanungskonzeptes gezogen. Dabei wird neben den Einkommens- und Vermögensverhältnissen auch die Verschuldungssituation berücksichtigt. Daneben wird die persönliche Situation durch die Lebensphase determiniert, die ebenfalls Einfluss auf die Bedeutung einer
Finanzplanung hat. Schließlich lässt sich die Situation des Haushaltes auch hinsichtlich des
Lebensstils charakterisieren, der beispielsweise mit Eigenschaften wie sportlich, luxuriös oder
einfach zu beschreiben ist.

Die **ökonomische Disposition** ist gekennzeichnet durch motivationale bzw. bedürfnisorientierte Faktoren.[23] Zur ökonomischen Disposition gehören in erster Linie Sicherheit, Rentabilität und Liquidität.[24] Diese drei finanziellen Ziele werden auch als sog. "magisches Dreieck"
bezeichnet. Eine direkte finanzwirtschaftliche Erweiterung dieses Dreiecks findet durch den
Einbezug des Substanzerhaltungsziels, d.h. den Schutz vor Inflation statt.[25] Dieses Ziel ist
gerade für die Finanzplanung relevant, da bei mittel- und langfristigen Planungen Inflations-
aspekte eine wichtige Rolle spielen.[26] Die Bezeichnung "magisches" Dreieck bezieht sich auf
das Problem, dass eine Erhöhung des Zielniveaus für alle Ziele gleichzeitig nicht realistisch
ist. Vielmehr sollte ein Gleichgewicht in der Zielerreichung durch parallele Optimierung der
Dimensionen angestrebt werden.[27] Neben den klassischen finanziellen Zielen wurden in
jüngster Vergangenheit weitere Ziele beobachtet, die bei der Erreichung dieses Zielsystems,
quasi als Nebenbedingungen, zu berücksichtigen sind. So besteht ein Zusammenhang zwischen den Zielen und dem Zeitraum, in dem der Haushalt diese erreichen will.[28] Das Streben
nach diesen Zielen und der Wunsch, dieselben zu erreichen, kann durch Bedürfnisse, d.h. aktivierende Vorgänge erklärt werden.[29]

Die **psychografische Disposition** kann durch gedankliche ("rationale"), d.h. kognitive Vorgänge begründet werden.[30] Neben den ökonomischen Faktoren sind es hier das Wahrneh-
mungs- und Informationsverhalten, die das Verhalten von Individuen beeinflussen. Ein privater Haushalt kann beispielsweise eine Unsicherheit hinsichtlich seiner finanziellen Situation
verspüren, die sich aus deren Komplexität ergibt. Folglich sucht er nach einer Möglichkeit, die
Komplexität zu reduzieren. Auch die Kontrolle über seine finanziellen Angelegenheiten (Kontrollüberzeugung), die Aneignung von Wissen und der Aufbau von Erfahrung in finanziellen
Dingen (Kompetenz), oder das aktive Auseinandersetzen mit Finanzdienstleistungen (Involvement) sind psychografische Elemente. Diese Merkmale sind nicht quantifizierbar, und es ist
davon auszugehen, dass eine maximale oder optimale Ausprägung meist nicht erreichbar ist.

---

[23] Vgl. Kroeber-Riel/Weinberg (1999), S. 49.

[24] Diese Ziele werden hauptsächlich im Zusammenhang mit der Anlage von Finanzmitteln verwandt, vgl.
      Bitz/Oehler (1993b), S. 394f; Böckhoff/Stracke (1999), S. 81; Gloystein (1998), S. 341, Oehler (1995), S.
      100; Ruda (1988), S. 16-17f.

[25] Vgl. Bitz/Oehler (1993b), S. 395; Harrison (1994), S. 20; Verwilghen (1997), S. 13.

[26] Zu den Verfahren (Nominal- und Realrechnung), die zukünftige Inflation berücksichtigen und den Problem-
      feldern bei der Vermögens- und Renditeprognose sowie der Investitionsrechnung vgl. Böckhoff/Stracke
      (1999), S. 107ff.

[27] Vgl. Verwilghen (1997), S. 13.

[28] Vgl. Ruda (1988), S. 17ff.

[29] Vgl. Harwalik (1988), S. 55; Kroeber-Riel/Weinberg (1999), S. 55.

[30] Vgl. Harwalik (1988), S. 54; Oehler (1995), S. 93.

Sowohl die persönliche Situation (Einkommen, Vermögen etc.) als auch die persönliche Disposition (ökonomische und psychografische Faktoren) beeinflussen das Verhalten der privaten Haushalte.[31] Betrachtet man nun die persönliche Situation in Verbindung mit der ökonomischen und psychografischen Disposition, so ergibt sich ein äußerst komplexes System, mit vielfältigen Wechselwirkungen. Für den privaten Haushalt ist diese Situation i.d.R. sehr unbefriedigend, so dass nach einer Möglichkeit gesucht wird, diese Komplexität zu reduzieren. Ein Konzept zur Komplexitätsreduktion durch Planung ist das Financial Planning.

Im Folgenden werden die drei Zielkategorien zur Erklärung von Relevanz und Bedarf des Financial Planning herangezogen. Die Untersuchung der persönlichen Situation erfolgt in Abschnitt 3.2. Die ökonomische Disposition ist Gegenstand des Abschnitts 3.3, die psychografische Disposition des Abschnitts 3.4.

3.2 Persönliche Situation privater Haushalte

Die Relevanz des Financial Planning wird anhand der finanziellen Situation der privaten Haushalte in Deutschland untersucht.[32] Dazu gehört neben der Einkommenssituation auch die Vermögens- und Verschuldungslage der Haushalte. Diese Bestimmungsfaktoren des finanziellen Umfelds sollen die Notwendigkeit eines umfassenden Financial Planning auch für durchschnittlich und gering verdienende Haushalte zeigen. Ergänzend erfolgt die Betrachtung der Konzepte zu den Lebensphasen und -stilen, die ebenfalls die persönliche Situation determinieren.

3.2.1 Finanzielle Situation privater Haushalte

Für die Begründung der Nachfrage nach Financial Planning durch Haushalte des Retail-Segmentes sind materielle Ressourcen von zentraler Bedeutung. Erstens die **Einkommenssituation**, die aufzeigt, welches Einkommen dem Haushalt überhaupt zur weiteren Disposition steht. Durch Sparen, also Konsumverzicht, erfolgt der Vermögensaufbau, woraus sich die **Vermögenssituation** ableitet. Insbesondere bei unteren Einkommensschichten ist zudem relevant, wie die **Verschuldungssituation** aussieht und ob evtl. eine Überschuldung vorliegt.[33] Die absolute Höhe, das Verhältnis der Faktoren zueinander, aber auch alle Aktivitäten, die eine der genannten Situationen verändern, sind relevant für das Financial Planning.

---

[31] Vgl. Harwalik (1988), S. 54f.

[32] Untersuchungen von aggregierten Daten für die Gesamtheit der Bevölkerung und der nationalen Vermögenssituation, wie sie bereits durchgeführt wurden (vgl. Lange (1995), S. 16ff; Kloepfer (1999), S. 73ff), erscheinen zu wenig differenziert. Die Notwendigkeit von Finanzberatung lediglich durch das Vorhandensein entsprechender Geldvolumina in der Volkswirtschaft zu begründen (vgl. Lange (1995), S. 33), vereinfacht die Betrachtungsweise. Deshalb wird in der vorliegenden Arbeit jeweils der einzelne (durchschnittliche) private Haushalte betrachtet, wodurch eine individuellere und konkretere Analyse der Haushalte möglich ist.

[33] D.h. auch Konsum über das Einkommen hinaus kann Auslöser für Financial Planning-Aktivitäten sein und muss deshalb als Nachfragedeterminante betrachtet werden.

Als Basis für die Analyse der finanziellen Situation wurden im Wesentlichen zwei Quellen verwendet: Der Armuts- und Reichtumsbericht der Bundesregierung von 2001 und die Einkommens- und Verbrauchsstichprobe (EVS) 1998.[34]

Der Armuts- und Reichtumsbericht der Bundesregierung stellt eine aktuelle und umfassende Untersuchung zu dieser Thematik dar.[35] Einer der thematischen Schwerpunkte dieses Berichtes ist die Darstellung und Analyse der Einkommens- und Vermögensverteilung sowie der Situation der Überschuldung für den Zeitraum von 1973 bis 1998.[36] Dabei wurden insbesondere niedrige Einkommen berücksichtigt. Als Datenquellen des Berichtes dienten 11 Statistiken[37] und 5 Haushaltsbefragungen.

Die wichtigste der verfügbaren Haushaltsbefragungen ist die auch hier benutzte EVS 1998[38], die in Bezug auf die Exaktheit der Einkommenserfassung als die verlässlichste Datenquelle anzusehen ist.[39] Bei dieser jeweils im Abstand von fünf Jahren durchgeführten Stichprobe des Statistischen Bundesamtes werden ca. 62.000 Haushalte befragt.[40] Dabei werden in einer einjährigen Erhebungsperiode Einkommen und Ausgaben detailliert dokumentiert und somit die wirtschaftliche Situation der privaten Haushalte erfasst. Die EVS ist mit einigen Unzulänglichkeiten behaftet, die bei der Verwendung und Interpretation der Daten zu beachten sind.

So werden beispielsweise keine Informationen zur Biografie, dem Gesundheitszustand oder der subjektiven Zufriedenheit der Personen erhoben. Deshalb sind Analysen unter Verwendung des Lebenslagenansatzes nur eingeschränkt möglich.[41] Kritisch anzumerken ist außerdem die Nichterfassung von Haushalten mit einem Nettoeinkommen von mehr als 35.000 DM/Monat (Abschneidegrenze). Dies bedeutet, dass die Aussagen nicht uneingeschränkt für Bezieher hoher Einkommen Gültigkeit haben. Für die Masse, etwa 99% der deutschen Haushalte, ist die Untersuchung jedoch repräsentativ.[42] Nicht repräsentativ ist die Untersuchung dagegen bzgl. der ausländischen Bevölkerung und der Randgruppen wie beispielsweise Obdachlosen oder Personen, die in Einrichtungen (z.B. Pflegeheime, Kasernen) leben.[43] Insgesamt eignet sich die EVS also weniger für eine detaillierte Analyse der äußersten unteren und

---

[34] Die Beschränkung auf diese beiden Quellen erfolgte bewusst, um insgesamt eine Konsistenz und Vergleichbarkeit der Analysen zu ermöglichen. Andere Datenquellen arbeiten mit anderen Erhebungstechniken oder verwenden andere Begrifflichkeiten, so dass eine direkte Vergleichbarkeit nicht immer gewährleistet ist.

[35] Vgl. Bundesregierung (Hrsg.) (2001a); Bundesregierung (Hrsg.) (2001b).

[36] Vgl. Bundesregierung (Hrsg.) (2001a), S. 4f.

[37] Darunter u.a. die Einkommensteuerstatistik, Gebäude und Wohnungszählung 1987, Sozialhilfestatistik oder die (Aus-)Bildungsstatistik, vgl. Bundesregierung (Hrsg.) (2001a), S. 12f.

[38] Vgl. Statistisches Bundesamt (Hrsg.) (2001b); Statistisches Bundesamt (Hrsg.) (2001c); Statistisches Bundesamt (Hrsg.) (2001d).

[39] Vgl. Bundesregierung (Hrsg.) (2001b), S. 4.

[40] Die aufbereiteten Daten werden auf die Grundgesamtheit von ca. 36 Mio. Haushalten in Deutschland hochgerechnet, vgl. Münnich/Illgen (2000), S. 125ff; Statistisches Bundesamt (Hrsg.) (2001b), S. 8.

[41] Vgl. Bundesregierung (Hrsg.) (2001b), S. 5f.

[42] Vgl. Euler (1995), S. 345.

[43] Vgl. Bundesregierung (Hrsg.) (2001b), S. 4; Münnich/Illgen (2000), S. 137.

oberen Einkommensbereiche.[44] Im Umkehrschluss ist festzustellen, dass die Stichprobe sich gerade für die hier untersuchten Bevölkerungssegmente des Retail-Segmentes von Finanzdienstleistern besonders eignet.

3.2.1.1 Einkommenssituation

Das Einkommen ist die Basis aller finanziellen Handlungen eines privaten Haushaltes. Grundsätzlich stellt sich die Frage, welches Einkommen betrachtet werden soll. Die drei wesentlichen Unterscheidungen, die natürlich auch in Kombination verwandt werden können, sind:[45]

- **Brutto- oder Nettoeinkommen**, d.h. vor oder nach der Besteuerung bzw. dem Abzug der Sozialversicherungsbeiträge

- **Real- oder Nominaleinkommen**, d.h. mit oder ohne Berücksichtigung der Preissteigerungsrate

- **Haushalts- oder Äquivalenzeinkommen**, d.h. auf Basis des gesamten Haushaltes oder auf Einzelpersonenebene

Für die weiteren Analysen werden je nach Fragestellung unterschiedliche Einkommensausprägungen verwandt. Ausgangsbasis der Einkommensbetrachtung ist das Haushaltsbruttoeinkommen.[46] Zieht man davon die Einkommensteuer (inkl. Solidaritätszuschlag) und die Pflichtbeiträge zur Sozialversicherung ab, so erhält man das Haushaltsnettoeinkommen. Addiert man hierzu Einnahmen aus dem Verkauf von Waren (etwa eines privaten Pkw) und sonstige Einnahmen des Haushaltes, dann ergeben sich das verfügbare (ausgabefähige) Einkommen und die Einnahmen.[47]

Betrachtet man dieses Schema mit den realen Zahlen der Jahre 1993 und 1998, so zeigt sich eine generelle Steigerung der Größen um etwa 10%. Lediglich die Ersparnis blieb absolut gleich und lag 1998 deshalb prozentual mit 11,6% unter dem Wert von 1993 (13,1%).

---

[44] Vgl. Bundesregierung (Hrsg.) (2001a), S. 18. Im Rahmen des Armuts- und Reichtumsberichtes wurden deshalb zusätzlich das Niedrigeinkommenspanel der Bundesregierung sowie die Einkommensteuerstatistik herangezogen.

[45] Vgl. Schmähl (1983b), S. 11.

[46] Bruttoeinkommen privater Haushalte umfassen in der Regel Einkommen aus Erwerbstätigkeit, Einkommen aus öffentlichen Transferzahlungen (z.B. Renten, Arbeitslosengeld, BaföG), Einnahmen aus Vermögen (wie Zinsen, Dividenden, Einnahmen aus Vermietung und Verpachtung etc.) und Einkommen aus nichtöffentlichen Transferzahlungen (z.B. Werks- oder Betriebsrenten), vgl. Münnich/Illgen (2000), S. 129.

[47] Hierin nicht enthalten sind Einnahmen aus der Auflösung und Umwandlung von (Sach- und Geld-)Vermögen sowie aus der Kreditaufnahme, vgl. Münnich/Illgen (2000), S. 132.

Tab. 3-1:   **Einkommen, Einnahmen und Ersparnis privater Haushalte 1993 und 1998**

	1993	1998	Veränderung
Haushaltsbruttoeinkommen	5.770	6.451	+ 11,8%
Haushaltsnettoeinkommen	4.652	5.116	+ 10,0%
Verfügbare Einkommen und Einnahmen	4.703	5.211	+ 10,8%
Ersparnis (Sparquote[48])	616 (13,1%)	618 (11,6%)	+/- 0

Anm.: Einkommens- und Verbrauchsstichprobe 1998; Durchschnitt je Haushalt und Monat in DM.

Quelle: Münnich (2000), S. 680; Statistisches Bundesamt (Hrsg.) (2001c), S. 24; Eigene Berechnungen.

Als durchschnittliche ausgabefähige Einkommen und Einnahmen standen einem privaten Haushalt 1998 pro Monat 5.211 DM zur Verfügung. Davon wurden 4.593 DM/Monat als privater Verbrauch wieder ausgegeben, was zu einer monatlichen Ersparnis in Höhe von 618 DM führt. Ein Haupteinkommensbezieher aus dem früheren Bundesgebiet steuerte 2.937 DM (Neue Länder und Ost-Berlin: 2.020 DM) aus unselbständiger Arbeit zum Bruttoeinkommen bei. Die durchschnittliche Haushaltsgröße betrug 2,16 Personen (Neue Länder und Ost-Berlin: 2,19).[49]

Der private Haushalt hat verschiedene Faktoren zu berücksichtigen, die seine individuelle Finanzsituation beeinflussen. Die Höhe des Bruttoeinkommens und die abzuführenden Abgaben determinieren das verfügbare Einkommen. Der Haushalt wird also versuchen, sein Bruttoeinkommen zu maximieren und die Abgaben zu minimieren. Durch eine Kontrolle der Ausgaben lässt sich zudem die Höhe der Ersparnis optimieren. Diese Mechanismen sind im Grundsatz für alle Haushalte gleich. Durch einen Wandel der Vergütungsstrukturen hin zu Erfolgsprämien oder Mitarbeiterbeteiligungen und die Notwendigkeit privater Altersvorsorge wird eine Planung der künftigen Einkommensströme immer wichtiger.[50] Da die Optimierung der Einkommenssituation wichtiger Gegenstand des Financial Planning ist, zeigt sich bereits hier die Relevanz für breite Bevölkerungsschichten. Die Daten zeigen, dass es sich selbst im Falle eines durchschnittlichen Haushalts um keine kleinen Beträge handelt, die damit Gegenstand einer Finanzplanung werden können.

Bei der Analyse der Verteilung der Haushaltsnettoeinkommen in der Bevölkerung zeigt sich eine Ungleichverteilung (vgl. Abb. 3-2).

Mehr als die Hälfte alle westdeutschen Haushalte (56,2%) mussten 1998 mit einem Nettoeinkommen von unter 5.000 DM auskommen; im Osten Deutschlands waren es sogar 73,3% aller befragten Haushalte. Betrachtet man die hohen Einkommensklassen, so verfügten etwa 16,5%

---

[48]   In Prozent der verfügbaren Einkommen und Einnahmen.

[49]   Vgl. Münnich (2000), S. 679.

[50]   Vgl. Schäfer (2001b), S. 397.

der Haushalte in den alten Bundesländern (6% in den neue Bundesländern) über mehr als 8.000 DM Haushaltsnettoeinkommen.[51]

Definiert man das Retail-Segment mit dem Kriterium Haushaltsnettoeinkommen von 2.500 bis 7.500 DM/Monat, so wird klar, dass etwa 55% der Haushalte der früheren und 66% der neuen Länder als potenzielle Financial Planning-Nachfrager in Frage kommen.

Abb. 3-2: Haushalte nach Haushaltsnettoeinkommensklassen 1998

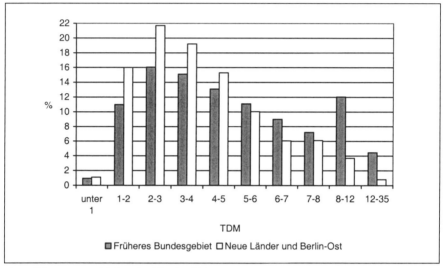

Anm.: Einkommens- und Verbrauchsstichprobe 1998.

Quelle: Münnich (2000), S. 684; Statistisches Bundesamt (Hrsg.) (2001c), S. 26 bis 36 und S. 131 bis 138;
        Eigene Berechnungen.

Eine weitere wichtige Größe zur Beurteilung der Einkommenssituation sind die Äquivalenzeinkommen. Dabei handelt es sich um Pro-Kopf-Einkommen, die mittels einer Äquivalenzskala gewichtet werden. Dadurch werden unterschiedlich große Haushalte vergleichbar gemacht. Außerdem werden die Vorteile berücksichtigt, die gemeinsam wirtschaftende Personen dadurch haben, dass verschiedene Güter bei steigender Personenzahl des Haushalts nicht mehrfach angeschafft werden müssen. Dabei ist zwischen der "Alten OECD[52]-Skala"[53] und der "Neuen OECD-Skala"[54] zu unterscheiden.[55] Um das Äquivalenzeinkommen schließlich zu

---

[51]   Vgl. Münnich (2000), S. 683f.

[52]   OECD = Organisation für wirtschaftliche Zusammenarbeit und Entwicklung.

[53]   1. Person im Haushalt: Gewicht 1, weitere Haushaltsmitglieder ab 15 Jahren: Gewicht 0,7 und Jugendliche unter 15 Jahren: Gewicht 0,5.

[54]   1. Person im Haushalt: Gewicht 1, weitere Haushaltsmitglieder ab 15 Jahren: Gewicht 0,5 und Jugendliche unter 15 Jahren: Gewicht 0,3.

berechnen wird das Haushaltseinkommen durch die Summe der Gewichte geteilt. Die Entwicklung des Nettoäquivalenzeinkommens pro Kopf von 1973 bis 1998 zeigt die Abb. 3-3.

Abb. 3-3: Entwicklung des Nettoäquivalenzeinkommens von 1973-1998

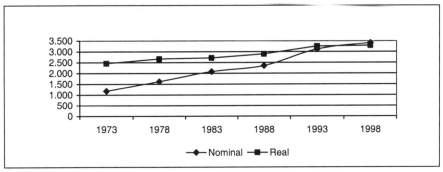

Anm.: in DM und Monat; Bis 1990 alte Bundesländer, ab 1991 Gesamtdeutschland; Preisindex 1995 = 100%;
     Nettoäquivalenzeinkommen: arithmetische Mittel nach neuer OECD-Skala.

Quelle: Bundesregierung (Hrsg.) (2001a), S. 27 nach Hauser/Becker (2001).

Nominal betrachtet ist das Nettoäquivalenzeinkommen von 1973 mit 1.183 DM/Monat auf
3.414 DM/Monat angestiegen. Real hingegen war lediglich eine Steigerung von DM 2.459
(1973) auf 3.280 DM/Monat (1998) zu verzeichnen. Daraus wird ersichtlich, dass der Haushalt in einer langfristigen Finanzplanung Inflationseffekte berücksichtigen muss.

Die Bundesregierung hat in ihrem Armuts- und Reichtumsbericht auch Armutsgrenzen auf
Basis von Nettoäquivalenzeinkommen aufgestellt. Die Verfasser verwandten relative Ar-
mutsmaße, d.h. die Armut wurde als relativer Anteil zum Einkommensmittelwert definiert.
Legt man die "Neue-OECD-Skala" zugrunde, so ergibt sich für Gesamtdeutschland in 1998
eine Spanne der Armutsgrenze von 1.220 bis 1.953 DM/Monat.[56]

Basierend auf den bisherigen Erkenntnissen zur Einkommenssituation deutscher Haushalte
lässt sich eine Segmentierung nach dem Haushaltsnettoeinkommen bzw. dem Nettoäquivalenzeinkommen entwickeln (vgl. Tab. 3-2). Die Einkommenssegmente basieren auf gerunde-
ten Einkommensbeträgen.

Basis der Segmentierungsgrößen ist das durchschnittliche Nettohaushaltseinkommen (5.115
DM/Monat) und das durchschnittliche Nettoäquivalenzeinkommen (3.340 DM/Monat).[57] Als
Groß-Einkommensbezieher werden Haushalte bezeichnet, die mehr als das 1,5-fache dieses

---

[55] Vgl. Münnich/Illgen (2000), S. 134. Die unterschiedliche Gewichtung hat Einfluss auf die Einschätzung der
     Haushaltsersparnisse, die bei der alten Skala im Vergleich zur neuen relativ niedrig eingeschätzt werden.
     Daraus ergibt sich bei der alten Skala ein vergleichsweise niedrigeres Nettoäquivalenzeinkommen. Vgl.
     Bundesregierung (Hrsg.) (2001a), S. 9.

[56] Vgl. Bundesregierung (2001a), S. 24f. Die Bandbreite ergibt sich durch die Anwendung verschiedener
     Schwellenwerte. Es werden jeweils eine 50%- und eine 60%-Grenze auf das arithmetische Mittel und den
     Median der Nettoäquivalenzeinkommen bezogen.

[57] Vgl. Statistisches Bundesamt (Hrsg.) (2001b), S. 37.

Durchschnittseinkommens beziehen. Niedrig-Einkommensbezieher sind Haushalte, die weniger als 50% des Durchschnitts erhalten.

Tab. 3-2:   Kundensegmentierung nach Einkommenskriterien

	Durchschnittliches Haushaltsnettoeinkommen [DM/Monat]	Durchschnittliches Nettoäquivalenzeinkommen [DM/Monat]
Groß-Einkommensbezieher ("Großverdiener")	> 7.500	> 4.500
Durchschnitts-Einkommensbezieher ("Durchschnittsverdiener")	2.500 - 7.500	1.500 - 4.500
Niedrig-Einkommensbezieher[58] ("Geringverdiener")	< 2.500	< 1.500

Quelle: Eigene Darstellung.

Bezogen auf das Kriterium "durchschnittliches verfügbares Haushaltseinkommen" sind 21,2 % der Haushalte als Niedrig-Einkommensbezieher, 57,3% als Durchschnitts-Einkommensbezieher und 21,5% als Groß-Einkommensbezieher einzustufen.[59]

3.2.1.2   Ersparnisbildung und Sparquoten

Das wichtigste Bindeglied zwischen Einkommen und Vermögen ist das Sparen.[60] Vermögen wird i.d.R. durch den Verzicht auf Konsum, also durch Sparen gebildet. In der EVS 1998 konnte gezeigt werden, dass hohe Vermögensbestände häufig mit hohem Einkommen einhergehen, bzw. niedrige Vermögensbestände mit niedrigem Einkommen.[61] Dies ist keine auf Deutschland beschränkte Erkenntnis. Auch Untersuchungen in den USA zeigen einen positiven Zusammenhang zwischen Einkommen, Ersparnis und Vermögen privater Haushalte.[62] Das Einkommen eignet sich zugleich als Vermögensindikator, da zwischen Einkommen und Vermögen Wechselbeziehungen bestehen, die zeigen, dass Haushalte mit hohem Einkommen

---

[58]   In den Sozialwissenschaften wird diese Gruppe auch als "arm" bezeichnet. Dabei handelt es sich um Haushalte, die weniger als 50% des durchschnittlichen Einkommens zur Verfügung haben, vgl. Münnich (2000), S. 687.

[59]   Vgl. Statistisches Bundesamt (Hrsg.) (2001c), S. 24. In der Gruppe der Großverdiener sind Haushalte mit einem monatlichen Haushaltsnettoeinkommen größer 7.000 DM, da die EVS die grenze 7.500 DM nicht angibt.

[60]   Daneben sind beispielsweise auch Erbschaften oder Lotteriegewinne zur Vermögensbildung geeignet, allerdings sind diese nur schwer prognostizierbar. Gerade Erbschaften tragen zur Vermögensmehrung von Haushalten bei, eine Quantifizierung bleibt nach wie vor schwierig. Vgl. Patterson (1991), S. 71; Schäfer (2001b), S. 398.

[61]   Vgl. Bundesregierung (Hrsg.) (2001a), S. 54; Bundesregierung (Hrsg.) (2001b), S. 97.

[62]   Vgl. Bernheim/Skinner/Weinberg (2001), S. 10.

i.d.R. auch über hohe Vermögen verfügen und vice versa.[63] Diese Wechselbeziehung liegt u.a. darin begründet, dass die Vermögensbildung als Ergebnis der Sparfähigkeit vom Einkommen abhängt und zudem viele Vermögensarten Renditen erzielen und damit das Einkommen erhöhen. Aus diesem Grund erscheint es wichtig, die Sparsituation der privaten Haushalte genauer zu betrachten.

Die Berechnung der Ersparnis[64] gibt Aufschluss über deren Zusammensetzung.. Aus welchen Bestandteilen sich die Größe Ersparnis zusammensetzt, zeigt die Tab. 3-3, aus der die Veränderung von Sach- und Geldvermögen sowie der Kreditbelastung ersichtlich wird.

Tab. 3-3: Ersparnisbildung privater Haushalte 1998

1998	Deutsch-land	Früheres Bundesge-biet	Neue Län-der und Berlin-Ost
+ Ausgaben für die Bildung von Sachvermögen	520	558	290
- Einnahmen aus der Auflösung von Sachvermögen	67	81	(11)
Veränderung des Sachvermögens	**+ 453**	**+ 477**	**+ 279**
+ Ausgaben für die Bildung von Geldvermögen	1.311	1.408	830
- Einnahmen aus der Auflösung von Geldvermögen	1.069	1.165	596
Veränderung des Geldvermögens	**+ 242**	**+ 243**	**+ 234**
+ Rückzahlung von Krediten (ohne Zinsen für Baudarlehen)	355	394	194
- Einnahmen aus der Kreditaufnahme	432	468	261
Veränderung der Kreditbelastung	**- 77**	**- 74**	**- 67**
Ersparnis	**+ 618**	**+ 646**	**+ 446**

Anm.: Einkommens- und Verbrauchsstichprobe 1998; Durchschnitt je Haushalt und Monat in DM.

Quelle: Münnich/Illgen/Krebs (2000), S. 868; Statistisches Bundesamt (Hrsg.) (2001c), S. 24, S. 25 und S. 130.

Es ist festzustellen, dass sich das Sachvermögen absolut stärker erhöht als das Geldvermögen und gleichzeitig die Kreditbelastung des durchschnittlichen Haushaltes zunimmt.

Setzt man die Ersparnis ins Verhältnis zum verfügbaren Einkommen, so erhält man die Sparquote in Prozent. Diese Sparquote, die seit den 1990er Jahren rückläufig ist, hat wesentlichen Einfluss auf die private Vermögensbildung. Wurden 1991 noch 13,2 % des verfügbaren Einkommens gespart, so betrug die Sparquote im Jahr 2000 nur noch 9,8%.[65]

Die Gründe für diese Entwicklung liegen in erster Linie in einer Normalisierung des hohen Niveaus von 1990, das vor allem mit der dritten Stufe der Steuerreform 1986/88/90 und den

---

[63] HOBER errechnete im Rahmen einer empirischen Studie zur Vermögensverteilung einen Rangkorrelationskoeffizienten für das Nettovermögen mit dem Nettoeinkommen von 0,9879, wobei der Rangkorrelationskoeffizient von +1 auf eine vollständige Abhängigkeit zwischen Einkommen und Vermögen und von -1 auf eine vollständige Unabhängigkeit hinweist, vgl. Hober (1981), S. 143.

[64] Die Ersparnis ergibt sich aus den Ausgaben für die Vermögensbildung zuzüglich den Rückzahlungen von Krediten, abzüglich den Einnahmen aus Vermögensauflösung und Kreditaufnahmen abzüglich den Zinsen für Baudarlehen; vgl. Statistisches Bundesamt (Hrsg.) (2001c), S. 11.

[65] Vgl. Deutsche Bundesbank (Hrsg.) (1999), S. 36; Deutsche Bundesbank (Hrsg.) (2001), S. 25.

damit gestiegenen Nettohaushaltseinkommen zusammenhängt. Es ist nämlich festzustellen, dass die Sparquote positiv mit der Entwicklung der realen Haushaltseinkommen korreliert.[66] Des weiteren kam es infolge zunehmenden Beschäftigungsabbaus und einer wachsenden Abgabenbelastung der Haushalte zu geringerer Ersparnisbildung. Auch strukturelle Veränderungen wie der Trend zu Einpersonenhaushalten, die tendenziell geringere Sparquoten aufweisen und die Erwartung zukünftiger Erbschaften haben sich ersparnismindernd ausgewirkt.[67]

Diese Einflussfaktoren wirken sich auf die Ersparnisbildung und damit die finanzielle Situation eine Haushaltes aus. Durch eine strukturierte Finanzplanung lassen sich die beeinflussbaren Faktoren steuern und die nicht beeinflussbaren in ihren Auswirkungen zumindest abmildern.

Die Verteilung der monatlichen Ersparnis in den Einkommensklassen ist höchst unterschiedlich (vgl. Abb. 3-4). Bemerkenswert ist, dass erst ab einem durchschnittlichen monatlichen Haushaltsnettoeinkommen von 2.500 DM gespart wird. Darunter ist die Sparquote negativ, es werden Vermögensbestände abgebaut oder Kredite aufgenommen. Im Bereich zwischen 2.500 und 3.000 DM Haushaltsnettoeinkommen wurden 1998 durchschnittlich 59 DM (früheres Bundesgebiet: 37 DM/neue Länder: 112 DM) zurückgelegt. In der Einkommensklasse von 10.000 bis 35.000 DM waren es dagegen 3.623 DM (West: 3.543 DM/Ost: 4.138 DM).[68]

Abb. 3-4: Sparquoten 1998 nach der Höhe der ausgabefähigen Einkommen und Einnahmen

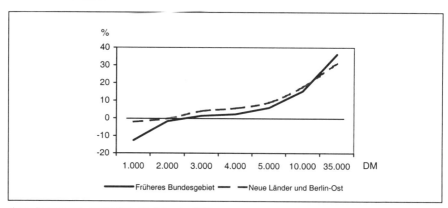

Anm.: Einkommens- und Verbrauchsstichprobe 1998.

Quelle: Eigene Berechnungen; Statistisches Bundesamt (Hrsg.) (2001c), S. 26-36 und S. 131-138.

Durch Financial Planning besteht grundsätzlich die Möglichkeit, die Sparquote eines Haushaltes anzuheben. Financial Planning zielt schließlich darauf ab, das ausgabefähige Einkommen und die Ersparnis zu erhöhen. Dies geschieht beispielsweise durch Steueroptimierung, Steige-

---

[66]   Vgl. Deutsche Bundesbank (Hrsg.) (1999), S. 34.

[67]   Vgl. Deutsche Bundesbank (Hrsg.) (1999), S. 35.

[68]   Vgl. Münnich/Illgen/Krebs (2000), S. 868.

rung der Rendite von Anlagen, Ausgabensenkung etwa durch die Kündigung unnötiger Versicherungen oder vorteilhafte Finanzierungskonzepte zur Reduktion der Zinsbelastung. Daraus resultiert schließlich eine Steigerung des Sach- und Geldvermögens. Im Idealfall führt das Financial Planning also zu absolut höherem verfügbarem Einkommen und höherer Ersparnis. Der private Haushalt bewegt sich dadurch in höhere Einkommensklassen, und dies führt gemäß der Aussage von Abb. 3-4 zu einer höheren Sparquote. Für Haushalte mit niedrigem Einkommen ist dabei vor allem entscheidend, überhaupt etwas sparen zu können. Auch wenn in diesen Einkommensbereichen allein aufgrund gewisser Mindestausgaben der absolute Sparbetrag klein bleiben wird, so lässt sich dennoch die Sparquote durch eine Finanzplanung anheben.

3.2.1.3 Vermögenssituation

Das Privatvermögen von privaten Haushalten lässt sich grob in zwei Kategorien unterteilen: das Geldvermögen und das Sachvermögen. In Anlehnung an die Systematik der Deutschen Bundesbank werden unter dem Geldvermögen die Geldanlagen bei Banken, Bausparkassen und Versicherungen sowie die Anlage in Wertpapieren verstanden.[69] Zum Sachvermögen zählen in erster Linie Haus- und Grundvermögen.[70]

Einen detaillierten Überblick über die Zusammensetzung des Nettovermögens der privaten Haushalte gibt Tab. 3-4, die wiederum auf der Datenbasis der Einkommens- und Verbrauchsstichprobe 1998 erstellt wurde.[71]

In der Tabelle wurden die Haushalte nach der Höhe ihres Nettovermögens geordnet und in fünf anzahlmäßig gleich großen Schichten zusammengefasst (20%-Quantile). Hier ist vor allem das dritte Fünftel interessant, das die Mitte der Vermögensverteilung zeigt. Dort lag das Nettovermögen in den alten Bundesländern bei 119.000 DM und in den neuen Ländern bei 31.000 DM. Bemerkenswert ist der relativ hohe Anteil an Lebensversicherungen am gesamten Geldvermögen sowie die Dominanz von Immobilienvermögen im früheren Bundesgebiet.

---

[69] Vgl. Deutsche Bundesbank (Hrsg.) (1993), S. 24.

[70] Vgl. Deutsche Bundesbank (Hrsg.) (1993), S. 28.

[71] Vgl. Münnich (2001a), S. 124. Die Vermögensdaten der hier benutzten Quelle (EVS 1998) werden im Allgemeinen als zu gering angesehen. Ein direkter Vergleich mit den Angaben der Finanzierungsrechnung der Deutschen Bundesbank ist nicht möglich, vgl. Münnich (2001b), S. 154. Dies liegt insbesondere an den Besonderheiten dieser Erhebung (Abschneidegrenze 35.000 DM, Beschränkung auf bestimmte Geldvermögensformen, unterschiedliche Stichtage etc.). Errechnet man das durchschnittliche Nettovermögen auf Basis der Daten der Deutschen Bundesbank, so erhält man für 1997 einen Betrag von ca. 323.000 DM. Dies berechnet sich aus 5.175,5 Mrd. DM Geldvermögen, 7.091,7 Mrd. DM Immobilienvermögen, Verpflichtungen in Höhe von 1.792,7 Mrd. DM und 37,464 Mio. Haushalten, vgl. Deutsche Bundesbank (Hrsg.) (1999), S. 43 und Statistisches Bundesamt (Hrsg.) (2001a), S. 64.

Tab. 3-4: Zusammensetzung des Vermögens privater Haushalte 1998

Durchschnitt je Haushalt in TDM	Früheres Bundesgebiet						Neue Länder und Berlin-Ost					
	Ge-samt	1.	2.	3.	4.	5.	Ge-samt	1.	2.	3.	4.	5.
		Fünftel der nach dem Nettovermögen geordneten Haushalte						Fünftel der nach dem Nettovermögen geordneten Haushalte				
Geldvermögen (ohne LV)	49,9	2,0	16,1	49,6	49,5	132,5	26,4	1,6	8,0	24,0	46,5	51,8
+ Lebensversi-cherungen (LV)	21,2	1,2	6,9	19,0	23,4	55,8	5,5	1,0	3,0	5,6	8,2	9,9
+ Immobilien	225,9	1,6	7,6	103,8	319,2	697,2	77,0	1,3	2,3	9,7	62,4	309,4
= Brutto-vermögen	297,1	4,8	30,6	172,5	392,1	885,4	109,0	3,9	13,3	39,4	117,2	371,0
./. Bau- und Kon-sumschulden	43,3	8,8	8,3	53,1	64,9	81,5	20,6	5,9	3,2	8,7	29,3	55,7
= Netto-vermögen	253,8	-4,0	22,3	119,4	327,2	804,0	88,4	-2,0	10,1	30,7	87,9	315,3

Anm.: Einkommens- und Verbrauchsstichprobe 1998; TDM.

Quelle: Bundesregierung (Hrsg.) (2001a), S. 45.

Das durchschnittliche Nettogeldvermögen eines privaten Haushaltes belief sich 1998 auf 62.764 DM.[72] Die privaten Haushalte erzielten mit ihrem ertragbringend angelegtem Geld-vermögen 1997 eine durchschnittliche Nominalrendite von 4,5%.[73] Dies entspricht einer Re-alverzinsung von 2,75%. Schon geringe Renditesteigerungen bedeuten aufgrund der langfris-tigen Anlagezeiträume erhebliche Vermögenszuwächse. Die Ausrichtung des Anlageportfoli-os nach individuellen Rendite-/Risikogesichtspunkten ist Bestandteil eines Financial Plan-ning. Dabei ist es zunächst irrelevant, wie hoch das Gesamtvermögen ist. Durch eine Finanz-planung kann in den meisten Fällen ein Mehrwert geschaffen werden.[74]

Betrachtet man die Relation zwischen Nettogeldvermögen und Haushaltsnettoeinkommen in den jeweiligen Einkommensklassen (vgl. Abb. 3-5), so lässt sich tendenziell sagen, dass bei Geringverdienern das Vermögen das 6,5- bis 9-fache des monatlichen Nettoeinkommens ausmacht.

---

[72] Vgl. Statistisches Bundesamt (Hrsg.) (2001d), S. 42. Die Deutsche Bundesbank errechnete für 1997 ein Nettogeldvermögen von 132.600 DM je Haushalt, vgl. Deutsche Bundesbank (Hrsg.) (1999), S. 47.

[73] Vgl. Deutsche Bundesbank (Hrsg.) (1999), S. 46.

[74] Dabei werden Personen mit einem größeren Vermögen eine tendenziell andere Bedürfnisstruktur bzgl. ihres Vermögens haben, und Maßnahmen wie eine Portfoliodiversifikation werden mit zunehmendem Vermögen auch dringlicher. Die Frage nach der grundsätzlichen Relevanz des Financial Planning für einkommens-schwächere Bevölkerungsgruppen beeinflusst dies aber nicht.

Abb. 3-5: Nettogeldvermögen zu Nettohaushaltseinkommen 1998 nach Einkommens-klassen

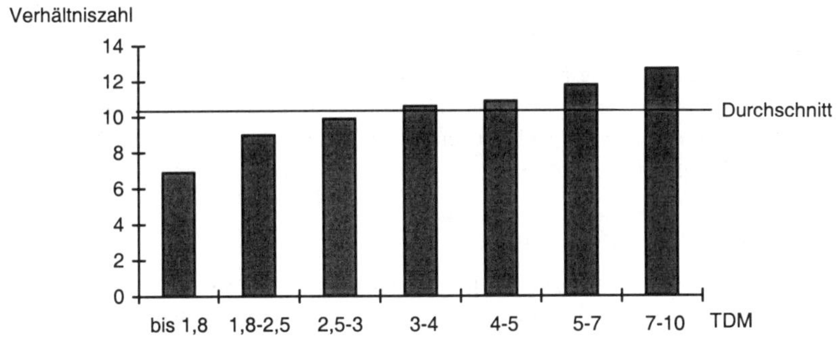

Verhältniszahl

```
14 ┬
12 ┤
10 ┤━━━━━━━━━━━━━━━━━━━━━━━━━━━━━━━━━━━━━━  Durchschnitt
 8 ┤
 6 ┤
 4 ┤
 2 ┤
 0 ┴──┴────┴────┴────┴────┴────┴────┴──
   bis 1,8  1,8-2,5  2,5-3  3-4  4-5  5-7  7-10  TDM
```

Anm.: Einkommens- und Verbrauchsstichprobe 1998.

Quelle: Eigene Berechnungen; Statistisches Bundesamt (Hrsg.) (2001d), S. 42.

Es fällt auf, dass in den Klassen von 2.500 DM bis 7.000 DM (Durchschnittsverdiener) das Verhältnis auf das 10- bis 12-fache steigt. Dies ist auf die über die Einkommensklassen ansteigende Sparquote zurückzuführen. Das Geldvermögen der privaten Haushalte mit Einkommen von 2.500 DM und mehr besteht aus 9 bis 12 Monatsgehältern. Die durchschnittlich verdienenden Haushalte sind also, was diese Relation betrifft, nicht sehr weit von den vermögenderen Haushalten entfernt. Außerdem zeigt die Relation, dass beim absoluten Vermögen für eine private Altersvorsorge noch erheblicher Nachholbedarf besteht. Relativ betrachtet ist Financial Planning also für alle Einkommensklassen relevant.

Die Verteilung der Nettovermögen wird sehr stark vom Immobilienvermögen beeinflusst. Allerdings verfügten im Jahr 1998 lediglich 47,8% (1993: 50,5%) der westdeutschen und 33,3% (1993: 27,7%) der ostdeutschen Haushalte über eine Immobilie.[75] Der Erwerb von Immobilieneigentum ist dabei hauptsächlich vom Lebensalter abhängig. Mit zunehmendem Alter steigt der Anteil der Immobilieneigentümer in der Bevölkerung deutlich an.[76] Der durchschnittliche Verkehrswert des Haus- und Grundbesitzes lag 1998 im früheren Bundesgebiet bei 467 TDM (1993: 426 TDM) und in den neuen Ländern bei 231 TDM (1993: 21 TDM).[77]

Insgesamt ist festzustellen, dass Haus- und Grundbesitz sehr unterschiedlich verteilt sind. Aus der Tab. 3-4 ist ersichtlich, das erst im dritten Fünftel (frühere Bundesländer) der Haushalte ein nennenswertes Immobilienvermögen vorhanden ist. Es wohnen also immer noch mehr

---

[75] Vgl. Bundesregierung (Hrsg.) (2001a), S. 45; Münnich (1999), S. 210f.

[76] So hatten 1998 im früheren Bundesgebiet 28,5% der 25-35-Jährigen und 61,8% der 55-65-Jährigen Haus- und Grundbesitz, vgl. Münnich (1999), S. 212.

[77] Die Größe Verkehrswert ist problematisch, da sie stark subjektiven Charakter hat. Die Haushalte wurden nach dem Preis gefragt, den sie für Ihr Objekt erzielen möchten. Sie gibt aber dennoch ein realistischeres Bild als der Einheitswert. Vgl. Münnich (1999), S. 212f.

Menschen zur Miete als in einer eigenen Immobilie. Allerdings wächst die Bedeutung des Erwerbs von Wohnungseigentum zunehmend.[78] Die günstigen Hypothekenkreditkonditionen, vielfältige staatliche Fördermaßnahmen, der Renditerückgang bei festverzinslichen Wertpapieren, aber auch die schlechte Entwicklung der Aktienmärkte der Jahre 2000 und 2001 haben den langfristigen Trend zur Bildung von Sachvermögen verstärkt.

Eine Private Finanzplanung beschäftigt sich auch mit der Frage, wie das Ziel einer eigenen Wohnimmobilie erreicht werden kann. Gerade für Haushalte mit niedrigerem Einkommen bzw. Vermögen spielt Haus- und Grundbesitz eine besondere Rolle. Eine Immobilie kann aufgrund der Mietersparnis eine tragende Säule der privaten Altersvorsorge sein.

3.2.1.4   Verschuldungssituation

Verschuldung ist die Summe aller Geldforderungen gegen einen Schuldner.[79] Es ist grundsätzlich zu unterscheiden zwischen Bau- und Konsumschulden. Bauschulden sind als Investition in eine Immobilie zum Vermögensaufbau einzustufen. Konsumschulden sind eine Möglichkeit, Konsumwünsche ohne vorhergehendes Ansparen sofort zu realisieren. Aus beiden Formen der Verschuldung kann eine Überschuldung resultieren, d.h. Zahlungsverpflichtungen des Haushaltes können nicht mehr erfüllt werden.[80] Auslöser hierzu können beispielsweise Arbeitslosigkeit oder Erwerbsunfähigkeit sein. Aber auch falsche oder gänzlich fehlende Finanzplanung kann zur Überschuldung führen. Gerade für einkommensschwache Haushalte, bei denen keine großen finanziellen Rücklagen vorhanden sind, können die Zins- und Tilgungsverpflichtungen schnell zu einer Liquiditätsproblematik, d.h. Zahlungsschwierigkeiten führen.

Es ist davon auszugehen, dass in Deutschland bis zu 12% der Geringverdiener (bis zu 2.500 DM Haushaltsnettoeinkommen/Monat) über einen privaten Kredit oder ein Darlehen verfügen. Bei den Durchschnittsverdienern (2.500 bis 7.500 DM/Monat) sind es zwischen 16% und 20%. Die Großverdiener mit mehr als 7.500 DM/Monat haben zu etwa 12% bis 20% eine Fremdfinanzierung. Die Kredithöhe beträgt bei den Geringverdienern in aller Regel bis zu 20 TDM, bei den Durchschnittsverdienern zwischen 5 und 50 TDM. Der überwiegende Teil der Großverdiener ist hingegen mit über 50 TDM verschuldet.[81]

Im Rahmen der EVS werden auch die Restschulden für Haus- und Grundbesitz sowie die Konsumentenkreditschulden[82] erhoben. Wie sich diese Verschuldungsformen von 1993 bis 1998 im früheren Bundesgebiet und den neuen Ländern entwickelt haben, zeigt die Tab. 3-5:

---

[78]   Vgl. Deutsche Bundesbank (Hrsg.) (1998), S. 38; Deutsche Bundesbank (Hrsg.) 1999, S. 37.

[79]   Vgl. Reifner (1998), S. 10.

[80]   Vgl. Bundesregierung (Hrsg.) (2001a), S. 68; Reifner (1998), S. 10; Reifner/Dörhage (1988), S. 22f.

[81]   Vgl. Interaktive Online-Auswertung der Studie Soll und Haben 5, www.media.spiegel.de/SoHa5 [Abfrage vom 29.01.2002].

[82]   Die Daten zur Höhe der Konsumentenkredite aus der EVS werden z.T. angezweifelt, da eine Hochrechnung auf die Gesamtbevölkerung ein Gesamtkreditvolumen von lediglich 90 Mrd. DM ergibt. Dem steht jedoch eine bankmäßige Konsumentenkreditsumme von 366,3 Mrd. DM gegenüber, vgl. Deutsche Bundesbank (Hrsg.) (1999), S. 43; Reifner (1998), S. 17. Da aber für Deutschland keine qualitativ besseren Zahlen verfügbar sind, werden die Daten der EVS verwandt.

Tab. 3-5:   Hypotheken- und Konsumentenkreditschulden 1993 und 1998

	1993		1998	
	Früheres Bundesgebiet	Neue Länder und Berlin-Ost	Früheres Bundesgebiet	Neue Länder und Berlin-Ost
Hypothekendarlehen	121.000	56.000	154.000	112.000
Konsumentenkreditschulden	11.510	8.094	15.272	10.658

Anm.: Einkommens- und Verbrauchsstichproben 1993 und 1998; Durchschnitt je Haushalt in DM; Werte berechnet an den Haushalten mit Hypothekendarlehen respektive Konsumentenkreditschulden.

Quelle: Euler (1995), S. 353; Münnich (1999), S. 214; Münnich (2001a), S. 133.

Die Höhe der Hypothekendarlehen in den neuen Ländern ist von 1993 auf 1998 sprunghaft angestiegen. Die Verdopplung der durchschnittlichen Kredithöhe deutet auf zunehmende Bautätigkeit und höherwertige Immobilien hin. Auch in Westdeutschland stieg die Verschuldungshöhe um etwa 30%, wobei hier wie auch im Osten der Anteil der mit mehr als 100.000 DM belasteten Haushalte angestiegen ist (West: von 43% auf 57%).[83]

Die durchschnittlichen Konsumentenkreditschulden betrugen 1998 pro Haushalt 2.533 DM (1993: 2.030 DM).[84] Etwa 5 Millionen Haushalte in Westdeutschland (1,5 Millionen Ostdeutschland) hatten 1998 Konsumentenkreditschulden. Das entspricht einer Quote von 16,7% aller Haushalte (Ostdeutschland: 21,6%). Dabei hatte jeder dieser Haushalte durchschnittlich 15.272 DM Schulden (Ostdeutschland: 10.658 DM).

Die Tilgung und Verzinsung dieser Kredite belastet die privaten Haushalte und reduziert das verfügbare Einkommen. Um einen Eindruck zu bekommen, welcher Anteil des ausgabefähigen Einkommens monatlich auf die Zins- und Tilgungszahlungen entfällt, werden diese beiden Größen zueinander ins Verhältnis gesetzt (vgl. Abb. 3-6).

---

[83]   Vgl. Münnich (1999), S. 214.

[84]   Vgl. Münnich (2001a), S. 133.

Abb. 3-6: Tilgungs- und Zinsquoten 1998 nach der Höhe der ausgabefähigen Einkommen und Einnahmen

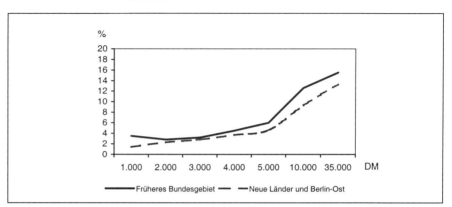

Anm.: Einkommens- und Verbrauchsstichprobe 1998.

Quelle: Eigene Berechnungen; Statistisches Bundesamt (Hrsg.) (2001c), S. 26-36 und S. 131-138.

Die Tilgungs- und Zinsquote bewegt sich bei Einkommen zwischen 2.000 und 5.000 DM /Monat zwischen 3% und 6%. Bei höheren Einkommen steigt sie bis auf 16% stark an.

Solange die Zins- und Tilgungszahlungen durch die privaten Haushalte geleistet werden können, ist die Verschuldung zunächst unproblematisch. Kommt es aber zur Zahlungsunfähigkeit, tritt Überschuldung ein. Unter Überschuldung wird die Nichterfüllung von Zahlungsverpflichtungen verstanden, die auch zu einer wirtschaftlichen und psychosozialen Destabilisierung der Betroffenen führen kann. Überschuldung ist ein Ausdruck für Armut.[85]

In Deutschland waren 1999 insgesamt etwa 2,77 Mio. Fälle von Überschuldung festzustellen. Davon entfielen 1,9 Mio. auf Westdeutschland und 0,87 Mio. auf Ostdeutschland. Gegenüber den 2 Mio. Überschuldungsfällen 1994 ist dies eine Steigerung um 39%.[86]

Der Hauptgrund für die Überschuldung ist sicherlich die Arbeitslosigkeit (vgl. Tab. 3-6). Ähnlich häufig führen aber auch Unerfahrenheit in Finanzangelegenheiten und falsche Einkommens-Kreditrelationen zur privaten Insolvenz. Diese Punkte können durch eine Finanzplanung bereits im Vorfeld erkannt und damit vermieden werden. Auch das Konsumverhalten lässt sich mit Instrumenten des Financial Planning, wie etwa einer Einnahmen-/Ausgaben-Rechnung oder Privatbilanz in geordnete Bahnen lenken.

---

[85] Vgl. Bundesregierung (Hrsg.) (2001a), S. 68.

[86] Vgl. Korczak (2000) zitiert nach Bundesregierung (Hrsg.) (2001a), S. 69.

Tab. 3-6: Auslösende Faktoren der Überschuldung – Bundesgebiet 1999

Faktor	Anteil [%] (Mehrfachnennungen möglich ∑ > 100)
Arbeitslosigkeit	38
Trennung/Scheidung	22
Unerfahrenheit gegenüber Kredit- u. Konsumangebot	20
Dauerhaftes Niedrigeinkommen	19
Missverhältnis Kredithöhe-Einkommen	14
Suchtverhalten	10
Krankheit/Unfall/Tod	9
Suchtartiges Kaufverhalten	7
Geburt eines Kindes	6
Nichtinanspruchnahme von Sozialleistungen	3

Anm.: Erhebung bei Schuldnerberatungsstellen 2000.[87]

Quelle: Korczak (2000) nach Bundesregierung (Hrsg.) (2001b), S. 114.

Eine Untersuchung aus dem Jahr 1996 von REIFNER zeigt eine ähnliche Verteilung der auslösenden Faktoren der Überschuldung. Demnach war in 27% der Fälle Arbeitslosigkeit, bei 23% das Konsumverhalten verantwortlich für die Überschuldung, gefolgt von 16% familiären Problemen, 14% Krankheit sowie 20% sonstigen Ursachen.[88] Ob es jedoch aus den genannten Gründen zu einer Überschuldung kommt, hängt wesentlich vom Verhalten des privaten Haushaltes ab. Durch kontrolliertes Verhalten (kognitives Involvement) bzgl. Konsum, Sparen und Verschuldung kann der Haushalt dieses zumindest teilweise selbst beeinflussen.[89]

Etwa 50% der überschuldeten Haushalte haben Schulden bis zu 30.000 DM (vgl. Tab. 3-7). Bei dieser Schuldenhöhe sollte durch eine Finanzplanung in den meisten Fällen eine Rückführung möglich sein. Diese Finanzplanung kann beispielsweise im Rahmen einer Wirtschafts- oder Verbraucherberatung dem Haushalt aufzeigen, wie durch entsprechenden Konsumverzicht und die Neuordnung der Vermögens- und Verschuldungsstruktur solche Situationen bewältigt werden können.

---

[87] Bei der Untersuchung von KORCZAK wurden Schuldnerberatungsstellen befragt. Dadurch sind Verzerrungen der Ergebnisse durch die subjektive Wahrnehmung der Schuldner nicht auszuschließen. Eine andere Untersuchung von überschuldeten Haushalten bei Schuldnerberatungsstellen für das Jahr 1996 findet sich bei REIFNER, vgl. Reifner (1998), S. 24 bis 40.

[88] Vgl. Reifner (1998), S. 38.

[89] Vgl. Bundesregierung (2001a), S. 71.

Tab. 3-7: Schuldenhöhe überschuldeter Haushalte 1999

Schuldenhöhe [DM]	Anteil der überschuldeten Haushalte [%]
Unter 5.000	10
5.000 bis 10.000	12
10.000 bis 20.000	15
20.000 bis 30.000	12
30.000 bis 40.000	9
40.000 bis 50.000	9
50.000 bis 100.000	16
Über 100.000	17

Anm.: Erhebung bei Schuldnerberatungsstellen 2000.

Quelle: Korczak (2000) nach Bundesregierung (Hrsg.) (2001b), S. 116.

Betrachtet man die Einkommensquellen der überschuldeten Haushalte, so zeigt sich, dass 43% Erwerbseinkommen erhalten, also Lohn-/Gehaltsempfänger sind. Die restlichen Haushalte beziehen Arbeitslosengeld/-hilfe, Sozialhilfe oder Renten. Die Hauptgläubiger sind Kreditinstitute (72% Früheres Bundesgebiet / 56% Neue Länder), Inkasso-Unternehmen (40% / 50%), Versandhäuser (32% / 42%) und Versicherungen (24% / 30%).[90] Die Gläubiger sind in der Mehrzahl Banken und Versicherungen, die den Haushalten selbst durch Finanzplanung Hilfestellung geben könnten, um eine Überschuldung zu verhindern.

Als Maßnahmen zur Vermeidung und Bekämpfung von Überschuldung werden Schuldnerberatung, Schuldenbereinigung und Entschuldung ohne gerichtliches Verfahren angeführt. Im Vordergrund der Diskussion steht dabei vermehrt das neue Verbraucherinsolvenzverfahren mit der Möglichkeit der Restschuldbefreiung.[91]

Diese Strategien kommen jedoch vornehmlich dann zum Einsatz, wenn bereits eine Überschuldung eingetreten ist. Financial Planning könnte hier ein Ansatz zur Vorbeugung von Überschuldungen sein, indem durch eine langfristig auf die finanziellen Verhältnisse ausgerichtete Finanzarchitektur die Zahlungsunfähigkeit vermieden wird.

3.2.2 Traditionelles Lebensphasenmodell

Um das Nachfragerverhalten von privaten Haushalten nach Financial Planning zu erklären, eignet sich auch das Lebensphasenkonzept, das zur Beschreibung der persönlichen Situation dient. Dabei wird der Lebensweg eines Menschen in idealtypischer Weise mit Hilfe sequentieller Phasen skizziert. Durch die Kombination verschiedener soziodemografischer Merkmale (z.B. Alter, Familienstand, Anzahl der Kinder, Bildung, Einkommen) können Lebensphasen modelliert werden.

---

[90] Vgl. Korczak (2000) nach Bundesregierung (Hrsg.) (2001b), S. 115.
[91] Vgl. Bundesregierung (Hrsg.) (2001a), S. 68; Veit (1998), S. 41ff.

Der Ursprung dieses Konzeptes findet sich in den volkswirtschaftlichen Erklärungsansätzen von FRIEDMANN [92] und MODIGLIANI/BRUMBERG [93] zur permanenten Einkommenshypothese, die davon ausgehen, dass der Mensch im Sinne eines homo oeconomicus zukunftsorientiert handelt und seine Ressourcen über die gesamte erwartete Lebenszeit nach der Erwartungsnutzentheorie einsetzt.[94]

Das Lebensphasen- oder -zyklusmodell ist eine konsequente Weiterentwicklung dieser Ansätze vor einem marketingtheoretischen Hintergrund.[95] Unter einem Lebenszyklus ist eine kontinuierliche Folge von Lebensphasen eines Individuums zu verstehen.[96] Übliche Phasen sind etwa Kindheit, Jugend, Ehe/Familie oder Alter. Einzelne Phasen werden durch bestimmte Ereignisse wie Geburt eines Kindes oder Trennung vom Lebenspartner stark beeinflusst. Die Abgrenzung idealtypischer Lebensabschnitte unterstellt u.a. unterschiedliches Verhalten von Individuen in Abhängigkeit von der jeweiligen Lebensphase. Das Konzept basiert auf der Vorstellung, dass ein Individuum im Laufe des Lebens einen Entwicklungsprozess durchläuft, der Verhaltensanpassungen notwendig macht. Für jeden einzelnen verläuft dieser Pfad individuell, wenngleich sich charakteristische Muster mit erhöhter Auftrittswahrscheinlichkeit zeigen.

Die Einsatzmöglichkeiten des Lebensphasenmodells sind beispielsweise die Kundensegmentierung[97], die Identifizierung von Betreuungsanlässen für Finanzdienstleister[98], die Produktgestaltung[99], die Erklärung des Käuferverhaltens[100] oder die Erklärung des Anlegerverhaltens[101].

Zur Abbildung der Lebensphasen können beispielsweise folgende Situationsvariablen und Ausprägungen herangezogen werden:[102]

- Haushaltsformen (Single, Paar, Volles Nest: zwei Erwachsene plus ein oder mehrere Kinder, Alleinerziehende)

- Alterstufen (I: unter 40 Jahre, II: 40 bis 60 Jahre, III: über 60 Jahre)

- Altersgruppen von Kindern (Gruppe A: jüngstes Kind unter 7 Jahren, Gruppe B: jüngstes Kind 7 Jahre und älter)

---

[92] Vgl. Friedmann (1957).

[93] Vgl. Modigliani/Brumberg (1954).

[94] Für eine genauer Beschreibung und Kritik dieses Ansatzes vgl. Abschnitt 3.3.5.1.

[95] Zur umfangreichen marketingtheoretischen Literatur des Lebensphasenkonzeptes vgl. Oehler (1995), S. 81f und die dort zitierten Quellen.

[96] Vgl. Kroeber-Riel/Weinberg (1999), S. 438.

[97] Vgl. Obele (1998), S. 147ff; Steinig (1998), S. 294; Stracke/Geitner (1992), S. 57.

[98] Vgl. Seyfried (1998), S. 355.

[99] Vgl. Stracke/Geitner (1992), S. 578, S. 599.

[100] Vgl. Oehler (1995), S. 82 und die dort angegebene Literatur.

[101] Vgl. Oehler (1995), S. 84 und S.178ff.

[102] Vgl. Gilly/Enis (1982), S. 273ff. Eine andere Phaseneinteilung aus dem Bereich der Anlageberatung unterteilt in die vier Phasen Existenzsicherung (bis zum 35. Lebensjahr), Etablierung (35. bis 45. Lebensjahr), Risiko- und Spielphase (45. bis 60. Lebensjahr) und die Erntezeit (ab dem 60. Lebensjahr), vgl. Stracke/Thies (1999), S. 84.

Durch die Kombination dieser Merkmale kann der Großteil aller denkbaren Haushaltsformen erfasst werden. Die Übergänge zwischen einzelnen Zyklusphasen werden in diesem Modell dadurch markiert, das Personen zum Haushalt hinzukommen oder ausscheiden.[103]

Auf finanzwirtschaftliche Dimensionen übertragen, lässt sich ein Lebensphasenmodell bilden, das die Finanzanlagemöglichkeiten und den Kreditbedarf eines privaten Haushaltes in Abhängigkeit vom Lebensalter darstellt:

Abb. 3-7: Finanzwirtschaftliches Lebensphasenmodell

Geld-anlage				
• Kindergeldanlage • Ausbildungs-vorsorge	• Studium • Berufsstart	• Heirat • Familien-gründung	• Absicherung Lebensstandard • Altersvorsorge	• Alterskonsum • Unterstützung der Nachkommen

Kindheit/Jugend	Post-Adoleszenz	Etablierung	Familie	Alter
10	20 30	40	50 60	70 80

		Immobilien	• Renovierung • Ausbau
	• Auto • Einrichtung • Urlaub		Entschuldung

Darlehens-aufnahme

Quelle: In Anlehnung an Kremer (1994), S. 130; Seyfried (1998), S. 355; Stracke/Geitner (1992), S. 53.

Hier wird ein fünfphasiger Zyklus unterstellt, der gleichzeitig die Problematik dieses Vorgehens aufzeigt. Das Lebensphasenkonzept in der dargestellten Form hat stark schematischen Charakter, mit der Gefahr, der individuellen Situation des Haushaltes nicht gerecht zu werden. In einer modernen Gesellschaft sind derartige standardisierte Lebensverläufe nicht mehr zu verallgemeinern. Es kommt vielmehr zu den unterschiedlichsten Konstellationen. Ehepaare bleiben lebenslang kinderlos. Scheidungen und die ständig zunehmende Lebenserwartung verändern die individuellen Phasen. Dadurch kommt es zu Abweichungen von diesem traditionellen Lebenszyklus. Die typischen Abfolgen bestimmter Lebenssituationen sind häufig zu allgemein und können lediglich Anhaltspunkt im Rahmen einer Finanzberatung sein.

Auch der Einsatz des Lebensphasenmodells als Instrument zur Produktdifferenzierung im Rahmen von individuellen Angebotsstrategien erscheint nicht zielführend. Die Finanzierung eines Eigenheims beispielsweise muss nicht zwingend in der vierten Phase des oben beschrie-

---

[103] Vgl. Gilly/Enis (1982), S. 273.

benen Zyklusses anfallen. Lediglich für bestimmte Angebote des Massengeschäfts kann eine Orientierung an solch vereinfachenden Phasenkonzepten sinnvoll sein.[104]

Es stellt sich nun die Frage, wie das Lebensphasenmodell das Nachfrageverhalten der privaten Haushalte beeinflusst und welche Aufgaben ihm im Financial Planning zukommen:

▪ Gerade weil Lebensverläufe heutzutage immer weniger zu standardisieren und vorherzusehen sind, ergibt sich die Notwendigkeit, finanzielle Dinge zu planen und diesen Plan ständig an neue Gegebenheiten anzupassen. Jeder private Haushalt kommt im Laufe seiner Existenz immer wieder in Situationen, in denen wichtige finanzielle Entscheidungen zu treffen sind, die das weitere Leben entscheidend beeinflussen. Hinzu kommt, dass diese Einzelentscheidungen unterschiedliche Planungshorizonte haben. Die Finanzierung eines Autos oder Urlaubs ist kurzfristiger Natur. Die Entscheidung, wie eine Immobilie oder die Ausbildung der Kinder finanziert werden soll, ist mittel- bis langfristig, genauso wie die Frage nach einer Absicherung gegen Berufsunfähigkeit. Die Frage, aus welchen Bestandteilen sich die Altersvorsorge zusammensetzen soll, ist dagegen sehr langfristig. Wie soll ein privater Haushalt alle diese Aspekte unter einen Hut bringen? Die Unsicherheit bezüglich der eigenen familiären und finanziellen Zukunft führt zur Nachfrage nach Instrumenten, die eine gewisse Planungssicherheit wiederherstellen können.

▪ Die Bedürfnisse nach Finanzdienstleistungen und Finanzprodukten sind in den verschiedenen Lebensphasen unterschiedlich, und dementsprechend ist das Nutzungsverhalten eines Haushaltes lebensabschnittspezifisch.[105] Das Lebensphasenmodell ist ein Konstrukt, das im Rahmen des Finanzplanungsprozesses eingesetzt wird, um die jeweils geeignete Finanzarchitektur auszuarbeiten. Die Bedürfnisse und Ziele der Wirtschaftssubjekte werden von den Lebensumständen abhängig gemacht. Damit ergibt sich die Möglichkeit, eine Sensibilität für die eventuellen Veränderungen im Lebensverlauf zu entwickeln und ein langfristiges Finanzplanungskonzept zu entwickeln.[106] Mit Financial Planning als einer Finanzdienstleistung, die Informationen zum rationalen Umgang mit Finanzprodukten bereitstellt, können die individuellen Zielsetzungen des Haushaltes erfüllt werden. Financial Planning ist ein Konzept, das versucht, die einzelnen Phasen des Lebens aufzugreifen und in die persönlichen und finanziellen Planungen zu integrieren.

3.2.3 Lebensstil

Ein weiterer Einflussfaktor auf das Nachfrageverhalten privater Haushalte nach Financial Planning sind die Lebensstile.[107] Darunter ist die Art und Weise zu verstehen, wie Individuen leben, ihre Zeit verbringen und konsumieren bzw. sparen. Lebensstile beschreiben Menschen hinsichtlich Aktivitäten, Interessen oder Meinungen.[108] Man kann einen Lebensstil auch als

---

[104] Vgl. Seyfried (1998), S. 356.
[105] Vgl. Kremer, M. (1994), S. 122ff; Opiela (1997), S. 2; Patterson (1991), S. 94.
[106] Vgl. Stracke/Thies (1999), S. 84.
[107] Vgl. Freter (1993), Sp. 2807; Kotler/Bliemel (1992), S. 423.
[108] Vgl. Plummer (1974), S. 33ff.

"... Kombination typischer Verhaltensmuster einer Person oder einer Personengruppe ..."[109] bezeichnen. Der Lebensstil ist ein komplexes Verhaltensmuster, das sowohl psychische (emotionale und kognitive) als auch beobachtbare Verhaltensweisen beinhaltet.[110] Im Marketing erfreut sich das Konzept der Lebensstile großer Beliebtheit. Durch die Abgrenzung von Subkulturen und der Generierung von produktbezogenen Lebensstilen wird versucht, die Ausrichtung der Marketingaktivitäten zu unterstützen.[111] Es sollte allerdings nicht verschwiegen werden, dass die Komplexität der Typologiebildung, insbesondere die Operationalisierung der psychografischen Indikatoren, in der Umsetzungspraxis zu Schwierigkeiten führen kann. Die Beschreibung und Interpretation solcher Lebensstile ist äußerst schwierig. Eigenschaften wie traditionell oder konservativ sind für sich alleine wenig aussagekräftig, sondern müssen erst in den Kontext mit den Produkten und Dienstleistungen gebracht werden. Abhilfe kann durch die Kombination mit spezifischen Produktkategorien geschaffen werden.

Die Notwendigkeit, neben den klassischen Merkmalen wie Einkommen, Vermögen und Alter oder auch der Lebensphase zusätzliche verhaltensorientierte Segmentierungsmerkmale zu verwenden, wird allgemein betont, in der Praxis ist deren Anwendung jedoch nach wie vor selten anzutreffen.[112] Dieser Umstand hängt mit der bereits erwähnten Komplexität von Datenerhebung und Modellkonzeption zusammen.[113]

Die Bildung von Lebensstil-Typologien ist damit ein relevantes Verfahren, das individuelle Nachfrageverhalten nach Finanzdienstleistungen zu erklären. Dabei werden bei Marktforschungsanalysen Personen i.d.R. nach ihren Einstellungen, soziodemographischen Merkmalen und natürlich ihrem Nachfrageverhalten befragt. Mit Hilfe der Angaben zu den Beobachtungen der Befragten lassen sich durch das Cluster-Verfahren[114] Gruppen bilden, die in Bezug auf diese Beobachtungen in sich homogen und zueinander heterogen sind. Dieses Verfahren findet u.a. auch in der Kundensegmentierung Anwendung, wo beispielsweise Einstellungsmuster verschiedener Individuen beobachtet und zu Gruppen verdichtet werden.[115] Dadurch werden die üblichen Kriterien wie Einkommen, Vermögen und Alter um lebensstilbezogene Aspekte ergänzt.

Eine besondere Ausprägung der Lebensstile sind sogenannte soziale Milieus. Dabei handelt es sich ebenfalls um die Bildung von homogenen Gruppen, die sich primär hinsichtlich weicher Faktoren unterscheiden. Dazu gehören Einstellungen, Erwartungen, Wertorientierungen und Faktoren des Denkens und Fühlens.[116] Personen eines Milieus ähneln sich demnach in ihrer Lebensauffassung und Lebensweise. Die Sinus-Milieus, die im Rahmen der kontinuierlich durchgeführten Studie "Soll und Haben" für Deutschland erhoben werden, sind das wohl be-

---

[109] Kroeber-Riel/Weinberg (1999), S. 547.

[110] Vgl. Böcker (1994), S. 50.

[111] Vgl. Kroeber-Riel/Weinberg (1999), S. 550.

[112] Vgl. Böhler (2001); Faßbender/Spellerberg (1991); Unger (1985).

[113] Vgl. Faßbender/Spellerberg (1991), S. 124; Seyfried (1998), S. 358f; Verwilghen (1997), S. 49.

[114] Zur Clusteranalyse vgl. Gierl (1995), S. 148ff.

[115] Vgl. Machauer/Morgner (2001), S. 6ff.

[116] Vgl. Seyfried (1998), S. 358.

kannteste Beispiel für Milieus, die im Zusammenhang mit Finanzdienstleistungen erstellt werden. Bei der Gruppenbildung werden u.a. Einstellungen zu Arbeit, Familie, Freizeit sowie Geld und Konsum berücksichtigt. Die Sinus-Milieus aus der 5. Studie für Deutschland West im Jahre 2000 zeigt die Abb. 3-8.

Je höher eine Gruppe in der Grafik angeordnet ist, desto gehobener sind Bildung, Einkommen und Berufsgruppe. Je weiter eine Gruppe in der rechten Hälfte steht, desto weniger traditionell ist dessen Grundorientierung. Kennzeichnend für den Milieu-Ansatz sind die unscharfen Grenzen zwischen den Gruppen. Diese scheinbare Unschärfe wird auch Alltagswirklichkeit genannt. Es gibt zwischen den Milieus Berührungspunkte und fließende Übergänge.

Abb. 3-8: Milieus in Westdeutschland 2000 – soziale Lage und Grundorientierung

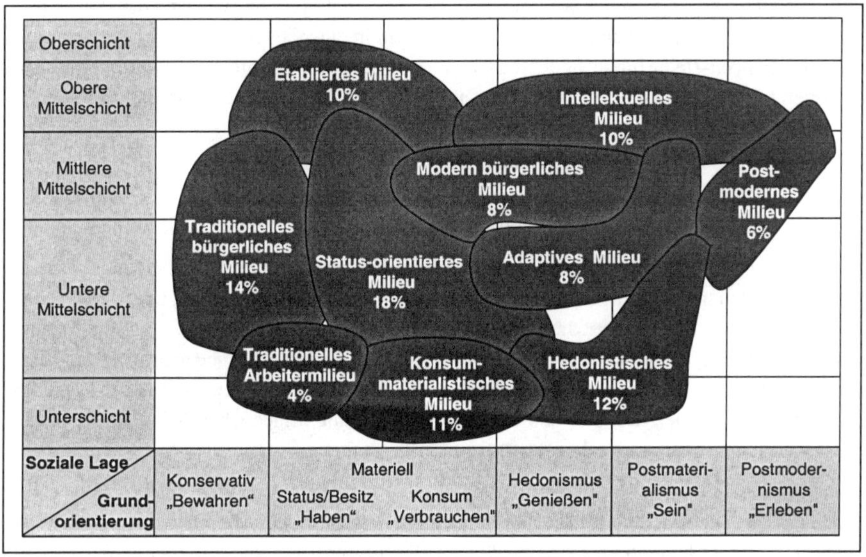

Quelle: Repräsentative Studie Soll und Haben 5, Spiegel-Verlag (Hrsg.) (2000), S. 19.

Die Milieuforschung soll noch zielgerichtetere Produktentwicklungs- und Marktbearbeitungs- strategien ermöglichen und wird bereits bei vielen Konsumgüterherstellern und Dienstleis- tungsunternehmen eingesetzt. Deshalb ist auch für das Financial Planning anzunehmen, dass je nach Lebensstil besondere Anforderungen an eine Finanzplanung bestehen.[117] Nachfrage- verhalten werden dementsprechend zwischen den Milieus unterschiedlich sein und sollten deshalb in einer zielgruppenorientierten Leistungsgestaltung von Financial Planning berück- sichtigt werden.

---

[117] Vgl. Bongartz (1999), S. 1677.

3.3 Ökonomische Disposition privater Haushalte

Die ökonomische Disposition eines Individuums führt zu einem Streben nach finanziellen Zielen, wie z.B. Rendite, Risiko oder Liquidität. Auslöser für den Wunsch, eine Zielerreichung herbeizuführen sind Motivationen bzw. Bedürfnisse einer Person.[1] Da außerdem Financial Planning den Anspruch erhebt, ein bedarfsorientierter Beratungsansatz[2] zu sein, ist es naheliegend, die Bedürfnisse der potenziellen Nachfrager näher zu betrachten, um dadurch deren Verhalten besser erklären zu können.

Die Bedürfnisse und Motive von Individuen als aktivierende intrapersonale Variablen sind die Grundlage für die verhaltenswissenschaftliche Erklärung von Entscheidungsprozessen.[3] Die aktivierenden Vorgänge stellen den inneren Erregungs- und Spannungszustand der Person dar. Durch sie wird ein Individuum letztlich zum Handeln in einer bestimmten Form angetrieben.[4] Die bestehenden Bedürfnisse und Motive werden durch die entsprechenden ökonomischen Theorien erklärt. Daraus resultiert die Begründung der Nachfrage anhand von Bedürfnissen.

3.3.1 Bedürfnisse und Motive privater Haushalte

3.3.1.1 Erklärung von Zielerreichung und Nachfrage

Zur Erklärung der Nachfrage nach Financial Planning eignen sich die Entscheidungsprozesse eines Individuums hinsichtlich seiner angestrebten Ziele und eventueller Kauf- oder Nutzungshandlungen. Unter einer verhaltenswissenschaftlichen Betrachtungsweise sind Bedürfnisse und Motive die grundlegenden Konstrukte für Zielerreichung und Nachfrageentwicklung.[5] Bedürfnisse und Motive beschreiben gleichartige Konstrukte und sind Ausgangspunkt zur Erklärung der Zielerreichung und der Kaufentscheidung. Einen Überblick über die bestehenden Zusammenhänge gibt die Abb. 3-9.

Unter Bedürfnis wird in der ökonomischen Theorie ein von einem Wirtschaftssubjekt empfundener Mangelzustand verstanden, verbunden mit dem Bestreben, diesen zu beseitigen.[6] Die Bedürfnisse eines Individuums sind zunächst völlig unspezifisch und auf kein konkretes Objekt zur Bedürfnisbefriedigung fixiert.[7] Sie tragen zu einer Zielorientierung des menschlichen

---

[1] Vgl. Kroeber-Riel/Weinberg (1999), S. 55.

[2] Im Gegensatz zum produktorientierten (objektorientierten) Beratungsansatz, stehen beim bedarfsorientierten (subjektorientierten) Ansatz nicht die Produkte, sondern der Bedarf des Kunden im Mittelpunkt der Aktivitäten, vgl. Böckhoff/Stracke (1999), S. 22; Kruschev (1999), S. 15f; Schäfer/Unkel (2000), S. 35ff; vgl. hierzu ausführlich Abschnitt 2.4.2.

[3] Als weitere aktivierende Variablen werden Emotionen und verschiedentlich auch Einstellungen genannt, die hier jedoch nicht weiter berücksichtigt werden, vgl. hierzu Bitz/Oehler (1993b), S. 376; Kroeber-Riel/Weinberg (1999), S. 49; Oehler (1995), S. 86f; Unser (1999), S. 176f.

[4] Vgl. Harwalik (1988), S. 55; Kroeber-Riel/Weinberg (1999), S. 224.

[5] Vgl. Kroeber-Riel/Weinberg (1999), S. 358ff.

[6] Vgl. Böcker (1994), S. 43; Oehler (1995), S. 88.

[7] Vgl. Wiswede (1973), S. 106f.

Verhaltens bei und haben eine aktivierende Funktion.[8] Synonym wird der Begriff Motiv verwendet.[9] Die Wünsche des Individuums sind das Verlangen nach der konkreten Befriedigung von Bedürfnissen.[10] Wird ein Bedürfnis durch die Konfrontation mit grundsätzlich zur Bedürfnisbefriedigung geeigneten Objekten konkretisiert, so führt dies zum Bedarf.[11] Damit steht ein bestimmtes Gut fest, das zur Befriedigung des Bedürfnisses geeignet ist. Durch den Einfluss von Beschaffungsdispositionen wie Kaufkraft oder Zeit entsteht letztlich Nachfrage.[12] Nachfrage kann auch als der Wunsch nach spezifischen Produkten, begleitet von der Fähigkeit zum Kauf, verstanden werden.[13]

Abb. 3-9: Bedürfnis/Motiv im Zielerreichungs- und Kaufentscheidungsprozess

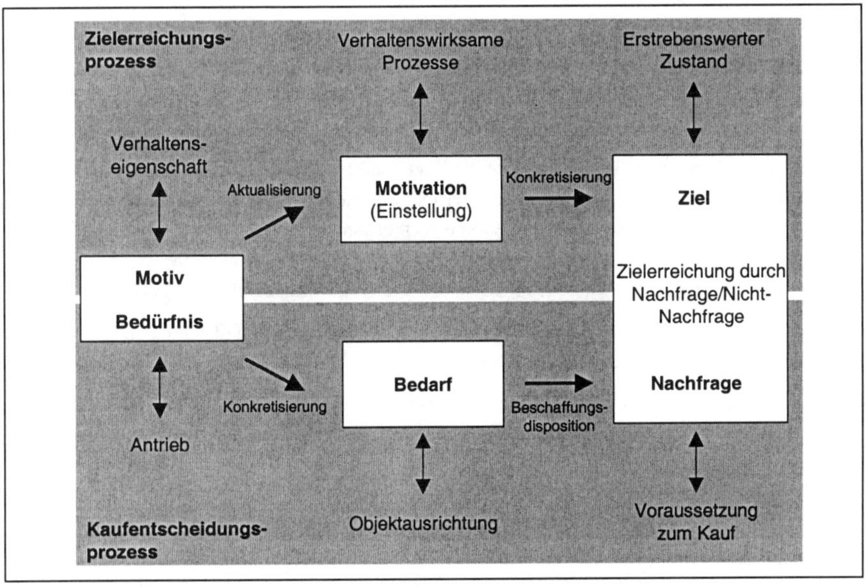

Quelle: Eigene Darstellung; Böcker (1994), S. 13 und S. 43f; Kroeber-Riel/Weinberg (1999), S. 53ff; Oehler (1995), S. 88f.

Als Motiv bezeichnet man ebenfalls einen Mangelzustand oder den Beweggrund, der ein bestimmtes Verhalten hervorrufen kann.[14] Werden Motive aktualisiert, führt dies zur Motivation

---

[8] Vgl. Oehler (1995), S. 88.

[9] Vgl. Böcker (1994), S. 43; Oehler (1995), S. 88.

[10] Vgl. Kotler/Bliemel (1992), S. 7.

[11] Vgl. Böcker (1994), S. 14.

[12] Vgl. Böcker (1994), S. 13f, Wiswede (1973), S. 113. Zu den verschiedenen anderen Auslegungen der Begriffe Bedarf bzw. Nachfrage vgl. Obele (1998), S. 19f.

[13] Vgl. Kotler/Bliemel (1992), S. 7.

[14] Vgl. Böcker (1994), S. 43; Oehler (1995), S. 88.

und damit zu verhaltenswirksamen Prozessen.[15] Auch die Begriffe Motivation und Einstellungen werden weitestgehend synonym gebraucht.[16] Ziele sind schließlich Aussagen mit normativem Charakter, die einen vom Entscheider gewünschten und angestrebten künftigen Zustand der Realität beschreiben.[17] Es handelt sich bei Zielen also um die Konkretisierung von Motiven.[18]

Durch die Nachfrage oder auch Nicht-Nachfrage nach einem Objekt zur Bedürfnisbefriedigung wird schlussendlich das Ziel des privaten Haushaltes erreicht. Die Ziele, die ein Haushalt erreichen will, sind demnach auch Nachfragegründe.

3.3.1.2   Aktivierende Prozesse: Bedürfnis- und Motivstrukturen privater Haushalte

Wie eben gezeigt wurde, kann das Nachfrageverhalten privater Haushalte durch deren Bedürfnisstruktur erklärt werden. Dazu ist es notwendig, die möglichen Mangelzustände (Bedürfnisse) bzw. Beweggründe (Motive) aufzudecken, um anschließend durch deren Analyse die Nachfrage zu begründen.

Grundsätzlich kann man nach primären und sekundären Motiven unterscheiden.[19] Primäre Motive sind physiologisch bedingt, nicht erlernbar und stehen in direktem Zusammenhang mit der Existenz des Individuums. Dazu gehören Versorgungsmotive (Essen, Trinken), die Vermeidung von Verletzungen oder arterhaltende Motive wie der Fortpflanzungstrieb. Sekundäre Motive hingegen stellen erlernte Bedürfnisse dar und sind weitgehend sozial bedingt.

Im Wesentlichen lassen sich vier sekundäre Bedürfnisse privater Haushalte, die im Zusammenhang mit der Nachfrage nach Financial Planning von Relevanz sind, beobachten:

- Erstens ein Transaktionsbedürfnis, das sich durch die Durchführung von Zahlungsverkehrsaktivitäten bzw. die Nutzung derartiger Finanzprodukte wie Girokonto, Kreditkarte, Überweisung etc. manifestiert.[20] Die Einnahmen und Ausgaben eines Haushaltes und damit auch die Liquidität stehen in direktem Zusammenhang mit diesem Transaktionsbe-

---

[15]   Vgl. Kroeber-Riel/Weinberg (1999), S. 53ff.

[16]   Vgl. Kroeber-Riel/Weinberg (1999), S. 54; Richter (2001), S. 79 und die dort angegebene Literatur. Unter Einstellungen versteht man eine gelernte Reaktionsbereitschaft eines Individuums, auf ein bestimmtes Objekt in konsistenter Weise positiv oder negativ zu reagieren, vgl. Berekoven/Eckert/Ellenrieder (1999), S. 79; Harwalik (1988), S. 83. Die Deckungsgleichheit der beiden Begriffe liegt allerdings nur vor, wenn nicht nur die aktivierenden Komponenten, sondern auch die kognitiven Komponenten zum Motivationsvorgang gerechnet werden. Man unterstellt damit eine Zielorientierung des menschlichen Verhaltens, die hauptsächlich durch kognitive Komponenten erklärt wird und vernachlässigt die unbewussten Antriebe (aktivierende Komponenten), vgl. Oehler (1995), S. 88. Für eine ausführliche Darstellung des Einstellungsbegriffs vgl. Bitz/Oehler (1993b), S. 392f; Böcker (1994) S. 48.

[17]   Vgl. Hauschildt (1977), S. 9.

[18]   Vgl. Oehler (1995), S. 88.

[19]   Vgl. Bitz/Oehler (1993b), S. 377; Böcker (1994), S. 44f; Oehler (1995), S. 88. Die wohl bekannteste Unterteilung von Bedürfnissen/Motiven geht auf MASLOW zurück. Dieser teilt fünf Gruppen von verschiedenen Bedürfnissen entwickelt, die in einer unterstellten Reihenfolge nach Befriedigung suchen (Physiologische Bedürfnisse, Sicherheitsmotive, Soziale Motive, Ich-Motive, Selbstverwirklichung), vgl. Maslow (1987). Allerdings ist MASLOWS Theorie häufig kritisiert worden, vgl. hierzu Obele (1998), S. 18; Wiswede (1973), S. 114f; Richter (2001), S. 80f.

[20]   Vgl. Obele (1998), S. 31ff.

dürfnis. Durch die Transaktionen wird der Konsum des Haushaltes finanziert. Die Konkretisierung dieses Bedürfnisses zum Bedarf erfolgt durch eigene Erfahrungen bezüglich der Bedürfnisbefriedigung, der Konfrontation mit dem Güterangebot sowie durch Erfahrungen von anderen Personen.[21] Diese drei Faktoren beeinflussen auch den Konkretisierungsprozess beim Anlage- und Sicherungsbedürfnis.

- Zweitens ein Anlagebedürfnis, dessen Ziel es ist, Vermögen anzulegen und aufzubauen. Die Konkretisierung dieses Bedürfnisses erfolgt neben den beim Transaktionsbedürfnis bereits beschriebenen Faktoren durch die Liquiditäts- und Risikopräferenz des Individuums.[22] Die Einstellung einer Person zum Risiko (risikoavers, risikoneutral oder risikofreudig) und ihrer gewünschten Bindungsdauer (Liquiditätspräferenz) nehmen Einfluss auf die Auswahl eines Anlageobjektes. Auf der Anbieterseite besteht die Möglichkeit der Einflussnahme auf die Konkretisierung durch die Beratung selbst und etwaige kommunikationspolitische Maßnahmen wie beispielsweise Werbung.[23] Die Objekte, auf die sich der Bedarf bei der Vermögensanlage schließlich ausrichtet, sind Finanzprodukte wie Investmentfonds, Wertpapieranlagen oder auch das Bausparen.

- Drittens verfolgen Sicherungsbedürfnisse das Ziel, einen Schutz vor Einkommenseinbußen, aber auch Schutz vor hohen Ausgaben herzustellen. Das Sicherungsbedürfnis resultiert u.a. aus der Tatsache, dass die Ziele Einnahmen/Ausgaben (Transaktion) und Vermögen Aufbauen/Anlegen durch geplante oder ungeplante Einflussfaktoren gestört werden können. Um dennoch eine Bedürfniserfüllung zu gewährleisten, ist die Sicherung erforderlich.[24] Die Konkretisierung wird zusätzlich durch die individuellen Lebensumstände beeinflusst. In verschiedenen Lebensphasen und -situationen sind unterschiedliche Absicherungsstrategien vorteilhaft. Faktoren sind hier z.B. Kinder, vorhandenes Vermögen, Krankheiten. Entscheidend bei den Sicherungsbedürfnissen sind die Prioritäten des Haushaltes. Die Absicherung ist i.d.R. nicht zwingend erforderlich oder kann aufgeschoben werden. Der Anbieter kann im Rahmen der Beratung Einfluss auf die Konkretisierung nehmen.[25] Finanzprodukte, die bei entsprechender Beschaffungsdisposition nachgefragt werden können, sind im Allgemeinen die verschiedenen Versicherungsprodukte (z.B. Haftpflicht-, Kranken- oder Rentenversicherung).

- Das Finanzierungsbedürfnis tritt i.d.R. dann auf, wenn ein aktueller Konsumwunsch aufgrund fehlenden Vermögens nicht befriedigt werden kann. Durch die Aufnahme fremder Geldmittel, also die Generierung zusätzlicher Liquidität, wird der sofortige Erwerb eines Gutes oder die Investition in eine Immobilie ermöglicht. Beeinflusst wird die Fremdfinanzierung hauptsächlich durch die Geldgeber, für gewöhnlich Kreditinstitute. Diese entscheiden durch eine Kreditwürdigkeitsprüfung, ob und in welcher Höhe der Haushalt

---

[21] Vgl. Böcker (1994), S. 13.
[22] Vgl. Obele (1998), S. 43.
[23] Vgl. Obele (1998), S. 44.
[24] Vgl. Bätscher (1989), S. 72f.
[25] Vgl. Obele (1998), S. 42.

Fremdkapital aufnehmen kann. Bei den nachgefragten Finanzprodukten handelt es sich beispielsweise um Konsumentenkredite oder Hypothekendarlehen.

Die Erfüllung dieser Grundbedürfnisse oder auch finanzwirtschaftlichen Grundfunktionen stellt ein elementares Interesse der privaten Haushalte dar.[26] Ihre Erfüllung erfolgt oftmals durch Bank- oder Versicherungsprodukte (Grundprodukte).[27] Diese Grundprodukte können in die Kategorien Zahlen, Sparen, Investieren, Finanzieren und Versichern eingeordnet werden. Ergänzt werden diese Grundfunktionen durch sog. finanzwirtschaftliche Hilfsfunktionen, die von BÄTSCHER eingeführt wurden.[28] Diese Ergänzungsfunktionen beschreiben einen idealtypischen Problemlösungsprozesses, mit dessen Hilfe die Erfüllung der finanzwirtschaftlichen Grundfunktionen (-bedürfnisse) ermöglicht wird. Auch hier lassen sich Parallelen zu Bank- und Versicherungsdienstleistungen ziehen, die ebenfalls informieren, beraten und vermitteln (Ergänzungsprodukte).[29]

Für die Anbieter von Financial Planning-Dienstleistungen besteht damit die Möglichkeit, durch ein Verständnis der Bedürfnisstrukturen sowohl die Nachfrage nach Finanzplanung (Ergänzungsprodukt) als auch die Nachfrage nach den Grundprodukten (z.B. Bank-, Versicherungs- oder Bausparprodukte) zu beeinflussen. Dabei stellt sich die Frage, ob gerade für das Financial Planning nicht eine konsequente Trennung von Grund- und Ergänzungsprodukten, zur Sicherstellung von Unabhängigkeit und Objektivität der Beratung, sinnvoll ist.

In der Abb. 3-10 werden die Bedürfnisse zusammenfassend dargestellt:

---

[26] Vgl. Bätscher (1989), S. 76; Patterson (1991), S. 63f.
[27] Vgl. Bernet (1996), S. 25.
[28] Vgl. Bätscher (1989), S. 77f.
[29] Vgl. Bernet (1996), S. 25.

Abb. 3-10: Finanzielle Grund- und Ergänzungsbedürfnisse

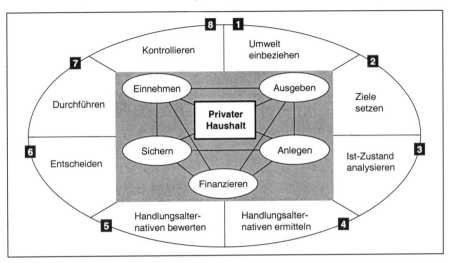

Quelle: Eigene Darstellung in Anlehnung an Bätscher (1989), S. 78.

Der dargestellte Problemlösungsprozess entspricht vom Grundsatz her dem in Abschnitt 2.3.1 eingeführten Financial Planning-Prozess aus der Sicht privater Haushalte. Die dort getroffenen Aussagen werden also sowohl durch die Bedürfnistheorie als auch durch die Überlegungen zu finanzwirtschaftlichen Funktionen unterstützt.

Die operative Umsetzung dieses Problemlösungsprozesses kann durch Financial Planning-Anbieter umfassend durchgeführt werden, da ein privater Haushalt durch unzureichendes Fachwissen und/oder Zeitrestriktionen alleine oftmals dazu nicht in der Lage ist.

Auslöser für eine Nachfrage können sowohl einzelne als auch viele verschiedene Bedürfnisse in Kombination sein. Die genannten finanziellen Grundbedürfnisse müssen im Zusammenhang betrachtet werden, da in der Realität Abhängigkeiten vorhanden sind, die in der Entscheidungsfindung berücksichtigt werden sollten. Die Interaktion der verschiedenen Bedürfnisse führt zu einem komplexen Bedürfniskonstrukt, dem durch Financial Planning zunächst eine Struktur gegeben wird, um anschließend Lösungsansätze zur Bedürfnisbefriedigung und damit Zielerreichung für den Haushalt aufzustellen.[30]

Die Zusammenhänge zwischen den finanziellen Grundbedürfnissen verdeutlicht die Abb. 3-11.

---

[30] Bei der konkreten Durchführung einer Finanzplanung stehen dann entweder ein themenorientiertes Financial Planning, das sich bei den Handlungsempfehlungen auf Teilaspekte konzentriert, oder eine umfassende Finanzplanung zur Wahl.

Abb. 3-11: Finanzielle Grundbedürfnisse im Zusammenhang

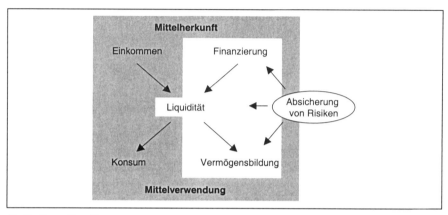

Quelle: Eigene Darstellung.

Durch Einkommen oder die Aufnahme von Fremdkapital wird die Mittelherkunft sicherge-stellt. Dadurch wird Liquidität geschaffen, die im Rahmen der Mittelverwendung in den Kon-sum oder durch Sparen in die Vermögensbildung fließt. Zur Vermögensbildung ist ein Liqui-ditätsüberschuss notwendig. Oftmals muss Liquidität durch eine Kreditaufnahme geschaffen werden, um etwa eine Immobilie erwerben zu können. Finanzierung, Liquidität und Vermö-gensbildung sind spezifischen Risiken unterworfen, gegen die sich ein privater Haushalt absi-chern kann. Risiken liegen etwa in einem Einkommensausfall oder auch in einer Schmälerung des Vermögens durch einen "Börsencrash". Hierzu sind Absicherungsstrategien z.B. in Form von Versicherungen, diversifizierten Portfolios oder Optionsgeschäften denkbar.

In den folgenden Kapiteln werden die einzelnen Elemente dieses Konstruktes und deren Aus-wirkungen auf den privaten Haushalt diskutiert.[31] Aufgrund der Relevanz der einzelnen Ele-mente sowie deren Interaktion erklärt sich der Bedarf eines Financial Planning für private Haushalte. Zur Nachfrage nach der Dienstleistung kommt es schließlich, wenn die notwendige Beschaffungsdisposition (z.B. Geld und Zeit) auf Seiten des Nachfragers mit einem entspre-chenden Angebot eines Anbieters zusammengebracht werden kann.

3.3.2 Liquiditätsplanung

Auch der private Haushalt ist ähnlich wie ein Unternehmen mit Fragen der Liquidität, also dem Vorhandensein von Zahlungsmitteln, konfrontiert. Im Gegensatz zu Unternehmen schen-ken aber nur die wenigsten Haushalte ihrem Liquiditätsmanagement ausreichend Beachtung.[32] Nur in den seltensten Fällen werden die Einnahmen und Ausgaben erfasst, oder gar Planungen zur Liquiditätssicherung aufgestellt. Dabei wird die Bedeutung einer solchen Planung zur

---

[31] Die Elemente Einkommen und Konsum waren bereits Gegenstand des Abschnitts 3.2.1. Aufgrund ihrer en-gen Beziehung zu den restlichen Elementen werden sie im jeweiligen Kontext untersucht.

[32] Vgl. Mittra (1990), S. 195. Zur Liquiditätsplanung in Unternehmen vgl. Perridon/Steiner (1995), S. 595ff.

Vermeidung von Liquiditätsrisiken unterschätzt. Eine aktive Liquiditätsplanung ist nicht nur zur Vermeidung von Illiquidität (Zahlungsunfähigkeit) hilfreich, sondern sie fördert auch den systematischen Vermögensaufbau.[33] Durch die Liquiditätsplanung soll eine optimale Steuerung der Liquiditätsversorgung sichergestellt werden. Sie kann wie folgt definiert werden:

"Die Liquiditätsplanung koordiniert die Ein- und Auszahlungsströme zeitlich so, dass die für die Umsetzung der Finanzplanung erforderlichen Mittel fristgerecht zur Verfügung stehen und vermeidet die Bildung überschüssiger Liquidität."[34]

Das Liquiditätsziel steht in Zusammenhang mit dem Renditeziel, da liquide Mittel schlechter verzinst werden und damit die Gesamtrendite schmälern. Durch eine geeignete Strukturierung der Liquidität wird also auch die Renditemaximierung unterstützt.

Die Ziele einer Liquiditätsrechung bzw. -planung können wie folgt beschrieben werden:

- Übersicht über Einnahmen und Ausgaben des Haushaltes

- Langfristiger Vergleich und/oder Vergleich mit anderen Haushalten

- Identifikation von Einsparungspotenzialen und zusätzlichen Einnahmequellen

- Planung zukünftiger Einnahmen und Ausgaben

- Grundlage der Planung zukünftiger Vermögensbildung (Sparen) und Finanzierungen (Kredite)

Die Basis einer Liquiditätsplanung ist eine Einnahmen-/Ausgabenrechnung oder Cash-Flow-Rechnung, wie sie beispielhaft die Tab. 3-8 zeigt. Die in der Tab. 3-8 vorgenommene Gliederung beruht auf der Systematik des Statistischen Bundesamtes. Sie lässt sich natürlich beliebig verfeinern. Gerade für eine Finanzplanung erscheint eine weitere Unterteilung der Einnahmen aus Vermögen in Zinsen, Dividenden, Kursgewinne etc. sinnvoll. Auf der Ausgabenseite sollten insbesondere Zinsaufwendungen und Versicherungsprämien detaillierter aufgeschlüsselt werden.[35]

Um eine solche Liquiditätsrechnung aufzustellen und anschließend entsprechende Planungen und Analysen durchführen zu können, ist es notwendig, die Einnahmen, aber auch die Ausgaben laufend zu erfassen. Dies ist u.U. ein zeitaufwendiges Unterfangen und wird folglich nur selten praktiziert. Durch die Verwendung von entsprechenden EDV-Programmen wird die Arbeit wesentlich erleichtert.[36] Es sind lediglich die Belege zu sammeln und in das Programm einzugeben. Alle Kalkulationen und Darstellungen werden dann durch die Software erledigt.

---

[33] Vgl. Wiek (1993), S. 176.
[34] Böckhoff/Stracke (1999), S. 171.
[35] Vgl. Hallmann/Rosenbloom (1987), S. 18.
[36] Beispiele solcher Programme sind Quicken und Microsoft Money; vgl. Bellof/Bercher (1999), S. 319; Clemons/Hitt (2000), S. 2.

Tab. 3-8: Einnahmen- und Ausgabenstruktur eines durchschnittlichen privaten Haushaltes in Deutschland

Einkommen/Einnahmen, Aufwendungen/Ausgaben	DM	Anteil
Bruttoeinkommen aus unselbständiger Arbeit	3.486	
Bruttoeinkommen aus selbständiger Arbeit	439	
Einnahmen aus Vermögen	765	
Einkommen aus öffentlichen Transferzahlungen (Renten, Kindergeld etc.)	1.489	
Einkommen aus nicht-öffentlichen Transferzahlungen (z.B. Betriebsrenten)	272	
Haushaltsbruttoeinkommen	**6.451**	
- Einkommensteuer und Solidaritätszuschlag	694	
- Pflichtbeiträge zur Sozialversicherung	642	
Haushaltsnettoeinkommen	**5.115**	
+ sonstige Einnahmen	95	
Ausgabefähige Einkommen und Einnahmen	**5.211**	
Aufwendungen für den privaten Verbrauch	**4.031**	**77%**
Nahrungsmittel, Getränke, Tabakwaren	565	11%
Bekleidung, Schuhe	231	4%
Wohnungsmiete inkl. Nebenkosten	1.285	25%
Möbel, Haushaltsgeräte	284	5%
Gesundheits- und Körperpflege	147	3%
Verkehr	544	10%
Telekommunikations- und Postgebühren	100	2%
Bildung, Unterhaltung, Freizeit	504	10%
Beherbergungs- und Gaststättendienstleistungen	198	4%
Andere Waren und Dienstleistungen	174	3%
Andere Ausgaben und Vermögensbildung	**1.180**	**23%**
Übrige Ausgaben wie z.b. freiwillige Versicherungsbeiträge, Kfz-Steuer, Kreditzinsen	649	12%
Vermögensbildung (Saldo aus Ersparnis und Kreditaufnahme)	618	12%
Statistische Differenz[37]	-87	-2%
Ausgaben insgesamt	**5.211**	**100%**

Anm.: Einkommens- und Verbrauchsstichprobe 1998; Durchschnitt je Haushalt und Monat.[38]

Quelle: Eigene Berechnungen; Statistisches Bundesamt (Hrsg.) (2001c), S. 24.

[37] Bei der Erhebung des Statistischen Bundesamtes werden in den übrigen Ausgaben die statistischen Differenzen untergebracht. Dabei handelt es sich um die Summe kleiner Beträge, die während der Erhebung von den Befragten vergessen oder bewusst nicht eingetragen wurden. Deshalb entspricht die Höhe der übrigen Ausgaben in den anderen hier benutzten Zahlen 562 DM (DM -87 sind die statistische Differenz), vgl. Münnich/Illgen/Krebs (2000), S. 854.

[38] In diesem rein statistisch durchschnittlichen privaten Haushalt aus der EVS 1998 lebten 2,49 Personen, vgl. Statistisches Bundesamt (Hrsg.) (2001c), S. 18. In der Tabelle sind auch Einkommen aus unselbständiger Arbeit oder aus öffentlichen Transferzahlungen enthalten, auch wenn diese Einkommensquellen natürlich nur bei einem Teil der Haushalte tatsächlich vorhanden sind. Wegen der Durchschnittbetrachtung ist dies aber notwendig.

Durch die Gegenüberstellung der zahlungswirksamen Einnahmen und Ausgaben wird zunächst Transparenz bzgl. der gegenwärtigen Liquiditätssituation hergestellt. Durch den Vergleich der eigenen Cash-Flow-Situation über mehrere Perioden (Monate oder Jahre) im Zeitablauf oder mit anderen Haushalten, wie etwa dem gezeigten Durchschnittshaushalt, lassen sich die Liquiditätssituation einschätzen und evtl. notwendige Ansatzpunkte für Veränderungen ausmachen. Dies gilt sowohl bei positivem als auch bei negativem Cash Flow.

Übersteigen die Einnahmen die Ausgaben, wird Sparen möglich. Wird jedoch mehr ausgegeben, als eingenommen wird, so müssen bestehende Ersparnisse aufgelöst oder Geld in Form von Krediten aufgenommen werden. Einer solchen negativen Cash Flow-Situation kann durch geeignete Maßnahmen entgegengewirkt werden. Dazu gehört die Ausgabenkontrolle, Neustrukturierung der Verschuldung und die Neustrukturierung des Vermögens.[39] Die Ausgabenkontrolle erfordert eine konsequente Überprüfung und Überwachung der Ausgaben des Haushaltes. Hilfreich hierbei ist die Vorgabe eines zur Verfügung stehenden Budgets auf Basis der Gesamtplanung. Die Restrukturierung der Verschuldungssituation kann durch eine Umschichtung von teuren kurzfristigen Kontokorrentkrediten in langfristige Darlehen erfolgen. Außerdem kann die Finanzierungsstruktur einer evtl. vorhandenen Immobilie überprüft werden. Schließlich sollten keine weiteren Kreditkäufe getätigt werden und geplante Investitionen auf einen späteren Zeitpunkt verschoben werden. Die Neustrukturierung des Vermögens sollte tendenziell zu einer Stärkung der laufenden Einnahmen führen. Dazu können Umschichtungen von Anlagegeldern in höherverzinsliche Titel vorgenommen werden. Auch die Veräußerung von Anlagen, die keine laufenden Erträge generieren, wie z.B. Gold, Münzen oder Kunstgegenstände, kann zusätzliche Liquidität schaffen.

Durch eine Planung der voraussichtlichen Zahlungsströme in die Zukunft können fehlende oder überschüssige Liquiditätsmittel ermittelt werden. Dies gilt natürlich nicht für unvorhergesehene Ausgaben, weshalb grundsätzlich eine ausreichende Liquiditätsreserve vorgehalten werden sollte. Man kann dabei zwischen zwei Arten von Liquiditätspolstern unterscheiden. Die Liquiditätsreserve I (Schwankungsliquidität) dient zur Deckung kurzfristiger Einnahmenausfälle oder größerer Ausgaben.[40] Diese Schwankungsliquidität sollte etwa ein bis drei durchschnittliche Monatsausgaben betragen und in kurzfristig liquidierbaren Anlageformen, wie z.B. Tagesgeldkonten, gehalten werden. Für darüber hinausgehende unerwartete und seltene Ausgabenüberschüsse (etwa Arbeitslosigkeit) ist eine Liquiditätsreserve II (Basisliquidität) aufzubauen.[41] Die Basisliquidität unterliegt mittelfristig nur geringen Schwankungen und kann ein Größenordnung von etwa fünf bis zehn Monatseinkommen haben. Geeignete Anlageformen sind beispielsweise festverzinsliche Wertpapiere, verzinsliche Sparformen oder Termingelder. Daneben können jedoch auch Kreditlinien in Anspruch genommen werden.

Die Ergebnisse der Einnahmen-/Ausgabenrechnung (EuA) gehen direkt in die private Bilanz eines Haushaltes ein. Den Zusammenhang zwischen der Zeitraumbetrachtung der EuA und der Zeitpunktbetrachtung der privaten Bilanz veranschaulicht die Abb. 3-12.

---

[39]   Vgl. Mittra (1990), S. 199ff.
[40]   Vgl. Böckhoff/Stracke (1999), S. 173; Mittra (1990), S. 210; Wiek (1993), S. 177.
[41]   Vgl. Böckhoff/Stracke (1999), S. 173; Mittra (1990), S. 208f; Wiek (1993), S. 178 und S. 218f.

Abb. 3-12: Zusammenhang zwischen Einnahmen-/Ausgabenrechnung und privater Bilanz

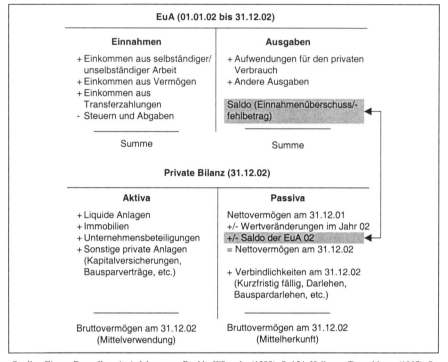

EuA (01.01.02 bis 31.12.02)

Einnahmen	Ausgaben
+ Einkommen aus selbständiger/ unselbständiger Arbeit + Einkommen aus Vermögen + Einkommen aus Transferzahlungen - Steuern und Abgaben	+ Aufwendungen für den privaten Verbrauch + Andere Ausgaben Saldo (Einnahmenüberschuss/- fehlbetrag)
Summe	Summe

Private Bilanz (31.12.02)

Aktiva	Passiva
+ Liquide Anlagen + Immobilien + Unternehmensbeteiligungen + Sonstige private Anlagen (Kapitalversicherungen, Bausparverträge, etc.)	Nettovermögen am 31.12.01 +/- Wertveränderungen im Jahr 02 +/- Saldo der EuA 02 = Nettovermögen am 31.12.02 + Verbindlichkeiten am 31.12.02 (Kurzfristig fällig, Darlehen, Bauspardarlehen, etc.)
Bruttovermögen am 31.12.02 (Mittelverwendung)	Bruttovermögen am 31.12.02 (Mittelherkunft)

Quelle: Eigene Darstellung in Anlehnung an Böckhoff/Stracke (1999), S. 154; Hallmann/Rosenbloom (1987), S. 16ff; Mittra (1990), S. 196f und S. 200f; Tilmes (2000a), S. 51ff.

Eine Privatbilanz ist nach dem gleichen Schema aufgebaut wie eine Unternehmensbilanz. Auf der Aktivseite stehen die gesamten Vermögensbestände. Dem gegenüber auf der Passivseite sind das Fremd- und Eigenkapital zu finden. Der positive/negative Saldo aus der EuA mehrt/mindert das Nettovermögen (Eigenkapital) des Haushaltes. Das Fremdkapital setzt sich aus den gesamten Schulden zusammen. Zusätzlich besteht noch die Möglichkeit, eine Position Rückstellungen auf der Passivseite einzubauen, die erwartete Zahlungsforderungen, die jedoch noch nicht feststehen (z.B. Steuernachzahlungen), beinhaltet.[42] Die Bewertung der einzelnen Positionen in der Bilanz erfolgt sinnvollerweise zu Verkehrswerten.[43] Durch die Aufstellung von EuA und privater Bilanz lässt sich die finanzielle Situation des privaten Haushaltes strukturiert darstellen.

---

[42] Vgl. Böckhoff/Stracke (1999), S. 119.
[43] Vgl. Böckhoff/Stracke (1999), S. 114; Tilmes (2000a), S. 51.

Bei Haushalten des Retail-Segments ist eine Liquiditätsplanung wesentlich wichtiger, als bei vermögenden Privatkunden. Aufgrund der ohnehin geringeren Liquiditätsüberschüsse wirken sich Liquiditätsschwankungen stärker auf die finanzielle Gesamtsituation aus. Die Ersparnis-bildung ist gefährdeter, und eine Verschuldung führt schneller zu einer Überschuldung.

3.3.3 Fremdfinanzierung

3.3.3.1 Fremdfinanzierung und Verbraucherschutz

Die Notwendigkeit einer Fremdfinanzierung ergibt sich grundsätzlich, wenn ein privater Haushalt für eine Auszahlung nicht die erforderlichen liquiden Mittel zur Verfügung hat.[44] Gerade jüngere Personen werden durch Kredite in die Lage versetzt, Investitionen durchzu-führen, die aufgrund des Einkommens nicht aus dem vorhandenen Vermögen zu tätigen sind. Die hierfür erforderlichen Kredite werden anschließend in Lebensphasen mit höherem Ein-kommen wieder zurückbezahlt.[45]

In der Literatur zur Durchführung von Financial Planning wird das Thema Finanzierung und Investition nur am Rande berücksichtigt.[46] Gerade für private Haushalte des Retail-Segmentes spielen die Kreditaufnahme und die damit verbundenen Folgen jedoch eine bedeutende Rol-le.[47] Da auch diese Haushalte eine Grundbelastung für das tägliche Leben zu tragen haben, sind die verbleibenden Geldmittel zur Ersparnisbildung oder Bedienung von Krediten im Ver-hältnis zu sehr vermögenden Haushalten relativ geringer.[48] Für einen durchschnittlich verdie-nenden Haushalt kann demnach aus einer Fremdfinanzierung schnell eine Überschuldung, d.h. Zahlungsunfähigkeit, mit weitreichenden Konsequenzen resultieren. Außerdem ist bei finanz-schwachen Haushalten von einer geringeren Verhandlungsstärke dem Finanzdienstleister ge-genüber auszugehen.[49] Diese Aspekte führten zu gesetzlichen Vorschriften zum Schutz der Kreditnehmer.

Die vom Gesetzgeber zum Verbraucherschutz erlassenen Vorschriften sollen vor allem dazu dienen, die wirtschaftlichen Belastungen einer Kreditaufnahme aufzuzeigen und vergleichbar zu machen. Hier sind insbesondere die Preisangabenverordnung (PAngV) und das Verbrau-cherkreditgesetz (VerbrKrG) zu nennen.

Die PAngV ist dabei ein Regelwerk, das für die Phase der Bewerbung eines Produktes eine einheitliche Preisangabe verlangt. Im Falle einer Fremdfinanzierung betrifft dies insbesondere den Effektivzins oder anfänglichen Effektivzins, falls der Zins nur für einen Teil der Laufzeit

---

[44] Vgl. Schütt (1995), S. 97.

[45] Vgl. Institut für Finanzdienstleistungen (Hrsg.) (2000), S. 17.

[46] Vgl. Böckhoff/Stracke (1999), S. 102 bis 107. In diesem bislang umfangreichsten deutschsprachigen Leitfa-den zur Durchführung von Financial Planning nimmt die Fremdfinanzierung lediglich 1,5% des Gesamtum-fangs ein.

[47] Ein durchschnittlicher westdeutscher Haushalt mit Darlehensverpflichtungen hatte im Jahre 1998 15.272 DM Konsumentenkreditschulden bzw. 154 TDM Hypothekendarlehensschulden, vgl. Münnich (2001a), S. 133 und Abschnitt 3.2.1.4.

[48] Vgl. Abschnitt 3.2.1.2.

[49] Vgl. Veit (1998), S. 50.

festgeschrieben wird. Der effektive Zinssatz soll die Gesamtkosten des Kredites widerspiegeln.[50] Weiterhin legt diese Vorschrift die Berechnungsmethodik für den Effektivzinssatz fest.[51] Allerdings ist die PAngV hinsichtlich ihrer Eignung zum Vorteilhaftigkeitsvergleich nicht unumstritten.[52] Beispielhaft sei nur erwähnt, dass die individuelle steuerliche Situation des Haushaltes keine Berücksichtigung findet. Für bestimmte Personengruppen kann eine Fremdkapitalaufnahme mehr Sinn machen als für andere.[53] Dies bedeutet, das die PAngV alleine nicht als Grundlage einer Finanzierungsentscheidung herangezogen werden sollte. Vielmehr ist die Effektivzinsberechnung ein unterstützendes Instrument im Rahmen eines Financial Planning.

Das VerbrKrG dient dem Schutz privater Kreditnehmer. Es regelt die Formvorschriften von Krediten zwischen Kreditgeber und Verbraucher, beispielsweise auch die Angabe sämtlicher Kostenbestandteile und des Effektivzinses.[54] Weiterhin sind die Besonderheiten des Überziehungskredites von Kreditinstituten dort niedergelegt.[55] Für den Verbraucher bietet diese gesetzliche Grundlage einen zusätzlichen Schutz beim Abschluss eines Kreditvertrages. Es hilft ihm außerdem beim Vergleich verschiedener Kreditangebote, vorausgesetzt, die Variablen sind die gleichen. Eine Vorteilhaftigkeitsbetrachtung unter Einschluss der persönlichen finanziellen und steuerlichen Verhältnisse kann das VerbrKrG wie auch die PAngV nicht ersetzen.

Gerade für Haushalte unterer Einkommensschichten kann die Problematik der Insolvenz relevant werden. Auch hier wurde durch den Gesetzgeber eine Rahmenbedingung geschaffen, die es solchen überschuldeten Haushalten ermöglichen soll, wieder zu geordneten finanziellen Verhältnissen zu gelangen. Anfang 1999 wurde das Verbraucherinsolvenzverfahren durch die Insolvenzordnung (InsO) geregelt. Durch diese Regelung sollen private Haushalte unter Wahrung bestimmter Auflagen nach sieben Jahren von ihren Schulden befreit werden. Dieses Verfahren wirft allerdings in der Praxis zahlreiche Probleme auf. Beispielhaft sei hier nur erwähnt, dass der Anspruch auf Insolvenzberatung de facto nicht wahrgenommen werden kann, da die hierzu notwendigen Beratungskapazitäten und Finanzmittel weitgehend nicht vorhanden sind.[56] Auch in juristischer Hinsicht sind noch einige Punkte, wie etwa die Gewährung von Insolvenzkostenhilfe, ungeklärt, die Personen, welche die Verfahrenskosten nicht aufbringen können, dennoch ein Insolvenzverfahren ermöglichen soll.[57] Dabei ist insgesamt festzustellen, dass das gerichtliche Verfahren zunehmend entschlackt und auch für mittellose Schuldner geöffnet werden soll.[58] Die Aufgabe von Financial Planning im Zusammenhang mit der Überschuldung kann zum einen deren Bewältigung sein. Mit den Methoden der Schuld-

---

[50] Vgl. § 6 PAngV.

[51] Vgl. § 6 Abs. 2 PAngV.

[52] Vgl. hierzu beispielhaft Schütt (1995), S. 105; Veit (1998), S. 47ff.

[53] Vgl. Abschnitt 3.3.3.2 zum Leverage-Effekt.

[54] Vgl. § 4 VerbrKrG.

[55] Vgl. § 5 VerbrKrG.

[56] Vgl. Loerzer (2001), S. 50.

[57] Vgl. hierzu und anderen juristischen Problemen Pape (1999) und Pape (2000).

[58] Vgl. Springeneer (2001), S. 9.

nerberatung kann versucht werden, eine Strategie aus der Überschuldung zu finden.[59] Andererseits sollte aber eine rechtzeitige Finanzplanung die Überschuldung vermeiden. Hierzu dient vor allem die Liquiditätsplanung und wenn nötig eine "bezahlbare" Fremdfinanzierung.[60] Die Aufnahme fremder Geldmittel ist ein legitimes Bedürfnis privater Haushalte. Der staatliche Verbraucherschutz kann nur als unterstützendes Instrument bei der Fremdfinanzierung angesehen werden. Den Einsatz von Fremdkapital muss der private Haushalt nach wie vor mit Hilfe eines geeigneten Planungsprozesses entscheiden. Welche Gründe zur Fremdkapitalaufnahme führen können, zeigt der nächste Abschnitt.

3.3.3.2 Gründe der Fremdfinanzierung

Hinter der Kreditaufnahme eines privaten Haushaltes steckt im Allgemeinen die finanzielle Ermöglichung eines Konsumaktes.[61] Die fremden Geldmittel sind dabei in aller Regel zweckorientiert, z.b. zum Kauf eines Autos oder einer Immobilie. Die Motive für eine Fremdfinanzierung können in folgende vier Kategorien eingeteilt werden:

- Kompensation entfallener Einkommensquellen oder außergewöhnlicher Belastungen

- Finanzierung von Mobilien

- Finanzierung von Immobilien

- Renditesteigerung durch den Leverage-Effekt

Kommt es bei einem Haushalt zu einem Wegfall von Einkommensquellen wie etwa im Falle von Arbeitslosigkeit, und können diese nicht oder zumindest nicht in vollem Umfang durch Ersparnisse oder andere Einkommensformen (hier z.b. Arbeitslosengeld bzw. -hilfe) aufgefangen werden, so kann dies zur Notwendigkeit von Fremdmitteln führen, vorausgesetzt der Haushalt kann oder will die Ausgabe nicht ebenfalls reduzieren, um wieder zu einer ausgeglichenen Einnahmen- und Ausgabenstruktur zu kommen. Auch außergewöhnliche Belastungen wie z.b. eine Scheidung oder Schadensereignisse können zu einer Liquiditätslücke führen, die durch einen Kredit gedeckt werden kann. Da die Darlehensaufnahme jedoch zu noch höheren Ausgaben durch Zins- und Tilgungszahlungen in der Zukunft führt, sollten bereits im Vorfeld geeignete Maßnahmen zur Vermeidung einer solchen Verschuldung getroffen werden. Hier kann das Financial Planning wertvolle Hilfe leisten. Zentrale Elemente sind dabei der rechtzeitige Vermögensaufbau, die Absicherung gegen Risiken und ein unterstützendes Liquiditätsmanagement.

Die Finanzierung von Mobilien, wie zum Beispiel Einrichtungsgegenständen, Reisen oder Autos gehört zu den häufigsten Gründen für eine Kreditaufnahme.[62] Zur Finanzierung dieser Konsumwünsche stehen vielfältige Kreditformen zur Verfügung. Gängige Varianten sind Ratenkredite, Überziehungskredite für das Girokonto, Warenkredite (Abzahlungskäufe), aber

---

[59] Vgl. Mittra (1990), S. 226. Zur Praxis der Schuldnerberatung vgl. ausführlich Arbeitsgemeinschaft der Verbraucherverbände/Deutsches Rotes Kreuz (Hrsg.) (1998), S. 63 bis 163; Reifner/Dörhage (1988), S. 47ff.

[60] Vgl. Mittra (1990), S. 227f.

[61] Vgl. Kremer, M. (1994), S. 96; Schütt (1995), S. 97.

[62] Vgl. Reifner (1998), S. 18f; Kremer, M. (1994), S. 98.

auch das Finanzierungsleasing und Kreditkartenkredite.[63] Durch diese Fremdfinanzierung wird dem Haushalt eine unmittelbare Konsumhandlung ermöglicht. Es muss also kein Ansparvorgang durchlaufen werden, um ein Gut zu erwerben. Das Financial Planning kann hier in zweierlei Hinsicht unterstützen. Wird eine Finanzplanung bereits im Vorfeld von möglichen Konsumwünschen durchgeführt, kann durch einen Vermögensaufbau die Verschuldung umgangen werden. Besteht jedoch die feste Absicht eines sofortigen Konsums, so kann die für den Haushalt optimale Kreditvariante ermittelt werden. Die beiden wichtigsten Beurteilungskriterien sind dabei der Effektivzins und die Bindungsdauer.[64] Der Effektivzins ermöglicht eine Vergleichbarkeit verschiedener Kreditangebote, da bei seiner finanzmathematischen Berechnung alle Kostenbestandteile, Kostenstrukturen und Zahlungsverläufe berücksichtigt werden. Die Berechnungsmethodik[65] und die Verpflichtung zur Angabe eines effektiven Zinssatzes ergeben sich aus § 6 PAngV und § 4 Abs. 2 VerbrKrG. Für den Verbraucher bedeuten diese Regelungen allerdings noch nicht, in jedem Fall einen absoluten Vorteilhaftigkeitsvergleich verschiedener Angebote durchführen zu können. Aufgrund von zahlreichen Problemen in der Praxis ist für den normalen Haushalt eine Beurteilung schwierig und eine eigene Kalkulation fast unmöglich.[66] Hinzu kommt, dass die Bindungsdauer als weiteres Beurteilungskriterium in Betracht gezogen werden muss. Bei der Bindungsdauer ist die Laufzeit des Kredites und die Zinsbindungsfrist entscheidend. Diese Faktoren sind abhängig von den Präferenzen des Kreditnehmers und der Prognose der zukünftigen Zinsentwicklung. Sie sollten daher bei Vergleichen zusätzlich zum Effektivzinssatz Berücksichtigung finden.

Bei der Finanzierung von Immobilien sind die Beträge naturgemäß höher, die möglichen Konsequenzen von Entscheidungen weitreichender und damit die Auswahl der richtigen Finanzierungsalternative umso wichtiger. Neben den Kriterien Effektivzins und Bindungsdauer, die ebenfalls eine entscheidende Rolle bei der Beurteilung eines Darlehens zur Finanzierung einer Immobilie spielen, sind hier noch weitere Aspekte zu beachten. Dazu gehören Fördermöglichkeiten durch zinsgünstige Darlehen der Kreditanstalt für Wiederaufbau (KfW), die bei Vorliegen bestimmter Voraussetzungen in Anspruch genommen werden können.[67] Weiterhin sind es vor allem steuerliche Punkte, die Einfluss auf die Entscheidung für oder gegen den Erwerb einer Immobilie nehmen. Zu nennen ist hier die Eigenheimzulage, die für Durchschnittsverdiener mittels einer Steuerersparnis den Erwerb von selbstgenutztem Wohneigentum fördert.[68] Wird eine Immobile mit dem Zweck erworben, sie zu vermieten, ist insbesondere die optimale Höhe des Fremdkapitaleinsatzes zu bestimmen, da in diesem Fall Schuldzinsen und Abschreibungen auf die Immobilie das steuerpflichtige Einkommen mindern, andererseits aber Einnahmen aus Vermietung und Verpachtung erzielt werden. Die Berücksichtigung eines möglichen Disagios, also einer Kreditauszahlung unter 100%, zur steuerlichen

---

[63]   Vgl. Reifner (1998), S. 18f; Schütt (1995), S. 108ff.

[64]   Vgl. Schütt (1995), S. 102.

[65]   Zur rechnerischen Ermittlung des Effektivzinses nach AIBD/ISMA, die lt. Preisangabenverordnung (PAngV) seit 1.4.2000 anzuwenden ist, vgl. Kruschwitz (1995), S. 223-225.

[66]   Zur Problematik des Effektivzinses in der Praxis vgl. Schütt (1995), S. 104f; Veit (1998), S. 47ff; Wolfersberger (2000), S. 3f und S. 7ff.

[67]   Vgl. hierzu www.kfw.de.

[68]   Vgl. hierzu Eigenheimzulagengesetz (EigZulG).

Optimierung, verkompliziert den Entscheidungsprozess nochmals.[69] Unter Berücksichtigung des persönlichen Steuersatzes kann so eine geeignete Finanzierungsstruktur bestimmt werden. Die vielen Faktoren, die bei der Suche nach der geeigneten Finanzierungsstrategie bei Immobilien mit ihren Wechselwirkungen zu beachten sind, erfordern i.d.R. professionelle Beratung. Da Financial Planning gerade dieses Zusammenspiel der Faktoren aufnimmt, eignet es sich in besonderem Maße bei der Beurteilung von Fremdfinanzierungen.

Hinter der Frage nach der Höhe des optimalen Fremdkapitaleinsatzes, wie eben bei der Immobilienfinanzierung beschrieben, steckt der Leverage-Effekt. Dieser Effekt stammt aus der Finanzwirtschaft von Unternehmungen und beschreibt dort die Abhängigkeit der Rentabilität des Eigenkapitals vom Anteil der Fremdfinanzierung.[70] Dieses Konzept ist auch auf Privatpersonen übertragbar, wenn es um die Frage nach der Optimierung der Kapitalstruktur geht. Genauso wie im Unternehmen setzt sich die Passivseite der privaten Bilanz aus Eigenkapital (z.b. Geldvermögen) und Fremdkapital (z.b. Immobiliendarlehen) zusammen. Der funktionale Zusammenhang zwischen Eigenkapitalrendite und Verschuldungsgrad, der dem Leverage-Effekt zugrunde liegt, ist also auch beim privaten Haushalt von Interesse. Mathematisch lässt sich dieser Effekt wie folgt darstellen:[71]

$$r_{EK} = r_{GK} + V(r_{GK} - I) \qquad\qquad (3.1)$$

mit:

r_{EK} : Eigenkapitalrentabilität nach Steuern

r_{GK} : Gesamtkapitalrendite nach Steuern (Eigenkapitalertrag plus Fremdkapitalzinsen, geteilt durch das insgesamt eingesetzte Kapital)

V : Verschuldungsgrad (Verhältnis von Fremdkapital FK zu Eigenkapital EK)

I : Fremdkapitalzinssatz nach Steuern

falls:

$(r_{GK} - I) > 0$:   Leverage-Chance

$(r_{GK} - I) < 0$:   Leverage-Risiko

Die Aufnahme von Fremdkapital ist für den privaten Haushalt nur solange vorteilhaft, wie die Gesamtkapitalrendite größer ist als die Fremdkapitalverzinsung. Bei der Berechnung der Fremdkapitalverzinsung ist der persönliche Steuersatz zu berücksichtigen, der unter Umständen dazu führt, dass der Zinssatz unter der Gesamtkapitalrendite liegt, was zunächst für Privatpersonen als nicht realitätsnah erscheint. Je höher dabei der persönliche Steuersatz, desto niedriger wird der Fremdkapitalzins nach Steuern.[72] Dies führt dazu, das unter dem Leverage-

---

[69] Vgl. Wolfersberger (2000), S. 4.

[70] Vgl. Perridon/Steiner (1995), S. 445.

[71] Vgl. Perridon/Steiner (1995), S. 446.

[72] Die Fremdkapitalzinsen sind bei Privatpersonen unter Umständen Werbungskosten, die bei der Einkommensteuererklärung steuermindernd angesetzt werden können. Die Zinsbelastung nach Steuern verringert sich also entsprechend. Beispielsweise entsprechen bei einem Steuersatz von 50% unterstellte 5% p.a. Darlehenszins vor Steuern lediglich 2,5% p.a. nach Steuern.

Aspekt tendenziell vermögende Haushalte mit hohem Steuersatz von einer Fremdkapitalaufnahme stärker profitieren. Da zusätzlich die Gesamtkapitalrendite vom Eigenkapitalertrag und den Fremdkapitalzinsen beeinflusst wird, können sinkende Erträge aus dem Eigenkapital oder steigende Fremdkapitalzinsen zum Leverage-Risiko und damit einem negativen Ergebnis der Verschuldungsstrategie führen (negative Eigenkapitalrendite). Dieses Risiko trifft im Besonderen die weniger vermögenden Haushalte, die, wie bereits erwähnt, i.d.R. über relativ geringere Liquiditätspuffer zum Ausgleich solcher negativen Effekte verfügen. Die Gestaltung von Steuersparmodellen mit Immobilien unter Leverage-Gesichtspunkten war und ist auch bei Durchschnittsverdienern ein von Banken gerne empfohlenes Konstrukt, das aufgrund der beschriebenen Risiken oftmals jedoch nicht zu den gewünschten Resultaten führt. Eine unabhängige Finanzplanung, die den privaten Haushalt als Ganzes betrachtet, kann helfen, eine solide Entscheidungsgrundlage zu treffen, um dadurch Fehlentscheidungen dieser Art zu vermeiden.

3.3.4 Risikoabsicherung

Unter Risiko wird im Allgemeinen die Gefahr verstanden, Verluste zu erleiden.[73] Allerdings stecken hinter diesem Begriff eine Reihe von Risikoarten, die einem Haushalt widerfahren können, so dass eine differenzierte Betrachtung notwendig erscheint. Zur Erklärung der Versicherungsnachfrage wird die Risikotheorie eingesetzt, bevor insbesondere die Möglichkeiten zum Schutz von Lebensrisiken aufgezeigt werden.

3.3.4.1 Risiken für private Haushalte

Der private Haushalt ist mit einer Reihe von Risiken konfrontiert. Konzentriert man sich auf die im Zusammenhang mit der Finanzplanung relevanten Formen des Risikos, so lassen sich fünf Kategorien bilden. Einen Überblick über mögliche Risikoarten gibt die Tabelle 3-9.

Die geläufigsten Formen des Risikos sind biometrischer Art und bedrohen die Person durch Krankheit, Tod etc. selbst. Im weiteren Umfeld des Haushaltes finden sich sonstige Lebensrisiken, die das Leben aber nicht direkt bedrohen. Dazu gehören z.B. Unfallschäden, Einbruch oder auch Arbeitslosigkeit. Jedes dieser Risiken ist mehr oder weniger bedrohlich für einen privaten Haushalt. Existenzzerstörende Risiken sind z.B. die Berufsunfähigkeit oder Krankheit. Existenzbedrohende Risiken wie Arbeitslosigkeit oder etwa Elementarschäden am Gebäude stellen dagegen ein geringeres Risiko dar. Als existenzneutrale Risiken können beispielsweise Fahrraddiebstahl oder Glasbruch bezeichnet werden. Diese Klassifizierung muss aber jeweils individuell vorgenommen werden. Im Einzelfall hängt die Einordnung eines Risikos von der jeweiligen Einkommens-, Vermögens- oder Lebenssituation ab. Für den Haushalt eines Alleinstehenden ist der Todesfall nicht existenzbedrohend, für denjenigen eines Familienvaters sehr wohl. Als Objekte zur Absicherung gegen diese Risiken stehen Versicherungen zur Verfügung.

---

[73] Vgl. Milde (1992), S. 314.

Tab. 3-9: Risiken privater Haushalte

Risikokategorie	Risiken
Biometrische Risiken	• Langlebigkeit • Krankheit/Invalidität • Tod • Pflegebedürftigkeit • Berufs-/Erwerbsunfähigkeit
Sonstige Lebensrisiken	• Arbeitslosigkeit • Unfälle mit Personen- oder Sachschäden • Einbruch, Diebstahl, Vandalismus • Zerstörung aufgrund Natureinwirkung • Rechtsstreit • ...
Finanzanlagerisiken	• Marktrisiko • Kursrisiko • Zinsänderungsrisiko • Währungsrisiko • Insolvenzrisiko • ...
Verhaltensrisiko	Aufgrund von Informationsasymmetrien zwischen Versicherungsgeber und Versicherungsnehmer
Politisches Risiko	Änderungen der allgemeinen Rahmenbedingungen (z.B. im Steuer- oder Erbschaftsrecht)

Quelle: Eigene Darstellung.

Die dritte Kategorie betrifft die Finanzanlagen eines Haushaltes. Die Vermögensanlagen in Form von Aktien sind beispielsweise einem Kursrisiko ausgesetzt. Besitzt der Haushalt festverzinsliche Wertpapiere eines amerikanischen Emittenten, so sind diese Papiere einem Zinsänderungs- und Währungsrisiko ausgesetzt. Gemeinsam ist diesen Risiken i.d.R. eine Gefährdung der Rentabilität der Anlage. Um derartige Risiken zu erklären bzw. zu minimieren, wird die Kapitalmarkt- und Portfoliotheorie eingesetzt.[74] Die Absicherung gegen Finanzanlagerisiken ist im Rahmen eines Risikomanagements[75] durch spezielle Finanzinstrumente wie etwa Optionen oder geeignete Anlagekonstruktionen möglich.[76]

Die vierte Risikokategorie sind Verhaltensrisiken. Dieses Risiko resultiert aus der Vertragsbeziehung zwischen Versicherungsgeber und Versicherungsnehmer und den damit verbundenen Informationsproblemen.[77] Konkret handelt es sich um zwei Problemfälle, nämlich die adverse

---

[74] Einleitend zur Kapitalmarkt- und Portfoliotheorie vgl. Milde (1992), S. 315 bis 318; Perridon/Steiner (1995), S. 229ff; Steiner/Bruhns (1995).

[75] Zur Thematik des Risikomanagements vgl. Broll/Milde (1999), S. 516ff; Perridon/Steiner (1995), S. 275ff.

[76] Beispielhaft zu Optionsgeschäften als Absicherungsstrategie vgl. Steiner/Bruhns (1995), S. 129ff. Zu einer Strategie der Immunisierung gegen Zinsänderungsrisiken vgl. Perridon/Steiner (1995), S. 175ff.

[77] Hierbei handelt es sich um informationsökonomische Untersuchungen. Die zugrundeliegende Theorie ist die Neue Institutionenökonomik, vgl. hierzu Richter/Furubotn (1999).

Selektion (adverse selection) und das moralische Risiko (moral hazard).[78] Der erste Fall bezeichnet asymmetrische Informationen über objektive Aspekte des Versicherungsvertrages (hidden characteristics).[79] Der zweite Fall beschreibt asymmetrische Informationen über das für die Vertragsdurchführung maßgebliche subjektive Verhalten der Vertragspartner (hidden action).[80]

Auf der Seite des Versicherungsnehmers tritt diese Problematik dann auf, wenn er den Eintritt des Versicherungsfalls besser einschätzen kann als der Versicherungsgeber, oder durch sein Verhalten den Eintritt des Versicherungsfalls beeinflussen kann. Die Versicherungsgeber reagieren mit Vertragsgestaltungen, die Anreize bieten, sich moralisch korrekt zu verhalten. Gestaltungsmerkmale hierzu sind Selbstbeteiligungen und Prämienhöhen.[81] Für die Begründung einer Nachfrage nach Financial Planning sind jedoch Probleme der adversen Selektion und des moralischen Risikos auf Seiten des Versicherungsgebers von größerem Interesse. Leistungsansprüche des Versicherungsnehmers können nur dann entsprechend befriedigt werden, wenn die Prämien angemessen angelegt werden.[82] Dies spielt insbesondere bei Kapitallebens- oder Rentenversicherungen eine Rolle. Für den Versicherungsnehmer ist es aber relativ schwer, eine Versicherung nach diesem Kriterium zu beurteilen. Abhilfe kann hier Financial Planning schaffen, das sinnvollerweise bei einem Versicherungsvergleich neben dem Preis-/Leistungsverhältnis der Police auch die wirtschaftlichen Faktoren des Versicherungsunternehmens berücksichtigt.

Die fünfte Risikokategorie zeigt Risiken, die sich durch veränderte Rahmenbedingungen ergeben, die von der Politik gesteuert werden. Diese externen Faktoren können in aller Regel nicht durch den Haushalt aktiv beeinflusst werden. Hierzu gehören rechtliche Dinge wie Steuergesetze, Sozialversicherungsbeiträge oder Rentenniveaus. Für das Financial Planning müssen mögliche Veränderungen dieser Faktoren in die Planung integriert werden. Dies kann durch Szenarioplanung geschehen, bei der die Prognosen mit unterschiedlichen Ausprägungen der Faktoren erstellt werden.[83] Im konkreten Fall könnte dies eine Berechnung der Versorgungslücke im Alter mit unterschiedlichen Rentenniveaus sein.[84]

Da private Haushalte des Retail-Segmentes i.d.R. nicht über sehr große Vermögen verfügen, sind die Risiken, welche die eigene Person und das Sachvermögen betreffen, die wichtigsten. Im Weiteren beschäftigt sich diese Darstellung deshalb mit den biometrischen und sonstigen

---

[78] Vgl. Eichhorn/Hellwig (1988), S. 1055; Hellwig (1988), S. 1065.

[79] Zur adversen Selektion vgl. Richter/Furubotn (1999), S. 217ff.

[80] Zum moralischen Risiko vgl. Richter/Furubotn (1999), S. 201ff.

[81] Vgl. Milde (1992), S. 318; Hellwig (1988), S. 1072.

[82] Vgl. Hellwig (1988), S. 1065.

[83] Zur Szenarioanalyse beim Financial Planning vgl. Böckhoff/Stracke (1999), S. 71f.

[84] Vgl. Krafft (1998), S. 214ff.

Lebensrisiken sowie der zugrundeliegenden Risikotheorie, die zur Erklärung der Versicherungsnachfrage herangezogen werden kann.[85]

3.3.4.2 Risikotheorie und Versicherungsnachfrage

Die Entscheidungen eines Haushalts sind stets zukunftsbezogen. Da die Zukunft in hohem Maße ungewiss ist, müssen Entscheidungsregeln gefunden werden, die Unsicherheit oder Risiko berücksichtigen.[86] Der Begriff Risiko beschreibt einen Zustand, der sowohl Verluste als auch Gewinne zulässt.[87] Anders ausgedrückt ist "Risiko die Möglichkeit von Abweichungen zwischen der aktuellen und der erwarteten Realisierung einer Zufallsgröße"[88].

Die Risikotheorie basiert auf der Nutzen- und Entscheidungstheorie sowie der mathematischen Stochastik.[89] In der Risikotheorie unterscheidet man zwischen individuellen und kollektiven Risiken. Individuelle Risiken sind aus Sicht des Erstversicherers die individuell versicherten Objekte. Das kollektive Risiko beschreibt die Gesamtheit der einzelnen Risiken und untersucht die Schadensverläufe im Kollektiv.[90]

Die individuelle Versicherungsnachfrage kann als Wahlakt zwischen zwei Alternativen bezeichnet werden. Das Individuum muss sich zwischen einem sicheren niedrigen Verlust (Versicherungsprämie) und der Kombination, mit geringer Wahrscheinlichkeit einen hohen Verlust (Schaden) und mit hoher Wahrscheinlichkeit keinen Verlust zu erleiden, entscheiden.[91]

In der Ausgangssituation verfügt der Haushalt über ein gewisses Vermögen und steht einem drohenden Vermögensschaden gegenüber. In der Theorie der ökonomischen Versicherungsnachfrage wird von einem risikoaversen Haushalt ausgegangen, der grundsätzlich bereit ist, einen Versicherungsvertrag abzuschließen.[92] Der Versicherungsnehmer zahlt eine Prämie und erhält vom Versicherungsgeber im Schadensfall eine Ausgleichszahlung.

Die Abb. 3-13 zeigt das Modell der optimalen Versicherungsnachfrage eines risikoaversen Haushaltes. Ausgangspunkt der Überlegungen ist der Punkt A, bei dem im Nichtschadensfall

---

[85] Bezüglich der Finanzanlagerisiken wird auf die einschlägige Literatur im Zusammenhang mit Financial Planning hierzu verwiesen, vgl. Böckhoff/Stracke (1999), S. 89ff; Mittra (1990), S. 347ff. Zur Theorie der neuen Institutionenökonomik im Allgemeinen vgl. u.a. Richter/Furubotn (1999) und in Verbindung mit Financial Planning vgl. Tilmes (2000a); vgl. Walz (1991).

[86] Entscheidungen in einem unvollkommenen Informationssystem können entweder unter Risiko, Unsicherheit oder Sicherheit getroffen werden. Streng genommen bedeuten Entscheidungen unter Risiko, dass die Menge der Umweltzustände bekannt ist und das Eintreten der jeweiligen Umweltsituation mit einem bestimmten Wahrscheinlichkeitsprozentsatz berücksichtigt werden kann. Bei Entscheidungen unter Unsicherheit ist zwar auch die Menge der Umweltzustände bekannt, diesen können aber keine Wahrscheinlichkeiten zugeordnet werden, vgl. Bamberg/Coenenberg (1996), S. 17; Wöhe (1993), S. 159f. Die Begriffe Risiko und Unsicherheit werden im Folgenden synonym verwendet.

[87] Vgl. Milde (1992), S. 314.

[88] Broll/Milde (1999), S. 516.

[89] Vgl. Kremer, E. (1998), S. 671.

[90] Vgl. Kremer, E. (1998), S. 671.

[91] Vgl. Kremer, M. (1994), S. 42.

[92] Bei risikoneutralen und risikofreudigen Haushalten kommt es in der Theorie zu keiner Versicherungsnachfrage. Für eine ausführliche Begründung vgl. Kremer, M. (1994), S. 45f. Zur Risikoeinstellung von Individuen im Allgemeinen vgl. Oehler (1995), S. 104ff.

1 ein Vermögen von $V_0 = V_1$ und im Schadenfall 2 ein Vermögen von $V_0 - X = V_2$ erwartet wird. Dieser Punkt ist jedoch für den Haushalt, der eine Versicherung sucht, nicht optimal.

Die Sicherheitslinie entlang der Winkelhalbierenden gibt alle Prospekte an, für die das Vermögen im Schadensfall gleich dem Vermögen im Nichtschadensfall ist (Vollversicherung). Bei der Fair-Price-Linie (Budgetgerade der Versicherungsgesellschaft) entsprechen die Prämieneinnahmen den Schadenszahlungen. Der Haushalt wird also zunächst eine Versicherung wählen, in dem die Sicherheitslinie die Fair-Price-Linie schneidet (Punkt B). Bei einer fairen Prämie, d.h. einer Prämie, die genau die Höhe des erwarteten Schadens hat, wird der Versicherungsnehmer den vollen Versicherungsschutz wählen.[93] Im Punkt B entspricht die Steigung der Fair-Price-Linie der Steigung der Indifferenzkurve IK_1.[94]

Abb. 3-13: Optimale Versicherungsnachfrage eines risikoaversen Haushaltes

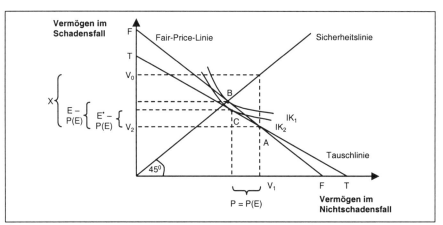

Anm.:   V = Vermögen, X = Schaden, E = Entschädigung, P(E) = Prämie, IK = Indifferenzkurve.
Quelle: In Anlehnung an Eisen (1988), S. 1095.

Da aber Versicherungsunternehmen auch noch andere Kosten berücksichtigen müssen (z.B. für Verwaltung, Vertrieb oder Risikoübernahme) sind die Prämien i.d.R. nicht fair. Ein Versicherungsangebot im Punkt B findet deshalb nicht statt. Auf die Nettoprämie wird ein Zuschlag erhoben. Dies wird in der Abbildung durch die Tauschlinie dargestellt. Das Angebot einer Versicherung findet nur auf der Tauschlinie statt. Ein Haushalt wird also dort nachfragen, wo die Steigung der Indifferenzkurve IK_2 gleich der Steigung der Tauschlinie ist (Punkt C).

Im Falle eines Versicherungsabschlusses sind zwei Vermögenszustände möglich. Im Nichtschadensfall ist das Vermögen $V_1 = V_0 - P(E)$. Im Schadensfall ist das Vermögen $V_2 = V_0 - X$

---

[93]   Vgl. Broll/Milde (1999), S. 520; Eichhorn/Hellwig (1988), S. 1057.

[94]   Die Indifferenzkurven von risikoaversen Haushalten sind konvex. Die Indifferenzkurven sind Erwartungsnutzenfunktionen, die alle Kombinationen umfassen, denen der Haushalt den gleichen Erwartungsnutzen zuordnet.

+ E* - P(E). Die Entschädigung E* ist geringer als E, da der Schnittpunkt von IK$_2$ und der Tauschlinie den Nachfragepunkt C ergeben.

Bei einer Prämie, die höher ist als die faire Prämie, und einem risikoaversen Nachfrager ist der optimale Versicherungsschutz also ein Vertrag mit Selbstbeteiligung (Punkt C). Eine Vollversicherung (Punkt B) ist eine suboptimale Lösung.[95]

Zwischen der Höhe der Selbstbeteiligung und dem Vermögen eines Haushaltes kann theoretisch folgender Zusammenhang hergestellt werden: Unter der Annahme einer absolut sinkenden Risikoaversion steigt mit wachsendem Vermögen der optimale Selbstbehalt, was zugleich zu einer geringeren Nachfrage nach Versicherungsschutz führt.[96] Diese Hypothese lässt sich aber in der Realität nicht bestätigen. Vielmehr konnte festgestellt werden, dass wohlhabende Haushalte mehr Versicherungsschutz haben, als weniger wohlhabende.[97] Ökonomisch ist dies damit zu begründen, dass mit zunehmendem Einkommen und Vermögen auch die Größe eines möglichen Schadens steigt.

3.3.4.3 Lebensrisiken und Versicherungsschutz

Die Lebensrisiken werden im Allgemeinen durch Versicherungen abgedeckt. Dabei gibt es zwei unterschiedliche Arten der Versicherungen, nämlich die Sozialversicherungen und die Individualversicherungen.[98] Diese beiden Arten spiegeln auch den Aufbau des Versicherungswesens in Deutschland wider, wie in der Abb. 3-14 dargestellt.

Abb. 3-14: Einteilung des Versicherungswesens in Deutschland

Sozialversicherung	Individualversicherung	
	Erstversicherung	Rückversicherung
• Rentenversicherung Arbeitnehmer	• Krankenversicherung	
• Rentenversicherung Handwerker, Landwirte	• Lebensversicherung	
• Krankenversicherung	• Schaden-/Unfallversicherung	
• Pflegeversicherung	• Rechtschutzversicherung	
• Unfallversicherung	• Kreditversicherung	
• Arbeitslosenversicherung		

Quelle: Eigene Darstellung in Anlehnung an Stracke/Geitner (1992), S. 122.

Das kennzeichnende Merkmal der Sozialversicherungen ist, dass sie alle in ihrer Entstehung und dem Umfang nach gesetzlich geregelt sind. Der jeweilige Beitrag ist einkommensabhän-

---

[95] Vgl. Broll/Milde (1999), S. 520; Kremer, M. (1994), S. 47.

[96] Vgl. Kremer, M. (1994), S. 47.

[97] Vgl. Schulenburg (1984), S. 303 zitiert nach Kremer (1994), S. 48. Dies bestätigt auch die Studie Soll und Haben 5, vgl. hierzu die Tab. 3-10

[98] Vgl. Stracke/Geitner (1992), S. 122ff.

gig (Solidarprinzip), und sie decken lediglich die mit der Arbeitskraft in Verbindung stehenden Risiken ab. Träger sind die Sozialversicherungseinrichtungen; für etwaige Rechtsstreitigkeiten sind die Sozialgerichte zuständig.

Bei den Individualversicherungen sind die Verträge und deren Inhalte frei vereinbar. Grundsätzlich sind alle Risiken versicherbar, wobei die Beitragsfestsetzung nach Risiko und Leistung (Äquivalenzprinzip) erfolgt. Träger sind Versicherungsunternehmen, die sich nach privatrechtlichen und allgemeinen Versicherungsbedingungen richten müssen. Eventuelle Rechtsstreitigkeiten werden vor ordentlichen Gerichten verhandelt.

Die Leistungen aus den Sozialversicherungen sind durch den privaten Haushalt kaum direkt beeinflussbar. Die Leistungen sind stark durch das politische Risiko beeinflusst. Durch die Sozialversicherung wird zunehmend nur noch eine Grundabsicherung gewährleistet. Die private Zusatzvorsorge gewinnt damit an Bedeutung, was besonders durch die Rentenreform 2001 deutlich wurde. Sie sind deshalb im Rahmen von Financial Planning ein wichtiger Bestandteil der Analysen.

Wird ein Risiko schlagend, tritt also ein Schadensfall ein, dann entsteht für den privaten Haushalt i.d.R. eine Versorgungslücke.[99] Dies resultiert entweder aus einer direkten Vermögensminderung oder einem Einkommensverlust. Unterstellt man, dass der bisherige Lebensstandard beibehalten werden soll, so genügen die Leistungen aus den Sozialversicherungen im Allgemeinen nicht. Dazu kommt, dass für viele Risiken überhaupt keine Absicherung durch die Sozialversicherung besteht. Dazu gehört etwa ein Haftpflichtschaden oder ein Schaden am Kraftfahrzeug. Zur Deckung von Versorgungslücken und zur Absicherung von Risiken, die nicht durch die Sozialversicherungen erfasst werden, kann der Haushalt eine Individualversicherung mit einem Versicherungsunternehmen abschließen.

Geprägt durch die soziale Marktwirtschaft in Deutschland ist die kollektive Vorsorge gegenüber der individuellen Vorsorge eindeutig dominierend. Dies zeigt sich allein darin, dass die Beitragszahlungen in die verschiedenen Zweige der Sozialversicherung deutlich höher sind als die Beitragseinnahmen der Individualversicherungen.[100] Da aber die Leistungen der Sozialversicherungen tendenziell immer weiter zurückgehen, ist Eigenvorsorge notwendig.

Ein Blick auf die vorhandenen Versicherungen in privaten Haushalten in Deutschland (vgl. Abb. 3-15) verdeutlicht den Handlungsbedarf.

---

[99]   Zur Kalkulation von Versorgungslücken durch die Risiken Krankheit, Berufs- oder Erwerbsunfähigkeit und Tod vgl. Böckhoff/Stracke (1999), S. 215ff.

[100] Vgl. Schäfer/Unkel (2000), S. 76. Allein die Beitragseinnahmen der gesetzlichen Renten- und Krankenversicherungen betrugen im Jahre 2000 580,4 Mrd. DM. Dem stehen lediglich 325,75 Mrd. Beitragseinnahmen der gesamten Versicherungswirtschaft gegenüber, vgl. Gesamtverband der Deutschen Versicherungswirtschaft e.V. (Hrsg.) (2001), Nr. 9, 102 und 103.

Abb. 3-15: Ausgewählte Versicherungen in privaten Haushalten

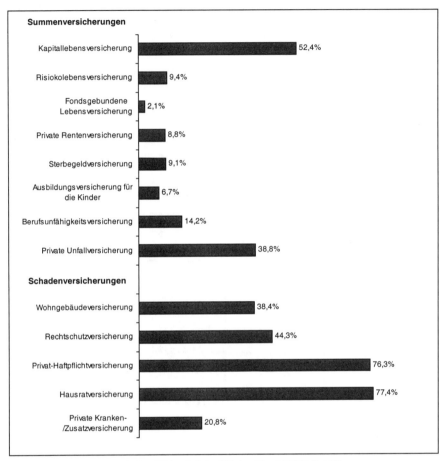

Quelle: Repräsentative Studie Soll und Haben 5, Spiegel-Verlag (Hrsg.) (2000), S. 161f.

Bis auf die Kapitallebensversicherung sind die Summenversicherungen, die als Ergänzung zu den Sozialversicherungsleistungen verstanden werden können, in deutschen Haushalten nicht sehr weit verbreitet. Bei den meisten Summenversicherungen handelt es sich um Anlageformen.[101] In bestimmten Fällen sind Versicherungselemente zur Risikoabsicherung eingebaut, die zum Beispiel eine Auszahlung der Versicherungssumme im Todesfall vorsehen. Dass derartige Ergänzungen zur Sozialversicherung in der Risikoabsicherung auch erforderlich sind,

---

[101] Das Vermögen privater Haushalte, das in Lebens-, Sterbegeld-, Ausbildungsversicherungen angelegt ist, belief sich 1998 pro Haushalt auf 18.736 DM. Dies entspricht 29,1% des durchschnittlichen Bruttogeldvermögens eines deutschen Haushaltes. Vgl. Statistisches Bundesamt (Hrsg.) (2001d), S. 42.

zeigt die jüngste Neuregelung zur Rente für vermindert Erwerbstätige.[102] Aufgrund dieser Gesetzesänderung können gerade junge Berufstätige kaum mehr auf eine Rente im Falle einer Berufsunfähigkeit hoffen. Eine eigene Absicherung dieses Risikos ist deshalb notwendig. Dass bislang nur etwa 14% der Haushalte über eine solche Versicherung verfügen, zeigt den Handlungsbedarf.

Bei den Bereichen des Lebens, die nicht durch die Sozialversicherungen abgedeckt sind, ist die Durchdringung der entsprechenden Versicherungen wesentlich höher. Die Schadenversicherungen sind die in den Haushalten am meisten vorzufindenden Absicherungsinstrumente.

Interessant ist auch der Vergleich der Versicherungsabdeckung in den verschiedenen Einkommensklassen. Analog zu den Haushaltsnettoeinkommensklassen aus dem Abschnitt 3.2.1.1 wird in der Tab. 3-10 der prozentuale Anteil der Haushalte, die über eine solche Versicherung verfügen, gezeigt.

Tab. 3-10: Versicherungsabdeckung nach Einkommensklassen

	Geringverdiener [0 DM bis 2.500 DM]	Durchschnitts- verdiener [2.500 bis 7.500DM]	Großverdiener [über 7.500 DM]
Kapital- lebensversicherung	21% - 32%	44% - 65%	62% - 77%
Risiko- lebensversicherung	0% - 7%	5% - 15%	18% - 27%
Private - Rentenversicherung	0% - 6%	5% - 13%	15% - 29%
Berufsunfähigkeits- versicherung	0% - 8%	7% - 22%	24% - 44%
Private Haftpflicht- versicherung	37% - 73%	74% - 82%	84% - 92%

Anm.:   Nettohaushaltseinkommen in DM/Monat; Vorhandene Versicherung in den Einkommensklassen in Spannbreiten.

Quelle: Interaktive Online-Auswertung der Studie Soll und Haben 5, www.media.spiegel.de/SoHa5 [Abfrage vom 29.01.2002].

Insgesamt ist festzustellen, dass Haushalte mit höherem Einkommen eine tendenziell höhere Durchdringung durch die ausgewählten Versicherungen aufweisen. Mit kapitalbildenden Lebensversicherungen wie auch mit privaten Rentenversicherungen, die zur Altersvorsorge dienen, sind die Geringverdiener nur unterdurchschnittlich häufig ausgestattet. Generell besitzen noch relativ wenige Haushalte eine private Rentenversicherung, was sich aufgrund des zurückgehenden gesetzlichen Rentenniveaus schnell ändern dürfte. Auch die Absicherung von existenzbedrohenden Risiken wie Tod oder Berufsunfähigkeit findet in Haushalten mit geringeren Einkommen nur sehr geringe Verbreitung. Gerade für solche Personen, die im Allgemeinen bei Eintritt solcher Bedrohungen nicht über genügend eigene Finanzmittel verfügen,

---

[102]   Vgl. Bundesministerium für Arbeit und Sozialordnung (Hrsg.) (2001a); Bundesministerium für Arbeit und Sozialordnung (Hrsg.) (2001b), S. 44ff.

dies auszugleichen, wäre eine Versicherung angebracht.[103] Hinsichtlich der Risiken, die sich aus der gesetzlichen Haftungsverpflichtung ergeben, besteht eine weitgehend ausreichende Abdeckung. Eine Ausnahme bilden lediglich einige Haushalte der unteren Einkommenssegmente. Für diese einkommensschwachen Haushalte ist anzumerken, dass vielfach die Einkommen derart niedrig liegen, dass jedwede Ausgabe über das lebensnotwendige Maß hinaus nicht darstellbar ist. Eine Versicherung ist hier oftmals faktisch unmöglich.

Für den privaten Haushalt stellt sich die Frage, ob der Abschluss einer Versicherung die geeignete Strategie zur Absicherung von Risiken ist. Die Entscheidung diesbezüglich hängt von einer Reihe von individuellen Faktoren ab:

- Maximale oder durchschnittliche Schadenshöhe

- Eintrittswahrscheinlichkeit des Schadens

- Höhe der Versicherungsprämie

- Einkommens- und Vermögenssituation

- Lebensphase bzw. Lebensumstände

- Risikobereitschaft des Individuums

Für Haushalte des Retail-Segmentes sind insbesondere das Einkommen und Vermögen bei der Entscheidungsfindung von Bedeutung. Bei tendenziell geringerem Vermögen sind solche Haushalte oftmals nicht in der Lage, Risiken durch Rücklagen zu decken. Bei vorhandenem Vermögen kann es sinnvoll sein, die Risiken selbst zu tragen, wenn die Schadenskosten langfristig geringer als die zu zahlenden Versicherungsprämien sind. Hier zeigt sich die enge Verbindung von Vermögensaufbau und Risikoabsicherung, da angesammeltes Vermögen auch eine Risikoabsicherung darstellt.[104] Ein weiteres Argument für die integrierte Betrachtung von Anlage und Risikoaspekten.

Im Rahmen einer Entscheidung sind die aufgeführten Punkte zu berücksichtigen. Zusätzlich benötigt der Haushalt auch Kenntnis über die bestehenden Vorsorge- und Absicherungsmöglichkeiten. Nachdem die Art der Absicherung feststeht, muss schließlich noch der geeignete Anbieter und die konkrete Versicherung ausgewählt werden.

Die Vielfalt der entscheidungsrelevanten Faktoren und das notwendige Know How führen zu einer sehr komplexen Entscheidungssituation. Das Konzept des Financial Planning berücksichtigt diese Erfordernisse und kann damit helfen, auch das Bedürfnis der Absicherung privater Haushalte zu befriedigen.

---

[103] Vgl. Wiek (1993), S. 78.
[104] Vgl. Wiek (1993), S. 77.

3.3.5   Erklärung des Sparverhaltens und Vermögensaufbau

3.3.5.1   Permanente Einkommenshypothese und Lebenszyklushypothese

Die Erklärung des lebenszyklusbezogenen Konsum- und Sparverhaltens der Wirtschaftssubjekte nimmt in der ökonomischen Theorie breiten Raum ein. Im Grundsatz geht es dabei um die Frage, wie eine optimale Aufteilung von Spar- und Konsumentscheidungen über den gesamten Lebenszyklus hinweg getroffen werden kann. Jeder Haushalt steht vor der Entscheidung, welchen Anteil des Einkommens er in welcher Phase des Lebens konsumiert und welchen Anteil er zunächst spart. Im Folgenden werden die beiden elementaren Konzepte des permanenten Einkommens und der Lebenszyklushypothese kurz vorgestellt, die auch heute noch Grundlage für die Erforschung des Sparverhaltens sind.[105]

Als zentraler Erklärungsansatz für die Ersparnisbildung wurde von FRIEDMANN die permanente Einkommenshypothese entwickelt.[106] FRIEDMANN unterstellt, dass Planungs- und Erwartungshorizonte der Haushalte mehrere Jahre oder gar das ganze Leben umfassen. Dabei stellt er längerfristige Verhaltensaspekte in den Mittelpunkt, da das Einkommen, welches der Haushalt im langfristigen Durchschnitt erwartet, betrachtet wird. Das permanente Einkommen umfasst damit neben dem aktuellen Einkommen auch die zukünftigen Einkommenserzielungsmöglichkeiten. Einkommen und Konsum haben dabei einen permanenten (geplanten) oder gewohnheitsmäßig fixierten Bestandteil und einen fluktuierenden (unvorhersehbaren) Bestandteil, der durch individuelle Umstände wie beruflichen Aufstieg, Krankheit etc., beeinflusst wird. Ein funktionaler Zusammenhang besteht letztlich aber nur zwischen den permanenten Größen. Das bedeutet: Zwischen Gesamteinkommen und Gesamtkonsum besteht keine funktionale Beziehung. Das gesamte System wird natürlich durch weitere Variablen beeinflusst.[107] Die zeitliche Aufteilung von Einkommen und Konsum erfolgt anhand individueller Präferenzen und der Höhe des Zinssatzes. Dadurch wird direkt auch die Höhe der Ersparnis für die jeweiligen Perioden bis zum Planungshorizont festgelegt.

In einer Zwei-Perioden-Betrachtung kann das permanente Einkommen Y_p nach folgender Gleichung geschätzt werden:[108]

$$Y_p = Y_{-1} + \theta\,(Y - Y_{-1}) \qquad\qquad 0 < \theta < 1 \qquad\qquad\qquad (3.2)$$

$$Y_p = \theta Y + (1 - \theta)\,Y_{-1} \qquad\qquad\qquad\qquad\qquad\qquad (3.3)$$

θ ist ein Gleichgewichtsanteil und Y_{-1} bezeichnet das letztjährige Einkommen. Das permanente Einkommen ist der gewichtete Durchschnitt des aktuellen und des letzten Einkommens.

---

[105] Vgl. Gokhale/Warshawsky (1999), S. 3; Hanna/Fan/Chang (1995), S. 1ff; Kennickell/Sunden (1997), S. 2ff; Starr-McCluer (1999), S. 2.

[106] Vgl. Friedman (1957). Zu den weiteren Hypothesen des absoluten und relativen Einkommens von KEYNES und DUESENBERRY vgl. Fricke (1972), S. 21 bis 42. Für eine weiterführende Diskussion der permanenten Einkommenshypothese vgl. Dynan/Skinner/Zeldes (2000), S. 4ff; Fricke (1972), S. 42 bis 47.

[107] Vgl. Friedmann (1957), S. 6.

[108] Vgl. Dornbusch/Fischer (1995), S. 376.

Die Konsumfunktion C lautet schließlich:

$$C = c \; Y_p = c\theta Y + c(1-\theta) \; Y_{-1} \tag{3.4}$$

Dabei ist c die langfristige durchschnittliche Konsumneigung und cθ die marginale Konsumneigung aus dem laufenden Einkommen, wobei gilt: cθ < c. Die Gleichung unterstellt einen Unterschied zwischen der kurzfristigen und der langfristigen Grenzneigung zum Konsum. Die marginale Konsumneigung ist kleiner als die langfristige, weil der Haushalt erst bei einer langfristigen Einkommenssteigerung seine Konsumausgaben dem höheren Einkommensniveau anpassen wird.

Eine zentrale Fragestellung hinter dieser Theorie ist letztlich, ob reiche Menschen einen größeren Teil ihres Lebenseinkommens (Permanentes Einkommen) sparen als arme Menschen. Seit FRIEDMANN haben sich zahlreiche Wissenschaftler mit dieser Thematik theoretisch wie empirisch auseinandergesetzt, und es gibt sowohl Ergebnisse, die FRIEDMANN unterstützen, als auch gegensätzliche.[109] In einer aktuellen und auf sehr breitem Datenmaterial aus den USA fußenden empirischen Studie kommt man zu dem Ergebnis, dass Personen zwischen 30 und 59 Jahren, die ein höheres permanentes Einkommen aufweisen, auch einen größeren Teil ihres Einkommens sparen.[110]

Der zweite wichtige Erklärungsansatz weist zahlreiche Parallelen zur Theorie des permanenten Einkommens auf.[111] Es handelt sich dabei um die Lebenszyklushypothese, die auf Arbeiten von MODIGLIANI/BRUMBERG zurückzuführen ist.[112] Die Grundaussage dieser Hypothese besteht darin, dass Wirtschaftssubjekte während ihrer Erwerbstätigkeit Mittel ansparen, die im späteren Ruhestand kontinuierlich und vollständig aufgebraucht werden. In dieser Grundversion werden Erbschaften außer Acht gelassen. Die Motivation für die Ersparnisbildung liegt also allein in der Absicherung des Alters. In einer stationären Wirtschaft ohne Bevölkerungswachstum und ohne Änderungen der Einkommensverteilung sind demnach die Vermögenszugänge (Ersparnis der Erwerbstätigen) und die Vermögensabgänge durch Veräußerungen zu Konsumzwecken (Entsparen der Ruheständler) stets gleich hoch. Eine positive Sparquote entsteht erst durch wachsendes Einkommen der Wirtschaft.[113] Der Zins ist im Lebenszyklusmodell der Preis für die intertemporale Verschiebung des Konsums.[114]

Den Zusammenhang von Sparen und Entsparen bzw. Einkommen und Konsum im Zeitablauf veranschaulicht die Abb. 3-16. C kennzeichnet dabei das Konsumniveau, das der Haushalt

---

[109] Vgl. Dynan/Skinner/Zeldes (2000), S. 4 und die dort aufgeführten Untersuchungen. Die Beobachtung, dass Personen mit gegenwärtig höherem Einkommen mehr sparen als solche mit niedrigerem Einkommen, ist dagegen empirisch hinlänglich gesichert, vgl. Dynan/Skinner/Zeldes (2000), S. 21.

[110] Vgl. Dynan/Skinner/Zeldes (2000), S. 28.

[111] Vgl. Schlomann (1991), S. 99.

[112] Vgl. Modigliani/Brumberg (1954). MODIGLIANI verweist später insbesondere darauf, dass die Grundlagen der Lebenszyklushypothese bereits 1926/1930 durch die Arbeiten von RICCI und FISHER gelegt wurden. Vgl. Modigliani (1986), S. 299 und den Verweis auf die Arbeiten zur Spartheorie von Ricci (1926) und Fisher (1930).

[113] Vgl. Schlomann (1991), S. 99.

[114] Vgl. Felderer (1991), S. 80.

durchschnittlich aufrecht erhalten will. Im Zeitraum 0-N erwirtschaftet er ein Arbeitseinkommen Y^{AE}, wovon ein Teil gespart wird. Im Zeitablauf wird so ein Vermögen V geschaffen. Im Alter (N-L) ist ein Rentnereinkommen Y^{ER} verfügbar. In diesem Zeitraum wird das gesamte angesammelte Kapital wieder aufgezehrt.

Abb. 3-16: Sparen und Entsparen im Lebenszyklus

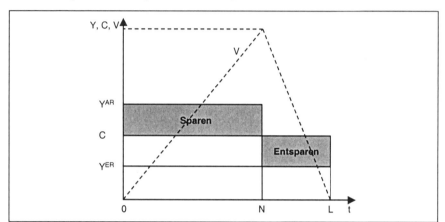

Quelle: Eigene Darstellung in Anlehnung an Felderer (1991), S. 80.

Die Lebenszyklustheorie will unterschiedlich hohe Sparquoten in Abhängigkeit von Alter und Haushaltsgröße erklären. Dies ist empirisch jedoch nur teilweise zu bestätigen. Die Prämisse der rationalen und langfristig orientierten Entscheidungsfindung der Wirtschaftssubjekte wird häufig in Frage gestellt. Die Verlaufsmuster des Lebenszyklusses sind in der heutigen Gesellschaft genauso unvorhersehbar wie die Einkommens- und Konsumpfade.[115] Deshalb ist eine Ergänzung dieses theoretischen Hintergrunds um sozialpsychologische Aspekte zur Erklärung von Konsum- und Sparneigung und damit auch des Nachfragerverhaltens zwingend angebracht.[116]

Diese Ergänzung der Lebenszyklushypothese findet durch die "Behavioral Life-Cycle-Hypothesis" statt. Dieser bislang vor allem in den USA aufgegriffene Ansatz verbindet die Lebenszyklustheorie mit verhaltenswissenschaftlichen Aspekten.[117] Der Ansatz des Behavioral Life Cycle (BLC) greift die beschränkte Rationalität von Menschen auf und hat den Anspruch, die Theorie realistischer zu gestalten.[118]

---

[115] Vgl. Schmähl (1983b), S. 41ff.

[116] Vgl. Schmähl (1983b), S. 38f. Zur Kritik an der Lebenszyklustheorie vgl. Schlomann (1991), S. 100 und S. 118f.

[117] Vgl. Graham/Isaac (2001); Shefrin/Thaler (1988).

[118] Vgl. Shefrin/Thaler (1988), S. 609. Die größere Realitätsnähe des Modells im Gegensatz zur traditionellen Lebenszyklushypothese konnte auch empirisch belegt werden, vgl. Graham/Isaac (2001), S. 15.

Der Lebenszyklusgedanke wird dabei im Wesentlichen um drei Komponenten erweitert: Die Selbstdisziplin (Self-control), die gedankliche Buchhaltung (Mental accounting) und die Klassifizierung (Framing).[119] Selbstdisziplin ist notwendig, weil der sofortige Konsum meistens attraktiver als das langfristige Sparen ist. Um jedoch langfristiges Vermögen aufzubauen, ist neben Voraussicht, Planung oder Routine auch Selbstdisziplin erforderlich. Zur Operationalisierung der Selbstdisziplin im Lebenszyklus sind die Präferenzstruktur, die Konsumalternativen und die Entscheidungsstärke des Haushaltes zu integrieren. Hinsichtlich der Präferenzstruktur ist zwischen einer kurzfristigen Konsumneigung und einer langfristigen Denkweise, die eine individuelle Nutzenfunktion über die Gesamtlebenszeit zu maximieren versucht, zu unterscheiden. Diese Konsumalternativen sind stets von den individuellen Präferenzen abhängig. Dabei ist immer eine Alternative verlockender als eine andere. Die Entscheidungsstärke manifestiert sich in der Willenskraft, welche die eigentlichen psychischen Kosten darstellt, die beim Widerstand gegen die Versuchung (Konsumalternative) anfallen.

Die gedankliche Buchhaltung umfasst drei Konten, auf die Einkommen und Vermögen verteilt wird. Dies sind die Konten "gegenwärtiges Einkommen", "gegenwärtiges Vermögen" und "zukünftiges Einkommen".[120] Eine regelmäßige Zahlung wird in das Konto "gegenwärtiges Einkommen" gebucht und auch regelmäßig eher zu Konsumzwecken ausgegeben - also weniger gespart -, als Zahlungen auf das Konto des "gegenwärtigen Vermögens". Hier liegt ein wichtiger Unterschied zur traditionellen Theorie, die von einer kompletten Fungibilität des Vermögens in einem vollkommenen Kapitalmarkt ausgeht. In der BLC hingegen steuern die Individuen ihre marginale Konsumneigung kontenspezifisch. Bei dem gegenwärtigen Einkommen ist die marginale Konsumneigung am höchsten, bei derzeitigem Vermögen durchschnittlich und bei zukünftigem Einkommen am geringsten. Dies steht auch im Widerspruch zur neoklassischen Annahme, dass der Einkommensstrom mit dem größeren Barwert den größeren Nutzen darstellt.[121] Empirisch ist vielmehr festzustellen, dass ein gleichmäßiger Einkommensstrom einer Zahlung in einer Summe vorgezogen wird.[122] Als mögliche Erklärung dieses Verhaltens werden die gedanklichen Konten herangezogen. Dieses Konstrukt besagt, dass gegenwärtiges Einkommen auch zum gegenwärtigen Konsum verwandt wird. Einmalzahlungen hingegen werden mental auf ein anderes Konto, beispielsweise auf das des gegenwärtigen Vermögens, gebucht. Dementsprechend wird die einmalige Zahlung auch eher gespart denn für Konsumzwecke eingesetzt.

Die Klassifizierung ermöglicht eine differenziertere Analyse des Sparverhaltens. So stellt beispielsweise eine Einmalzahlung (z.B. ein Bonus) im Standardmodell lediglich eine andere Form des Einkommens dar und wird auch gleichwertig behandelt. In der BLC wird dagegen

---

[119] Vgl. Bernheim/Ray/Yeltekin (1999), S. 1ff; Shefrin/Thaler (1988), S. 610.

[120] Vgl. Shefrin/Thaler (1988), S. 614f.

[121] Vgl. Graham/Isaac (2001), S. 3f.

[122] Vgl. Graham/Isaac (2001), S. 9.

zwischen laufendem Einkommen und einer einmaligen Prämie unterschieden (klassifiziert).[123] Somit ist eine höhere Erklärungskraft der Theorie gegeben.

Sowohl die Lebenszyklushypothese als auch die Theorie des permanenten Einkommens zeigen letztlich die Bedeutung von Planung und die Notwendigkeit der Aufteilung des Einkommens in einen fortdauernden und in einen vorübergehenden Bestandteil.[124] Financial Planning ist ein Instrument, diese Aufteilung unter Einbezug verschiedenster Faktoren strukturiert durchzuführen. Wichtige Prämissen des traditionellen Modells sind die langfristige Planung und die perfekte Information über die zukünftige Einkommens- und Vermögensentwicklung. Das Konzept des Financial Planning kann dazu beitragen, diese Prämissen, die ansonsten in der Realität selten anzutreffen sind, besser zu erfüllen.[125]

3.3.5.2   Vermögensaufbau

Die deutschen Haushalte legen den Großteil ihrer Ersparnis noch immer in traditionellen Anlageformen an. Wie die angelegten Gelder auf die unterschiedlichen Sparformen verteilt sind, zeigt die Abb. 3-17. Dort sind zudem die unterschiedlichen Sparstrukturen der Einkommensklassen dargestellt.

Den größten Teil des Anlagevolumens (ca. 30%) haben deutsche Haushalte in Lebensversicherungen investiert.[126] Dabei ist festzustellen, dass mit zunehmendem Einkommen der Anteil der Anlagen in Lebensversicherungen am Gesamtvermögen zunimmt.

Ein Sparbuch besitzen 69,8% der Haushalte, 22% des Bruttogeldvermögens[127] der Haushalte wird als Sparguthaben angelegt. Bei den einkommensschwachen Haushalten ist der Anteil der Sparguthaben im Verhältnis zum Gesamtvermögen deutlich höher als bei den einkommensstarken.

Im Bevölkerungsdurchschnitt sind etwa 15% in sonstigen Anlagen bei Kreditinstituten angelegt. Auch dort ist der Anteil bei den einkommensschwächeren Haushalten leicht höher. In sonstige Wertpapier- und Vermögensbeteiligungen werden über alle Einkommensschichten durchschnittlich 10% des Vermögens investiert.

---

[123] Vgl. Shefrin/Thaler (1988), S. 633.

[124] Vgl. Fricke (1972), S. 47.

[125] Vgl. Gokhale/Warshawsky (1999), S. 3ff.

[126] Alle Angaben zum Besitz der Sparformen in privaten Haushalten vgl. Spiegel-Verlag (Hrsg.) (2000), S. 114.

[127] Alle Angaben zur Anlagehöhe der Sparformen vgl. Statistisches Bundesamt (Hrsg.) (2001d), S. 42.

Abb. 3-17: Anlageformen privater Haushalte

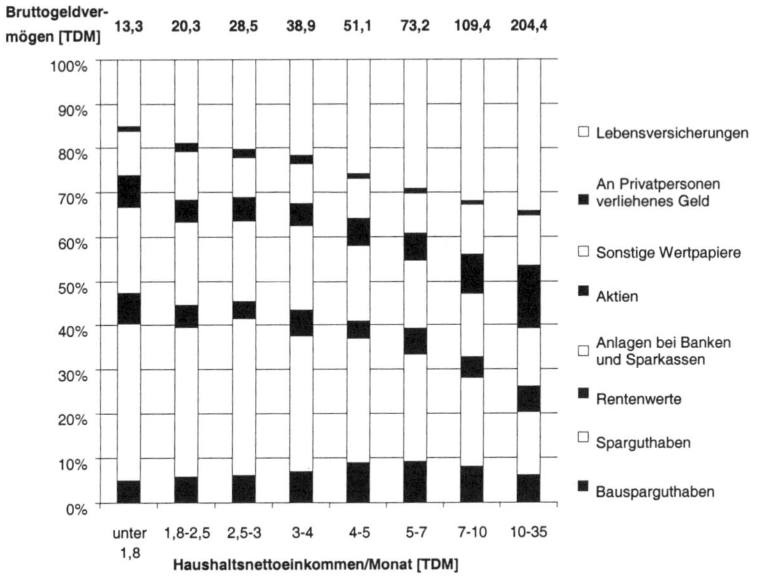

Anm.: Daten der Einkommens- und Verbrauchsstichprobe 1998; Durchschnitt über alle Haushalte.

Quelle: Statistisches Bundesamt (Hrsg.) (2001d), S. 42.

Der Aktienanteil liegt bei durchschnittlich 9% des Vermögens. Diese Position ist allerdings den stärksten Schwankungen durch Kursbewegungen unterworfen, so dass sich der Aktienanteil am Vermögen häufig ändern dürfte. Dabei verfügen Haushalte mit geringem Einkommen tendenziell über einen geringeren Aktienanteil (Einkommensgruppe 2,5-3 TDM: 5%) als Haushalte mit großem Einkommen (Einkommensgruppe 10-35 TDM: 14%). Die Anzahl der Haushalte, die Aktien oder Anteile an Aktienfonds besitzen, liegt bei 8,7% bzw. 9,9%.

Anlageformen wie Edelmetalle oder Kunstgegenstände werden von der öffentlichen Statistik (EVS 1998) nicht erfasst. Dabei geben 2,3% der privaten Haushalte an, Kunstgegenstände als Geldanlage zu besitzen. Bei Edelmetallen, wie z.B. Gold, sind es 1,7%.

Bei den gemachten Beobachtungen ist allerdings zu berücksichtigen, dass sich der Anteil der traditionellen Sparformen im Zeitablauf zunehmend verringert.[128] Dies geht zu Gunsten von Aktienanlagen, bei denen langfristig von höheren Renditen ausgegangen wird.

Beim Financial Planning geht es auch um die Aufteilung der Ersparnisse und des vorhandenen Vermögens in die verschiedenen Anlageformen, wie sie eben diskutiert wurden.[129] Diese

---

[128] Vgl. Münnich (2001a), S. 127.

[129] Vgl. Böckhoff/Stracke (1999), S. 81.

Vermögensstrukturierung, oder auch Asset Allocation, führt zu einem diversifizierten Portfolio.[130] Eine Diversifikation kann nach verschiedenen Kriterien wie der Anlageform, den Anlageregionen und -währungen oder Laufzeiten vorgenommen werden. Bei der Asset Allocation wird versucht, Rendite-, Risiko- und Liquiditätserfordernisse des Anlegers zu berücksichtigen.[131] Dies ist in übergeordneter Hinsicht auch beim Financial Planning der Fall. Die Anlage von Vermögen und dem damit verbundenen Bestreben nach Rendite ist eine Kernaufgabe des Financial Planning. Des Weiteren werden aber auch Risiko- und Liquiditätsüberlegungen einbezogen. Dadurch sind die in den Abschnitten 3.3.4 und 3.3.2 erörterten Sicherungs- und Transaktionsbedürfnisse entsprechend aufzugreifen.

Im Idealfall findet bei der privaten Finanzplanung eine integrierte Betrachtung von Transaktions-, Anlage-, Sicherungs- und Finanzierungsbedürfnissen statt. Damit erhält der private Haushalt die Möglichkeit, durch die Befriedigung seiner finanziellen Bedürfnisse die finanziellen und evtl. auch persönlichen Zielsetzungen zu erreichen. Die Gründe für eine Nachfrage nach Financial Planning orientieren sich an den Bedürfnissen der Personen. Eine Nachfrage ist umso wahrscheinlicher, je eher die persönlichen und finanziellen Bedürfnisse durch die Dienstleistung befriedigt werden.

3.3.6 Empirische Evidenz der Ziele und Nachfragegründe

Wie in den vorhergehenden Abschnitten dargestellt, ist davon auszugehen, dass die finanziellen Grundbedürfnisse mit Hilfe eines Planungs- und Entscheidungsprozesses (Ergänzungsbedürfnis) befriedigt werden können. Es ist nun von Interesse, welche Ziele der private Haushalt durch dieses Vorgehen erreichen möchte, um daraus Rückschlüsse auf die Nachfragegründe für das Financial Planning ziehen zu können. Dazu bietet es sich an, die bereits durchgeführten empirischen Erhebungen zu dieser Thematik zu analysieren.

Zu den Zielen, die private Haushalte mit Financial Planning-Dienstleistungen verfolgen, wurden in den Vereinigten Staaten bereits mehrfach empirische Studien durchgeführt.[132] Dabei handelt es sich im Wesentlichen um zwei Arten von Befragungen, nämlich einerseits um Analysen für vermögende Privatkunden und deren Nachfrageverhalten[133] und andererseits um Befragungen von Certified Financial Planners (CFPs) bzgl. deren Einschätzungen ihrer Klientel[134]. Für den deutschen Sprachraum lagen bislang lediglich zwei empirische Erhebungen vor, die sich u.a. mit den Motiven der Financial Planning-Nachfrage von ausschließlich vermögenden Privatkunden beschäftigen. Ergänzend liegt nun die eigene Studie (vgl. Kapitel 5) vor. Die darin u.a. hinsichtlich ihrer Zielvorstellungen bei der privaten Finanzplanung untersuchten Personen sind weitgehend dem Retail-Segment zuzurechnen.

---

[130] Vgl. Mittra (1990), S. 370ff; Wiek (1993), S. 69ff.

[131] Vgl. Steiner/Bruns (1995), S. 82ff.

[132] Für einen Überblick der Studien in den USA bis 1998 vgl. Tilmes (2000a), S. 165ff.

[133] Vgl. Bae/Sandager (1997); Certified Financial Planner Boards of Standards (Hrsg.) (1999b); Kennickell/Starr-McCluer/Sunden (1997).

[134] Vgl. Certified Financial Planner Boards of Standards (Hrsg.) (1999a); Kerr & Downs Research (Hrsg.) (1994).

Die empirische Evidenz der Ziele, die private Haushalte mit einer Finanzplanung erreichen möchten, soll nun anhand einer US-amerikanischen und drei deutscher Studien verglichen werden. Bei der amerikanischen Studie handelt es sich um eine Umfrage des CFP BOARD aus dem Jahre 1999.[135] Die deutschen Studien wurden von KLOEPFER [136] im Jahre 1996 und von TILMES[137] im Jahre 1997 durchgeführt. Die vierte Vergleichsuntersuchung aus der vorliegenden Arbeit fand 2001 statt.[138]

Zur Durchführung des Vergleichs wurden die einzelnen Bewertungen der Zielwichtigkeiten bei jeder Studie in ihrer Rangfolge nach den Mittelwerten geordnet. Um eine bessere Vergleichbarkeit der Studien zu gewährleisten, wurden vorab sieben Zielkategorien gebildet. Jedes Ziel aus der jeweiligen Studie wurde schließlich der entsprechenden Kategorie zugeordnet. Die Tab. 3-11 gibt die Heterogenität der Zielstrukturen wieder.

Der durchgeführte Vergleich ist stark geprägt durch das Design der Fragen in den drei Studien. Durch die Vorgabe der Ziele wird der Befragte beeinflusst bzw. eingeschränkt. Allerdings wurde in allen drei Untersuchungen die Möglichkeit gegeben, "sonstige" Ziele anzuführen. Davon wurde in aller Regel jedoch kein Gebrauch gemacht. Es bestehen unterschiedliche Auffassungen in der Literatur bzgl. der Ziele, die private Haushalte mit Financial Planning erreichen können. Bei der eigenen Untersuchung wurde versucht, auch Financial Planning-spezifische Ziele einzubauen, die in den vorhergehenden Studien nur ansatzweise zu finden sind.[139] Diese Ziele sind den Kategorien Planung und Transparenz zugeordnet.

---

[135] Befragt wurden 897 Haushalte mit einem Jahreseinkommen ab ca. 100 TDM.

[136] Vgl. Kloepfer (1999), S. 191ff. Hier wurden 1996 insgesamt 1.016 Fragebögen von vermögenden Privatkunden eines Anbieters von privater Finanzplanung analysiert. Die Kunden hatten jeweils ein Bruttojahreseinkommen von mindestens 250.000 DM und ein liquides Vermögen von mindestens 250.000 DM.

[137] Vgl. Tilmes (2000a), S. 249ff. In dieser Befragung wurden 1997 1.404 Fragebögen der Kunden verschiedener Kreditinstitute und Studenten der European Business School ausgewertet. Zielgruppe waren ebenfalls vermögende Privatkunden. Die analysierten Personen wiesen ein durchschnittliches Haushaltseinkommen von 294 TDM und ein Nettovermögen von 1,92 Mio. DM auf.

[138] Gegenstand der Untersuchung waren 289 private Haushalte. Das durchschnittliche Nettojahreseinkommen der Probanden liegt bei ca. 59 TDM und das durchschnittliche Vermögen bei etwa 54 TDM.

[139] Diese Ziele sind (Rangfolge der Wichtigkeit): "Transparenz/Übersicht über Einnahmen und Ausgaben, Vermögen/Schulden und Versicherungen" (1), "Planung der laufenden Einnahmen und Ausgaben" (6), "Reduktion der Unsicherheit der zukünftigen finanziellen Situation" (8) und "Überprüfung der bisherigen Strategie" (10).

Tab. 3-11: Wichtigkeit von Zielen bei der Inanspruchnahme von Financial Planning

Studie: Zielkategorie:	Kloepfer (1996)	Tilmes (1997)	CFP Board (1999)	Eigene Untersuchung (2001)
Planung		5 Strategieüberprüfung 10 Nachfolgeplanung	10 Generierung von Einkommen	6 Liquiditätsplanung 8 Unsicherheitsreduktion 10 Strategieüberprüfung
Transparenz	1 Vermögensübersicht 2 Vermögensentwicklung 5 Analyse Anlagerendite 8 Analyse Gesamtvermögensrendite	6 Vermögensübersicht		1 Transparenz/ Übersicht Liquidität, Vermögen, Schulden, Versicherungen
Vermögensaufbau/-sicherung	7 Vermögensausrichtung nach Bedürfnissen 10 Altersvorsorge 11 Erbschaftssteuerliche Vermögensoptimierung	1 Vermögenssicherung 4 Altersvorsorge 7 Anlageempfehlungen 8 Vermögensaufbau	1 Altersvorsorge 2 Finanzielles Polster 5 Urlaub/Reisen 7 Vermögensaufbau	2 Vermögenssicherung 3 Altersvorsorge 4 Vermögensaufbau
Ertragsoptimierung	3 Renditesteigerung 6 Einkommensteuerersparnis	2 Renditesteigerung 3 Steueroptimierung	9 Steueroptimierung	5 Renditesteigerung 7 Steueroptimierung
Risikoabsicherung	4 Vermögensabsicherung, 9 Risikoabsicherung der Familie	9 Risikoabsicherung	6 Ausbildung der Kinder 8 Versicherungsplanung	9 Risikoabsicherung der Familie
Fremdfinanzierung			3 Schuldenabbau	11 Schuldenabbau
Immobilienerwerb			4 Immobilienerwerb	12 Immobilienerwerb

Anm.:   Die Zahlen geben die Rangziffer der Ziele in der jeweiligen Studie an.

Quelle: Certified Financial Planner Boards of Standards (Hrsg.) (1999b), S. 1; Kloepfer (1999), S. 211; Tilmes (2000a), S. 323; Eigene Untersuchung.[140]

Insgesamt spiegeln die verschiedenen Ziele die Sicht der Autoren und deren spezifische Auffassung wider. Es lassen sich dennoch wertvolle Schlussfolgerungen und Tendenzen aus den drei Studien ableiten:

- Die Ziele bei KLOEPFER sind sehr stark auf das Vermögen ausgerichtet. Die wichtigsten Ziele sind dabei solche, die Transparenz schaffen. Die Notwendigkeit von Transparenz wird dabei vor allem beim Vermögen und den Anlagerenditen gesehen. Ebenfalls sehr

---

[140]   Bei der Untersuchung von TILMES wurden die Antworten der Personen, die bislang noch kein Financial Planning durchgeführt haben, betrachtet, da die Werte für alle Befragten nicht vorliegen. Für Personen mit Financial Planning-Erfahrung sind die Bewertungen nur unwesentlich anders. Bei der eigenen Untersuchung wurde die Frage 7 des Fragebogens ausgewertet (vgl. Anhang 3).

wichtig ist die Ertragsoptimierung durch Renditesteigerung und Steuerersparnis. Die Absicherung von Risiken soll zunächst das Vermögen schützen. Der Vermögensaufbau wird durch die Ausrichtung des Vermögens an den Bedürfnissen des Haushaltes und der Altersvorsorge bestimmt. Weniger wichtig hingegen sind die Risikoabsicherung der Familie und die Vermögensoptimierung unter erbschaftssteuerlichen Aspekten.

- Auch bei der Untersuchung des CFP BOARD stehen vermögensorientierte Ziele im Vordergrund. Die Befragten sehen die Altersvorsorge und ein finanzielles Polster als die wichtigsten Ziele. Erstaunlich ist die hohe Bedeutung des Schuldenabbaus und des Erwerbs von Immobilien. Die Risikoabsicherung wird vor allem durch eine Ausbildungsversicherung der Kinder und eine generelle Versicherungsplanung ausgedrückt. Die Ertragsoptimierung durch Steuerersparnis und eine Planung, um laufendes Einkommen zu generieren, sind die am wenigsten wichtigen Ziele.

- Bei der Studie von TILMES dominieren Vermögens- und Ertragsaspekte. Die Sicherung des Vermögensbestandes sowie die Steigerung der Rendite und Steueroptimierung sind die wichtigsten Ziele, direkt gefolgt von der Altersvorsorge. Von mittlerer Wichtigkeit ist ein Aspekt der Planung, nämlich die Überprüfung der Strategie. Die Schaffung von Transparenz soll vor allem im Vermögensbereich stattfinden. Anlageempfehlungen und der systematische Vermögensaufbau sind ebenfalls von mittlerer Wichtigkeit. Die Risikoabsicherung und Nachfolgeplanung sind hingegen die unwichtigsten Ziele der Befragten.

- In der eigenen Untersuchung wird als wichtigstes Ziel die Übersicht und Transparenz der gesamten finanziellen Angelegenheiten genannt. Als ebenfalls sehr wichtig werden die Sicherung und der Aufbau des Vermögensbestandes und die Altersvorsorge aufgeführt. Die Ertragsoptimierung durch Renditesteigerung und Steueroptimierung liegen im Mittelfeld, ebenso die Risikoabsicherung der Familie. Die Aspekte der Planung mit den Zielen Planung der laufenden Einnahmen und Ausgaben, Reduktion der Unsicherheit bzgl. der finanziellen Zukunft und die Überprüfung der bisherigen Strategie liegen im Mittelfeld bzw. am Ende der Wichtigkeitsskala. Die Ziele mit der geringsten Wichtigkeit sind der Abbau von Schulden und der Immobilienerwerb.

Es wird deutlich, dass in drei der vier Untersuchungen die Vermögensziele zu den wichtigsten gehören. Werden Ziele, die sich auf Planung und Transparenz beziehen, in die Befragung eingebaut, so wird deren Wichtigkeit insgesamt von den Probanden unterstrichen. Die ertragsoptimierenden Ziele werden in den Untersuchungen bei den vermögenderen Haushalten (KLOEPFER, TILMES) als wichtiger eingeschätzt als bei den eher an den Durchschnittsverdienern orientierten Arbeiten (CFP BOARD, eigene Untersuchung). Die Risikoabsicherung der Familie wird bei allen Studien als vergleichsweise weniger bedeutend eingeschätzt. Offensichtlich wird der Absicherung über den Aufbau von Vermögen ein höherer Stellenwert als den Versicherungen eingeräumt. Der Abbau von Schulden und der Immobilienerwerb wird in der amerikanischen Studie mit "sehr wichtig" beurteilt, wohingegen in der vorliegenden Arbeit die Einschätzung tendenziell als "unwichtig" erfolgt. Dies kann u.U. in der unterschiedlichen soziodemographischen Struktur der Stichproben begründet sein.

3.4 Psychografische Disposition privater Haushalte

Neben den aktivierenden Prozessen sind die kognitiven Prozesse zentrale psychische Variablen zur Erklärung des menschlichen Konsumverhaltens.[1] Die bereits erwähnten kognitiven Vorgänge können als gedankliche oder auch rationale Prozesse beschrieben werden.[2] Zur Erklärung des Konsumentenverhaltens werden sie grundsätzlich eingeteilt in Informationsaufnahme, Wahrnehmen einschließlich Beurteilen sowie Lernen und Gedächtnis. Die kognitiven Prozesse im Menschen umfassen also im weitesten Sinne Vorgänge der Informationsaufnahme, -verarbeitung und -speicherung.

Im Folgenden werden die für die Erklärung der Financial Planning-Nachfrage geeigneten Determinanten aufgegriffen und auf den Untersuchungsgegenstand angewandt.[3] Zur Erklärung des Verhaltens privater Haushalte im Zusammenhang mit der Nachfrage nach Financial Planning mittels kognitiver Faktoren lassen sich folgende Faktoren unterscheiden:

▪ Informationsverhalten

▪ Komplexitätsreduktion

▪ Delegationsbereitschaft

Jeder dieser verhaltensrelevanten Determinanten ist im weiteren Verlauf ein eigener Abschnitt gewidmet.

3.4.1 Informationsverhalten

Der Umgang mit Informationen hat starken Einfluss auf das Problembewusstsein eines Individuums. Unter der Annahme, dass der Mensch kein homo oeconomicus ist, der mit unendlicher Reaktionsgeschwindigkeit auf der Grundlage vollständiger Informationen jederzeit rational seinen Nutzen maximiert, kommt dem Informationsverhalten des Menschen eine neue Bedeutung zu.[4] Die beschränkte Rationalität und die begrenzten Informationsverarbeitungskapazitäten des Menschen müssen bei der Erklärung des Verhaltens Berücksichtigung finden. Deshalb spielen die Vorgänge der Informationsaufnahme, -verarbeitung und -speicherung bei Finanzplanungsnachfragern eine besondere Rolle.[5]

Die folgenden Abschnitte sollen klären, welche Bedeutung diesen kognitiven Vorgängen bei der Nachfrage nach Financial Planning zukommt.

---

[1]   Vgl. Kroeber-Riel/Weinberg (1999), S. 358.

[2]   Vgl. Bitz/Oehler (1993b), S. 385; Kroeber-Riel/Weinberg (1999), S. 224.

[3]   Bei der Auswahl der Determinanten wurde auf einschlägige verhaltenswissenschaftliche Untersuchungen im Kontext von Finanzdienstleistungen zurückgegriffen, vgl. Oehler (1995), Srinivas (2000). Die dort gewonnenen Erkenntnisse erlauben - teilweise unter Anpassungen - eine Übertragung der Konstrukte auf das Konzept des Financial Planning.

[4]   Vgl. Oehler (1995), S. 70; Unser (1999), S. 9ff.

[5]   Für eine detaillierte Beschreibung der Informationsaufnahme, -verarbeitung und -speicherung im Rahmen menschlichen Verhaltens vgl. Kroeber-Riel/Weinberg (1999), S. 242ff; Unser (1999), S. 147ff.

3.4.1.1   Informationsaufnahme

Betrachtet man einen privaten Haushalt und das Konzept des Financial Planning, so hat die Informationsaufnahme und -suche zwei Dimensionen. Der Haushalt benötigt Informationen, um für sich eine Entscheidung zu treffen, ob er eine Finanzplanung von einem professionellen Anbieter durchführen lassen soll oder sein eigener Berater sein will. Welche Rolle die kognitiven Vorgänge im Zusammenhang mit diesen Dimensionen der Informationsaufnahme bei Financial Planning spielen, beantwortet dieser Abschnitt.

Die Informationsbeschaffung ist ein äußerst komplexer Vorgang, der in der Abb. 3-18 für einige Teilprozesse systematisiert wurde.[6]

Abb. 3-18: Informationsaufnahme durch Konsumenten

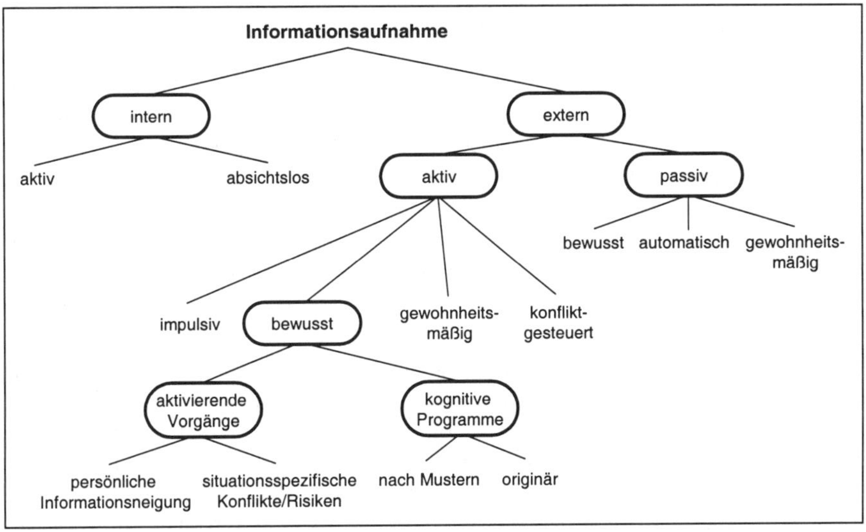

Quelle: Kroeber-Riel/Weinberg (1999), S. 244.

Neben externen Informationen, die aktuell aufgenommen werden, sind auch die internen Informationen, wie z.B. Erfahrungen, verhaltensrelevant. Die Informationsaufnahme besteht aus der Aufnahme von externen Informationen, die mit bereits vorhandenen internen Informationen kombiniert werden.[7] Diese internen Informationen werden bewusst oder unbewusst zur späteren Informationsverarbeitung hinzugezogen. Im Zusammenhang mit Financial Planning kann es sich dabei um Erfahrungen mit der Dienstleistung selbst oder um allgemeine Erlebnisse und Kenntnisse bzgl. Finanzprodukten handeln.

---

[6]   Aufgrund der Komplexität wurden in der Abb. 3-18 nicht alle Teilprozesse analysiert. Die internen Informationen sind zentraler Gegenstand des folgenden Abschnittes 3.4.1.2.

[7]   Vgl. Kroeber-Riel/Weinberg (1999), S. 242f.

Werden externe Informationen beschafft, so kann dies in aktiver oder passiver Weise vollzogen werden. Die passiven Informationstypen werden i.d.R. von den Finanzdienstleistern auf Produkte oder Dienstleistungen hingewiesen. Die Informationsaufnahme verläuft absichtslos bzw. zufällig. Für diese Personen ist die Kommunikationspolitik eines Anbieters der Auslöser für eine Wahrnehmung und damit die Informationsaufnahme.[8] Passive Informationstypen sind vor allem über Werbung zu erreichen.

Die aktiven Personen hingegen suchen mehr oder weniger zielgerichtet nach relevanten Informationen. Sie gehen auf Informationsanbieter zu, holen sich etwa Börseninformationen bei einer Bank oder informieren sich über Steuerthemen bei einem Steuerberater bzw. lesen Fachzeitschriften. Die impulsive Informationssuche wird häufig durch Neugier ausgelöst, bei der gewohnheitsmäßigen Suche sind gefestigte Verhaltensmuster zu beobachten. Diese beiden Arten sind bei der Finanzplanungsnachfrage wohl weniger vorzufinden. Eine Finanzplanung wird in den wenigsten Fällen spontan oder in konsequenter Regelmäßigkeit wie ein Zahnarztbesuch vonstatten gehen. Die bewusste und konfliktgetriebene Informationssuche sind realistischere Verhaltensweisen. Die bewusste Informationssuche findet im Rahmen eines bereits angelaufenen Entscheidungsprozesses statt und dient der Vorbereitung der Entscheidung. Die Person möchte ein Finanzplanung durchführen und besorgt sich entweder Informationen über die bestehenden Angebote oder sammelt Materialien, um selbst die Planung durchführen zu können. Die konfliktgesteuerte Informationsbeschaffung setzt einen Konflikt voraus, der dazu führt, nach Information aktiv zu suchen. Beispielsweise kann ein Haushalt ein subjektiv schlechtes Gefühl haben, wenn er an seine finanzielle Situation und die Zukunft denkt. Dieser Konflikt kann in einer Suche nach Lösungsmöglichkeiten für diese unbefriedigende Situation münden, wozu zunächst externe Informationen eingeholt werden.

Da die meisten Kaufentscheidungen aufgrund von internen Informationen getroffen werden, weil die externe Informationsbeschaffung regelmäßig mit Aufwand für den Entscheider verbunden ist, kommt es darauf an, welche Vorgänge aktivierend für die aktive Suche wirken und damit das Suchverhalten bestimmen.[9] Die Stärke dieser Antriebskräfte bestimmt Umfang und Intensität der Informationsbeschaffung. Eine aktivierende Variable kann z.B. eine Situation im Freundeskreis sein, bei der eine andere Person von der Möglichkeit der privaten Finanzplanung berichtet. Dadurch aktiviert kann der private Haushalt bewusst nach Informationen zu diesem Thema suchen. Auch die Wahrnehmung eines Finanzplanungsangebotes durch Werbung kann aktivierend wirken. Neben diesen situationsspezifischen Sichtweisen gibt es die personenspezifische Sicht, die davon ausgeht, dass es Personen mit mehr oder weniger stark ausgeprägter Informationsneigung gibt.[10]

Ist ein Entscheider motiviert, nach Informationen zu suchen, so stellt sich für ihn die Frage nach Art und Umfang der Information und den Informationsquellen. Die Steuerung der Informationsaufnahme erfolgt dabei nach kognitiven Regeln. Diese Regeln sind entweder einzelfallspezifisch oder folgen bewährten Mustern. Im Falle des Financial Planning wird der Haus-

---

[8]   Vgl. Kroeber-Riel/Weinberg (1999), S. 253ff.

[9]   Vgl. Kroeber-Riel/Weinberg (1999), S. 247.

[10] Diese Informationsneigung wird auch als Involvement bezeichnet, vgl. hierzu Abschnitt 3.4.3.2.

halt wie auch bei anderen Nachfrageentscheidungen eine Kosten-Nutzen-Analyse durchführen.[11] Die Entscheidung über die Beschaffung von Informationen ist dabei abhängig von dem erwarteten Informationsnutzen und den Kosten, die zur Informationsbeschaffung aufgewendet werden müssen. Für den Haushalt muss der Nutzen, sich für oder gegen eine professionelle Finanzberatung entscheiden zu können, mehr wert sein, als die mit der Informationsbeschaffung verbundenen Kosten. Im Falle der Selbstberatung müssen die Informationskosten niedriger sein als der Nutzen aus den eigenen Planungsaktivitäten. Für den Fall, dass sich der Haushalt für eine professionelle Finanzberatung entscheidet, hat er evtl. nochmals eine Kosten-Nutzen-Abwägung zwischen alternativen Angeboten zu treffen. Dieser Fall wird weiter unten in diesem Abschnitt bei der Produktauswahl nochmals aufgegriffen.

Die ausstehende Frage nach den Informationsquellen ist stark vom Produkt und der Branche abhängig.[12] Für die Finanzdienstleistungsindustrie werden die Präferenzen bzgl. der Informationsquellen regelmäßig untersucht.[13] Bei den Informationsquellen ist zwischen persönlicher und unpersönlicher Informationsvermittlung zu unterscheiden. Unter der Kategorie persönlich sind Beratungsgespräche oder der Rat von Verwandten und Bekannten zu verstehen. Unpersönlich sind hingegen Prospekte, Werbung oder das Internet. Grundsätzlich ist festzustellen, dass bei erklärungsbedürftigen Produkten der persönliche Kontakt nach wie vor im Vordergrund steht. Im Falle der Finanzplanung ist eine weitere Unterscheidung der Informationsquellen hinsichtlich deren Neutralität angebracht. Es ist davon auszugehen, dass Informationen aus dem Bekanntenkreis, von Verbraucherschutzorganisationen und aus Testberichten als neutrale Informationsquellen gelten können, die unabhängig von Produktanbietern Informationen auswerten und bereitstellen. Daneben sind Informationen von Produktanbietern wie Banken oder Versicherungen als unternehmenskontrollierte Quellen einzustufen.[14] Bei diesen Informationen ist der Wert für die Konsumenten fraglich, wenn sie nicht unabhängig und objektiv sind.

Bei der Suche nach Informationen ist in der Realität zu beobachten, dass sich Personen häufig damit zufrieden geben, wenn sie entsprechend ihrem Anspruchsniveau genügend Informationen gesammelt haben.[15] Sie gehen davon aus, dass es höchst unwahrscheinlich ist, die unter allen Gesichtspunkten optimale Entscheidung zu treffen. Die Informationssuche des Haushaltes wird demnach dann abgebrochen, wenn ein individuelles Satisfizierungsniveau erreicht ist. Entscheidet sich ein Haushalt für eine Private Finanzplanung, dann kann dieses Konzept dazu beitragen, das Anspruchsniveau des Einzelnen heraufzusetzen. Im Rahmen der Finanzplanung wird die Informationssuche für den Haushalt durchgeführt. Sie kombiniert Planungs- und Produktwissen und beeinflusst das Suchergebnis im Regelfall positiv. Dadurch werden die Entscheidungen näher an das Optimum herangeführt.

---

[11] Vgl. Harwalik (1988), S. 59; Kroeber-Riel/Weinberg (1999), S. 250.

[12] Vgl. Kroeber-Riel/Weinberg (1999), S. 251.

[13] Vgl. z.B. Adelt/Müller/Wiswede (1994), S. 267; Patterson (1991), S. 116ff. Für die Ergebnisse der eigenen Untersuchung dieses Aspektes vgl. Abschnitt 5.5.2.

[14] Vgl. Kremer (1994), S. 148.

[15] Vgl. Harwalik (1988), S. 69 und Abschnitt 3.1.2.

3.4.1.2   Informationsverarbeitung und Produktbeurteilung

Die Verarbeitung von Informationen kann auch als Wahrnehmung bezeichnet werden. Bei der Wahrnehmung handelt es sich um einen komplexen kognitiven Vorgang, der mit anderen Vorgängen wie Aufmerksamkeit oder Denken in Verbindung steht.[16] Die Wahrnehmung interpretiert Sinneseindrücke (sehen, hören, etc.), von Gegenständen, Vorgängen oder Beziehungen. Dabei werden aufgenommene Umweltreize und innere Signale zusammengefügt, woraus sich schließlich ein neuer Informationsgehalt entwickelt.[17]

Die Informationswahrnehmung ist gekennzeichnet durch Selektivität, d.h. es wird immer nur ein Teil der zur Verfügung stehenden Informationen genutzt.[18] Dieser Selektionsprozess verringert die kognitive Belastung und hilft, die vorhandene Umweltkomplexität zu bewältigen. Allerdings geht dies häufig einher mit suboptimalen Lösungen aufgrund nicht beachteter Informationen. Diese Selektion führt dazu, dass einige Alternativen bereits sehr früh aus dem Entscheidungsprozess ausgeklammert und nicht weiter verfolgt werden. Es findet eine Konzentration auf wenige Alternativen statt. Zusätzlich führt die Informationsselektion oftmals aufgrund kognitiver Dissonanzen dazu, dass aufgrund von Erfahrungen oder Gewohnheiten entscheidungsrelevante Informationen nicht beachtet werden. Financial Planning ist damit ein Instrument, mit dessen Hilfe die eigene selektive Wahrnehmung erweitert werden kann. Durch die Berücksichtigung möglichst vieler Aspekte und Informationen will eine Finanzplanung zu möglichst optimalen Ergebnissen für den Haushalt kommen.

Die Wahrnehmung umfasst auch die gedankliche Weiterverarbeitung von Informationen. Vor der letztendlichen Nachfrageentscheidung kommt es zu einer Produktbeurteilung, die auf diesen gedanklichen Prozessen beruht. Die Einflussfaktoren einer solchen Beurteilung zeigt die Abb. 3-19. Die Bezeichnung Produkt steht in diesem Fall auch für die Dienstleistung Financial Planning.

Die Urteilsbildung einer Person ist zunächst ein kognitiver Prozess, bei dem zur Verfügung stehende Informationen durch bestimmte Programme verarbeitet werden. Die Informationen sind zum einen aktuell und werden unmittelbar extern aufgenommen. Zum anderen werden auch gespeicherte Informationen hinzugezogen. Diese sind intern vorhanden und resultieren aus vorhergehenden Erfahrungen der Person.

---

[16]   Vgl. Harwalik (1988), S. 73f; Kroeber-Riel/Weinberg (1999), S. 268f.
[17]   Vgl. Kroeber-Riel/Weinberg (1999), S. 265.
[18]   Vgl. Unser (1999), S. 151.

Abb. 3-19: Einflussfaktoren auf die Produktbeurteilung

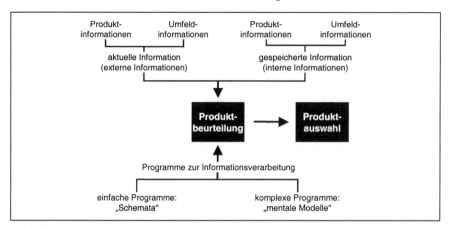

Quelle: Eigene Darstellung in Anlehnung an Kroeber-Riel /Weinberg (1999), S. 276 und S. 375ff.

Die aktuellen Informationen ergeben sich aus der direkten Konfrontation mit dem Produkt. Kommt der private Haushalt mit einem Financial Planning-Angebot in Kontakt, z.b. aktiv durch eigenes Suchen oder passiv durch Anbieterwerbung, werden Informationen zu den Merkmalen, dem Nutzen oder dem Preis übermittelt. Darüber hinaus fließen Umfeldinformationen aus der konkreten Angebotssituation (Räumlichkeiten des Anbieters, Person des Beraters) mit ein - aber auch sonstige situative Gegebenheiten, die in keinem direkten Zusammenhang mit dem Produkt stehen.[19] Dazu zählen u.a. die aktuelle Gemütslage der Person, die Stimmung an der Börse, Probleme im Beruf oder akuter Zeitdruck.[20] Diese sonstigen Faktoren können einen nicht unerheblichen Einfluss auf die Entscheidung ausüben, auch wenn sie oftmals keinen direkten Zusammenhang zur Finanzplanung haben. SRINIVAS konnte z.b. nachweisen, dass Personen, die sich unter fortwährendem Zeitdruck befinden, eher auf eine professionelle Finanzplanung zurückgreifen als Personen ohne Zeitprobleme.[21]

Die gespeicherten Informationen sind im Wesentlichen das Produktwissen.[22] Hat der Haushalt bereits eine Finanzplanung durchführen lassen, so verfügt er über spezifische Erfahrungen. Er hat sich bereits ein Urteil gebildet und ist so schneller in der Lage, eine Beurteilung eines Finanzplanungsangebotes durchzuführen. Auch Erfahrungen mit finanziellen Dingen im Allgemeinen können bei der Bewertung eines solchen Angebotes hilfreich sein.[23]

---

[19] Vgl. Harwalik (1988), S. 74.

[20] So ist zum Beispiel festzustellen, dass in schwierigen Börsenzeiten die Nachfrage nach professioneller Beratung und Finanzplanung stärker ausgeprägt ist als in Phasen steigender Aktienkurse, vgl. Certified Financial Planner Boards of Standards (Hrsg.) (1999b), S. 2; Schnörer (2001), S. 66.

[21] Vgl. Srinivas (2000), S. 147.

[22] Vgl. Kroeber-Riel/Weinberg (1999), S. 289.

[23] Zur Bedeutung des Informationsstandes bzw. der Erfahrung im Rahmen der Finanzplanungsnachfrage vgl. Abschnitt 3.4.3.2.

Die Programme zur internen Informationsverarbeitung gliedern sich in einfachere Schemata und komplexere mentale Modelle.[24] Gemeinsam ist diesen Konstrukten, dass sie durch Erfahrungen entstehen und die Interpretation und Problemlösung steuern. Unter einem Schema versteht man größere Wissenseinheiten, die "... einzelne episodische und semantische Informationen vernetzen und in einen Bedeutungszusammenhang stellen."[25] Schemata sind quasi Denkschablonen, die zur Vereinfachung und Abstraktion von Sachverhalten herangezogen werden. Viele Menschen haben beispielsweise einen bestimmten Eindruck von Versicherungsvertretern. Sie unterstellen diesen Personen, nur Produkte vermitteln zu wollen, die hohe Provisionen versprechen und deshalb nicht objektiv in der Beratung zu sein. Dieses Schema kann dann bei der Beurteilung eines Finanzplaners herangezogen werden, wenn sich Ähnlichkeiten mit dem Versicherungsvertreter ergeben. Ein weiteres verbreitetes Schema ist der Preis als Qualitätsindikator.[26] In bestimmten Wahrnehmungssituationen schließt der Nachfrager von einem wahrgenommenen Preis auf die Produktqualität. Ein höherer Preis wird oftmals mit höherer Qualität in Verbindung gebracht. Solche Schemata erleichtern zwar die Beurteilung, bergen aber die Gefahr von Fehleinschätzungen, wenn keine Interpretation auf den jeweiligen Individualfall erfolgt.[27]

Auch die mentalen Modelle haben als Hauptfunktion die Komplexitätsreduktion. Dabei wird jedoch wesentlich systematischer im Verarbeitungsprozess vorgegangen.[28] Die Modelle, die auch mit dem Begriff der "kognitiven Algebra" umschrieben werden, gehen davon aus, dass sich die wahrgenommene Produktqualität aus mehreren Teilurteilen zusammensetzt. Unter Anwendung bestimmter Entscheidungsregeln erfolgt eine Bewertung der Gesamtqualität.[29] Sowohl bei den Schemata als auch bei den mentalen Modellen spielt die Erfahrung eine wesentliche Rolle. Personen mit größerer Erfahrung in einem Bereich werden für gewöhnlich derartige Beurteilungen leichter und in kürzerer Zeit durchführen können.[30] Übertragen auf die Finanzplanung dürften in finanziellen Dingen Gebildete und Finanzplanungserfahrene weniger Schwierigkeiten mit der Entscheidung zur Selbstberatung versus professioneller Finanzberater haben.

3.4.1.3 Entscheidungsverhalten und Produktauswahl

Nachdem ein Individuum nun verschiedene Produkte beurteilt hat, kommt es zur Produktauswahl (vgl. Abb. 3-19). Bei Auswahlentscheidungen, die nicht impulsiv oder gewohnheitsmäßig erfolgen, sind auch hier kognitive Vorgänge zu beobachten. Diese können wie die bereits beschriebenen Prozesse bei der Produktbeurteilung ablaufen, sie können sich aber auch davon unterscheiden. Solche Entscheidungsmodelle lassen sich theoretisch konstruieren. Sie können

---

[24] Vgl. Kroeber-Riel/Weinberg (1999), S. 292ff; Unser (1999), S. 156ff.
[25] Unser (1999), S. 156.
[26] Vgl. Kroeber-Riel/Weinberg (1999), S. 300.
[27] Vgl. Kroeber-Riel/Weinberg (1999), S. 297 und Abschnitt 4.4.3.2.
[28] Vgl. Kroeber-Riel/Weinberg (1999), S. 305; Unser (1999), S. 157.
[29] Es existieren eine Vielzahl solcher Modelle. Für eine Kategorisierung und Beschreibung der gängigsten Formen vgl. Kroeber-Riel/Weinberg (1999), S. 305 bis 314.
[30] Vgl. Unser (1999), S. 160.

dann als idealtypische Abbildungen der kognitiven Struktur verstanden werden. Im Folgenden soll ein solches Grundmodell für die Entscheidungssituationen des Haushaltes in Verbindung mit der privaten Finanzplanung entwickelt werden.[31]

Ein privater Haushalt muss zur Organisation seiner finanziellen Angelegenheiten verschiedene Finanzdienstleistungen in Anspruch nehmen. Dazu gehören Anlageprodukte, Versicherungsprodukte und auch Beratungsdienstleistungen. Die Produktalternativen lassen sich durch folgende Merkmale beschreiben:

- Kosten der Produkte $= k_i$ (z.B. Beratungshonorare, Vermittlungsprovisionen)

- Sonstige Kosten $= z_j$ (z.B. Zeitaufwand, Informationsbeschaffung)

- Art der Produkte $= p_i$ (z.B. Beratung, Anlageprodukt, Versicherungsprodukt)

- Qualität der Produkte $= q_i$ (mit dem Qualitätsmerkmal e_{hi} mit $h = 1$ bis o)

wobei $i = 1$ bis n und $j = 1$ bis x.

Durch die verschiedenen Produkte entstehen Kosten in Form von Gebühren oder Provisionen. Jedes Produkt kann durch verschiedene Qualitätsmerkmale beschrieben werden. Dies kann die Freundlichkeit des Beraters, die Rendite einer Anlage oder die Prämie einer Versicherung sein.

Es wird davon ausgegangen, dass ein Haushalt grundsätzlich über Geldmittel verfügt, die ihm für die Planung und Organisation dieser finanziellen Angelegenheiten zur Verfügung stehen.[32]

Der Haushalt wird also versuchen, die Gesamtkosten seiner Finanzplanung zu minimieren. Insgesamt sind n Produkte zu berücksichtigen. Die beiden Zielfunktionen lauten demnach:

$$k_1p_1 + k_2p_2 + ... + k_np_n + z \rightarrow min! \qquad (3.5)$$

Allerdings will der Haushalt seine finanziellen Angelegenheiten auch entsprechend seinem subjektiven Anspruchsniveau AN_h geregelt wissen. Jeder Haushalt hat andere Vorstellungen, in welchem Umfang für das Alter vorgesorgt werden soll oder welche Qualitätsanforderungen an eine Hausratversicherung zu stellen sind. Zur Erfüllung bzw. Überschreitung des Anspruchsniveaus sind unterschiedliche Produktkombinationen denkbar.

Die Bedingungen bei der Auswahl der Produkte im Rahmen der Finanzplanung können durch folgende Ungleichungen beschrieben werden:

---

[31] Die Modellentwicklung orientiert sich an dem klassischen mikroökonomischen Modell rationaler Konsumentscheidungen, vgl. Kroeber-Riel/Weinberg (1999), S. 367f.

[32] Gemeint sind hier die Ausgaben zur Planung sowie Gebühren oder Provisionen für Finanzdienstleistungen, nicht aber Mittel zur Geldanlage oder Absicherung.

$$e_{11}p_1 + e_{12}p_2 + \ldots + e_{1n}p_n \geq AN_1 \qquad\qquad (3.6)$$
$$e_{21}p_1 + e_{22}p_2 + \ldots + e_{2n}p_n \geq AN_2$$

.   .   .

.   .   .

.   .   .

$$e_{o1}p_1 + e_{o2}p_2 + \ldots + e_{on}p_n \geq AN_o$$

Bei dem entwickelten Modell handelt es sich um ein lineares Programm, das mathematisch mit einer linearen Optimierungsmethode wie dem Simplexverfahren gelöst werden kann.[33] Zur Auswahl der besten Produktkombination wird die Zielfunktion (3.5) herangezogen. Letztlich soll also diejenige Kombination an Finanzdienstleistungen ausgewählt werden, bei der die geringsten Gesamtkosten entstehen und die das Anspruchniveau erfüllt.

Für den privaten Haushalt sind zwei wesentliche Entscheidungen zu treffen: (1) Soll eine professionelle Finanzberatung in Anspruch genommen werden, und, wenn ja (2) welches Finanzplanungsangebot soll gewählt werden?

Theoretisch bestünde die Möglichkeit, für die Fälle Selbstberatung und Inanspruchnahme Finanzplaner mit obigem Modell die optimalen Konstellationen zu berechnen und anschließend die Kosten der beiden Alternativen zu vergleichen. Auch bei der Auswahl eines Financial Planning-Angebotes könnte das Grundmodell eingesetzt werden. Zwischen der modellhaften Abbildung und der Realität bestehen jedoch einige elementare Unterschiede bei der Informationsverarbeitung und damit auch bei der Entscheidungsfindung.

Das Individuum ist im Entscheidungsprozess verschiedenen Restriktionen unterworfen:[34]

- Kognitive Restriktionen – durch die beschränkte Informationsaufnahme-, Verarbeitungs- und Speicherungskapazität. Die Informationskomplexität wird dabei durch die Menge, die Verschiedenartigkeit, das syntaktische und semantische Niveau und die Veränderungsrate der zu verarbeitenden Informationen determiniert.

- Emotionale Restriktionen – Emotionen und Motive (Bedürfnisse) beeinflussen laufend den Prozess. Die aktivierenden Variablen können sich im Prozessablauf ändern oder zu Zielkonflikten führen.

- Soziale Restriktionen – das Individuum steht in Abhängigkeit zu seiner Umwelt und derem sozialen Einfluss. Hierzu zählen der Familienverbund oder die Arbeitsumgebung. Zu beachten ist außerdem der Einfluss von sozial erwünschten oder unerwünschten Verhaltensweisen.

- Situative Restriktionen – die jeweilige Situation beeinflusst das Entscheidungsverhalten. Die situativen Elemente können sowohl positiver (angenehme Umgebung, netter Berater, etc.), als auch negativer Art (Zeitdruck, gesundheitliche Probleme, etc.) sein.

---

[33]   Vgl. Hauke/Opitz (1996), S. 85ff.

[34]   Vgl. Harwalik (1988), S. 75f; Kroeber-Riel/Weinberg (1999), S. 369.

Wie das Grundmodell und die Restriktionen der Entscheidungsfindung zeigen, handelt es sich um eine sehr komplexe Entscheidungssituation. Zudem ist das Objekt der Entscheidung, nämlich das Konzept des Financial Planning, eine relativ komplexe Dienstleistung, die unter Umständen aus einer Reihe von Teilleistungen besteht. Die Beurteilung derartiger Dienstleistungen stellt hohe Anforderungen an die Informationsverarbeitung, und zugleich sind diese Kapazitäten beim Menschen beschränkt. Aus diesem Grund tendieren Nachfrager dazu, den Entscheidungsprozess zu vereinfachen und nur einen Teil der vorhandenen Attribute in die Urteilsfindung mit einzubeziehen.[35]

Aufgrund dieser Einschränkungen des idealtypischen Modells wird der Haushalt in der Realität seine Entscheidungsfindung bzgl. der dargestellten Fragen (1) und (2) oftmals aufgrund einer wahrnehmungsbasierten Kosten-Nutzen-Algebra treffen.[36] Dies geschieht in mehr oder weniger ausgeprägter Ausführlichkeit. Zumindest intuitiv stellt der private Haushalt in der persönlichen Abwägung die jeweiligen Nutzen- und Kosten-Komponenten der Alternativen gegenüber.[37] Bei der Fragestellung (1) sind nicht nur die beiden Alternativen "Selbstberatung" und "Professionelles Financial Planning" zu berücksichtigen. Gerade bei Haushalten des Retail-Segmentes dürften auch klassische Beratungsdienstleistungen (Anlageberatung bei Banken, Steuerberatung etc.), die alternativ Verwendung finden können, bei den Überlegungen eine Rolle spielen.

Grundsätzlich erfolgt eine Beurteilung des Nutzens in Form der Kategorien:[38] Wissen (Überblick über die eigene finanzielle Situation), Koordination der Ziele mit den Finanzentscheidungen, Absicherung gegen Verluste oder sonstige Risiken, Einsparungen bei den Auszahlungen und Renditesteigerungen bei der Vermögensanlage.

Dem gegenüber stehen die Kostenarten: Geld in Form von Beratungshonoraren oder Provisionen für die Produktvermittlung, Zeit für die Durchführung der Analysen, Mühe der Beschäftigung mit den Finanzen und Anbietern und Offenlegung der persönlichen finanziellen Situation.

Nur wenige dieser Kosten- und Nutzenarten sind quantifizierbar. Daraus ergibt sich die Problematik, dass jede Entscheidung in hohem Maße auf subjektiven Einschätzungen beruht. Der relevante Entscheidungswert ist folglich der Nettonutzen, also die Differenz zwischen dem wahrgenommenen Nutzen (Qualität) und den wahrgenommenen Kosten des jeweiligen Angebotes.[39]

Um als Financial Planning-Anbieter Nachfrage erzeugen zu können, sind die Haushalte demnach von der Vorteilhaftigkeit dieses Angebotes gegenüber den vorhandenen Alternativen unter Nutzen-/Kostenaspekten zu überzeugen. Es ist davon auszugehen, dass dem Haushalt diese verschiedenen Kosten- und Nutzenkategorien gar nicht alle bekannt sind. Für die Anbie-

---

[35] Vgl. Homburg/Kebbel (2001b), S. 484.

[36] Vgl. Harwalik (1988), S. 60f; Kroeber-Riel/Weinberg (1999), S. 376.

[37] Vgl. Certified Financial Planner Boards of Standards (Hrsg.) (1999b), S. 2; Kloepfer (1999), S. 183.

[38] Vgl. Kloepfer (1999), S. 130.

[39] Vgl. Kroeber-Riel/Weinberg (1999), S. 377.

ter bedeutet dies, die relevanten Informationen zur Entscheidungsfindung bereitzustellen und sie damit positiv zu unterstützen.

3.4.2 Komplexität, Unsicherheit und Planung

Gerade die finanziellen Angelegenheiten von privaten Haushalten sind geprägt durch vielfältige Informationen und komplexe Zusammenhänge. Aus dieser wahrgenommenen Komplexität entsteht Unsicherheit. Durch eine strukturierte Planung kann die Komplexität und damit die Risikowahrnehmung reduziert werden. Dies führt zu einer Vereinfachung der Entscheidungssituation des Haushaltes in finanziellen Dingen. Financial Planning ist ein Instrument, das unter Berücksichtigung der relevanten Informationen eine entsprechende Planung ermöglicht. Die Abb. 3-20 beschreibt die Zusammenhänge, die in den nächsten Abschnitten erklären sollen, welchen Beitrag das Financial Planning zur Komplexitätsreduktion leisten kann und wie dies die Nachfrage beeinflusst.

Abb. 3-20: Financial Planning zur Komplexitäts- und Unsicherheitsreduktion

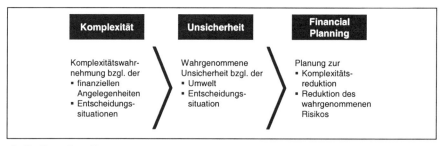

Quelle: Eigene Darstellung.

3.4.2.1 Informationskomplexität und wahrgenommene Unsicherheit

Der Begriff Komplexität steht in enger Verbindung mit der Systemtheorie.[40] Ein System ist eine "... zusammenhängende Menge von Elementen und deren Relationen untereinander", wobei "... Systeme unterschiedlicher Komplexität unterschieden werden."[41] In der wissenschaftlichen Literatur finden sich eine Reihe von Beschreibungen der Komplexität. Als wesentliche Merkmale können folgende Elemente genannt werden:[42]

- Anzahl der Systemelemente und deren Relationen

- Heterogenität, d.h. die Verschiedenartigkeit der Elemente

- Varietät, d.h. das Gestaltungspotenzial der Kombination von Elementen

---

[40]   Zur Systemtheorie vgl. Luhmann (1994).

[41]   Homburg/Kebbel (2001b), S. 479f.

[42]   In Anlehnung an Harwalik (1988), S. 79; Homburg/Kebbel (2001b), S. 480 und die dort zitierte Literatur zu den Elementen der Komplexität.

- Dynamik, d.h. die Veränderungsrate der Elemente

Auf die finanziellen Angelegenheiten der privaten Haushalte übertragen finden sich sämtliche Elemente wieder. Dies lässt auf die hohe Komplexität der Situation schließen. Die Faktoren im Einzelnen sind:

- Die Vielfalt von Produkten und Dienstleistungen im Finanzbereich führt zu einer ständig zunehmenden Angebotsbreite und Angebotstiefe. Die angebotenen Produkte werden immer mehr und in ihrer Ausgestaltung immer fantasievoller. Dies führt zu einem schier unüberblickbaren Angebot für den Verbraucher und abnehmender Markttransparenz.[43]

- Zusätzlich können die Finanzdienstleistungen in unterschiedlichster Weise miteinander kombiniert werden. Die sich daraus ergebenden Wechselwirkungen erhöhen die Gesamtkomplexität nochmals.

- Die rechtlichen und regulatorischen Rahmenbedingungen sind fortlaufenden Änderungen unterworfen. Viele Haushalte sind überfordert durch die ständig neuen Vorschriften - seien es steuerliche Änderungen oder beispielsweise die neuen Regelungen zur privaten Altersvorsorge. Steuerliche Gestaltungsparameter oder rechtliche Restriktionen sind elementare Nebenbedingungen, wenn es darum geht, die persönlichen und finanziellen Ziele zu verwirklichen.

Die Komplexität entsteht durch die oftmalige Unstrukturiertheit der finanziellen Situation und die in diesem Zusammenhang teilweise schlecht strukturierten Haushalte. Bereits das Erkennen dieser Komplexität kann im Individuum ein Einfachheitsstreben auslösen.[44] Das Streben nach einem möglichst geringen Komplexitätsgrad und das Verlangen, den geistigen und physischen Aufwand zu minimieren, lässt den Haushalt nach geeigneten Lösungsstrategien Ausschau halten. Werden dem privaten Haushalt diese komplexitätsfördernden Faktoren bewusst, so ist eine wichtige Voraussetzung für die Inanspruchnahme von Financial Planning geschaffen.

Aufgrund der wahrgenommenen Komplexität kann es beim Individuum zur Wahrnehmung eines Risikos bzw. einer Unsicherheit kommen.[45] Dies ist u.a. von der allgemeinen Risikoeinstellung der Person abhängig.[46] Es ist zu vermuten, dass bei Personen mit höherer Risikoaversion eher ein Gefühl der Unsicherheit auftritt. Ist diese Unsicherheit vorhanden, so bezieht sie sich auf die finanzielle Umwelt und die Entscheidungssituationen, die innerhalb dieser Umwelt auftreten. Beispiele für eine unsichere Umwelt sind die Entwicklung der Kapitalmärkte oder der Steuersätze, die nur schwer zu prognostizieren sind.[47] Diese Unsicherheit der Umwelt hat auch Einfluss auf die Unsicherheit der Entscheidungssituation in finanziellen Angelegenheiten. Die Wahrnehmung von Unsicherheit entsteht dadurch, dass beim Individuum aufgrund

---

[43] Vgl. Bernet (1998), S. 375f; Lange (1995), S. 4; Reifner/Dörhage (1988), S. 6; Roemer (1998), S. 155.

[44] Dieses Streben nach Einfachheit ist auch bei der Erklärung von Anlageentscheidungen vorzufinden, wo von den Nachfragern nach möglichst unkomplizierten Anlageformen gesucht wird, vgl. Adelt/Müller/Wiswede (1994), S. 268; Oehler (1995), S. 101.

[45] Vgl. Homburg/Kebbel (2001b), S. 481; Kaas (1992), S. 884.

[46] Zur Risikoeinstellung als Persönlichkeitsvariable vgl. Oehler (1995), S. 104ff, Unser (1999), S. 180.

[47] Vgl. Srinivas (2000), S. 60f.

der verfügbaren Informationen eine Abweichung zwischen seinen Standards (Erwartungen) und den möglichen Konsequenzen seines Handelns (oder Nicht-Handelns) aufkommt.[48] Dieser kognitive Konflikt motiviert dazu, das innere Gleichgewicht der Person wiederherzustellen, quasi nach einer Risikoreduktionsstrategie zu suchen.

Individuen versuchen durch verschiedenste Maßnahmen, ihr wahrgenommenes Risiko zu reduzieren. Dies geschieht etwa durch Informationsbeschaffung, Wahl von Anbietern mit Reputation, Preis-/Qualitäts-Vergleiche und vor allem durch das Hinzuziehen von professionellen Beratern.[49]

Die Beschaffung von weiteren Informationen ist eine der wichtigsten Handlungen zur Reduktion des wahrgenommenen Risikos.[50] Ist der Haushalt in der Lage, die notwendigen Informationen zur Unsicherheitsreduktion zu beschaffen, führt er implizit selbständig eine Finanzplanung durch. Er sucht nach Informationen, strukturiert und verarbeitet sie, um daraus seinen persönlichen Finanzplan zu entwerfen. Dieser vermittelt ihm schließlich ein Gefühl von Sicherheit. Entscheidend sind hierbei der Informationszugang und die mit der Beschaffung und Verarbeitung verbundenen Kosten. Trotz des ständig wachsenden Informationsangebotes im Internet ist es fraglich, ob eine Privatperson in der Lage ist, die erforderlichen Informationen in gleicher Weise wie ein professioneller Finanzplaner zu beschaffen.[51] Außerdem ist dazu i.d.R. ein nicht unerheblicher Einsatz der Ressourcen Zeit und Geld notwendig.[52]

Manche Konsumenten versuchen, durch die Auswahl von Anbietern mit einer guten Reputation ihre Unsicherheit zu reduzieren. Die Reputation ist quasi das Vertrauenskapital, das sich ein Unternehmen aufgebaut hat.[53] Eine solche hohe Glaubwürdigkeit ist in aller Regel nur über einen längeren Zeitraum aufzubauen. Voraussetzung ist dabei die Leistungserbringung in gleichbleibend guter Qualität. Diese positive oder negative Einschätzung ist grundsätzlich von einer Leistung auf eine andere übertragbar.[54] Personen, die gute Erfahrungen mit einem Finanzdienstleister in einem Bereich gemacht haben, oder ihn als vertrauenswürdig einstufen, könnten daher auch der Auffassung sein, diesen bei anderen Finanzangelegenheiten aufzusuchen. Ob sich allerdings gute Erfahrungen im Zahlungsverkehr positiv auf eine Private Finanzplanung auswirken, darf bezweifelt werden.[55] In einer US-amerikanischen Studie wurden die Kriterien, nach denen eine Bank von den Kunden ausgewählt wird, untersucht.[56] Die Reputation des Anbieters war noch vor den Zinsen und Gebühren das wichtigste Merkmal für die

---

[48]   Vgl. Kroeber-Riel/Weinberg (1999), S. 248.

[49]   Vgl. Kremer (1994), S. 141; Kroeber-Riel/Weinberg (1999), S. 249. Die Strategie von Preis-/Qualitätsvergleichen entspricht der Nutzen-/Kosten-Analyse, die im vorigen Abschnitt erläutert wurde. Vgl. hierzu auch Abschnitt 4.4.3.

[50]   Vgl. Adler (1998), S. 343; Srinivas (2000), S. 56; Kremer (1994), S. 141; Kroeber-Riel/Weinberg (1999), S. 249.

[51]   Vgl. Srinivas (2000), S. 58.

[52]   Vgl. Roemer (1998), S. 155.

[53]   Vgl. Gierl (1999), S. 390; Kaas (1992), S. 895. Die Rolle des Vertrauens bei der Nachfrage nach Financial Planning ist Gegenstand des Abschnittes 3.4.3.3.

[54]   Vgl. Kaas (1992), S. 896f; Kloepfer (1999), S. 141.

[55]   Vgl. Kloepfer (1999), S. 142.

[56]   Vgl. Boyd/Myron/White (1994), S. 10.

Wahl einer Bank. Besonders für Haushalte mit geringeren Einkommen ist die Reputation des Anbieters wichtig, wenn es um die Auswahl einer Finanzdienstleistung geht.[57] Ihnen fehlt häufig die notwendige Erfahrung zur eigenständigen Beurteilung, weshalb sie auf Empfehlungen von Dritten angewiesen sind. Für das Financial Planning scheint dagegen das Ansehen des Anbieters nur eine untergeordnete Bedeutung zu haben. In der eigenen Untersuchung wurde dieser Eigenschaft bei der Beurteilung der Wichtigkeit der Rangplatz 11 unter 12 Merkmalen einer Finanzplanung zugesprochen.[58]

Als weitere Risikoreduktionsstrategie ist die Inanspruchnahme von professioneller Beratung zu nennen.[59] Gerade in finanziellen Angelegenheiten ist die Beratung ein wichtiges Element zur Entscheidungsvorbereitung.[60] Dabei wird die Entscheidungsfindung in weiten Teilen auf eine andere Institution verlagert. Dieses Abgeben der entscheidungsrelevanten Handlungen an Personen, denen eine höhere Kompetenz unterstellt wird, verringert das wahrgenommene Risiko. Dies gilt vor allem in Situationen, die für den Konsumenten ein erhöhtes Risiko darstellen.[61] Anders ausgedrückt ist davon auszugehen, dass jemand, der ein unsicheres Gefühl bei der Planung seiner Finanzen hat, diese lieber an einen professionellen Anbieter abgibt.[62]

3.4.2.2   Planung zur Komplexitätsreduktion

Die Wahrnehmung von Komplexität und Unsicherheit schafft ein Problembewusstsein beim Haushalt.

Wenn sich der private Haushalt der komplexen finanziellen Situation bewusst ist, er deshalb ein unsicheres Gefühl verspürt und damit sein konkretes Problem erkannt hat, so wird sich ein zumindest latentes Bedürfnis einstellen, diesen suboptimalen Zustand zu verbessern. Diesem Systematisierungs- und Koordinationsbedürfnis kann mit einem Planungsprozess Rechnung getragen werden.[63]

Da es sich bei den finanziellen Angelegenheiten um eine Problemsituation mit großer zeitlicher Reichweite (z.B. Altersvorsorge), mit einer stark veränderlichen Umwelt (z.B. Steuergesetzgebung) und einem großen Informationsbedarf handelt, ist Planung von besonderer Bedeutung.[64]

Nach CORSTEN ist Planung

---

[57]   Vgl. Boyd/Myron/White (1994), S. 12.

[58]   Vgl. Abschnitt 5.5.1.1.

[59]   Vgl. Severidt (2000), S. 44; Srinivas (2000), S. 38.

[60]   Etwa 90% der Befragten einer Studie zum Markt für Finanzdienstleistungen gaben an, dass sie bei Geldangelegenheiten auf keinen Fall auf persönliche Beratung verzichten möchten, vgl. Spiegel-Verlag (Hrsg.) (2000), S. 142.

[61]   Vgl. Stern/Solomon/Stinerock (1992), S. 88.

[62]   Vgl. Srinivas (2000), S. 146.

[63]   Vgl. Bätscher (1989), S. 151f.

[64]   Vgl. Domschke/Scholl (2000), S. 23.

"... ein willensbildender, informationsverarbeitender, prinzipiell systematischer Entscheidungsprozeß mit dem Ziel, zukünftige Entscheidungs- oder Handlungsspielräume zielbezogen einzugrenzen und zu strukturieren."[65]

Planung besitzt einen starken Informationscharakter. Es ist Aufgabe der Planung, den Zustand der unvollkommenen Information zu beseitigen, indem neue Informationen gewonnen und verarbeitet werden. Gleichzeitig ist Planung zukunftsbezogen. Durch die Formulierung von Erwartungen und das Aufstellen von Prognosen werden zukünftige Handlungen gedanklich vorweggenommen. Durch ein methodisch-systematisches Vorgehen und zielgerichtetes Denken liegt der Planung auch ein gewisses Maß an Rationalität zugrunde. Die schließt allerdings Kreativität oder Intuition nicht aus. Die Gestaltung von Handlungsempfehlungen ist aufgrund der vorgegebenen Ziele erforderlich. Die Zielerreichung wird durch einen Maßnahmenkatalog sichergestellt und sollte überprüft werden.[66]

Diese allgemeine Beschreibung von Planung entspricht genau dem Konzept des Financial Planning. Gezielte und strukturierte Planung kann helfen, die vorgenannte Komplexität zu reduzieren bzw. in geordnete Bahnen zu lenken. Sie hilft bei der Auswahl der zielführenden Maßnahmen und trägt durch den Informationscharakter dazu bei, Risiken zu erkennen und abzuwenden.

Die Planung ist letztlich eine Vorbereitung der Entscheidung.[67] Versteht man Financial Planning in Sinne einer reinen Planung, ohne die Umsetzung der Empfehlungen, so bereitet die Finanzplanung die erforderlichen Entscheidungen vor. Die letztendliche Entscheidung bzgl. der individuellen Finanzarchitektur bleibt, solange er dies wünscht, beim Haushalt.

3.4.3   Delegationsbereitschaft

Eine Nachfrage nach Financial Planning-Dienstleistungen bedeutet gleichzeitig eine Akzeptanz des Fremdbezugs von Beratungsleistungen. Die Durchführung der Finanzplanung und damit die Beratung werden an jemanden delegiert. Damit ist regelmäßig die Bereitschaft verbunden, den Empfehlungen eines Beraters zu folgen. In der Verhaltenswissenschaft existieren verschiedene Konstrukte, die geeignet sind, eine solche Delegationsbereitschaft eines Individuums zu erklären. Vor diesem Hintergrund werden die Faktoren Kontrollüberzeugung, subjektive Kompetenz und Involvement sowie Vertrauen auf ihre Erklärungskraft für eine Financial Planning-Nachfrage hin untersucht.

3.4.3.1   Kontrollüberzeugung und wahrgenommene Kontrolle

Der Wunsch von Individuen, ihr Leben oder eine spezielle Situation unter Kontrolle zu haben, ist leicht nachvollziehbar. Die Motivation, Ereignisse des Lebens im Griff zu haben, kommt in

---

[65]   Corsten (1992), S. 681. Diese Definition der Planung zielt auf den zeitbedürftigen, geistigen Prozess des Planens ab. Dem gegenüber steht der institutionelle Planungsbegriff, der Planung als institutionellen Rahmen sieht, innerhalb dessen Planungsträger unter Zuhilfenahme von bestimmten Planungsinstrumenten Planungen durchführen.

[66]   Vgl. Corsten (1992), S. 682; Domschke/Scholl (2000), S. 22f.

[67]   Vgl. Domschke/Scholl (2000), S. 21.

dem Konstrukt der Kontrollüberzeugung zum Ausdruck, das in der Persönlichkeitspsychologie ein vielbeachtetes Phänomen ist.[68] Unter Kontrollüberzeugung versteht man die Erwartungen einer Person an die Bestimmungsfaktoren der von ihr erfahrenen Ereignisse.[69] Anders ausgedrückt bedeutet Kontrolle den aktiven Glauben einer Person, die Wahl zwischen verschiedenen Maßnahmen zu haben, die mit unterschiedlicher Effektivität das gewünschte Resultat erbringen.[70] Es ist dabei zwischen internalen und externen Kontrollüberzeugungen zu unterscheiden.[71] Eine Person gilt als intern kontrolliert, wenn sie der Auffassung ist, dass ein Zusammenhang zwischen zukünftigen Ereignissen und dem eigenen Verhalten besteht. Als extern kontrolliert wird eine Person bezeichnet, die ihre individuelle Situation mit Umweltfaktoren erklärt, die nicht in ihrem Einflussbereich liegen.

Für die Erklärung des Nachfrageverhalten eigentlich relevant ist die wahrgenommene Kontrolle. Sie bezeichnet die subjektive Wahrnehmung eines Individuums, inwieweit Kontrolle auf Ereignisse ausgeübt werden kann.[72] Im Gegensatz zur objektiven Kontrolle ist die subjektive Wahrnehmung von situativen Faktoren geprägt. Die subjektive Kontrollüberzeugung beschreibt das Phänomen, dass eine Person glaubt, eine spezifische Entscheidungssituation kontrollieren zu können oder auch sie "im Griff" zu haben. Je stärker diese Kontrollüberzeugung ausgeprägt ist, desto mehr fühlt sich ein Individuum kompetent und vertraut seinen Entscheidungen.[73] Die wahrgenommene Kontrolle hat ebenfalls Einfluss auf das wahrgenommene Risiko. So konnte regelmäßig in Untersuchungen gezeigt werden, dass die Risikowahrnehmung mit steigender Kontrollwahrnehmung sinkt.[74]

Trotz der beschriebenen Vorstellung, dass Kontrolle ein wünschenswertes Stadium ist, sind Situationen denkbar, in denen ein Individuum die Kontrolle gerne abgeben will. Dabei ist von Interesse, welche Gründe zu einer Abgabe der Kontrolle führen können.

Die Übergabe der Kontrolle an einen anderen befreit die Person von den Leistungserwartungen und Gefahren, welche die Ausübung der Kontrolle mit sich bringt.[75] Hat eine Person den Eindruck, dass jemand anderes aufgrund seiner Fähigkeiten mit einer höheren Erfolgswahrscheinlichkeit in der Lage ist, die gewünschten Ergebnisse zu erzielen, wird die Kontrolle leichter abgegeben.[76] Außerdem weisen folgende Situationen auf eine Delegation der Kontrolle hin:[77]

- Die erwarteten Vorteile aus einer Kontrolle der Situation rechtfertigen die dazu notwendigen Aufwendungen nicht.

---

[68] Vgl. Burger (1992), S. 2; Gierl/Stumpp (1999), S. 121f; Bitz/Oehler (1993b), S. 383; Srinivas (2000), S. 39.

[69] Vgl. Unser (1999), S. 188.

[70] Vgl. Langer (1983), S. 20.

[71] Vgl. Gierl/Stumpp (1999), S. 122; Unser (1999), S. 188.

[72] Vgl. Srinivas (2000), S. 40; Unser (1999), S. 188f.

[73] Vgl. Oehler (1995), S. 95.

[74] Vgl. Unser (1999), S. 192f.

[75] Vgl. Bandura (1997), S. 17.

[76] Vgl. Srinivas (2000), S. 44.

[77] Vgl. Bandura (1997), S. 20ff; Rodin/Rennert/Solomon (1980), S. 133f; Srinivas (2000), S. 44f.

- Das Individuum nimmt die eigenen Fähigkeiten als nicht ausreichend wahr, um die erwünschten Ziele zu erreichen.

- Die Person hat im Zusammenhang mit der Verantwortlichkeit bei der Entscheidung zunehmende Furcht.

- Die Entscheidung ist besonders wichtig und die Konsequenzen einer Fehlentscheidung schwerwiegend.

Der Wunsch nach Kontrolle ist eine Persönlichkeitsvariable, die bei jedem Individuum unterschiedlich stark ausgeprägt ist. Der Grad an Kontrolle, den jemand ausüben möchte, hat nun auch Einfluss auf das Financial Planning.

Zum einen hat der Wunsch nach Kontrolle einen Einfluss auf die Nachfrage von Finanzplanung, da damit ein Teil der Kontrolle aus der Hand gegeben wird. In einer empirischen Untersuchung in den USA konnte gezeigt werden, dass der Wunsch nach Kontrolle einen negativen Einfluss auf die Einstellung zur Nachfrage nach Beratung hat.[78] Dies bedeutet, dass Personen mit ausgeprägterem Kontrollbedürfnis die Kontrolle weniger gerne abgeben und deshalb auch in geringerem Umfang fremde Beratung suchen.

Im Financial Planning-Kontext kann sich der Wunsch nach persönlicher Kontrolle aber auch auf den Financial Planning-Prozesses oder einzelne Prozessschritte beziehen. Wenn jemand Financial Planning nachfragt, so stellt sich die Frage, in welchem Umfang er den Gesamtprozess in die Hände eines professionellen Beraters geben will. In der eigenen empirischen Erhebung wurde dieser Fragestellung nachgegangen.[79]

3.4.3.2   Subjektive Kompetenz und Involvement

Neben der Kontrollüberzeugung sollen nun die Konstrukte subjektive Kompetenz und Involvement hinsichtlich ihrer Wirkungen auf die Delegationsbereitschaft von Konsumenten untersucht werden.

Beim Konstrukt Erfahrung handelt es sich um einen weiteren kognitiven Faktor, der zur Erklärung von Konsumentenverhalten herangezogen wird.[80] Auch dieses Konstrukt ist vielbeachtet in der psychologischen Forschung und Gegenstand zahlreicher empirischer Untersuchungen.[81] Unter Erfahrung versteht man das Wissen um und die Vertrautheit mit bestimmten Dingen. Erfahrung ergibt sich durch Informationsaufnahme, -verarbeitung und -speicherung. Ausschlaggebend für die Entscheidung des Konsumenten bzgl. einer Nachfrage nach Financial Planning ist die Selbsteinschätzung bezüglich seines Produkt-, Kauf- und Anwendungswissens.[82] Das Produktwissen bezieht sich auf die Bekanntheit von Finanzprodukten und des Konzeptes Finanzplanung. Zum Kaufwissen werden Informationen zu Anbietern von privater Finanzplanung gerechnet. Das Anwendungswissen umfasst Informationen darüber,

---

[78]   Vgl. Srinivas (2000), S. 146.

[79]   Zu den Ergebnissen vgl. Abschnitt 5.5.1.2.

[80]   Vgl. Bitz/Oehler (1993b), S. 385; Srinivas (2000), S. 46.

[81]   Vgl. z.B. Ericsson/Smith (1991).

[82]   Vgl. Michel (1999), S. 80.

wie eine Finanzplanung eingesetzt werden kann. Diese drei Wissenskategorien spiegeln das Eigenwissen des Haushaltes wider. Das Eigenwissen um die Fähigkeiten im finanziellen Kontext geht letztlich in den Informationsverarbeitungsprozess ein.[83] Es ist davon auszugehen, dass Personen mit weniger Erfahrung in finanziellen Angelegenheiten stärker von einer professionellen Beratung profitieren und daher einer Finanzplanung tendenziell positiver gegenüberstehen.[84]

Eine etwas weiter gefasste Beschreibung führt zum Begriff der Kompetenz. Eine Person gilt dann als kompetent, wenn sie in der Lage ist, eine Situation aufgrund ihres Vorwissens erfolgreich zu bewältigen.[85] Die subjektive Kompetenz einer Person dient dabei zur Abschätzung der Kontrollierbarkeit dieser Situation, wodurch die enge Verbindung von Erfahrung und Kontrolle im Konstrukt der Kompetenz deutlich wird.

Ebenfalls in diesem Zusammenhang zu erwähnen ist das Konstrukt des Selbstbewusstseins oder Selbstvertrauens.[86] Mit Selbstbewusstsein wird die eigene Leistungsfähigkeit (subjektive Kompetenz) beschrieben. Ein solches Selbstvertrauen entsteht in aller Regel durch erfolgreiches Handeln in der Vergangenheit oder Bestätigung durch Dritte.

Durch die Nutzung von verschiedenen Informationsquellen und das allgemeine Interesse an finanziellen Dingen kann es zu einem besonderen Involvement kommen, das wiederum die subjektive Kompetenz verstärkt. Personen weisen ein unterschiedlich ausgeprägtes involviertes Verhalten und damit einen individuellen Aktivierungsgrad zur objektgerichteten Informationssuche auf.[87] Man versteht unter Involvement "die Ich-Beteiligung oder das Engagement, das mit einem Verhalten verbunden ist, zum Beispiel die innere Beteiligung, mit der jemand eine Kaufentscheidung fällt."[88] Involvement bezeichnet den Grad an Interesse im Sinne einer aktiven Beschäftigung und gedanklichen Auseinandersetzung mit der Entscheidungssituation.[89] Es besteht in der Konsumentenforschung Konsens über die besonders hohe Kaufverhaltensrelevanz dieses Konstruktes.[90] In einer empirischen Erhebung konnten positive Zusammenhänge zwischen dem Involvement und der Qualitätswahrnehmung von Dienstleistungen festgestellt werden.[91] ADELT/MÜLLER/WISWEDE können in einer Studie zahlreiche Unterschiede zwischen in Geldangelegenheiten involvierten und nicht involvierten Personen ausmachen. Sie kommen z.B. zu dem Schluss, dass stärker involvierte Personen eher männlich sowie mittleren Alters sind, eine besondere Renditeorientierung und darüber hinaus eine höhere Risikobereitschaft aufweisen.[92]

---

[83] Vgl. Srinivas (2000), S. 50. Als subjektive Erfahrung wird die Einschätzung des Konsumenten in seine Fähigkeiten, relevante Finanzplanungsaufgaben erfolgreich durchführen zu können, verstanden.

[84] Vgl. Urban/Sultan/Qualls (2000), S. 45.

[85] Vgl. Srinivas (2000), S. 47; Unser (1999), S. 195.

[86] Vgl. Bitz/Oehler (1993b), S. 386; Unser (1999), S. 201.

[87] Vgl. Kremer (1994), S. 141.

[88] Kroeber-Riel/Weinberg (1999), S. 174.

[89] Vgl. Oehler (1995), S. 65.

[90] Vgl. Homburg/Kebbel (2001a), S. 43f und die dort zitierte Literatur.

[91] Vgl. Homburg/Kebbel (2001a), S. 56.

[92] Vgl. Adelt/Müller/Wiswede (1994), S. 267.

Bezogen auf die Delegationsbereitschaft sind die subjektive Kompetenz und das Involvement der privaten Haushalte beeinflussende Faktoren. Unter Einbezug der Ergebnisse des vorigen Abschnittes ist anzunehmen, dass mit steigender Kontrollüberzeugung und damit subjektiver Kompetenz die Bereitschaft zur Delegation von Entscheidungen abnimmt. Ein besonderes Involvement wird die subjektive Kompetenz zusätzlich unterstützen. Diese Personen dürften insgesamt eine geringere Bereitschaft zur Delegation von Beratung aufweisen.

Die empirischen Befunde zu diesen Hypothesen sind uneinheitlich. In einer für West-Deutschland repräsentativen Befragung mit 1.000 privaten Haushalten konnten keine Zusammenhänge der beschriebenen Art festgestellt werden.[93] In dieser Studie kam man zu dem Ergebnis, dass die Delegationsbereitschaft als ein eigenständiges Merkmal zu sehen ist, das nicht von Kompetenz und Involvement beeinflusst wird. In einer anderen Untersuchung unter 823 Studenten der Fern-Universität Hagen konnte dahingegen gezeigt werden, dass mit höherer subjektiver Kontrollüberzeugung die Delegationsbereitschaft abnimmt.[94] Einschränkend wird allerdings eingeräumt, dass ein Großteil der Befragten eine partielle Delegation der Entscheidung durchaus praktiziert. Eine dritte Untersuchung aus den Vereinigten Staaten mit 364 privaten Anlegern kam zu dem Schluss, dass Personen mit subjektiv größerer Kompetenz in Finanzangelegenheiten auf fremde Finanzplanung eher verzichten, weil sie in der Selbstberatung kein Risiko sehen.[95]

3.4.3.3   Vertrauen

Die Bedeutung von Vertrauen in der Beziehung von privaten Haushalten und Finanzdienstleistern ist zunächst offensichtlich.[96] Die Entscheidungen, die hier getroffen werden, sind oftmals existenziell, da sie die finanzielle Zukunft ausmachen. Jemandem sein erarbeitetes Geld und die mit langfristigen Konsequenzen verbundenen Entscheidungen anzuvertrauen, erfordert eben Vertrauen. Für viele bedeutet dies, dass sie erst von der absoluten Integrität und Kompetenz eines Berater überzeugt sein müssen, um ihre finanziellen Angelegenheiten in seine Hände zu übergeben.[97] Die Konsequenz von Vertrauen eines Nachfragers zu einem Anbieter ist Loyalität. Erst durch eine vertrauensvolle Kundenbeziehung ist es möglich, Loyalität und damit Kundenbindung zu schaffen.[98]

Eine der vielen Interpretationen beschreibt Vertrauen als Ausdruck von Aktionen, bei denen freiwillig die Verfügungsgewalt oder die Kontrolle über Ressourcen an andere Personen übertragen werden.[99] Vertrauen beinhaltet gewissermaßen ein Ausliefern an die Verhaltensweisen Dritter. Damit begibt man sich in eine Abhängigkeit, was stets auch ein Risiko mit sich bringt: Es besteht die Gefahr, dass die Ergebnisse nicht in erwarteter Qualität oder Umfang eintreffen.

---

[93]   Vgl. Adelt/Müller/Wiswede (1994), S. 267.
[94]   Vgl. Oehler (1995), S. 163f.
[95]   Vgl. Srinivas (2000), S. 145.
[96]   Vgl. Gierl (1999), S. 388.
[97]   Vgl. Flur/Mendonca/Nakache (1997), S. 124; Jacob/Winkelmann (1999), S. 597.
[98]   Vgl. Homburg/Kebbel (2001a), S.61ff; Pedersen/Nysveen (2001), S. 146f.
[99]   Vgl. Coleman (1990), S. 100.

Opportunistisches Verhalten der Person, der man Vertrauen schenkt, wird zum Risikofaktor.[100] Umgekehrt bringt der Aufbau von Vertrauen auch eine Reduktion bestehender Unsicherheiten mit sich, man kann sogar so weit gehen, Risiko als Voraussetzung von Vertrauen anzusehen.[101] Dabei ist Vertrauen eine sehr situationsspezifische Angelegenheit. So wird man einem Bankangestellten evtl. vertrauen, wenn es um die Anlage von Vermögen geht. Daraus ist aber nicht notwendigerweise zu schließen, dass man ihm auch die gesamte Planung der finanziellen Verhältnisse anvertrauen würde. Es gilt also jeweils zu prüfen, was man explizit von jemandem erwartet, um ihm vertrauen zu können.

Dabei ist Vertrauen ein sehr verletzliches Konstrukt. Es muss i.d.R. über einen längeren Zeitraum aufgebaut werden. Dazu sind positive Erlebnisse und Erfahrungen auf Nachfragerseite notwendig. Möglich ist auch, dass die Person von anderen eine Empfehlung bzgl. eines Angebotes erhält und sich Vertrauen so überträgt.[102] Bei jeder Inanspruchnahme einer Dienstleistung wird dieses Vertrauen entweder gefestigt, oder aber es geht verloren. Dabei ist der Aufbau und die nachhaltige Stärkung wesentlich zeit- und kostenintensiver, als die Zerstörung desselben.

Vor dem Hintergrund der privaten Finanzplanung sind zentrale Anforderungen, um das Vertrauen von Nachfragern zu erhalten, die Kompetenz sowie die persönliche und fachliche Integrität des Finanzplaners.[103] Unabdingbare Voraussetzung, um Vertrauen aufbauen zu können, ist sicherlich die Qualifikation des Finanzplaners und die Qualität seiner Arbeit. Eine ebenso wichtige Rolle spielt aber auch die Objektivität der Beratung. Dies bedingt die Forderung nach neutralen Analysen und unabhängigen Empfehlungen. Der Finanzplaner sollte demnach seine eigenen Interessen in den Hintergrund stellen und nur zum Wohle seines Kunden agieren. Diese wichtigen Anforderungen an ein Financial Planning konnten in der eigenen empirischen Studie nachhaltig belegt werden.[104]

Ein wichtiger Erfolgsfaktor für das Gelingen einer Finanzplanung ist die Offenlegung der persönlichen und finanziellen Verhältnisse durch den Kunden. Nur unter Berücksichtigung aller relevanten Daten ist eine derartige Analyse optimal durchführbar.[105] Gerade diese Offenlegung erfordert ein besonderes Vertrauensverhältnis zum Berater. Ist dieses Verhältnis einmal vorhanden, so entsteht eine Marktaustrittsbarriere, die den Kunden davon abhalten kann, zu einem anderen Anbieter zu wechseln.[106] In empirischen Untersuchungen konnte festgestellt

---

[100] Vgl. Srinivas (2000), S. 77f.

[101] Vgl. Kloepfer (1999), S. 14; Srinivas (2000), S. 78.

[102] Vgl. Kaas (1992), S. 896.

[103] Vgl. Srinivas (2000). S. 79f. Die Kompetenz war bereits Gegenstand des vorhergehenden Abschnittes.

[104] Vgl. Abschnitt 5.5.1.1.

[105] Vgl. Böckhoff/Stracke (1999), S. 76; Kruschev (1999), S. 84f; Tilmes (2000a), S. 45.

[106] Vgl. Buhl/Kundisch/Steck (2001), S. 5.

werden, dass Personen grundsätzlich keine Probleme in der Informationsweitergabe an Finanzplaner sehen.[107]

Das Konstrukt Vertrauen gewinnt vor dem Hintergrund der wachsenden Bedeutung des Internet eine neue, zusätzliche Dimension. Hier spielt das Vertrauen eine noch größere Rolle bei Nachfrageentscheidungen.[108] Da keine reale Person auf Verkäuferseite existiert und der Kunde den Anbieter und seine Räumlichkeiten in den meisten Fällen nicht sehen und erleben kann, stellt sich leichter Misstrauen ein. Besonders relevant ist dies bei Internetfirmen, die erst seit kurzem existieren und in der Online-Welt noch kein Vertrauen aufbauen konnten.

Da gerade Finanzdienstleistungen zu einem hohen Maße durch Vertrauen "verkauft" werden, ist beim Einsatz des Mediums Internet insoweit besondere Aufmerksamkeit gefordert.[109] Bei Finanzdienstleistungen fließen häufig persönliche Daten, weshalb die Datensicherheit ebenfalls höchste Priorität hat und auch bislang das größte Hindernis derartiger Transaktionen im Internet darstellt. Es besteht sogar die Auffassung, dass im Internet Vertrauen eine größere Relevanz für die Inanspruchnahme einer Leistung oder den Kauf eines Produktes hat als der Preis.[110]

3.5 Bestimmungsfaktoren des Nachfrageverhaltens

Es konnte gezeigt werden, dass die Entscheidung eines privaten Haushaltes für das Konzept des Financial Planning von einer Vielzahl individueller Faktoren abhängig ist und beeinflusst wird.

Zunächst spielt die persönliche Situation eine wichtige Rolle. Aus einer sozioökonomischen Sichtweise sind vor allem Einkommen, Vermögen und Verschuldung einflussnehmende Faktoren. Auch bei den Haushalten des Retail-Segmentes sind durchschnittliche Einkommen und Vermögen vorhanden, die einer Planung bedürfen. Die Verschuldungssituation kann gerade bei einkommensschwächeren Haushalten Ansatzpunkt für eine Finanzplanung sein, vor allem, um einer möglichen Überschuldung vorzubeugen. Die demographische Struktur und damit die Lebensverläufe sind heute für Haushalte aller Einkommensschichten individuell und die Erfordernisse an eine Finanzarchitektur dementsprechend auch. Auch der Lebensstil kennzeichnet den Nachfrager, unterscheidet ihn in seinem Verhalten und ist damit ein geeignetes Instrument zur Untersuchung des Nachfrageverhaltens.

Die persönliche Disposition ist der zweite große Komplex, der die Finanzplanungsnachfrage erklärt. Jeder private Haushalt hat persönliche Bedürfnisse, die häufig mit finanziellen Bedürfnissen einhergehen und befriedigt werden sollen. Durch die Bedürfnisbefriedigung erreicht er seine gesteckten Ziele. Die Nachfrage nach Financial Planning kann ein Weg zur

---

[107] Vgl. Kloepfer (1999), S. 213; Tilmes (2000a), S. 338f. In der Befragung von TILMES gaben mehr als 90% der Befragten an, die notwendigen Informationen voll und ganz bzw. mit wenigen Ausnahmen offen legen zu wollen.

[108] Vgl. Reichheld/Schefter (2001), S. 73; Urban/Sultan/Qualls (2000), S. 39f.

[109] Vgl. Urban/Sultan/Qualls (2000), S. 40.

[110] Vgl. Reichheld/Schefter (2001), S. 73.

Zielerreichung sein. Die wichtigsten finanziellen Motive sind Liquidität, Finanzierung, Risikoabsicherung und der Vermögensaufbau. Hinter allen diesen Motiven stecken Erklärungsmuster und -theorien, die auf die Eignung der Finanzplanung als Zielerreichungsinstrument und damit auf eine Nachfrage schließen lassen. Zusätzlich zeigt jeder Haushalt bestimmte Verhaltensweisen, die eine Nachfrage nach Financial Planning unterstützen oder behindern. Hierzu gehört vor allem das Informationsverhalten, also die Aufnahme, Verarbeitung und Speicherung von Informationen. Nachfrageentscheidend sind die Produktbeurteilungs- und Entscheidungsvorgänge beim Individuum. Daneben spielt die Wahrnehmung der Komplexität des finanziellen Umfeldes und das Streben nach deren Reduktion eine Rolle. Außerdem kommt es darauf an, inwieweit jemand bereit ist, Entscheidungen oder Handlungen auf Dritte zu übertragen. Dabei sind u.a. dessen Kompetenz und das Vertrauen in den Berater wichtige Faktoren.

Bevor sich ein privater Haushalt jedoch für eine Finanzplanung entscheidet, wird er die Angebotsseite prüfen. Einen Überblick über die Einflussfaktoren auf die Nachfrageentscheidung gibt die Abb. 3-21.

Abb. 3-21: Einflussfaktoren bei der Entscheidung bzgl. der Nutzung des Financial Planning-Konzeptes

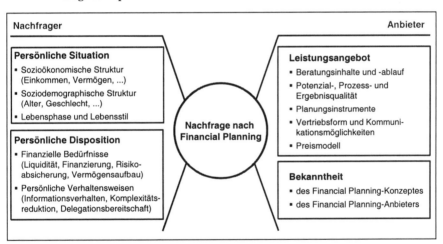

Quelle: Eigene Darstellung.

Als Voraussetzung für eine Nachfrage nach Financial Planning muss der Haushalt erstens das Konzept und zweitens auch entsprechende Anbieter kennen. Die Gewährleistung beider Punkte gehört zu den Aufgaben der Finanzdienstleister. Erst durch ein Verständnis der Vorteilhaftigkeit einer Finanzplanung kann es zu einer Nachfrage kommen.

Mit ausschlaggebend für eine Inanspruchnahme von Financial Planning wird dann das Leistungsangebot des Anbieters sein. Die Gestaltungsmerkmale eines solchen Angebotes für Kunden des Retail-Segmentes sind Gegenstand des Kapitels 4.

4 Kundenorientierte Gestaltungsmerkmale eines Financial Planning-Angebotes im Retail-Geschäft

Um letztlich bei einem privaten Haushalt eine Nachfrage auszulösen, muss neben den im vorherigen Kapitel erläuterten Voraussetzungen ein entsprechendes Produktangebot durch einen Anbieter vorgehalten werden. Treffen also die persönlichen Bedürfnisse und Verhaltensmuster auf ein passendes Angebot, so kommt es zur Nutzung von Financial Planning durch den privaten Haushalt.

Für die Gestaltung eines Financial Planning-Angebotes im Mengengeschäft gilt es insbesondere herauszuarbeiten, welche Anforderungen sich aus theoretischen Überlegungen ableiten lassen und inwieweit diese empirisch unterstützt werden können.[1] In den weiteren Abschnitten werden die Gestaltungsmerkmale aus Nachfragersicht in den folgenden Kategorien zusammengestellt:

- Produktpolitik, d.h. welche Elemente und Inhalte sollten in einem entsprechenden Financial Planning-Angebot vorhanden sein?

- Distributionspolitik, d.h. an welchem Ort bzw. mit welchen Kommunikationsmitteln soll eine Finanzplanung durchgeführt werden?

- Preispolitik, d.h. sollte ein Financial Planning bepreist werden, und wenn ja, in welcher Form?

Vorab werden einige Besonderheiten des Retail-Segmentes aufgezeigt, um die Notwendigkeit einer gesonderten Untersuchung dieser Nachfragergruppe zu unterstreichen.

4.1 Besonderheiten des Retail-Segmentes

Nach gängiger Segmentierungspraxis werden Haushalte, die nach Einkommen und Vermögen als "nicht vermögend" gelten, dem Retail-Segment zugerechnet.[2] Welche Einkommens- oder Vermögenswerte die Grenze bilden, ist je nach Untersuchung oder Unternehmen unterschiedlich. Für die vorliegende Arbeit werden dem Retail-Segment private Haushalte mit einem monatlichen Nettoeinkommen von bis zu 7.500 DM zugeordnet.[3]

Von den Finanzdienstleistern wird das Retail-Segment gegenwärtig in besonderer Weise bedient. Hintergrund ist die weit verbreitete Ansicht, dass sich die Nachfrager im Mengengeschäft hinsichtlich ihrer Anforderungen von den vermögenden Kunden unterscheiden. Darüber hinaus beeinflusst die vergleichsweise geringe Profitabilität des Retail-Geschäftes die

---

[1] Die empirische Untersuchung der Angebotsgestaltung findet im Abschnitt 5.5 statt.

[2] Vgl. Abschnitt 2.5 und die Kritik an dieser "einfachen" Segmentierung.

[3] Vgl. Abschnitt 3.2.1.1.

Gestaltung des Angebots.[4] Durch spezielle, standardisierte Retail-Angebote wird u.a. versucht, auch in diesem Segment Gewinne zu erzielen.

Für das Retail-Segment lassen sich einige Trends feststellen, die insbesondere in der Behandlung von Groß- und Geringverdienern deutliche Unterscheide aufzeigen. Diese Trends veranschaulichen zugleich die Ausgangssituation, die bei der Gestaltung eines Financial Planning-Angebotes zu berücksichtigen ist.

- Bislang wird versucht, die Produkte für das Retail-Geschäft immer mehr zu standardisieren, um die Profitabilität zu erhöhen. Dabei stellt sich die Frage, ob diese Standardisierung im Falle der Finanzplanung überhaupt möglich und sinnvoll ist. Im vorhergehenden Kapitel 3 wurde deutlich, welche Bedeutung individuelle Bedürfnisse für die Nachfrage nach Financial Planning haben. Menschen mit geringem Einkommen haben diesbezüglich eine andere Ausgangsituation als besser verdienende und dementsprechend auch andere Probleme und Anforderungen an die Problemlösung.[5] Vermögende Privatkunden müssen sich i.d.R. nicht um ihre finanzielle Existenz sorgen. Es steht vielmehr das Grundbedürfnis nach einer Sicherung und Mehrung des Vermögens unter Inflationsgesichtspunkten im Vordergrund.[6] Ihr Beratungsbedarf bezieht sich u.a. auf Nachfolgeplanungen, Erbschaftsangelegenheiten oder Kunstsammlungen, um nur einige Beispiele zu nennen.[7] Themen, die für Durchschnittsverdiener eher weniger interessant sind. Es ist herauszuarbeiten, welche Inhalte für eine Private Finanzplanung des Mengengeschäftes notwendig sind und mit Hilfe welcher Instrumente eine Standardisierung möglich ist. Ohne einen gewissen Grad an Standardisierung sind Angebote für das Retail-Segment kostendeckend nicht darstellbar.[8]

- Insgesamt ist ein Wandel bei den Zugangswegen zu Finanzdienstleistungen zu beobachten. Dabei ist festzustellen, dass vor allem für Geringverdiener der Zugang zu Finanzprodukten zunehmend schwieriger wird, was u.a. an der Ausgestaltung der Vertriebswege liegt.[9] Durch die ständig geringer werdende Zahl von Banken/Sparkassen und den voranschreitenden Abbau von Filialen auch der Großbanken sind vor allem persönliche Beratungsleistungen in der Fläche immer weniger erhältlich.[10] Eine Substitution findet gegenwärtig durch den Einsatz von elektronischen Vertriebswegen wie dem Internet statt. Die elektronischen Medien gewinnen zwar wachsende Verbreitung, tendenziell haben jedoch

---

[4] Vgl. Krick (1998), S. 1085; Schüller/Riedl (2000), S. 829f; Trenkle (2001), S. 22. Der durchschnittliche jährliche Ertrag pro Mengengeschäftskunde liegt bei etwa 264 DM. Die Erlösspanne reicht von minus 940 DM bis plus 1.650 DM/Jahr. Bei vermögenden Privatkunden liegt der Durchschnittsertrag dagegen bei etwa 440 DM/Jahr.

[5] Für eine genau Untersuchung der Bedürfnisse privater Haushalte des Retail-Segmentes vgl. Abschnitt 3.3.

[6] Vgl. Verwilghen (1997), S. 15f.

[7] Vgl. Tilmes (2000a), S. 323; Verwilghen (1997), S. 21.

[8] Vgl. Machauer/Morgner (2001), S. 6.

[9] Vgl. Institut für Finanzdienstleistungen (Hrsg.) (2000), S. 19ff; Chéron/Boidin/Daghfous (1999), S. 50.

[10] Vgl. Institut für Finanzdienstleistungen (Hrsg.) (2000), S. 24; Pauluhn (1998), S. 568.

einkommensschwächere Haushalte weniger häufig einen Online-Zugang.[11] Dies führt dazu, dass die Vorteile des Internet nur für mittlere und hohe Einkommensschichten zum Tragen kommen.[12] Geringverdiener werden zunehmend vom Zugang zu Finanzprodukten ausgeschlossen. Dies ist weder unter sozialen Gesichtspunkten wünschenswert[13] noch notwendig, wenn die Anbieter entsprechend zugeschnittene Produkt- und Vertriebskonzepte erarbeiten.[14] Für das Financial Planning sind die möglichen Kommunikationsorte und -mittel aufzuzeigen und auf ihre Tauglichkeit hin zu überprüfen.

- Auch bei Gebühren und Honoraren zeigen sich unterschiedliche Ausgangssituationen in den Segmenten. Allgemein ist festzustellen, dass für die besser verdienende Klientel auch in der Bepreisung von Finanzdienstleistungen Vorteile bestehen. Zwei Beispiele aus dem Bankenbereich sollen dies verdeutlichen: Bei einigen Banken werden den Kunden die Kontoführungsgebühren erlassen, wenn sie ein bestimmtes Durchschnittsguthaben auf ihrem Girokonto haben, oder es werden Mindesteinlagen bei der Anlage von Geldern gefordert, bzw. ab einer gewissen Anlagesumme werden keine Verwaltungsgebühren erhoben.[15] Hintergrund ist in den meisten Fällen die Profitabilitätsproblematik, die durch solche Maßnahmen beseitigt werden soll. Als Konsequenz werden Geringverdiener benachteiligt oder gar von bestimmten Dienstleistungen ausgeschlossen. Andererseits ist festzustellen, dass bei vermögenden Privatkunden Honorare für bestimmte Dienstleistungen, wie z.B. das Financial Planning, durchaus erhoben werden, während bei Retail-Kunden diese Praxis noch weitgehend unbekannt ist.[16] Es ist zu prüfen, inwieweit Beratungshonorare für Nachfrager und Anbieter die Situation insgesamt verbessern können. Für den Nachfrager sollte durch den Einsatz einer Finanzplanung ein positiver, finanzieller Nutzen erzielt werden, es sollten also die Mehrerträge oder Ersparnisse höher sein als ein evtl. Honorar. Für den Anbieter können die Beratungshonorare die geringe Wirtschaftlichkeit des Retail-Geschäftes verbessern und ein Angebot auch für Geringverdiener lukrativ machen.

Um ein Financial Planning-Angebot im Massengeschäft sowohl aus Nachfrager- als auch aus Anbietersicht erfolgreich zu gestalten, sind zwei zentrale Anforderungen zu stellen. Für den Nachfrager muss eine qualitativ hochwertige Finanzplanung nach dessen spezifischen Anforderungen vorgehalten werden. Der Anbieter muss außerdem Gewinne erwirtschaften, was zur Forderung nach einem profitablen Angebot führt.[17]

---

[11] Etwa 5%-15% der privaten Haushalte bis 2.500 DM monatliches Haushaltsnettoeinkommen nutzen privat das Internet. Bei den Haushalten mit 2.500 DM bis 7.500 DM Einkommen sind es zwischen 9% und 25%. Bei Einkommen über 7.500 DM nutzen 27% bis 38% das Internet zuhause, vgl. Interaktive Online-Auswertung der Studie Soll und Haben 5, www.media.spiegel.de/SoHa5 [Abfrage vom 11.07.2001].

[12] Vgl. Institut für Finanzdienstleistungen (Hrsg.) (2000), S. 30.

[13] Vgl. Reifner (1997), S. 229f.

[14] Vgl. Moore (2000), S. 127f.

[15] Vgl. Institut für Finanzdienstleistungen (Hrsg.) (2000), S. 19.

[16] Vgl. Kloepfer (1999), S. 49; Tilmes (2000a), S. 369.

[17] Die Gestaltungsanforderungen aus Anbietersicht sind nicht Gegenstand der Arbeit. Sie müssen aufbauend auf den Anforderungen der Nachfrager gesondert entwickelt werden.

4.2 Produktpolitische Aspekte des Financial Planning

Bei der Gestaltung einer Dienstleistung ist die Qualität des Angebotes zentraler Erfolgsfaktor. Eine hohe Dienstleistungsqualität führt zu Wettbewerbsvorteilen, höheren Margen und größerer Kundenloyalität.[1] Wegen der bestehenden Qualitätsproblematik in der Beratungspraxis von Finanzdienstleistern kommt den Qualitätsmerkmalen einer Finanzplanung besondere Bedeutung zu. Weiterhin ist im Rahmen einer produktpolitischen Betrachtung des Financial Planning der zugrundeliegende Planungsprozess wichtiges Gestaltungsmerkmal. Für die Ausgestaltung eines entsprechenden Angebotes werden deshalb speziell für das Retail-Segment geeignete Instrumente zur Prozessoperationalisierung vorgestellt.

4.2.1 Qualität des Financial Planning

4.2.1.1 Qualitätsproblematik in der Beratungspraxis

Die Qualität von Beratungsleistungen bei deutschen Finanzdienstleistern ist nicht ausreichend. Zu dieser Auffassung gelangt man jedenfalls, wenn man die unabhängigen Tests der Zeitschrift Finanztest (Stiftung Warentest) über mehrere Jahre hinweg verfolgt. Regelmäßig wird durch diese Institution in Realtests die Qualität der Bankberatung im Retail-Segment geprüft. Die Ergebnisse fallen konstant schlecht aus.

Im Jahre 1999 wurden 20 Institute mit einer Baufinanzierung konfrontiert.[2] Lediglich 10% der Finanzdienstleister schnitten mit der Note "gut" ab, 25% der Ergebnisse waren mangelhaft. Wesentliche Ursache für das schlechte Abschneiden war die fehlende Berücksichtigung der individuellen Kundensituation.

Auch bei der Anlageberatung zeigt sich ein ähnliches Bild. In den Jahren 1997 und 2000 wurden jeweils Testkunden mit Beratungsbedarf für Geldanlagen zu Banken und Sparkassen geschickt.[3] Bei den Tests im Jahre 1997 erhielten vier Kreditinstitute eine gute Bewertung, 27% wurden als zufriedenstellend bewertet und 50% als mangelhaft oder noch schlechter. Im Jahr 2000 stellt sich die Situation etwas positiver dar. Von den 25 getesteten Kreditinstituten erhielten zwar nur zwei die Note "gut". Ein befriedigendes Resultat erzielten 16%, und ausreichende Ergebnisse konnten von 56% der Institute erreicht werden. Lediglich noch 20% erhielten die Note "mangelhaft".

Die Hauptschwachpunkte der Beratungen sind jedoch nach wie vor die gleichen: Unzureichende Erfassung der finanziellen Situation und der Ziele, mangelnde Individualität der Beratung, keine Integration von Fremdprodukten und mangelnde Konkretisierung von Empfehlungen aufgrund drohender Beraterhaftung.

---

[1] Vgl. Michel (1999), S. 73; Herrmann/Vetter (1999), S. 336.

[2] Vgl. o.V. (2000b), S. 12ff.

[3] Vgl. o.V. (1997); o.V. (2000c). Aufgrund unterschiedlicher Notenbezeichnungen ist eine exakte Gegenüberstellung der Ergebnisse nicht möglich.

Es erfolgt oftmals keine ausreichende Erfassung der finanziellen Situation und der Ziele der Kunden (%-Werte aus dem Jahr 2000). Dies verwundert insofern nicht, als nur in 8% der Beratungsgespräche ein Erfassungsbogen benutzt wurde. In 35% der Beratungen wurden die Kunden weder zu den vorhandenen Geldanlagen noch zu Erfahrungen mit Wertpapieren befragt, und in 95% aller Testberatungen wurde nicht nach evtl. vorhandenen Krediten oder Schulden gefragt. Bei knapp einem Drittel der Beratungen wurde keine Frage zur gewünschten Verfügbarkeit der Anlagegelder gestellt und in 27% der Fälle die Risikobereitschaft nicht erhoben.[4]

Den Empfehlungen mangelt es an Individualität. In einem produktorientierten Beratungsprozess werden überwiegend Standardfinanzprodukte empfohlen.[5] Die abgegebenen Anlageempfehlungen der 25 von der Stiftung Warentest getesteten Kreditinstitute waren zu 32% mangelhaft, d.h. es wurden keine sinnvollen Empfehlungen zu dem vorhandenen Vermögen oder den monatlichen Raten ausgesprochen.[6] Aufgrund der unzureichenden Erfassung der finanziellen und persönlichen Ziele des Kunden ist eine individuelle Beratung schon gar nicht optimal durchführbar.

Weiterhin ist festzustellen, dass hausfremde Produkte häufig nicht in die Analyse mit einbezogen werden.[7] Die Gründe für die dadurch vielfach unzureichende Beratung liegen häufig im Interessenskonflikt zwischen Berater und Kunde. Teilweise werden die asymmetrisch – zu Gunsten des Anbieters – verteilten Informationen zum Nachteil des Kunden verwandt. Der üblicherweise vorhandene Informationsvorsprung eines Beraters versetzt diesen in die Lage eigennützig zu beraten.[8] Während der Kunde an einer objektiven Beratung interessiert ist, legt der Berater stärkeren Wert auf seine Vergütung. Die Berater haben in aller Regel Zielvorgaben für den Produktverkauf, an die oftmals variable Gehaltsbestandteile gekoppelt sind. Für Berater, die ihr Einkommen durch Vermittlungsprovisionen bestreiten, liegt es nahe, bevorzugt Produkte mit hohen Provisionen zu empfehlen.[9] Daraus resultiert häufig eine suboptimale Versorgung der Nachfrager, die sich nicht an deren Bedürfnissen orientiert. In Verbindung mit fehlendem Wissen auf Seiten des Kunden ergibt sich so eine Konstellation, die nicht zu optimaler Beratung führen kann.

Viele Berater scheuen vor konkreten Anlageempfehlungen zurück und stellen lediglich in allgemeiner Form verschiedene Möglichkeiten vor. Dies ist offensichtlich auf die Furcht der

---

[4] Vgl. o.V. (2000c), S. 15f. Ausgewertet wurden 172 Beratungsgespräche in 25 Kreditinstituten. Im Testfall war die Person jeweils 20 bis 40 Jahre alt und hatte Beratungsbedarf für ein aktuelles Vermögen von 63.000 DM.

[5] Vgl. Buhl/Kundisch/Steck (2001), S. 4; Wolfersberger (2000), S. 2.

[6] Vgl. o.V. (2000c), S. 15.

[7] Vgl. o.V. (2000c), S. 14.

[8] Vgl. Walz (1991), S. 70. Die Probleme solcher asymmetrischer Informationsverteilungen sind Gegenstand der Agency-Theorie, vgl. hierzu Richter/Furubotn (1999).

[9] Vgl. Walz (1991), S. 120ff. Ein Beispiel für die mangelnde Bedürfnisorientierung ist das Thema "Hinterbliebenenabsicherung im Todesfall" Eine entsprechende Absicherung kann sowohl mit einer Risikolebensversicherung, als auch mit einer Kapitallebensversicherung erreicht werden. Da eine Kapitallebensversicherung jedoch erhebliche höhere Provisionen einbringt, drängen viele Berater die Kunden in diese Produktvariante, ohne Rücksicht auf die Vorteilhaftigkeit für den Kunden.

Anlageberater vor dem Wertpapierhandelsgesetz (WpHG) zurückzuführen.[10] Der Gesetzgeber hat im Jahr 1995 spezielle Verhaltensnormen bei Wertpapierdienstleistungen im WpHG kodifiziert.[11] Mit dem WpHG wurde eine gesetzliche Grundlage geschaffen, die bestimmte Inhalte einer Beratung festlegt. Zu den Pflichten des Beraters gehört es demnach, die finanziellen Verhältnisse, Ziele, den Wissensstand und die Risikobereitschaft des Kunden zu erfragen und in der Empfehlung zu berücksichtigen (§ 31 WpHG). Als besondere Verhaltensregel wird im § 32 WpHG ausdrücklich darauf hingewiesen, dass keine Empfehlungen entgegen den Interessen des Kunden gegeben werden dürfen. Bei einem Verstoß gegen diese Regeln kann das betreffende Unternehmen haftbar gemacht werden. Diese zunehmend engere Regelung der Beraterhaftung führt jedoch immer öfter dazu, dass konkrete Einzelempfehlungen seltener ausgesprochen werden und die Beratungen insgesamt allgemeiner werden, aus Furcht, haftungsrechtlich belangt werden zu können.[12] Es ist davon auszugehen, dass die Verhaltensregeln des WpHG zukünftig auch als Grundlage für weitere Beratungsdienstleistungen Verwendung finden werden.[13]

Insgesamt kann also nicht von einer zufriedenstellenden Beratungsqualität bei Kreditinstituten gesprochen werden. Dies ist umso bedenklicher, als es sich bei den durchgeführten Tests nur um singuläre Problemstellungen wie Finanzierung oder Vermögensanlage handelte. Von der vielfach auch von Banken und Sparkassen beworbenen ganzheitlichen und umfassenden Beratungsphilosophie ist diese Form der Beratung, zumindest im Retail-Segment, noch weit entfernt. Um dem Anspruch eines Financial Planning gerecht zu werden, müssen allerdings auch im Mengengeschäft bestimmte Qualitätsmerkmale in der Beratung vorhanden sein. Der nächste Abschnitt wird die hier relevanten Eigenschaften aufzeigen.

4.2.1.2   Qualitätsmerkmale des Financial Planning

Nachfrager bewerten ein Financial Planning-Angebot hauptsächlich aufgrund eines subjektiven Urteils, das als wahrgenommene Dienstleistungsqualität bezeichnet werden kann. Die objektive Qualität ist für den privaten Haushalt nur schwer zu beurteilen, da es in der Regel an quantitativen Bewertungskriterien mangelt.[14] Die vom Haushalt wahrgenommene Qualität bezieht sich auf die Gesamtheit der Eigenschaften bzw. Merkmale eines Angebotes.[15] Für die strukturierte Untersuchung der Angebotsqualität werden die einzelnen Merkmale übergeordneten Qualitätsdimensionen zugeordnet.

Zur den Dimensionen von Dienstleistungsqualität sind verschiedene Ansätze entwickelt worden.[16] Eine weit verbreitete Konzeption liefert DONABEDIAN, der die drei Dimensionen Poten-

---

[10]   Vgl. o.V. (2000c), S. 13.

[11]   Vgl. Böckhoff/Stracke (1999), S. 62f; Richter (2001), S. 5; Kruschev (1999), S. 14.

[12]   Vgl. Kruschev (1999), S. 13; o.V. (2000c), S. 13.

[13]   Zu weiteren haftungsrechtlichen Aspekten im Zusammenhang mit der Finanzplanung vgl. Böckhoff/Stracke (1999), S. 64ff.

[14]   Vgl. Kangis/Passa (1997), S. 105ff; Roemer (1998), S. 155.

[15]   Vgl. Bruhn (2000), S. 1032ff; Homburg/Kebbel (2001b), S. 482.

[16]   Für einen kurzen Literaturüberblick vgl. Homburg /Kebbel (2001b), S. 482; Johnston (1997), S. 111.

zial-, Prozess- und Ergebnisqualität unterscheidet.[17] Dieser Ansatz erscheint auch für das Untersuchungsobjekt Financial Planning adäquat, da er im Gegensatz zu anderen Vorschlägen das Planungskonzept und dessen prozessualen Charakter explizit aufgreift.[18]

Die Potenzialdimension umfasst dabei die zeitlich stabilen Leistungsvoraussetzungen. Um die Fähigkeit und Bereitschaft zur Dienstleistungserstellung vorzuhalten, sind zahlreiche Produktionsfaktoren zu kombinieren. Dies sind vor allem Personen, Informationen, Hard- und Software. Erst durch die sinnvolle Kombination dieser Faktoren ist eine Leistungserstellung möglich. Mit Prozessqualität wird die Art und Weise der Leistungserstellung bewertet, diese Dimension bezieht sich also auf die Aktivitäten, die während der Dienstleistung stattfinden. Die Ergebnisqualität bezeichnet das Ergebnis des Prozesses und umfasst den Grad der Erreichung der Leistungsziele.

Die Potenzial- und Prozessqualität sind vor und während der Erbringung einer Beratungsleistung erkennbar. Zur Ermittlung der Ergebnisqualität ist dagegen ein zeitlicher Abstand zur Beratungsleistung notwendig. Gleichwohl spielen in der Beurteilung der Gesamtqualität alle drei Dimensionen eine Rolle.

Für die Finanzplanungsdienstleistung werden in der Abb. 4-1 die relevanten Qualitätsmerkmale den drei Dimensionen zugeordnet. Bei der Auswahl der Merkmale wurde besonderer Wert auf den Bezug zum Financial Planning gelegt.[19]

Abb. 4-1: Qualitätsmerkmale des Financial Planning

Potenzialqualität	Prozessqualität	Ergebnisqualität
• Objektivität/ Unabhängigkeit	• Individualität/Planung von Teilaspekten	• Zielerreichung/Performance
• Kompetenz/ Beraterqualifikation	• Interaktionsmöglichkeit des Kunden	• Transparenz/Verständlichkeit
• Beratungssoftware	• Flexibilität	• Servicegarantien
• Reputation des Anbieters	• Sicherheit/Diskretion	• Preis
• Beratungsstandards	• Zeitbedarf	

Quelle: Eigene Darstellung.

---

[17] Vgl. Donabedian (1980), S. 77ff.

[18] Der ebenfalls viel beachtete SERVQAL-Ansatz von PARASURAMAN/ZEITHAML/BERRY unterscheidet beispielsweise die fünf Dimensionen: Annehmlichkeit des tangiblen Umfeldes, Verlässlichkeit, Einsatzbereitschaft, Kompetenz und Einfühlungsvermögen, vgl. Parasuraman/Zeithaml/Berry (1988). Diese Dimensionen sind jedoch nicht ohne weiteres auf andere Dienstleistungen übertragbar, da sie eine zu geringe Verallgemeinerbarkeit aufweisen, vgl. Homburg/Kebbel (2001b), S. 483; Johnston (1997), S. 112.

[19] Für andere Qualitätsmerkmale im Zusammenhang mit Finanzdienstleistungen vgl. Boyd/Myron/White (1994), S. 10; Höper (2000), S. 396 ff; Johnston (1997), S. 112.

- Merkmale der Potenzialqualität

Eine Beratungsleistung wie das Financial Planning lebt von der Objektivität der Handlungs-empfehlungen. Der Berater hat frei von persönlichen oder wirtschaftlichen Interessenskonflik-ten im Sinne seines Kunden zu handeln.[20] Konflikte persönlicher Natur, wie eine Abneigung des Beraters gegen bestimmte Produkte, sind dabei von untergeordneter Bedeutung. Wichtig sind hingegen wirtschaftliche Konflikte, bei denen der Berater Empfehlungen abgibt, die von Eigeninteresse, z.b. höhere Provisionen, beeinflusst sind. Vermutet der Kunde fehlende Ob-jektivität, so stellt sich eine Qualitätsunsicherheit als Folge einer Ergebnis- und Verhaltensun-sicherheit ein.[21] Zu dieser Unsicherheit kommt es, da der Haushalt aufgrund asymmetrischer Informationsverteilung das Verhalten des Anbieters während der Beratung (Verhaltensunsi-cherheit) und die Ergebnisse der Problemlösung (Ergebnisunsicherheit) nicht ohne weiteres beurteilen kann. Ist der Finanzplanungsanbieter gleichzeitig auch Anbieter von Finanzproduk-ten, so hat er ein Eigeninteresse, seine Produkte zu verkaufen. Herstellerunabhängige Berater sind grundsätzlich eher dazu geeignet, eine hohe Qualitätswahrnehmung zu schaffen.[22] In der Realität sind solche völlig unabhängigen und von jedem Eigeninteresse freien Angebote wohl nur durch Beratungshonorare darzustellen.[23]

Die Kompetenz der Beratung wird in erster Linie durch die Qualifikation und den Informati-onsstand des Beraters determiniert. Ausbildungsstand, Erfahrung und aktuelle Informationen sind für eine erfolgreiche Finanzberatung wesentliche Erfolgsfaktoren. Financial Planning erfordert ein Vertrauensverhältnis zwischen Finanzplaner und Kunde. Dieses Vertrauen kann durch positive Erfahrungen aufgebaut werden. Um allerdings Personen ohne Erfahrung mit dem Berater zu akquirieren, ist ein Qualifikationsnachweis hilfreich.[24] Für das Financial Plan-ning wurde eigens der Berufsstand des Certified Financial Planners (CFP) geschaffen, um eben diese Qualitätsmerkmale sicherzustellen.[25] Im Rahmen dieser Ausbildung werden die relevanten Finanzplanungskenntnisse vermittelt. Die Zertifizierung als CFP soll ein internati-onal anerkanntes Gütesiegel für die Berater sein, an dem sich der Verbraucher ohne weiterge-hende Erfahrungen orientieren kann.[26]

---

[20] Vgl. Richter (2001), S. 160f; Schütt (1995), S. 127.
[21] Vgl. Roemer (1998), S. 155.
[22] Vgl. Walz (1991), S. 91f.
[23] Vgl. hierzu Abschnitt 4.4.2.1.
[24] Vgl. Kruschev (1999), S. 128.
[25] Vgl. Böckhoff/Stracke (1999), S. 52; Kruschev (1999), S. 128; Trück (2001), S. 407. Siehe hierzu auch Abschnitt 2.1.
[26] Vgl. Böckhoff/Stracke (1999), S. 52; Schäfer (2001b), S. 402. Die ebs FINANZAKADEMIE GmbH als eine Gesellschaft der European Business School bietet ebenfalls verschiedene Weiterbildungsmöglichkeiten im sog. Kontaktstudium Finanzökonomie an, vgl. www.ebs-finanzakademie.de.

Daneben gibt es noch eine Reihe anderer Qualifizierungsangebote, die sich der Ausbildung von Finanzberatern widmen.[27] Allerdings fehlt diesen Angeboten die Tradition und internationale Verbreitung, die der CFP mittlerweile erreicht hat. In Deutschland kann jedoch von einer Bekanntheit dieser Ausbildungsgänge noch lange nicht gesprochen werden.

Neben einer entsprechenden Ausbildung ist für eine qualitativ hochwertige Beratung auch der Informationsstand und dessen Aktualität entscheidend. Für den Kunden kommt es darauf an, dass der Berater alle relevanten Informationen sammelt, aufbereitet und in die Beratung integriert.[28] Wichtig sind hierbei die Wahl der Informationsquellen und die Selektion wirklich entscheidungsrelevanter Informationen.

Die Anforderungen an die fachliche Qualifikation werden ergänzt durch die persönliche Qualifikation. Dies wird durch Eigenschaften wie Kommunikationsfähigkeit, Integrität, Diskretion etc. bestimmt.[29] Diese "weichen" Faktoren sind keinesfalls weniger wichtig. Die Einschätzung eines Finanzplaners durch den Beratenen anhand dieser Merkmale ist stark von subjektiven Einflüssen geprägt und nur schwer zu verallgemeinern.

Neben den persönlichen sind auch die qualitätsbeeinflussenden technischen Faktoren zu beachten. Die Komplexität des Financial Planning ist ohne den Einsatz von spezieller Planungssoftware nicht zu bewerkstelligen.[30] Dabei ist nicht nur der Einsatz dieser Software ein Qualitätsmerkmal, sondern auch die Leistungsfähigkeit der Programme.[31]

Ein weiterer Qualitätsindikator ist für viele Nachfrager die Reputation des Anbieters.[32] Das allgemeine Ansehen eines Finanzdienstleisters wird als positiver Indikator für die Qualität der Finanzberatung übertragen.

Die Einhaltung von Beratungsstandards hat ebenfalls einen qualitätsunterstützenden Charakter. Für den deutschen Sprachraum hat die Deutsche Gesellschaft für Finanzplanung Grundsätze ordnungsmäßiger Finanzplanung (GoF) nach dem Vorbild US-amerikanischer Grundsätze aufgestellt.[33] RICHTER hat darüber hinaus wissenschaftlich fundiert eine Regelwerk er-

---

[27] Eine Ausbildung zum Zertifizierten Finanzplaner (Zert_FP) bietet die Fachhochschule Frankfurt am Main an. Die Studieninhalte orientieren sich an den Bestellungsvoraussetzungen für öffentlich bestellte und vereidigte Sachverständige für Kapitalanlagen und Finanzplanung, wie sie vom Deutschen Industrie- und Handelstag (DIHT) formuliert wurden, vgl. www.fh-frankfurt.de. Die Europäische Akademie für Finanzplanung in Bad Homburg hat im Rahmen von Seminaren Weiterbildungsmaßnahmen zum Finanzfachberater, Finanzplaner oder €uropean Certified Financial Planner konzipiert, vgl. Schäfer/Unkel (2000), S. 62; Schäfer (2001b), S. 402. Außerdem bieten die Industrie- und Handelskammern eine Ausbildung zum "Fachwirt für Finanzberatung" und den "öffentlich bestellten und vereidigten Sachverständigen für Kapitalanlagen und Finanzplanung" an, vgl. Kruschev (1999), S. 131; Weingarth (1999), S. 14.

[28] Vgl. Schütt (1995), S. 132.

[29] Vgl. Schütt (1995), S. 131.

[30] Vgl. Kruschev (1999), S. 15.

[31] Zur Beratungssoftware vgl. Abschnitt 4.2.2.2.

[32] Vgl. hierzu Abschnitt 3.4.2.1.

[33] Vgl. Abschnitt 2.2.1.

stellt, das er "Grundsätze ordnungsmäßiger Finanzberatung" nennt.[34] Grundsätzlich ist eine Übereinstimmung zwischen beiden Konzepten feststellbar.[35] Die entwickelten Grundsätze sind gleichermaßen Qualitätsstandards, die bei der Erstellung und Durchführung von Finanzplanungen eingehalten werden sollen.

▪ Merkmale der Prozessqualität

Die Individualität einer Finanzplanung ist zunächst begrenzt. Dies klingt verwunderlich, wurde doch bislang immer betont, wie wichtig eine individuelle Berücksichtigung der zu beratenden Person ist. Dies wird durch eine umfangreiche Datenaufnahme und die Berücksichtigung verschiedenster Parameter auch erreicht. Individualität meint hier aber den Prozess der Finanzplanung. Diese läuft aus Qualitäts- und Kostengründen weitgehend standardisiert ab.[36] Eine Individualisierung kann aber dennoch erreicht werden, indem man das Konzept der themenzentrierten Finanzplanung aufgreift, bei dem eine fokussierte Planung von Einzelthemen erfolgt.[37] Demnach können individuell die Themen, die der Haushalt für besonders wichtig erachtet, behandelt werden.

Zwar wird bei einer Finanzplanung die Mitwirkung des Kunden ausdrücklich gefordert, doch beschränkt sich diese weitestgehend auf die Datenerfassung und das abschließende Strategiegespräch.[38] Im sonstigen Ablauf ist eine Mitwirkung i.d.R. nicht möglich. Durch den Einsatz von Finanzplanungsinstrumenten, die es dem privaten Haushalt ermöglichen, eine Finanzplanung selbständig durchzuführen, kann dieser Interaktionsgrad erhöht werden. Eine Finanzplanungssoftware führt den Anwender durch einen Planungsprozess, der von ihm auch beeinflussbar ist. Durch solche Anpassungen kann die Beziehung des Individuums insgesamt verbessert werden.

Das Merkmal der Flexibilität bezieht sich auf die räumliche und zeitliche Ungebundenheit der Leistungserstellung.[39] Dies hängt zum einen von den Finanzplanern selbst ab, zum anderen aber auch von den eingesetzten Kommunikationsmitteln. Durch das Telefon oder das Internet können räumliche wie zeitliche Barrieren überwunden werden, was die Flexibilität erhöht.

Die Diskretion bei einer Finanzplanung wurde bereits als Persönlichkeitsmerkmal des Beraters angeführt. In finanziellen Angelegenheiten muss Verschwiegenheit gewährleistet sein, die eng mit der Sicherheit zusammenhängt. Vor allem der Einsatz elektronischer Medien, wie des Internets, erfordert besonderes Augenmerk auf die Sicherheit der Anwendungen und den da-

---

[34] Die 12 Grundsätze lauten wie folgt: Grundsatz der Beratung im bestmöglichen Kundeninteresse, Grundsatz der Legalität, Grundsatz der Beratung mit der notwendigen Qualifikation, Grundsatz der Sorgfalt und Gewissenhaftigkeit, Grundsatz der Verschwiegenheit, Grundsatz der Unabhängigkeit des Beraters, Grundsatz der wahren und vollständigen Information, Grundsatz der verständlichen Kommunikation, Grundsatz der sachlichen Kommunikation, Grundsatz der Dokumentation, Grundsatz der Mitwirkungspflicht des Kunden, Grundsatz der Aufklärungspflicht über mögliche Verstöße gegen Grundsätze ordnungsmäßiger Finanzberatung, vgl. Richter (2001), S. 269ff.

[35] Vgl. Richter (2001), S. 289.

[36] Vgl. Kloepfer (1999), S. 105.

[37] Vgl. Abschnitt 2.3.3.

[38] Vgl. Kloepfer (1999), S. 104.

[39] Unter inhaltlicher Flexibilität wird die Individualität verstanden.

mit verbundenen Schutz kundenbezogener Daten.[40] Hohe Sicherheitsstandards sind Qualitätsmerkmale einer Finanzplanung.

Auch die Dauer einer Planung kann eine qualitätsbeeinflussende Größe sein. Bei herkömmlichen Anlageberatungen ist der Zeitbedarf überschaubar. Für eine umfassende Finanzplanung
ist dagegen ein erhöhter Zeitaufwand erforderlich. Sie kann je nach Komplexität zwischen
einem und vier Monaten betragen.[41] Die Akzeptanz solch langer Wartezeiten erscheint fraglich. Tilmes konnte in seiner Untersuchung eine durchschnittliche Wartezeit von vier Wochen
als noch akzeptabel feststellen.[42] Dabei handelte es sich jedoch um vermögende Privatkunden
mit gewöhnlich komplexen finanziellen Verhältnissen. Bei Finanzplänen für Haushalte des
Retail-Segmentes, die mit Hilfe von Beratungssoftware erstellt werden, sollten Ergebnisse
bereits nach kurzer Zeit (Stunden, wenige Tage) vorliegen. Durch Finanzplanungssoftware für
den Endverbraucher kann die benötigte Zeit nochmals reduziert werden.

▪ Merkmale der Ergebnisqualität

Nach einer Finanzplanung ist die erreichte Leistung anhand der vorher definierten Ziele zu
überprüfen.[43] Grundsätzlich sollten die Bedürfnisse des Haushaltes durch das Financial Planning befriedigt worden sein. Diese Zielerreichung kann mit Hilfe eines Punktbewertungsmo-
dells überprüft werden. In den USA wurde dazu ein sogenannter Wealth Management Index
entwickelt, bei dem aus den Bewertungen von fünf Zielkategorien (Vermögenssicherung, Be-
rufsunfähigkeits- und Einkommenssicherung, Schuldenmanagement, Investitions- und Cash-
Flow-Planung und Vermögensplanung) ein Gesamtindexwert berechnet wird.[44] Durch den
Indexwert werden der Realisierungsgrad und etwaige Anpassungserfordernisse des Finanzplanes aufgezeigt. Eine Leistungsbeurteilung wird sich regelmäßig nicht auf den Plan als solches
beschränken, sondern die Umsetzung und die daraus resultierenden Folgen mit einbeziehen.
Hat der Financial Planner lediglich den Finanzplan erstellt, so ist zunächst zu klären, ob die
Handlungsempfehlungen auch dementsprechend umgesetzt wurden und inwieweit die Resultate ihm zuzurechnen sind.[45] Grundsätzlich ist zwischen einer objektiven und einer subjektiven Erfolgsbeurteilung zu unterscheiden. Die Frage, ob der private Haushalt aus einer positiven Wahrnehmung heraus mit den erzielten Ergebnissen zufrieden ist, kann noch relativ leicht
beantwortet werden. Will man jedoch objektive Kriterien zur Erfolgsmessung heranziehen, so
gestaltet sich dies weitaus schwieriger. Alle Einzelmaßnahmen sind zu beurteilen und in eine
Gesamtbewertung zu integrieren. Im Anlagebereich kann eine Renditeberechnung im Nachhinein erfolgen, wobei die errechneten Werte jedoch stark vom gewählten Zeitraum abhängig

---

[40]   Vgl. Urban/Sultan/Qualls (2000), S. 41.

[41]   Vgl. Kruschev (1999), S. 122.

[42]   Vgl. Tilmes (2000a), S. 338.

[43]   Die Literatur zu Financial Planning unterschlägt dieses Thema bislang weitgehend und zieht sich auf die
       Forderung einer regelmäßigen Überprüfung des Planes zurück, vgl. Böckhoff/Stracke (1999), S. 39;
       Kloepfer (1999), S. 45; Kruschev (1999), S. 105; Mittra (1990), S. 43. TILMES weist auf die Notwendigkeit
       einer Leistungsüberprüfung mit einem koordinierten Controllingprozess hin, vgl. Tilmes (2000a), S. 49f. Auf
       eine vollständige Modellierung eines Erfolgsmessungssystems wird aufgrund des notwendigen Detaillie-
       rungsgrades verzichtet. Es werden lediglich Ansatzpunkte für die weitere Entwicklung aufgezeigt.

[44]   Vgl. Levin (1997), S. 6ff.

[45]   Vgl. Schütt (1995), S. 143.

sind.[46] Außerdem sollte eine solche Performance-Beurteilung im Verhältnis mit dem einge-
gangenen Risiko betrachtet werden.[47] Die steuerlichen Empfehlungen können anhand der
Steuereinsparungen beziffert werden. Weitere quantitative Erfolgsmessungen sind nur schwer
umsetzbar und bedürfen einer detaillierteren Untersuchung.[48]

Die Ergebnisse bzw. Handlungsempfehlungen einer Finanzplanung sollten in einer verständlichen Form dokumentiert und präsentiert werden. Die Komplexität des Beratungsgegenstandes
erschwert allerdings eine einfache Ergebnisdarstellung. Da die Nachfrager genau diese Komplexität durch externe Hilfe reduzieren möchten, erwarten sie nachvollziehbare Empfehlungen. Dabei sollte auch in der notwendigen Transparenz die gegenwärtige finanzielle Situation,
die gesteckten Ziele und die Schritte auf dem Weg zur Zielerreichung aufgezeigt werden.

Ein Instrument, um die Leistungserfüllung für den Nachfrager schon vor der eigentlichen
Leistungserstellung greifbar zu machen, sind sog. Servicegarantien. Der Begriff bezeichnet
analog zu Produktgarantien ein Versprechen gegenüber dem Kunden, gewisse Mindestservi-
cestandards einzuhalten. Im Falle des Nichteinhaltens erhält der Kunde eine Entschädigung.[49]
Solche Servicezusagen können sich z.B. auf die Dauer der Finanzplanung, die Reaktionszeit
auf Anfragen oder auch auf Ergebnisgrößen, wie etwa das Erreichen des geplanten Vermögens, beziehen. Die Entschädigung kann dabei in finanzieller Form oder durch die Bereitstellung anderer kostenloser Serviceleistungen erfolgen. Dabei kann der Anbieter den Service-
standard vorab genau definieren und so intern eine Erfüllbarkeitsanalyse durchführen. Dem
Kunden wird signalisiert, dass man als Unternehmen an die eigene Leistung glaubt, und die
Selbstverpflichtung ist zudem Motivation für den Finanzplaner. Der Gerling-Konzern übernimmt im Rahmen seines "Private Risk Managements" beispielsweise die Haftung für alle im
Finanzplan getroffenen Angaben und Empfehlungen. Dabei liegen dem Finanzplan besondere
Versicherungsbedingungen zugrunde, und es besteht eine Toleranz von 10% Abweichung
beim geplanten Vermögen.[50]

Als letzter Qualitätsindikator ist der Preis der Dienstleistung zu betrachten. Häufig verbinden
Nachfrager mit dem Preis eine Qualitätsvermutung.[51] Ein Zusammenhang von Qualitätswahrnehmung und Preis konnte in empirischen Untersuchungen zu Bankprodukten zwar grundsätzlich festgestellt werden.[52] Allerdings wird eingeräumt, dass andere nicht-preisliche Faktoren ebenfalls einen nicht unerheblichen Einfluss auf die Qualitätswahrnehmung haben. Insbesondere die Loyalität von Bankkunden als Maß für eine Qualitätseinschätzung der Dienstleis-

---

[46]   Vgl. Schütt (1995), S. 58ff.

[47]   Zu Methoden der Performance-Messung von Wertpapierdepots unter Berücksichtigung von Risikogesichts-
       punkten vgl. Buhl/Huther/Reitwiesner/Schroeder/Schneider/Tretter (2000); Huther/Reitwiesner/Schneider
       (2001), S. 197ff; Jurowsky/Terhürne (1999), S. 332ff.

[48]   SCHÜTT konzipiert eine grundsätzliche Vorgehensweise zur Erfolgsbeurteilung, vgl. Schütt (1995), S. 141ff.

[49]   Vgl. Hütter (2000), S. 305; Walz (1991), S. 201.

[50]   o.V. (2001c).

[51]   Vgl. Harwalik (1988), S. 38; Abschnitt 3.4.1.2 und 4.4.3.2.

[52]   Vgl. Kangis/Passa (1997), S. 111; Rapp (1992), S. 334.

tung wird stärker auf persönliche Präferenzen oder das Image der Bank als auf den Preis zurückgeführt.[53]

Die diskutierten Qualitätsmerkmale eines Financial Planning-Angebotes wurden einer empirischen Untersuchung unterzogen, die Gegenstand des Abschnittes 5.5.1.1 ist.

4.2.2 Operationalisierung des Financial Planning-Prozesses

Im Abschnitt 2.3.1 wurde der Financial Planning-Prozess aus Sicht des privaten Haushaltes entwickelt. Die acht Prozessschritte lassen sich zu vier Prozesskategorien zusammenfassen (vgl. Abb. 4-2). Zur Operationalisierung des Financial Planning-Prozesses werden nun die zentralen Umsetzungsinstrumente für die Prozesskategorien vorgestellt.

Vor der eigentlichen Finanzplanung muss der Haushalt deren Notwendigkeit erkennen und sich grundsätzlich für die Eigenfertigung (Selbstberatung) oder den Fremdbezug (Professioneller Finanzberater) entscheiden. Um die Sensibilisierung und Entscheidungsfindung zu unterstützen, kann das Instrument der Finanzerziehung eingesetzt werden. Die Finanzplanung im engeren Sinn besteht aus der Planung (Datenaufnahme, Analyse und Dokumentation/Strategie) und der regelmäßigen Kontrolle. Insbesondere für ein Angebot, das auf das Retail-Segment zugeschnitten sein soll, ist bei der Planung und Kontrolle das Instrument der Beratungssoftware entscheidend. Bei der Realisierung der in der Planung erarbeiteten Handlungsempfehlungen leisten Produktvergleichsinstrumente einen wertvollen Beitrag.

Abb. 4-2: Der Financial Planning-Prozess und seine Instrumente

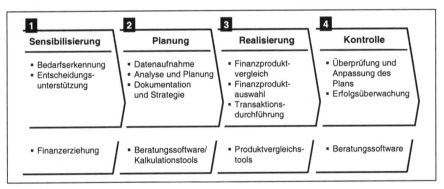

Quelle: Eigene Darstellung.

In den nächsten Abschnitten werden die Umsetzungsinstrumente Finanzerziehung, Beratungssoftware und Produktvergleichstools auf ihre Einsatzmöglichkeiten im Financial Planning hin untersucht.

---

[53] Vgl. Rapp (1992), S. 334.

4.2.2.1   Sensibilisierung durch Finanzerziehung

Vor der Durchführung einer Finanzplanung muss der private Haushalt ein Problembewusstsein entwickelt haben. Dieses Bewusstsein kann sich aus einem kognitiven Vorgang entwickelt haben, der durch das Erkennen der finanzwirtschaftlichen Komplexität Unsicherheit erzeugt hat.[54] Die Schaffung eines solchen Problembewusstseins kann auch aktiv unterstützt werden.[55]

Ein solches Problembewusstsein ergibt sich regelmäßig dann, wenn der Haushalt bei der Aufnahme seines Ist-Zustandes (finanzielle und persönliche Verhältnisse) feststellt, dass dieser nicht mit dem gewünschten Soll-Zustand (persönliche und finanzielle Ziele) übereinstimmt.[56] Im Regelfall werden vom Individuum nur einzelne Probleme (z.B. Altersvorsorge) erkannt, und dafür wird nach entsprechenden Lösungen gesucht. Durch eine solche Problemlösung werden i.d.R. allerdings auch nur einzelne Ziele erreicht. Inwieweit es zu Konflikten mit anderen Zielen des Haushaltes kommen kann, wird bei dieser singulären Planung oft vernachlässigt. Aufgrund des fehlenden Wissens um die Lösungsmöglichkeit Financial Planning ist bei privaten Haushalten diese Konkretisierung des Problems nur unzureichend ausgeprägt.[57]

Inhalte einer Finanzerziehung können sich auf einzelne Finanzprodukte, aber auch auf den Finanzplanungsansatz als Ganzes beziehen. Unter dem Begriff Finanzerziehung werden jedoch nur Maßnahmen verstanden, die sich mit der Wissensvermittlung rund um die Finanzplanung für die breite Bevölkerung beschäftigen. Deshalb gehören Ausbildungsangebote, die zu einem professionellen Abschluss wie dem CFP führen, nicht originär zur Finanzerziehung im hier unterstellten Sinn.[58]

Durchgeführt werden derartige Maßnahmen als Schulungen, (Internet)-Seminare und weitere Formen der Wissensvermittlung. Mit Hilfe der Finanzerziehung, die Problemfelder und Lösungsansätze aufzeigt, kann ein finanzwirtschaftliches Bewusstsein geweckt werden, das dem Haushalt eine Entscheidung bzgl. Selbstberatung oder Fremdberatung ermöglicht.

Besonders für Haushalte mit geringerem Einkommen kann ein höherer Bedarf an Erziehung und Schulung bzgl. der Merkmale und des Gebrauchs von Finanzprodukten unterstellt werden.[59] Der i.d.R. geringere Ausbildungsstand hinsichtlich finanzieller Sachverhalte erschwert geringverdienenden Haushalten den richtigen Umgang mit Finanzprodukten zusätzlich.[60] Die Erziehung und Schulung der Kunden zum Aufbau eines Verständnisses für finanzwirtschaftliche Probleme ist ein wichtiger Erfolgsfaktor, der hilft, Vertrauen zu den Finanzdienstleistern aufzubauen.[61] Dieses Vertrauen ist notwendig zur Unterstützung des Absatzes von Finanz-

---

[54]   Vgl. Abschnitt 3.4.2.1 und 3.4.2.2.
[55]   Vgl. Bätscher (1989), S. 154.
[56]   Vgl. Kloepfer (1999), S. 177.
[57]   Vgl. Kruschev (1999), S. 31.
[58]   Vgl. hierzu Abschnitt 4.2.1.2.
[59]   Vgl. Chéron/Boidin/Daghfous (1999), S. 50.
[60]   Vgl. Chéron/Boidin/Daghfous (1999), S. 50; Moore (2000), S. 126.
[61]   Vgl. Flur/Mendonca/Nakache (1997), S. 123f; Moore (2000), S. 129.

dienstleistungen an Personen, die wenig von der Materie verstehen und erst von der Vorteilhaftigkeit überzeugt werden müssen.

Vorreiter in Sachen Finanzerziehung sind die USA. Vor der Aufbereitung möglicher Formen der Finanzerziehung soll deshalb das Beispiel der Finanzerziehung in den Vereinigten Staaten zu einem besseren Verständnis beitragen und als Anschauungsobjekt dienen.

▪ Finanzerziehung in den USA

Die Aus- und Weiterbildung im Bereich Financial Planning findet in den USA vor allem an Universitäten und am Arbeitsplatz, also in der Erwachsenenbildung, statt. Bereits Anfang der 1970er Jahre wurden in den USA an zahlreichen Colleges und Universitäten Kurse sowie Weiterbildungsmaßnahmen im Bereich Financial Planning angeboten.[62] Zusätzlich bieten unabhängige Organisationen Weiterbildungsprogramme für breite Bevölkerungsschichten an. Das National Center for Financial Education (NCFE) ist dabei eine unabhängige, verbraucherorientierte Ausbildungsorganisation. Das NCFE wurde 1983 gegründet, und seine Aufgabe ist es, der Bevölkerung vor allem das notwendige Wissen zur "Financial Self-Help" zu vermitteln. Dazu werden Informationsmaterialien bereitgestellt und Schulungen durchgeführt.[63]

Einen ebenfalls sehr hohen Stellenwert in den Vereinigten Staaten hat die Finanzerziehung am Arbeitsplatz. Bereits 1994 waren bei fast 90% aller großen Arbeitgeber der USA Finanzerziehungsangebote in irgendeiner Form vorhanden.[64] Dies liegt zum einen darin begründet, dass Haushalte dort in weitaus höherem Umfang private Vorsorge treffen müssen als etwa in Deutschland. Die in den USA hierzu vorhandenen Instrumente, wie beispielsweise 401(k)-Sparpläne, werden von Arbeitgebern und 401(k)-Anbietern aufgelegt und die Mitarbeiter durch entsprechende Schulungsmaßnahmen unterstützt.[65] Andererseits werden diese Schulungsmaßnahmen auch durchgeführt, um die Loyalität der Mitarbeiter gegenüber dem Unternehmen zu erhöhen und allgemein die Arbeitsbedingungen zu verbessern. Die Schulungen werden teilweise auch von Finanzdienstleistern angeboten, die im Rahmen eines Worksite-Marketing ihre Produkte am Arbeitsplatz vertreiben. Die Kombination mit Finanzerziehung unterstützt dabei den Produktabsatz signifikant.[66]

Inhalte dieser Schulungen sind z.b. Grundbegriffe der Geldanlage, Prinzipien der Asset Allocation, Risiko/Rendite-Zusammenhänge, Auswirkungen der Inflation oder die Planung der

---

[62] Für einen Überblick der Ausbildungsinstitutionen in den USA vgl. Schäfer/Unkel (2000), S. 59ff.

[63] Vgl. National Center For Financial Education (2001).

[64] Vgl. Bernheim/Garrett (1996), S. 1.

[65] Ein weit verbreitetes Instrument der Altersvorsorge in den USA sind die sog. 401(k)-Sparpläne (defined-contribution plans). Die Einzahlungen in solche Sparpläne sind von der Einkommenssteuer absetzbar, und die Sparpläne werden durch den Arbeitgeber in Zusammenarbeit mit einem 401(k)-Anbieter aufgelegt, vgl. Poterba/Wise (1996), S. 7. Bei der privaten Altersvorsorge durch die 401(k)s können die Arbeitgeber in gewissem Umfang für die Ergebnisse dieser selbstverwalteten Altersvorsorge haftbar gemacht werden. Zudem tragen diese Maßnahmen dazu bei, die "non-discrimination"-Anforderungen bzgl. "highly compensated"- und "non-highly compensated"-Mitarbeitern zu erfüllen, indem gerade die schlechter Verdienenden besondere Schulungsangebote erhalten, vgl. Bernheim/Garrett (1996), S. 10.

[66] Vgl. Kirkland/Welsh (1997), S. 142. Zum Thema Worksite-Marketing vgl. Abschnitt 4.3.1.

Altersvorsorge. Geschult werden außerdem, welche Vorteile frühes und regelmäßiges Sparen sowie eine Kontrolle der Einnahmen und Ausgaben und eine Reduzierung der Verschuldung haben.[67] Dabei werden die unterschiedlichsten Medien eingesetzt. Neben schriftlichen Materialien kommen one-on-one Schulungen, Gruppenseminare, gebührenfreie Hotlines, Videos oder spezielle Software zum Einsatz.[68] In einer aktuellen Untersuchung aus dem Jahr 2001 wurde insbesondere festgestellt, dass bei den Unternehmen mit Finanzerziehungsprogrammen 57% einen Financial Planner einsetzten und 47% Online-Schulungen anboten.[69]

Die Effekte solcher Schulungsaktivitäten am Arbeitsplatz waren Gegenstand dreier empirischer Studien, bei denen Arbeitnehmer (Studien A und B)[70] und Arbeitgeber (Studie C)[71] hinsichtlich dieser Thematik untersucht wurden.

Die Ergebnisse der Studie A unter privaten Haushalten zeigten, dass die Schulungen in erster Linie das Ratsuchen bei Verwandten und Freunden ersetzen. Aber auch professionelle Beratung, etwa durch Finanzplaner, wird durch diese Art der Finanzerziehung zu einem gewissen Maße ersetzt.[72] Zusätzlich konnte festgestellt werden, dass sowohl das Sparverhalten im Allgemeinen als auch die Sparraten für die Altersvorsorge im Speziellen bei Teilnehmern solcher Bildungsmaßnahmen signifikant positiv beeinflusst wurden.[73]

Auch bei der zweiten Untersuchung (Studie B) konnten durchweg positive Effekte der Schulungen am Arbeitsplatz festgestellt werden, die sich durch eine Veränderung des Verhaltens bei Finanzangelegenheiten zeigten. Die Arbeitnehmer berichteten von einer insgesamt verbesserten finanziellen Situation ihrer Haushalte. Zusätzlich wurde mehr für die private Altersvorsorge gespart. Die Form der Entscheidungsfindung und die persönliche Zufriedenheit bei Finanzangelegenheiten hat sich verbessert.[74]

Die Untersuchung unter den amerikanischen Arbeitgebern (Studie C) ergab, dass die Beteiligungen an freiwilligen Sparplänen deutlich höher sind, wenn die Unternehmen Finanzerzie-

---

[67]   Vgl. Bernheim/Garrett (2001), S. 5.

[68]   Vgl. Bernheim/Garrett (1996), S. 2.

[69]   Vgl. Employee Benefit Research Institute (Hrsg.) (2001).

[70]   Studie A: Vgl. Bernheim/Garrett (1996) und Bernheim/Garrett (2001). 1994 wurden im Rahmen dieser Studie 2.055 Privatpersonen im Alter von 30-48 Jahren mittels Telefoninterviews in den USA befragt. Studie B: Vgl. Kratzer/Brunson/Garman/Kim/Joo (1998). In der zweiten Studie 1998 wurden 300 Mitarbeiter eines Chemieunternehmens in den USA hinsichtlich ihrer Erfahrungen und Einschätzungen der Finanzerziehungsmaßnahmen ihres Unternehmens befragt.

[71]   Studie C: Vgl. Bayer/Bernheim/Scholz (1996). Die Daten dieser Studie wurden 1993 und 1994 durch Telefoninterviews von 1.100 Arbeitgebern mit mehr als 200 Mitarbeitern in den Vereinigten Staaten gewonnen. Abgefragt wurden insbesondere Einschätzungen zur Verwaltung, Ausgestaltung und Nutzung von Altersvorsorge-Instrumenten und das Angebot von Finanzerziehung durch die Arbeitgeber.

[72]   Vgl. Bernheim/Garrett (1996), S. 3f. Bei Arbeitnehmern, die an solchen Schulungen teilnahmen, war die Schulung mit 27% die wichtigste Beratungs- und Informationsquelle für Ihre Finanzangelegenheiten (die restlichen Quellen: 23,3% professionelle Finanzplaner, 19,2% Eltern/Freunde/Verwandte, 15,4% Zeitschriften, 9,3% eigene Erfahrung, 5,7% Sonstiges), vgl. Bernheim/Garrett (1996), S. 17 und Tabelle 4.

[73]   Vgl. Bernheim/Garrett (1996), S. 19ff.

[74]   Vgl. Kratzer/Brunson/Garman/Kim/Joo (1998), S. 27.

hungsseminare durchführen. Dieser Effekt ist zudem für die weniger gut verdienenden Mitarbeiter noch stärker ausgeprägt als für die besser verdienenden Beschäftigten.[75] Die Studien haben gezeigt, dass Finanzerziehung am Arbeitsplatz einen starken Einfluss auf das Entscheidungsverhalten privater Haushalte bei Finanzangelegenheiten hat. Die Vermittlung von Wissen beeinflusst den Prozess der Entscheidungsfindung und auch die Ergebnisse positiv.

▪ Formen und Instrumente der Finanzerziehung

Die Verbreitung von Wissen über Financial Planning kann über Schulen und Universitäten[76] sowie die Erwachsenenbildung erfolgen. Dabei soll im Folgenden die Finanzerziehung im Rahmen der Erwachsenenbildung aufgegriffen werden, die basierend auf den positiven Erfahrungen in den USA ein viel versprechendes Instrument ist. Die klassischen Methoden der Wissensvermittlung hierzu sind Vorlesungen, Seminare oder Workshops. Da es hier aber um das Kundensegment des Mengengeschäftes geht, sind insbesondere Kosten und die Erreichbarkeit von vielen Adressaten für die Anbieter von Bedeutung. Aus diesem Grund konzentrieren sich die weiteren Ausführungen auf zwei diesbezüglich besonders geeignete Ansätze: Die Gruppenberatung und das E-Learning.

Die Gruppenberatung ist ein Konzept, das es Finanzdienstleistungsanbietern ermöglichen soll, auch für weniger rentable Kundensegmente qualifizierte, persönliche Beratung anzubieten. Dazu werden die zu Beratenden in Gruppen zusammengefasst und zu bestimmten Themen informiert. Dabei ist i.d.R. schon aus Zeitgründen keine derart individuelle Beratung wie in einem Einzelgespräch möglich. Auch ist davon auszugehen, dass vertrauliche Daten in der Gruppe nicht öffentlich gemacht werden. Trotzdem bietet sich dieses Vorgehen bei klar abzugrenzenden Themenbereichen an. Dadurch kann das notwendige Grundverständnis geschaffen werden, um später eine kurze Individualberatung durchzuführen oder dem Individuum eine Selbstberatung zu ermöglichen.

Eine Gruppenberatung verspricht für einen Anbieter Kostendeckung. Veranschlagt man einen Preis von 200 DM pro Person, so ergeben sich bei 20 Teilnehmern Erträge von insgesamt 4.000 DM. Werden dafür beispielsweise zehn Beratungstermine angeboten, so ist dies ein zumindest kostendeckendes Angebot und für den Kunden mit einem Preis von DM 20 pro Termin nicht übermäßig teuer. Lassen sich aus der Beratung weitere Anschlussgeschäfte, wie etwa Einzelberatungen oder Produktverkäufe generieren, sieht die Bilanz noch wesentlich besser aus. Anbieter könnten unabhängige Finanzplaner, aber auch Banken oder Versicherungen sein, die damit das Know How ihrer Kunden verbessern und evtl. Folgegeschäfte akquirieren können.

Der Einsatz elektronischer Medien kann ebenfalls geeignet sein, Finanzerziehung vielen Personen zu relativ geringen Kosten anzubieten. Das Konzept des E-Learning wird derzeit vor

---

[75] Vgl. Bayer/Bernheim/Scholz (1996), S. 13f.

[76] Im universitären Bereich besteht derzeit an der Universität Passau im Rahmen eines Diplomstudienganges Betriebswirtschaft ein Kursangebot Financial Planning, vgl. www.wiwi.uni-passau.de/lehrstuehle/steiner/ifp/index.html.

allem im Zusammenhang mit der unternehmensinternen Fortbildung diskutiert.[77] Dabei sind die dort vorgestellten Methoden ohne weiteres auch als externes Produktangebot zur Sensibilisierung für die Private Finanzplanung übertragbar.

E-Learning ist der Oberbegriff für jede Form des elektronisch gestützten Lernens.[78] Die wichtigsten Methoden des E-Learning sind das Computer Based Training (CBT) und das Web Based Training (WBT). Die vier Grundformen des E-Learning zeigt die Abb. 4-3.

Das erste Differenzierungsmerkmal ist der Zeitaspekt. Beim CBT handelt es sich um eine asynchrone Methode, bei der die Teilnehmer an beliebigen Stellen im Kurs und zu beliebigen Zeitpunkten arbeiten können. Grundsätzlich sind die CBTs aber auch im Internet vorstellbar. Dann erfolgt die Nutzung zu selbst festgelegten Zeitpunkten. Das WBT dagegen ist ein synchrones Verfahren, bei dem alle Teilnehmer gleichzeitig an der gleichen Stelle im Kurs stehen.

Die zweite Dimension ist der Initiativaspekt. Hier ist zwischen den dozentengeführten und den teilnehmergesteuerten Angeboten zu unterscheiden. Die Steuerung der Reihenfolge und ggf. des Zeitpunktes liegt jeweils beim Lehrer bzw. beim Lernenden.

Abb. 4-3: Die Grundformen des E-Learning

	Asynchron	Synchron
Dozenten-geführt	**Traditionelles CBT** • Virtueller Dozent • Monolog des Systems; Immer verfügbar • Medium: PC	**Gegenwärtiges WBT** • Virtueller Klassenraum • Interaktiver Vortrag • Medium: PC und Internet (Videostreaming)
Teilnehmer-geführt	**Gegenwärtiges CBT** • Virtuelles Studierzimmer • Automatisierter Dialog mit dem Computer • Medium: PC und teilweise Internet	**Zukünftiges WBT** • Virtueller Gruppenraum • Gemeinsame Gruppenarbeit der Teilnehmer; Dozenten als Berater • Medium: PC und Internet

Quelle: In Anlehnung an Scholz (2001), S. 612.

Lernangebote aus dem Bereich der Finanzerziehung sind in allen vier Formen denkbar. Bei den CBTs könnten z.B. CD-ROM- oder DVD-basierte Lernprogramme erstellt werden, die von den Kunden selbständig bearbeitet werden. Durch Anbindung an Online-Angebote können zusätzliche Services integriert werden oder Aktualisierungen stattfinden. Diskussionsforen oder Newsgroups zum Thema Finanzplanung als asynchrone Verfahren sind ebenfalls denkbare Anwendungen.

---

[77] Vgl. Asendorpf (2001), S. 35; Nanahary (2001), S. 14; Scholz (2001), S. 611.

[78] Vgl. Scholz (2001), S. 611.

Die Zukunft der web-basierten Systeme liegt in der Zusammenarbeit von Lerngruppen, dem sog. kollaborativen Lernen.[79] Dadurch besteht die Möglichkeit, neben der Kostenersparnis auch qualitätsverbessernde Effekte zu erzielen. Das gemeinsame Arbeiten soll dazu beitragen, das aktive Lernen, im Unterschied zur passiven Informationsaufnahme, zu fördern. Dazu tritt der Dozent fallweise in die Rolle eines Moderators, was zu einem wechselseitigen Austausch zwischen Lehrer und Lernenden führt. Die räumlich und zeitlich verteilte Zusammenarbeit kann dabei durch Videokonferenzen, WWW, E-Mail, Datenbanken etc. unterstützt werden. Diese technisch aufwendigeren WBT-Lösungen bieten sich eher für kostenpflichtige Online-Seminare an.

Die Vorteile des E-Learning liegen in der einfachen Skalierbarkeit des Instrumentes, d.h. die Anwendungen sind sehr flexibel für eine große Zahl von Nutzern anwendbar. Trotz der nicht zu unterschätzenden Investitionen für den Aufbau und die Pflege sind so Kostenvorteile gegenüber herkömmlichen Lernformen möglich. Für die Nachfrager entstehen Kosten- und Bequemlichkeitsvorteile durch die Möglichkeiten des Lernens am Arbeitsplatz oder zu Hause. Erste Erfahrungen mit E-Learning zeigen, dass die Lerndauer durch den Einsatz multimedialer und interaktiver Komponenten um bis zu 40% verkürzt werden kann.[80]

Finanzerziehung erscheint in zweifacher Weise für das Financial Planning einsetzbar: Erstens als eigenständiges Produkt, das dem privaten Haushalt Wissen vermittelt, um selbst seine Finanzen besser planen zu können. Zweitens als Sensibilisierungsinstrument, das die Notwendigkeit eines Financial Planning aufzeigt und zur Nutzung von professionellen Angeboten führt. Durch den Einsatz von elektronischen Medien ist Finanzerziehung auch im Mengengeschäft darstellbar.

4.2.2.2 Planung mit Beratungssoftware

Die EDV-Unterstützung gilt als wesentlicher Erfolgsfaktor einer Finanzplanung.[81] Ursächlich hierfür sind vor allem die komplexen Anforderungen an eine Finanzberatung, bei der neben den individuellen Kundendaten und externen Informationen wie z.B. mikro- und makroökonomischen Kennzahlen auch Produktinformationen verarbeitet werden müssen. Ein guter Finanzplan besteht aus mathematischen Berechnungen, Szenarioberechnungen und Prognosen. Diese Vielzahl von relevanten Faktoren und Auswertungsmethoden sind in einer manuellen Form nur mit viel Erfahrung und unter großem Zeitaufwand zu einem qualitativ akzeptablen Finanzplan zusammenzustellen.

Die Möglichkeiten solcher Softwareanwendungen liegen in der Berechnung und Darstellung von Zahlungsströmen, Vermögensbeständen und -entwicklungen, Fremdfinanzierungen und Versicherungen. Daneben können strukturierende Elemente wie private Bilanzen oder Gewinn- und Verlustrechnungen erstellt werden. Weiterführend sind Analysen unter Rendite-/Risikogesichtspunkten und die Einbeziehung volkswirtschaftlicher Informationen wie Wechselkurse oder Inflationsdaten möglich. Regelmäßig ist eine Planung über mehrere Jahre hin-

---

[79] Vgl. Schwabe/Filk/Valerius (2001), S. 382.

[80] Vgl. Asendorpf (2001), S. 35.

[81] Vgl. Bockholt (1999), S. 18; Reittinger/Tilmes (1998), S. 757; Vogel (2001), S. 108f.

weg möglich, die durch verschiedene Szenarien, bei denen unterschiedliche Annahmen hinsichtlich der zukünftigen Entwicklungen getroffen werden, ergänzt wird.

Durch die EDV-Unterstützung besteht zudem die Möglichkeit, auch einer größeren Zahl von Mitarbeitern anspruchsvollere Beratungsaufgaben zu übergeben. Die verfügbaren Softwaresysteme verfügen über Expertenwissen, das auch weniger qualifizierten Beratern die Durchführung einer Finanzplanung erlaubt. Dies kann dazu beitragen, Financial Planning auch im Mengengeschäft zu etablieren.

Durch den Einsatz von spezieller Beratungssoftware lassen sich zudem Effizienzsteigerungen bei der Datenerfassung und -verarbeitung erzielen, die sich kostensenkend auswirken und so die Chancen eines Angebotes für Retail-Kunden verbessern.

Natürlich sind die vorhandenen Finanzplanungsprogramme unterschiedlich in ihrem Umfang und für verschiedene Zielgruppen konzipiert. Einen Überblick über ausgewählte Finanzplanungsprogramme und deren Einsatzgebiete gibt die Abb. 4-4.

Abb. 4-4: Ausgewählte Finanzplanungssoftware

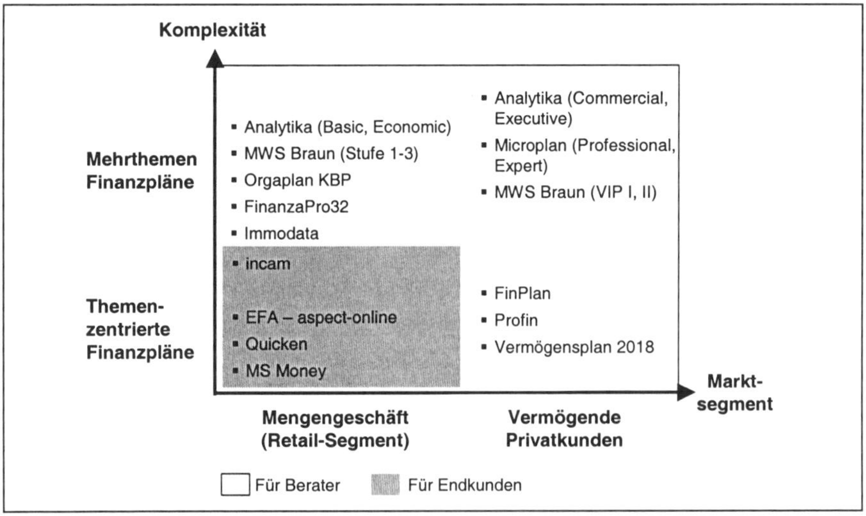

Quelle: Eigene Darstellung; Böckhoff/Stracke (1999), S. 55; Krauss (2001a), S. 107; Krauss (2001b), S. 37;
         Reittinger/Tilmes (1998), S. 762.

Bei Beratungssoftware ist grundsätzlich zwischen zwei Gruppen zu unterscheiden. Die eine Form ist direkt für den privaten Haushalt, also den Endverbraucher bestimmt, der damit selbständig seine privaten Finanzangelegenheiten organisieren kann. Zu nennen sind hier die kommerziellen Softwarepakete (Quicken, Microsoft Money,...), die eine Verwaltung der privaten Finanzen erlauben.[82] In eingeschränktem Umfang können Planungen durchgeführt, wer-

---

[82] Vgl. Clemons/Hitt (2000), S. 2; Bowers/Singer (1996), S. 79.

den. Konkrete Handlungsempfehlungen sind allerdings nicht Bestandteil dieser Pakete, die als Einstieg und Unterstützung der selbständigen Finanzplanung zu sehen sind. Daneben ist seit Mitte 2001 eine umfangreiches Finanzplanungstool der Firma aspect-online verfügbar.[83] Diese Elektronische Finanzassistentin (EFA) wurde mit wissenschaftlicher Unterstützung entwickelt und bietet neben Verwaltungstools auch Bedarfsanalysen, Finanzproduktvergleiche und die Vermittlung von Finanz- und Versicherungswissen an. Ein reines Internetangebot wird durch die Firma incam vorgehalten.[84] Dabei kann eine Mehrthemenplanung selbständig durch den Kunden durchgeführt werden. Voraussetzung ist die Eingabe der persönlichen Daten und Ziele. Neben einer Darstellung der Ist-Situation werden auch Vorschläge für die Optimierung der Finanzarchitektur gemacht. Die Nutzung und Anpassung der Finanzplanung ist jederzeit möglich.

Bei den Produkten für die Endkunden handelt es sich weitgehend um Instrumente geringer Komplexität, mit denen Einthemenpläne bearbeitet werden können, also eine zielgerichtete Finanzplanung eines oder mehrerer finanzieller Bereiche durchgeführt werden können. Zielgruppe dieser Programme ist das Retail-Segment.

Die zweite Gruppe der Finanzplanungssoftware ist für professionelle Finanzplaner gedacht, die ihre Kunden mit Hilfe dieser Beratungssoftware betreuen.[85] Neben den firmeninternen Eigenentwicklungen[86] finden sich auch frei erwerbbare Softwarepakete von mittlerer bis hoher Komplexität auf dem Markt. Für das Mengengeschäft leisten die Pakete vorwiegend Einthemenpläne, mit einem Schwerpunkt auf der Altersvorsorge (FinanzaPro 32) oder der Vermögensverwaltung (z.B. FinanzaPro 32, Immodata). Allerdings ist auch dort der Trend zu Mehrthemenplänen, also klassischem, umfassendem Financial Planning zu beobachten. So findet beispielsweise eine Vernetzung von Vermögen mit Liquidität, Steuern und volkswirtschaftlichen Daten statt (Orgaplan KBP).

Bei den Produkten für das Segment der vermögenden Privatkunden sind ebenfalls Versionen für partielle Analysen vorzufinden. Im Unterschied zu den einfacheren Versionen für das Mengengeschäft erlauben diese auch die Modellierung dynamischer Verläufe von Vermögens- und Liquiditätsentwicklungen mit besonderer Betonung von Finanzierungen, Steuern oder Anlagen (FinPlan). Weitere Möglichkeiten sind z.B. die Erstellung von Prognosen unter Berücksichtigung von Inflationsraten oder fiktive Cash-Flow-Konten zur Modellierung von Zahlungsströmen (Profin 2000) sowie besondere Module für Unternehmer bzw. freie Berufe (Vermögensplan 2018).

Die komplexesten Anwendungen wurden für das vermögende Kundensegment entwickelt. Dabei werden Mehrthemenpläne erstellt (Comprehensive Financial Planning). Die Programme analysieren den privaten Haushalt mit all seinen dynamischen Liquiditäts-, Finanzierungs-

---

[83] Vgl. www.aspect-online.de.

[84] Vgl. www.incam.de. Die jährliche Gebühr für diese Finanzplanung im Internet beträgt 69 DM.

[85] Die Anbieter und Adressen der in der Abb. 4-4 dargestellten Finanzplanungssoftware für professionelle Berater finden sich bei Krauss (2001b), S. 37. Die Kosten von Finanzplanungssoftware für den professionellen Einsatz reichen je nach Anbieter von monatlichen Lizenzgebühren von 300 DM bis zu einmaligen Gebühren von 400.000 DM.

[86] Z.B. bei der West/LB oder der Commerz Finanz-Management GmbH.

und Vermögensaspekten inkl. steuerlicher Fragestellungen. Oftmals besteht die Möglichkeit, auch international strukturierte Vermögen mit ausländischen Steuersystemen oder komplexen Beteiligungsverhältnissen zu betreuen (Microplan, MWS Braun). Ergänzend bieten die Programme auch individuelle Risikoanalysen der persönlichen Gesamtsituation und erbschaftssteuerliche Betrachtungen.

Die Angebote für den professionellen Anwender ersetzen die Funktion des Beraters nicht. Sie sind ein unterstützendes Element im Beratungsprozess. Die Produkte für den Endverbraucher können ebenfalls nur unterstützenden Charakter haben. Sie erfordern eine stärkere Beteiligung des Anwenders bei der Interpretation der Analysen.

4.2.2.3 Realisierung mit Produktvergleichstools

Die Realisation des Finanzplanes ist nicht Bestandteil des Financial Planning im engeren Sinne.[87] Im Financial Planning-Prozess kommt der Realisierung der Handlungsempfehlungen jedoch große Bedeutung zu. In jedem Fall ist diese Phase für den Haushalt ebenso wichtig wie die vorhergehenden. Der beste Plan liefert keinen Mehrwert, wenn er mit ungeeigneten Finanzprodukten verwirklicht wird. Eine falsche Produktwahl kann z.B. auf Grund zu geringer Erträge bei einem Investmentfonds die Zielerreichung gefährden. Enthält der Finanzplan die Empfehlung, eine Berufsunfähigkeitsversicherung abzuschließen, so bestehen zwischen den Angeboten deutliche Preis- und auch Leistungsunterschiede. Wählt der Haushalt ein unzureichendes Angebot, dann kann einerseits der zur Verfügung stehende Geldbetrag für die Prämie überschritten werden oder es können andererseits die Leistungen im Schadensfall u.U. nicht ausreichen, um die Haushaltsmitglieder zu versorgen. Aus diesem Grund ist der Vergleich von Finanzprodukten der entscheidende Schritt im Rahmen der Umsetzung. Die weiteren Schritte – Produktauswahl und Durchführung der Transaktion – sind dagegen rein administrative Tätigkeiten.

Für den Anbieter von Finanzplanungsdienstleistungen ist der Finanzproduktvergleich das ideale Instrument, um die Unabhängigkeit und Objektivität der Beratung zu unterstreichen. Für den Verbraucher wird außerdem die Komplexitätsreduktion fortgesetzt. Durch die Vielfalt von Finanzprodukten und Finanzdienstleistern ist der private Haushalt ohne einen neutralen Vergleich erneut einer Komplexität ausgesetzt, die Unsicherheit auslösen kann. Durch die Kombination von Finanzplan und Produktvergleich wird in höchstem Maße dem Wunsch eines Individuums nach Einfachheit entsprochen. Zugleich wird das wichtigste Merkmal einer Finanzplanung, nämlich die Objektivität, erfüllt.

Die Finanzprodukte, die verglichen werden können, umfassen nahezu den gesamten Angebotskatalog der Kreditinstitute und Versicherungen. Bei den Bankprodukten sind es Zahlungsverkehrsleistungen, Raten- und Hypothekenkredite, Brokerage-Dienstleistungen, Leasingangebote oder Investmentfonds. Im Versicherungsbereich können annähernd alle Personen- und Sachversicherungen gegenübergestellt werden.

---

[87]   Vgl. Abschnitt 2.3.1.

Um einen Finanzproduktvergleich durchführen zu können, müssen die Produkte auch sinnvoll vergleichbar sein. Die beiden wichtigsten Vergleichskriterien sind der Preis und die Leistung. Dabei ist i.d.R. nur der Preis ein objektives Merkmal. Die Leistungen eines Angebotes sind zwar auch objektiv zu benennen, der Verbraucher hat jedoch bzgl. bestimmter Leistungsmerkmale eine individuelle Nutzeneinschätzung, die zu einer subjektiven Beeinflussung der Bewertung führten. Je weniger standardisiert ein Produkt ist, desto schwieriger wird ein objektiver Vergleich.[88]

Relativ einfach ist so etwa die Gegenüberstellung von Ratenkrediten mit identischen Ausgestaltungen. Aufgrund der Parameter Kredithöhe, Laufzeit und Ratenhöhe, Zinssatz und evtl. sonstiger Kosten kann ein Effektivzins nach der Preisangabenverordnung (PAngV) errechnet werden.[89] Bei einem sehr individuellen Produkt sind der Vergleichbarkeit jedoch Grenzen gesetzt. Das Beispiel der privaten Krankenversicherung verdeutlicht dies. Zwar ist auch dort mit den Parametern wie Geschlecht, Alter, Berufsgruppe, Höhe des Selbstbehaltes etc. die Berechnung eines monatlichen Beitrages möglich, dabei wird i.d.R. jedoch ein reiner Preisvergleich angestellt. Die Leistungsmerkmale der einzelnen Angebote sind derart unterschiedlich, dass ein kombinierter Preis-/Leistungsvergleich äußerst schwierig ist. Bei Vergleichen von privaten Krankenversicherungen werden deshalb oftmals zwei separate Vergleiche hinsichtlich Preis und Leistung durchgeführt. Aus diesen Vergleichen kann sich der Verbraucher dann ein subjektives Urteil bilden.

Für einen Financial Planning-Anbieter wird es sich in den seltensten Fällen lohnen, den Produktvergleich selbst vorzuhalten. Um einen qualitativ hochwertigen Produktvergleich durchführen zu können, ist eine umfangreiche und aktuelle Datenbasis notwendig. Die erfassten Produktanbieter sollten eine möglichst hohe Marktabdeckung gewährleisten. Aufgrund der sich ständig verändernden Konditionen und Leistungen muss der Datenbestand ständig aktualisiert werden. Diese beiden Voraussetzungen führen zu einer nicht unerheblichen Kostenbelastung eines Produktvergleiches. Eine Alternative zum Aufbau einer solchen Datenbasis sind Softwareagenten, die das Internet selbständig nach Finanzprodukten mit spezifizierten Parametern durchsuchen können.[90]

Auch für den Endverbraucher ist die selbständige Durchführung eines Produktvergleiches mit hohen finanziellen und zeitlichen Aufwendungen verbunden. Die Sammlung der notwendigen Informationen ist zudem aufgrund des unzureichenden Marktüberblicks nicht wirtschaftlich darstellbar. Im Internet bieten sich für den Endverbraucher eine Reihe von Möglichkeiten, um Finanzprodukte vergleichen zu können.[91] Zahlreiche Anbieter haben sich auf den Vergleich von Finanzdienstleistungen aller Art spezialisiert.[92]

---

[88] Vgl. Buhl/Mellwig (2001), S. 8.

[89] Vgl. Abschnitt 3.3.3.1.

[90] Zu Softwareagenten vgl. Abschnitt 4.3.2.3.

[91] Vgl. Flur/Mendonca/Nakache (1997), S. 122; Kundisch/Dzienziol/Eberhardt/Pinnow (2001).

[92] Vgl. beispielhaft www.aspect-online.de; www.fss-online.de; www.insurancecity.de.

4.3 Distributionsformen für Financial Planning-Angebote

Der Vertrieb von Finanzprodukten war in der Vergangenheit geprägt von zwei wesentlichen Vertriebsformen: Dem Filialnetz der Kreditinstitute und den Vertreterorganisationen der Versicherungen.[1] Über diese beiden Kanäle wurden bis Anfang der 1980er Jahre fast alle Finanzdienstleistungen für private Haushalte abgesetzt.

Im Laufe der 1980er Jahre begannen unabhängige Finanzdienstleister mit dem Vertrieb von Bank- und Versicherungsprodukten.[2] Dabei werden Produkte verschiedenster Anbieter vertrieben und auch Finanzberatung angeboten. Diese Gesellschaften werden teilweise auch als Strukturvertriebe bezeichnet[3], die über einen selbständigen Außendienst Finanzprodukte vermitteln.[4]

In den 1990er Jahren kam der Direktvertrieb, d.h. Beratung und Verkauf ohne zwischengeschalteten Vermittler, direkt zwischen Institut und Kunde hinzu. Bevorzugte Kommunikationsformen waren Brief und Telefon. Erste Anbieter waren die Direktversicherungen, auf die schließlich die Direktbanken folgten.[5]

Durch die Entwicklung von Netzmärkten, wie dem World Wide Web, wurde der Vertrieb von Finanzdienstleistungen gerade in den letzten Jahren stark geprägt. Gründe hierfür waren die zunehmende Forderung der Kunden nach zeit- und ortsunabhängiger Inanspruchnahme sowie einer Senkung der Kosten von Finanzdienstleistungen.[6] Auf der Anbieterseite bieten die technischen Möglichkeiten eine weitere Chance, die Profitabilität des Retail-Geschäftes zu steigern. Die neuen Informations- und Kommunikationstechniken gehören damit zu den Haupteinflussfaktoren auf die Vertriebswegegestaltung im Finanzdienstleistungssektor.

Es sind also eine Vielzahl von Vertriebs- bzw. Kommunikationsformen zwischen Anbietern und Nachfragern vorhanden. Welche Eignung die einzelnen Formen für das Financial Planning haben, sollen die folgenden Abschnitte zeigen.

---

[1]   Zum stationären Vertrieb der Kreditinstitute vgl. Stracke/Geitner (1992), S. 479ff. Zu den traditionellen Vertriebsorganisationen von Versicherungen vgl. Stracke/Geitner (1992), S. 380ff.

[2]   Bekanntester deutscher Vertreter ist die Marschollek, Lautenschläger & Partner AG (MLP), die 1971 als Versicherungsmakler gegründet wurde und die seit 1988 börsennotiert und seit 2001 im Deutschen Aktien Index (DAX) vertreten ist, vgl. Lautenschläger (1996), S. 228ff.

[3]   Z.B. die DVAG, der AWD oder die Bonnfinanz, vgl. Stracke/Geitner (1992), S. 274.

[4]   Vgl. Stracke/Geitner (1992), S. 273. Die Bezeichnung "Strukturvertrieb" kommt von der ursprünglichen Vorgehensweise dieser Organisationen, bei der jeder Vertriebsmitarbeiter nach dem Schneeballsystem fortwährend neue "Strukturen" aufzubauen hatte, um so in höhere Hierarchiestufen aufzurücken. Daraus bildeten sich Organisationseinheiten mit bis zu 18 Hierarchiestufen, vgl. Stracke/Geitner (1992), S. 276. Diese Unternehmen haben sich in den letzten Jahren organisatorisch teilweise verändert, so dass die Bezeichnung "Strukturvertrieb" für einige dieser Gesellschaften nicht mehr zeitgemäß ist.

[5]   Vgl. Roemer (1998), S. 9.

[6]   Vgl. Carl (2000), S. 28; Gerpott/Knüfermann (2000), S. 38; Köcher (1998), S. 257f; Laker/Wübker/Baumgarten (2001), S. 431.

4.3.1 Darstellung und Beurteilung der Distributionsformen

Unter der Distributions- oder Vertriebspolitik versteht man die Auswahl und Realisierung von Entscheidungen bzgl. der Verfügbarkeit und physischen Präsenz von Leistungen. Das Ziel der Distributionspolitik ist demnach die angemessene Verfügbarkeit der Produkte am Markt.[7] Es geht dabei um die Gestaltung der Beziehungen zwischen dem anbietenden Unternehmen und dem Endverbraucher. Die Gestaltung dieser Beziehung ist von grundlegender Bedeutung, da durch sie die Kundenbindung als zentraler Erfolgsfaktor des Unternehmens mit geprägt wird.[8] Bei der vorliegenden Konzeption einer Beratungsdienstleistung wie dem Financial Planning soll nicht der Verkaufsvorgang als solches, sondern die Art der Beratungsdurchführung erörtert werden. Es ist zu klären, an welchem Ort und mit welchen Kommunikationsmitteln[9] die Finanzplanung entstehen soll. Dazu können zunächst die grundsätzlich gültigen Vertriebscharakteristika von Finanzdienstleistungen herangezogen werden.

Beim Vertrieb von Finanzdienstleistungen sind zwei Aspekte wesentlich. Zum einen ist der Ort des Verkaufs oder der Beratung zu wählen (Vertriebsdurchführungsentscheidung): Dabei stellen sich grundsätzlich zwei Alternativen: Beim Anbieter oder beim Kunden. Zum anderen ist die Schnittstelle zwischen dem Anbieter und dem Kunden zu betrachten (Vertriebswegeentscheidung). Erfolgt ein persönlicher Kontakt oder wird eine technische Verbindung etwa durch das Internet zwischen den Parteien hergestellt? Einen Überblick über die Arten des Vertriebs von Finanzdienstleistungen gibt die Abb. 4-5.

Abb. 4-5: Vertriebsarten für Finanzdienstleistungen

Quelle: Eigene Darstellung.

---

[7] Vgl. Böcker (1994), S. 297; Gierl (1995), S. 640.

[8] Vgl. Erat/Steinert (2001), S. 32; Wirtz/Lihotzky (2001), S. 286.

[9] Unter Kommunikationsmitteln werden hier die Instrumente der Kommunikationsabwicklung zwischen Anbieter und Nachfrager zur Durchführung der Finanzplanung verstanden und nicht etwa Maßnahmen der Werbung, wofür der Begriff Kommunikationspolitik im Marketing steht, vgl. Gierl (1995), S. 674ff.

Der konventionelle Vertrieb findet in einer Filiale des Anbieters mit persönlicher Kommunikation statt. Obwohl in Deutschland die Anzahl der Filialen kontinuierlich zurückgeht, sind neue Formen der Filialen zu beobachten. Das bekannteste Beispiel hierfür ist ein "Shop in the Shop"-Konzept der Bankfiliale im Supermarkt.[10] In den USA gibt es derartige Filialen bereits seit den 1960er Jahren, in Deutschland begann 1996 die Deutsche Bank mit der Einrichtung von Filialen in Supermärkten. Man verspricht sich von solchen Standorten mehr Bequemlichkeit für den Kunden durch räumliche Nähe und längere Öffnungszeiten. In den USA konnte gezeigt werden, dass Bankfilialen in Supermärkten weitaus profitabler zu betreiben sind als herkömmliche Filialen.[11] Entscheidend dabei ist die Lage des Supermarktes und die Zahl der dort frequentierenden Kunden.

Ebenfalls am Ort des Anbieters sind Selbstbedienungsterminals installiert. Dieser rein technische Kommunikationsweg wird für höchst standardisierte Vorgänge eingesetzt. Funktionen solcher Automaten sind etwa Konto- oder Depotinformationen mit den zugehörigen Transaktionsmöglichkeiten. Zunehmend erfolgte aber auch der Verkauf von Standardfinanzprodukten, wie Auslandsreisekrankenversicherungen oder Hausratversicherungen über diese Terminals.

Sehr vielfältige Möglichkeiten bietet die Variante der persönlichen Betreuung beim Kunden. Klassisch sind hier ebenfalls die Besuche von Außendienstmitarbeitern bei den Nachfragern zu Hause. Dies war bislang vor allem bei Versicherungen vorzufinden. Jetzt versuchen auch Kreditinstitute, vermögendere Klientel mit mobilen Beratern zu betreuen.[12] Eine Variante dieser Hausbesuche ist das Worksite-Marketing[13], bei dem die Vertreter den Kunden an seinem Arbeitsplatz aufsuchen und beraten. Damit wird für die Personen, die bei sich zuhause niemanden empfangen wollen und die ihren Arbeitsplatz nur schwer verlassen können, ein zusätzlicher Kommunikationsweg geschaffen. Dieses Konzept kann auch auf technischem Wege ausgebaut werden, indem z.B. ein Finanzdienstleister im Intranet eines Unternehmens auf seine Produkte aufmerksam machen kann. In den USA ist eine sehr gute Akzeptanz dieses Konzeptes in Verbindung mit Finanzerziehung am Arbeitsplatz festzustellen.[14] Weitere direkte Kommunikation ist durch das Telefon möglich. Der Kunde kann dabei an einem Ort seiner Wahl erreicht werden. Über das Telefon findet bei Direktversicherungen und Direktbanken mittlerweile auch Beratung statt.

Die nicht-persönliche Kommunikation beim Kunden kann klassischerweise per Brief oder Fax stattfinden. Weitaus mehr Möglichkeiten bieten allerdings technische Alternativen wie das Internet oder Stand-alone-Software. Die letztgenannte Variante sind EDV-Programme, die auf dem PC des Kunden Informationen vermitteln.[15] Bei den elektronischen Vertriebs- und Kom-

---

[10]   Vgl. Berger/Hoock (1998), S. 864; Flur/Ledet/McCoy (1996), S. 76; Leitermann (1998), S. 620.

[11]   Vgl. Flur/Ledet/McCoy (1996), S. 76f.

[12]   Vgl. Karsch (2001), S. 570; Weingarth (1999), S. 10; Weingarth (2000), S. 236. Ein Beispiel hierfür ist das Vertriebskonzept der Advance Finanzplanung, die aus der Dresdner Vermögensberatungsgesellschaft, der Advance Bank und der Finanz- und Vermögensplanung der Allianz AG hervorgegangen ist.

[13]   Vgl. Flur/Mendonca/Nakache (1997), S. 122; Kirkland/Welsh (1997), S. 138.

[14]   Vgl. Kirkland/Welsh (1997), S. 142. Zum Thema Finanzerziehung vgl. Abschnitt 4.2.2.1.

[15]   Vgl. auch zur Beratungssoftware Abschnitt 4.2.2.2.

munikationsformen ist zwischen den Anwendungen des WWW (Internet, E-Mail) und den mobilen Anwendungen mittels Mobiltelefonen (SMS, WAP, UMTS etc.) zu unterscheiden.[16] Für das Financial Planning im Retail-Segment stellt sich aufgrund seiner Besonderheiten die Frage, welche Vertriebsart bzw. welche Kombination der Vertriebswege die geeignete ist. Aufgrund ihrer besonderen Bedeutung für das Retail-Geschäft werden in erster Linie die elektronischen Distributionsformen aufgegriffen.

4.3.2 Internetbasierte Distributionsformen und Financial Planning

In den 1990er Jahren wurde das World Wide Web mit seinen Diensten Internet, E-Mail etc. für den zivilen Einsatz entwickelt, womit die Entwicklung der Internetökonomie begann.[17] Zunächst wurde das Internet nur als Marketinginstrument benutzt. Heute können nahezu alle Wertschöpfungsaktivitäten eines Unternehmens über dieses Medium angeboten bzw. unterstützt werden.[18] Gefördert wurde diese Entwicklung durch die rasche Verbreitung des Internets aufgrund des Ausbaus der Datennetzinfrastrukturen, die ihrerseits zur Bildung von elektronischen Märkten führten.

Von einem elektronischen Markt spricht man, wenn "...alle oder zumindest wesentliche Phasen und Funktionen marktmäßig organisierter Leistungskoordination mit Hilfe informationstechnischer Systeme abgewickelt und unterstützt werden."[19] Dies bedeutet insbesondere, dass Informations- und Kommunikationsprozesse zwischen den Marktteilnehmern primär in einem virtuellen System stattfinden.

In elektronischen Märkten können besondere Effizienzeffekte festgestellt werden.[20] Es findet ein Abbau räumlicher und zeitlicher Friktionen statt. Internetangebote sind jeden Tag rund um die Uhr (7x24 Stunden pro Woche) verfügbar und dies an jedem Ort der Welt, an dem eine Verbindung zum Datennetz aufgebaut werden kann. Weiterhin sind die Kosten für den Markteintritt verhältnismäßig gering in Anbetracht der potenziell erreichbaren Marktteilnehmer. Der Einsatz des Internets reduziert i.d.R. die Transaktionskosten durch die Überwindung von Informationsproblemen.[21] Durch die Reduktion der Beschaffungskosten werden mehr Informationen gesammelt und verarbeitet. Dies bewirkt eine höhere Markttransparenz und ein effizienteres Koordinationsergebnis.[22] Zur Bewältigung der Informationsflut und Realisierung der Effizienzeffekte sind sog. Informationsintermediäre oder elektronische Agenten notwendig, welche die Marktteilnehmer bei der Informationsselektion unterstützen.[23] Letztlich erset-

---

[16] Aufgrund ihrer besonderen Bedeutung für das vorliegende Thema werden die elektronischen Kommunikationsmöglichkeiten in den Abschnitten 4.3.2.1 und 4.3.2.2 gesondert untersucht.

[17] Vgl. Loebbecke (2001), S. 93; Wirtz/Lihotzky (2001), S. 285.

[18] Vgl. Porter (2001), S. 74f.

[19] Reus (1998), S. 51.

[20] Vgl. Buhl/Mellwig (2001), S. 2f; Porter (2001), S. 70f; Reus (1998), S. 57ff.

[21] Vgl. Burkhardt (1998), S. 120f; Burkhardt/Lohmann (1998b), S. 32; Loebbecke (2001), S. 100.

[22] Vgl. Wirtz/Lihotzky (2001), S. 288.

[23] Vgl. Pechtl (2001), S. 115; Pedersen/Nysveen (2001), S. 146.

zen die elektronischen Märkte auch die menschliche Arbeitskraft. Durch mögliche Personal-
reduktionen werden Kostensenkungseffekte wirksam.

Der Finanzdienstleistungssektor ist von der Entwicklung der elektronischen Märkte, insbesondere des Internets, in spezieller Weise betroffen, beruht doch die Leistungserstellung im
finanziellen Sektor zu wesentlichen Teilen auf der immateriellen Informationsverarbeitung.[24]

Insgesamt kann also durch Effizienzsteigerungen von einem Kostensenkungspotenzial auf
elektronischen Märkten gegenüber herkömmlichen Märkten ausgegangen werden. Dies
spricht vor allem für den Einsatz im Retail-Geschäft von Finanzdienstleistern, wo die Profitabilitätsproblematik wesentlichen Raum einnimmt.[25] Zudem eignen sich die elektronischen
Distributionskanäle aufgrund ihrer immer stärker wachsenden Verbreitung in allen Schichten
der Bevölkerung in besonderer Weise für Retail-Produkte.[26]

4.3.2.1 Internetberatung – Instrumente und Anwendung

Eine der ursprünglichen Intentionen des Direkt- und Internetvertriebs war die Kostensenkung
im Vertrieb. Durch technische Hilfsmittel wurden menschliche Arbeitskräfte, deren Aufgabe
der Verkauf und die Beratung der Produkte war, zunehmend weniger gebraucht. Daraus resul-
tierten viele Finanzdienstleistungsangebote, die ohne Beratung offeriert wurden. Bestes Beispiel sind die Direkt-Broker, die bislang nur Wertpapiertransaktionen und -verwahrung sowie
Informationsservices im Internet oder per Telefon vorhielten. Inzwischen ist man aber zu der
Einsicht gekommen, zunehmend Beratungsangebote aufzubauen.[27] Man konnte feststellen,
dass auch Personen ohne Beratungsbedarf in volatilen Börsenzeiten nach Beratung fragen,
bzw. sich die Beratung bei Wettbewerbern holen und so die Gefahr des Kundenverlustes besteht. Zudem gibt es eine große Kundengruppe, die nach wie vor Entscheidungshilfen benötigt
und die als Neukunden nur durch entsprechende Services gewonnen werden können. Insgesamt ist im Zuge der weiteren Entwicklung der Vertriebskanäle bei Finanzdienstleistungen
eine wachsende Betonung des Beratungsaspektes zu beobachten.[28]

Unter dem Begriff Internetberatung werden alle beratenden Aktivitäten mittels elektronischer
Kommunikationsformen, die auf dem Internet basieren, verstanden. Dazu gehören neben dem
zentralen Element Internet auch E-Mail oder virtuelle Agenten.

Grundsätzlich eignet sich für die Beratung das Instrument Internet sehr gut, da es sich um eine
immaterielle Dienstleistung handelt.[29] Der Einsatz des Internet in der Beratung bringt dementsprechend eine Reihe von Vorteilen, aber auch ernstzunehmende Nachteile mit sich (vgl. Abb.
4-6).

---

[24] Vgl. Burkhardt/Lohmann (1998b), S. 26; Morasch/Welzel (2000), S, 2; Schackmann/Link (2001a), S. 2.

[25] Vgl. Clemons/Hitt (2000), S. 2; Krick (1998), S. 1085.

[26] Vgl. Flur/Mendonca/Nakache (1997), S. 123; Instenberg-Schieck (1999), S. 607.

[27] Vgl. Schröder (2001), S. 16. Die Direktanlagebank eröffnet z.B. Kundencenter, und Consors bietet Telefon-
      beratung an.

[28] Vgl. Karsch (2001), S. 570.

[29] Vgl. Link/Schackmann (2000), S. 2; Pechtl (2001), S. 117.

Positiv sind die aus den technischen Möglichkeiten resultierenden Aspekte wie Flexibilität und Informationsverarbeitungseffizienz zu bewerten. Wichtig bei Finanzdienstleistungen ist der Vorteil des fehlenden Abschlussdrucks, da kein Berater aktiv zum Abschluss eines Vertrages drängen kann. Für viele Konsumenten spielen auch die geringeren Kosten eine zunehmende Rolle, die im Allgemeinen bei der Nutzung elektronischer Vertriebswege entstehen.[30]

Abb. 4-6:   Vor- und Nachteile der Internetberatung aus Kundensicht

➕ Vorteile	Nachteile ➖
• Zeitliche und räumliche Flexibilität • Aktualität und Quantität der Informationen • Informationsverarbeitungsgeschwindigkeit • Vertrautes Beratungsumfeld • Kein Abschlussdruck • Geringere Kosten	• Sicherheitsrisiken • Unpersönlichkeit/Anonymität • Fehlendes Vertrauensverhältnis • Kaum Verhandlungsmöglichkeiten • Geringere Individualisierungsmöglichkeiten im Vergleich zur persönlichen Beratung

Quelle: Eigene Darstellung.

Demgegenüber stehen jedoch die nach wie vor relevanten Sicherheitsbedenken, die besonders beim Umgang mit persönlichen Finanzdaten relevant sind.[31] In Verbindung mit der Anonymität führen die Sicherheitsrisiken zu einem gestörten Vertrauensverhältnis des Kunden zum Finanzdienstleister. Fehlendes Vertrauen ist aber ein K.O.-Kriterium, wenn es um Finanzdienstleistungen geht.[32] Dies ist besonders bei neuen Anbietern ohne bestehende Reputation problematisch. Bei einer Beratung im Internet bestehen zudem für den Kunden kaum Möglichkeiten, über Konditionen etc. zu verhandeln.[33] Dies ist in einem persönlichen Gespräch weitaus besser möglich, wodurch die Kosten ebenfalls reduziert werden können. Zwar sind die Möglichkeiten, individualisierte Angebote im Internet zu erstellen, inzwischen sehr groß (vgl. Abschnitt 4.3.2.2). Vergleicht man jedoch die Qualität der Individualisierung mit einer persönlichen Kommunikation, so kann das Internet sicherlich noch nicht ein entsprechendes Qualitätsniveau liefern.

Die Entwicklung der Internetberatung zeigt, dass man genau die fehlende persönliche Komponente immer mehr einzubringen versucht. Wie der Abb. 4-7 zu entnehmen ist, wird die Entwicklung der Beratung im Internet geprägt durch eine zunehmende Interaktivität und Individualität der Dienstleistung.

---

[30] Vgl. Carl (2000), S. 30; Mols (1998), S. 196. Durch die Individualisierungsmöglichkeiten des Internets bei der Bepreisung und beim Leistungsangebot (vgl. Abschnitt 4.3.2.2) sinkt die Vergleichbarkeit der Preise, was den Anbietern die Möglichkeit eröffnet, Kosteneinsparungen selbst zu vereinnahmen, vgl. Pechtl (2001), S. 120f.

[31] Vgl. Baldi/Achleitner (1998), S. 239.

[32] Vgl. Pedersen/Nysveen (2001), S. 146; Urban/Sultan/Qualls (2000), S. 40.

[33] Vgl. Höper (2000), S. 398.

Die Entwicklung begann mit der statischen Bereitstellung von Informationen, als beispielsweise Finanzproduktinformationen oder aktuelle Wertpapierkurse ins Netz gestellt wurden.
Durch die Möglichkeit, Informationen nach den Kundenwünschen zu personalisieren, konnten
Interaktivität und Individualität gesteigert werden. Wenn es um den Stand der Internetberatung bei Banken und Versicherungen in Deutschland geht, dann beschränkt sich das Angebot
bislang noch weitgehend auf derartige Services.[34] Andere Formen der Online-Beratung finden
sich nur vereinzelt. Die Internetangebote der Produktvermittler und Strukturvertriebe ergänzen
die Informationsangebote vielfach um Kalkulationstools. Mit diesen Werkzeugen können singuläre Berechnungen wie etwa eine Versorgungslücke, Ratenkredite oder Sparpläne berechnet
werden.

Abb. 4-7: Entwicklung der Internetberatung

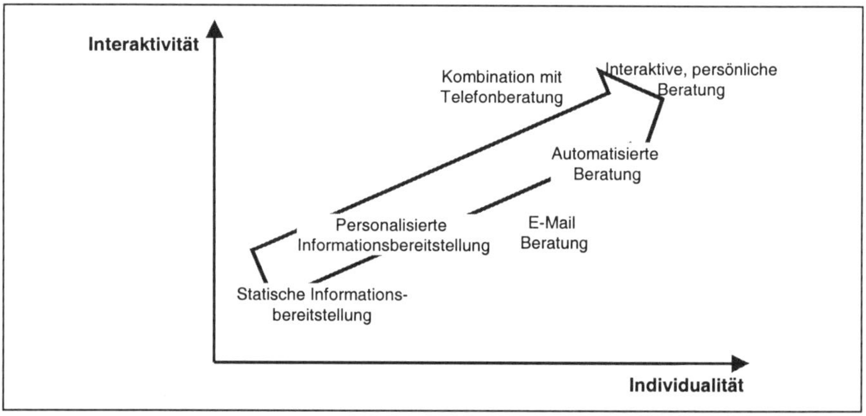

Quelle: Eigene Darstellung.

Erst der Einsatz von E-Mail als Kommunikationsmittel gestattet es, die Individualität wesentlich zu steigern. E-Mail ist durch ihre Einfachheit und Schnelligkeit zum wichtigsten Kommunikationskanal im Internet geworden.[35] Die Beratung mittels E-Mail erfordert in den meisten Fällen den Einsatz von qualifizierten Mitarbeitern, die elektronische Post verfassen oder
beantworten.[36] Dabei ist zu beachten, dass es aufgrund der niedrigen Hemmschwelle zum Abschicken einer E-Mail sehr leicht zu einer Flut an elektronischer Post kommen kann, deren
Bearbeitung wertvolle Ressourcen bindet.

---

[34] In einer Studie von CSC Ploenzke verfügten 80% von 26 untersuchten Versicherungsunternehmen über keine Beratungsangebote im Internet, die über die Bereitstellung von personalisierten Informationen hinausge-
hen, vgl. Altenburger/Pohl (2000), S. 295. Eine Untersuchung von Mummert + Partner unter 50 Kreditinstituten und Versicherern kam zu ähnlichen Ergebnissen, vgl. o.V. (2000a), S. 32. Insgesamt sind die Angebote
der Banken hinsichtlich der Funktionalitäten weiter entwickelt als die der Versicherungen, vgl. Buhl/Mellwig
(2001), S. 8.

[35] Vgl. Erat/Steinert (2001), S. 33.

[36] Vgl. Pechtl (2001), S. 116; Schmidt (2000), S 51.

Noch mehr Interaktivität bietet die Internetberatung in Kombination mit dem Telefon. Dabei werden z.B. Kalkulationstools für Finanzierungen im Internet vorgehalten und bei Bedarf kann der Kunde einen persönlichen Berater hinzuziehen.[37] Durch den Einsatz von virtuellen Beratern kann eine gewisses Maß an Individualität und Interaktivität bei gleichzeitig geringem Personaleinsatz realisiert werden.

Die Internetberatung mit dem höchsten Grad an Individualität und Interaktivität ist eine interaktive persönliche Beratung. Dazu wird ein Bild des persönlichen Beraters über das Internet übermittelt, der die Beratung, durch elektronische Beratungstools unterstützt, in Echtzeit durchführt. Dazu werden allerdings leistungsstarke Übertragungstechniken benötigt: diese Breitbandtechnologie wird jedoch flächendeckend erst in einigen Jahren verfügbar sein. In einer europäischen Fokusgruppen-Umfrage gaben 60% der Retail-Kunden und 75% der vermögenden Kunden aus Deutschland an, solche interaktiven Breitband-Beratungsleistungen grundsätzlich nutzen zu wollen.[38]

Die Beratung über das Internet wird umso schwieriger, je komplexer die Beratungsaufgabe ist. Umfassendes Financial Planning, das Mehrthemenpläne erstellt, ist wohl die komplexeste Beratungsvariante überhaupt. Deshalb werden zunächst für die einfachere, themenzentrierte Finanzplanung Anwendungen konzipiert und angeboten.[39] Es ist größtenteils eine Frage der Technik, inwieweit menschliche Komponenten oder der Mensch selbst in das Internet integriert werden können, um auch umfassendere Finanzplanungen anbieten zu können. Welche Möglichkeiten zur Weiterentwicklung des Internets bestehen, zeigen die folgenden beiden Abschnitte.

4.3.2.2 Individualisierung internetbasierter Beratung

Ein vieldiskutierter Erfolgsfaktor von Unternehmen ist deren Kundenorientierung.[40] Die Individualisierung (synonym Personalisierung) von Produkten und Dienstleistungen ist eine Möglichkeit, kundenorientiert zu handeln. Dem gegenüber steht die Notwendigkeit der Standardisierung, um speziell im Mengengeschäft profitable Angebote vorhalten zu können. Diese beiden Forderungen erscheinen zunächst widersprüchlich. Dennoch ist man vor allem im Retail-Geschäft der Finanzdienstleister bestrebt, eine Entwicklung weg von der Standardisierung und Vermassung hin zum sog. Customizing ("Maßschneidern") oder der Individualisierung des Massengeschäftes zu realisieren.[41] Unter Individualisierung ist dabei nicht Variantenreichtum, sondern eine kundenspezifische Bedürfnisbefriedigung zu verstehen.[42]

---

[37] Realisiert ist dies z.B. bei der Advance Bank, vgl. Buhl/Kundisch/Steck (2001), S. 2.

[38] Vgl. Kshirsagar/McNamara/Weir (2001), S. 15. Die Aussagekraft der Untersuchung ist beschränkt, da in fünf europäischen Ländern insgesamt lediglich 75 Personen befragt wurden.

[39] Vgl. Clemons/Hitt (2000), S. 3.

[40] Vgl. Link/Schackmann (2000), S. 2; Schackmann/Steck/Hummer/Rödl (2000), S. 2f.

[41] Vgl. Betsch (2000), S. 8; Reiß/Koser (2001), S. 138, Schackmann/Link (2001a), S. 1.

[42] Vgl. Link/Schackmann (2000), S. 4.

Dem Anspruch an individuell zugeschnittenen Produkten und Dienstleistungen kann mit Hilfe des Internets näher gekommen werden.[43] Durch diesen Einbezug des Kunden in den Wertschöpfungsprozess wird der Konsument zum "Prosumer".[44] Er wird zum Mitproduzenten der erstellten Leistung. Eine solche Integration des Konsumenten kann z.b. auch durch Online-Communities (Diskussionsforen) erreicht werden.[45] Die Beliebtheit von Finanz-Communities, in denen selbstbestimmt und selbstverantwortet über Finanzthemen berichtet und diskutiert wird, unterstreicht die Akzeptanz derartiger individualisierter Massenangebote.

Das Gestaltungspotenzial des Internets liegt auf verschiedenen Funktionalitätsebenen. Es eignet sich als benutzergerechte Informationsquelle, als Medium für personalisierte Kommunikation und kann zugleich Basis für individualisierte Transaktionen sein.[46] Der Individualisierungsgrad reicht von einer Ausrichtung auf homogene Gruppen bis hin zur 1:1 Ausrichtung auf einzelne Personen.[47] Das Internet ermöglicht Individualisierung in drei Kategorien: Leistungsangebote, Konditionengestaltung und Kommunikationskanäle. Die Kombination dieser drei Individualisierungskategorien ergibt zusammen die Individualisierungsmöglichkeiten des Internet, wie sie in der Abb. 4-8 gezeigt werden.

Abb. 4-8: Individualisierungsmöglichkeiten für Financial Planning im Internet

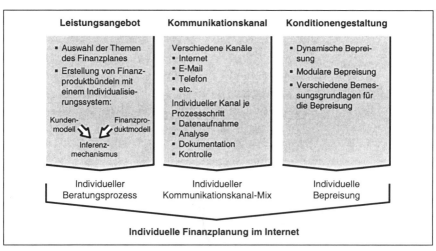

Quelle: Eigene Darstellung.

---

[43] Vgl. Fridgen/Steck (2001), S. 5; Wirtz/Lihotzky (2001), S. 289.

[44] Vgl. Michel (1999), S. 73. Der Begriff "Prosumer" setzt sich aus den Komponenten "producer" und "consumer" zusammen. Ein Prosumer ist letztlich Mitproduzent der Leistung, die er konsumiert.

[45] Vgl. Buhl/Mellwig (2001), S. 19f; Buhl/Wolfersberger (1999b), S. 115; Pechtl (2001), S. 111; Reiß/Koser (2001), S. 138.

[46] Vgl. Reiß/Koser (2001), S. 135.

[47] Vgl. Buhl/Wolfersberger (1999a), S. 5; Heigl (2000), S. 302; Veil (2000), S. 42; Veil/Behr/Ackert (2001), S. 44.

Die Erstellung **individualisierter Leistungsangebote** wird im Internet durch die beliebige Bündelbarkeit von Komponenten möglich.[48] Dabei sind beim Financial Planning zwei Arten des Bündelns möglich. Erstens kann der eigentliche Beratungsprozess aus verschiedenen Komponenten bestehen und zweitens kann die Empfehlung der Finanzplanung ein Bündel von Finanzprodukten (z.b. Anlage- oder Versicherungsprodukte) sein.

Vorab wählt der Kunde also (zuerst), welche Leistungskategorien überhaupt in den Beratungsprozess miteinbezogen werden sollen. Nach seinen persönlichen Präferenzen kann der Kunde im Rahmen seiner Finanzplanung z.b. eine Altersvorsorge sowie eine Erbschaftsplanung durchführen. Damit fällt die Entscheidung zwischen einer umfassenden oder themenzentrierten Finanzplanung.

Um für den Massenmarkt derart individualisierte Produkte (Leistungsbündel) automatisiert herzustellen zu können, muss ein Individualisierungssystem vorhanden sein, das einem Kunden das entsprechende Produkt zuordnet. Dieses System stellt den eigentlichen Beratungsprozess dar. Ein solches System besteht nach SCHACKMANN/LINK aus drei Komponenten: Dem Kundenmodell, dem Finanzproduktmodell und einem Inferenzmechanismus.[49] Im Mittelpunkt der Individualisierungsbemühungen steht die Person des Kunden, die durch ein Kundenmodell abgebildet wird. Es gilt herauszufinden, welche Wünsche und Vorstellungen der Kunde hat. Dazu gehört auch die Kenntnis seiner persönlichen und finanziellen Situation sowie seiner Bedürfnisse und Verhaltensweisen (vgl. Kapitel 3). Im Finanzproduktmodell werden die Produkte in Form ihrer beurteilungsrelevanten Merkmalsdimensionen repräsentiert. Der Inferenzmechanismus ordnet dem Kunden anschließend das Produkt(-bündel) mit dem höchsten Nutzen zu.[50]

Der Kunde wird in den Beratungsprozess integriert und bestimmt wesentliche Elemente selbständig. Neben diesen eher qualitativen Vorteilen ergeben sich aus der Individualisierung auch quantitative Vorteilhaftigkeitspotenziale. Auf der Kundenseite führen Empfehlungen, die aufgrund allgemeiner Faustregeln getroffen werden, oftmals zu suboptimalen Ergebnissen. Durch kundenspezifische Lösungen lassen sich für Anbieter und Nachfrager optimalere Resultate erzielen.[51]

Eine zusätzliche Individualisierungsmöglichkeit besteht hinsichtlich der **Kommunikationskanäle** im Internet bzw. in dessen Umfeld. Bei der Finanzberatung im Internet sind hierunter die Kommunikationskanäle zu verstehen, über die Informationen transferiert werden können. So kann etwa die Datenaufnahme, die Übermittlung von Ergebnissen oder die laufende Kontrolle der Zielerreichung durch elektronische Medien erfolgen. In erster Linie sind dies die

---

[48]   Vgl. Kern (2000), S. 372; Link/Schackmann (2000), S. 4; Link/Schackmann (2001b), S. 3.

[49]   Vgl. Schackmann/Link (2001a), S. 5.

[50]   Solche Inferenzmechanismen sind beispielsweise regelbasierte Expertensysteme, künstliche neuronale Netze, Vektormatching oder Collaborative Filtering. Für detailliertere Ausführungen zu den Inferenzmechanismen vgl. Link/Schackmann (2000), S. 6 und die dort angegebene Literatur.

[51]   WOLFERSBERGER verdeutlicht dies anhand eines Modells zu optimalen Disagiovariante eines Festdarlehens, vgl. Wolfersberger (2000), S. 23f. Für weitere Beispiele zur Vorteilhaftigkeit kundenindividueller Finanzprodukte aus den Bereichen Kreditfinanzierung, Leasingfinanzierung und Anleihen vgl. Roemer (1998), S. 64 bis 68 und die dort zitierte Literatur.

direkt mit dem Internet in Verbindung stehenden Elemente wie z.B. E-Mail. Darüber hinaus sind die Möglichkeiten des mobilen Internets wie SMS, WAP oder UMTS für einfachere Aufgaben nutzbar. Nicht zuletzt lassen sich die traditionellen Kanäle wie Telefon oder Fax ohne Probleme als Kommunikationskanäle einbinden.

Das Internet ermöglicht weiterhin eine **personalisierte Konditionengestaltung**. Neben der grundsätzlichen Möglichkeit separater Preise für internetbasierte Kommunikation[52] können noch weiter individuelle Preisgestaltungen vorgenommen werden. Denkbar sind bilaterale, vertrauliche Preisbildungen, die für jeden Anwender dynamisch aufgrund bestimmter Parameter (z.B. Kundenstatus, Profitabilität) generiert werden.[53] Die bereits beschriebene modulare Struktur kann ebenfalls durch einzelne Bepreisung Individualität hervorbringen. Zusätzlich können unterschiedliche Bemessungsgrößen für die Bezahlung angeboten werden. Vorstellbar sind Zeit, Volumen des Datentransfers, benutzte Module etc.

Eine Grenze der Individualisierung ist auf der Kundenseite der bestehende Wunsch nach Diskretion. Persönliche Informationen, die zu einer Personalisierung notwendig sind, einer zunächst anonymen Internetseite anzuvertrauen, ist für viele Nutzer nicht akzeptabel. Auf der Anbieterseite müssen Kosten-Nutzen-Betrachtungen durchgeführt werden. Für eine weitgehende Individualisierung sind die technischen Voraussetzungen zu schaffen, die nicht unerhebliche finanzielle Investitionen und laufende Kosten verursachen.[54] Dabei sind die Kosten für individualisierte Produkte nicht von der Ausbringungsmenge, sondern lediglich vom Individualisierungsgrad abhängig.[55] Um die erlangten Kundeninformationen sinnvoll auswerten zu können, sind ebenfalls die notwendigen Ressourcen bereitzustellen.[56] Eine Personalisierung lohnt für den Anbieter also nur, wenn der Kunde den zusätzlichen Nutzen wahrnimmt und dies durch die Entrichtung von Gebühren oder anderweitigen Produktkäufen honoriert.

4.3.2.3 Softwareagenten

Eine Finanzplanung versteht sich nicht als isolierte Einzelleistung, sondern als eine adäquate Problemlösung durch Leistungsbündel. Teilleistungen können z.B. eine Ist-Aufnahme der finanziellen Situation, eine Berechnung der Altersversorgungslücke oder der Vergleich von verschiedenen Versicherungen sein. Durch die Kombination von verschiedenen Elementen entsteht ein an den Bedürfnissen des Kunden orientiertes Angebot, wodurch die Qualität des Gesamtangebotes gesteigert wird. Für den Anbieter ergeben sich aus der Leistungsbündelung u.U. Erlössteigerungen, wenn die Nachfrager unterschiedliche Zahlungsbereitschaften bzgl. einzelner Komponenten und des gesamten Bündels aufweisen.[57] Um solche Leistungen im Internet zu einem Leistungsbündel zusammenstellen zu können, eignen sich Softwareagenten.

---

[52] Vgl. Paluhn (1998), S. 567.
[53] Vgl. Clemons/Hitt (2000), S. 4; Reiß/Koser (2001), S. 138.
[54] Vgl. Link/Schackmann (2001b), S. 8f.
[55] Vgl. Link/Schackmann (2000), S. 5.
[56] Vgl. Buhl/Wolfersberger (1999a), S. 13; Fridgen/Steck (2001), S. 7ff.
[57] Vgl. Hofmann/Deschner/Dümpe/Will (1999), S. 4.

Bislang besteht keine allgemein akzeptierte Definition des Begriffes Softwareagent.[58] Im Weiteren sollen unter einem intelligenten Softwareagenten Programme verstanden werden, die reaktiv, autonom und zielorientiert im Auftrag einer Person arbeiten. Im Gegensatz zu gewöhnlichen Computerprogrammen soll ein Agent hinreichend schnell auf seine Umwelt reagieren, eine gewisse selbständige Kontrolle über seine Handlungen vorweisen und selbständig vorgegebene Ziele verfolgen.[59] Die zentrale Fähigkeit eines Softwareagenten besteht darin, bestimmte Aufgaben- oder Problemstellungen möglichst selbständig zu bearbeiten und so den Benutzer zu entlasten.[60]

Die Komplexität der finanziellen Situation eines privaten Haushaltes in Verbindung mit der unstrukturierten Informationsvielfalt des Internets verlangt nach komplexitätsreduzierenden Elementen.[61] Softwareagenten sind solche Elemente, da sie helfen, durch eine automatisierte Informationssuche und -verarbeitung finanzielle Entscheidungen vorzubereiten. Dies wirkt sich nicht nur auf die Nachfrager, sondern auch auf die Anbieter von solchen Systemen positiv aus. Eine Untersuchung zum Loyalitätsverhalten von Bankkunden in Norwegen hat jedenfalls gezeigt, dass der Einsatz von einfachen Informationsagenten bei bislang zufriedenen Kunden einen positiven Bindungseffekt hatte.[62]

In Anlehnung an eine allgemeine Kategorisierung von Softwareagenten[63] können für das Financial Planning drei Arten mit unterschiedlichen Anwendungsfelder identifiziert werden (vgl. Abb. 4-9).

---

[58] Vgl. Burkhardt (1998), S. 107; Hofmann/Deschner/Dümpe/Will (1999), S. 6. Softwareagenten sind Forschungsgegenstand in verschiedenen Wissenschaftsdisziplinen, z.B. in der künstlichen Intelligenz, der theoretischen Informatik, dem Software Engineering oder den Wirtschaftswissenschaften.

[59] Vgl. Burkhardt (1998), S. 107.

[60] Vgl. Zarnekow (1998), S. 363.

[61] Vgl. Pechtl (2001), S. 115. Nach PECHTL kann wegen der Informationsflut des Internets die Informationssuche des Nachfragers nur kostengünstiger und besser gelöst werden, wenn diese an Softwareagenten delegiert ist.

[62] Vgl. Pedersen/Nysveen (2001), S. 154.

[63] Vgl. Burkhardt (1998), S. 108; Zarnekow (1998), S. 366.

Abb. 4-9: Anwendungsfelder intelligenter Softwareagenten im Financial Planning

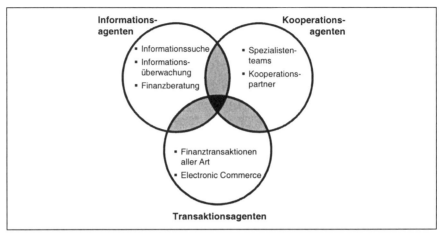

Quelle: Eigene Darstellung.

Die Aufgabenschwerpunkte der Informations-, Kooperations- und Transaktionsagenten sind nicht trennscharf abzugrenzen. Die Anwendungsfelder können sich demnach in Einzelfällen überschneiden. Die Nutzung der Agenten in Verbindung mit einer Finanzplanung kann sich auf einzelne Anwendungen oder Kombinationen von Agenten beziehen.

Die Informationsagenten helfen bei der Suche und Filterung nach relevanten Informationen.[64] Beispielhaft sind die zahlreichen Suchmaschinen anzuführen, mit deren Hilfe das Internet nach Finanzinformationen durchsucht werden kann. Daneben sind aber auch spezielle Agenten im Einsatz, die den Anwender beobachten und daraus Rückschlüsse auf die Bedürfnisse ziehen. Interessiert sich etwa jemand besonders für asiatische Investmentfonds und steuerorientierte Anlagen, so trägt der Agent auf Wunsch Informationen zu diesen Themen zusammen. Für die Finanzplanung spielen Produktvergleiche eine wichtige Anwendungsform, bei der Softwareagenten eingesetzt werden. Die Programme durchsuchen dabei das Internet nach den entsprechenden Finanzprodukten und vergleichen diese selbständig anhand definierter Parameter.

Auch die Informationsüberwachung spielt bei der Kontrolle der Finanzpläne eine Rolle. Agenten sind in der Lage, bestimmte Informationsquellen zu überwachen und etwaige Änderungen dem Benutzer zu melden. Beispielsweise könnten dem Anwender durch Überwachung der Wertpapierkurse Depotveränderungen, die seinen Finanzplan signifikant verändern, übermittelt werden. Auch eine veränderte Inflationsrate könnte sofort in den Plan eingearbeitet und dieser fortlaufend aktualisiert werden.

---

[64] Vgl. Pechtl (2001), S. 111.

Bei der Finanzplanung selbst können Agenten den Benutzer unterstützen. Durch sog. Ratgeber-Agenten sind auch schwierige Analysen und Planungen durchführbar.[65] Für derartige komplexe Problemstellungen eignen sich die Kooperationsagenten, die mit anderen Agenten zusammenarbeiten und kommunizieren. Ähnlich wie Spezialistenteams, die gemeinsam ein Financial Planning durchführen, können auch Softwareagenten interagieren. So sind Spezialisten für Versicherungs- und Bankprodukte oder auch Immobilienexperten denkbar, die fallweise gemeinsam Probleme lösen. Dabei muss die Kooperation nicht auf das eigene Haus beschränkt bleiben. Wie bei realen Unternehmen ist auch die Zusammenarbeit zwischen spezialisierten Anbietern vorstellbar. So können reine Finanzplaner mit Vergleichsanbietern oder Finanzproduktanbieter mit Agenten kooperieren.

Die Transaktionsagenten dienen der Durchführung von Geschäftsprozessen aller Art. Damit ist zukünftig die Erteilung eines Auftrags für ein Financial Planning oder der Kauf von zusätzlichen Informationsmaterialen mittels Agenten denkbar. Besonders interessant ist hier aber die Umsetzung der Handlungsempfehlung der Finanzplanung. Die erforderlichen Finanztransaktionen können beispielsweise direkt durch einen Agenten an eine Bank, Versicherung oder Bausparkasse weitergeleitet werden. Durch sie erfolgt auch die Überwachung der Durchführung der Aufträge.

Ein Szenario für die Zusammenarbeit mehrerer Agenten bei einer themenzentrierten Finanzplanung könnte wie folgt aussehen: Es soll die Altersvorsorge eines privaten Haushaltes optimiert werden. Die Koordination der beteiligten Softwareagenten übernimmt ein virtueller Berater (Kooperationsagent), der die Wünsche des Kunden aufnimmt und ihm die Ergebnisse präsentiert. Dazu erstellt ein Agent (Informationsagent) die Analyse der aktuellen Situation und arbeitet die erforderlichen Strategieempfehlungen aus. Zur Datensammlung bedient er sich mehrerer Quellen. Er benötigt z.B. die gegenwärtigen Rentenansprüche der Person von der Sozialversicherung, die finanzielle Ist-Situation des Haushaltes und die Fördermöglichkeiten des Staates vom zuständigen Ministerium. Ein weiterer Agent (Informationsagent) vergleicht die vorgeschlagenen Finanzprodukte aus der Kategorie Kapitallebensversicherung und macht verschiedene Vorschläge. Nach der Auswahl eines Produktes durch den Kunden initiiert der nächste Agent (Transaktionsagent) den Kauf einer Kapitallebensversicherung bei einer Versicherung. Ein weiterer Agent (Informationsagent) überwacht die Entwicklung des Wertes der Versicherung und informiert den Kunden regelmäßig bis zur Auszahlung der Altersvorsorge. Dieses Szenario ist natürlich vom heutigen Standpunkt aus als rein idealtypisch anzusehen. In der Realität bestehen zahlreiche Restriktionen, die zu Medienbrüchen führen und eine derartige Abwicklung nicht zulassen. Dennoch ist davon auszugehen, dass die Umsetzung solcher Verfahren in der Zukunft ermöglicht werden wird.

Eine Visualisierungsmöglichkeit für diese Softwareagenten sind virtuelle Berater, die auch "Bots" oder "Avatare" genannt werden.[66] Solche Roboter-Software zeigt sich als animierte menschenähnliche Figur, die mit dem Benutzer kommuniziert und gewisse menschliche Ver-

---

[65] Vgl. Hofmann/Deschner/Dümpe/Will (1999), S. 7; Zarnekow (1998), S. 368.

[66] Zur Herkunft der Bezeichnungen vgl. Kapoun (2001), S. 31f.

haltensweisen nachahmt.[67] Die zugrunde liegende Idee ist der Aufbau einer individuelleren Kommunikation mit dem Kunden. Avatare können die Kommunikation in Form einer Textausgabe oder auch in gesprochener Form durchführen. Die Fähigkeit zur Verarbeitung von Sprache ermöglicht zudem die Integration von Telephonie in den Kommunikationsprozess.[68] Der Bot reagiert auf Anfragen, fragt zurück, falls er weitere Informationen benötigt, und stellt zusätzliche Informationen bereit, die für den Kunden einen Zusatznutzen bieten könnten. Insbesondere bei Finanzdienstleistern sind solche Avatare zu finden.[69] Diese virtuellen Personen befinden sich derzeit noch in einem frühen Entwicklungsstadium. Zwar verfügen sie über eine breite Wissensbasis, lernen während der Kommunikation dazu und artikulieren sich, doch kann von einer richtigen Interaktion, wie sie in einem persönlichen Gespräch stattfindet, noch nicht gesprochen werden.

4.3.3 Sonstige elektronische Distributionsformen

Neben dem Internet gibt es noch zwei weitere elektronische Kanäle, die bei der privaten Finanzplanung zum Einsatz gelangen können. Es sind dies die vielfältigen mobilen Anwendungen, die auf Mobiltelefonen basieren, und das interaktive Fernsehen.

Mobile Telefone erfreuen sich größter Beliebtheit in der Bevölkerung. Neben der reinen Sprachübermittlung eignen sich diese Geräte auch zum Datentransfer. Hierzu wurde zunächst der Short Message Service (SMS) eingeführt, der den Versand kurzer Textnachrichten an und von Mobiltelefonen ermöglicht. Eine erste Weiterentwicklung ist das Wireless Application Protocol (WAP), das im Grundsatz ein mobiles Internet darstellt, allerdings mit sehr stark eingeschränkten Funktionalitäten. Als nächster Schritt der Entwicklung erfolgt die Einführung von UMTS, mit dem Übertragungsraten stark gesteigert werden, um auch komplexere Anwendungen zu ermöglichen.

Die Finanzdienstleistungsindustrie hat bereits frühzeitig Einsatzmöglichkeiten für diese mobilen Endgeräte entwickelt. Die Hauptanwendungsgebiete sind derzeit die Informationsbeschaffung und die Durchführung von Transaktionen im Zahlungsverkehr und Wertpapierbereich.[70] Dieses beschränkte Einsatzgebiet ist auf die unzureichende Qualität, bedingt durch geringe Übertragungsgeschwindigkeiten und kleine Bildschirme, zurückzuführen. Die Kombination bzw. Integration von Mobiltelefonen leistungsfähigerer Mobilfunkstandards mit sog. Personal Digital Assistants (PDA) soll die Einsatzmöglichkeiten erheblich erweitern.[71] Selbst die Übertragung von Bildern in Echtzeit erscheint realistisch. Damit könnten Beratungsgespräche auch über ein Mobiltelefon durchgeführt werden und umfangreiche Informationen, graphisch aufbereitet, übermittelt werden. Eine vollwertige Finanzplanung wird damit allerdings nicht

---

[67] Vgl. Kapoun (2001), S. 32; Nölke (2000), S. 59.

[68] Vgl. Nölke (2000), S. 60.

[69] Beispiele für Avatare bei Finanzdienstleistern finden sich z.B. unter www.deutsche-bank.de; www.schwaebisch-hall.de.

[70] Vgl. Maude/R Raghunath/Sahay/Sands (2000), S. 88.

[71] Vgl. Maude/R Raghunath/Sahay/Sands (2000), S. 90.

sinnvoll durchzuführen sein. Zur Unterstützung bei der Informationsvermittlung oder regelmäßigen Betreuung können diese Dienste jedoch verstärkt eingesetzt werden.

Das interaktive Fernsehen ist eine weitere Möglichkeit, in Kontakt mit Kunden zu treten. Dazu muss der private Haushalt über eine "set-top box" verfügen, die das Fernsehgerät in ein interaktives Multimedia-Instrument verwandelt.[72] Damit ist es prinzipiell möglich, Kommunikation und auch Transaktion zwischen Personen durch das Medium Fernsehen herzustellen.[73] Für die Finanzplanung bestünde die Möglichkeit, Informationssendungen für ein breites Publikum anzubieten. Der Zuschauer könnte aktiv in die Programme eingreifen, Inhalte seines Interesses auswählen und auch Finanzprodukte kaufen oder verkaufen. Die Individualität bleibt dennoch eingeschränkt, weil i.d.R. kein 1:1 Kontakt zwischen Berater und Kunde hergestellt wird. Das interaktive Fernsehen bietet sehr gute Chancen zur Erklärung komplexer Finanzprodukte und zur Finanzerziehung. Zusätzlich können auch die Funktionalitäten des Internet eingebunden werden, was die Einsatzmöglichkeiten nochmals erhöht.

In europäischen Ländern wie Großbritannien, Frankreich und Spanien nutzen Finanzdienstleister dieses Medium bereits. In Großbritannien arbeitet seit 1999 der Sender "Open", über den unter anderem Finanzdienstleister wie HSBC, Abbey National und E*Trade Informationssendungen ausstrahlen. Innerhalb eines Jahres konnte dieser Kanal bereits 2,6 Millionen Haushalte (10% aller Haushalte) als Abonnenten gewinnen.[74] In Deutschland konnte sich dieses System trotz Verfügbarkeit der technischen Komponenten bislang nicht verbreiten. Dass aber ein grundsätzliches Interesse der Kunden des Massengeschäftes am Vertriebskanal Fernsehen besteht, belegen die Shopping-Kanäle im deutschen Fernsehen. Diese bieten ganztägig Handelswaren aller Art an, die über Telefon oder Internet durch die Zuschauer bestellt werden können.

Im Ergebnis eignen sich weder die mobilen Geräte noch das interaktive Fernsehen auf absehbare Zukunft zur Durchführung von themenzentrierten oder umfangreichen Finanzplanungen. Ihre Aufgabe kann vielmehr in der Unterstützung des persönlichen Kanals und des Internets bestehen.

4.3.4 Distributions-Mix für das Financial Planning

Es besteht heute weitgehend Einigkeit darüber, dass in Zukunft der Nachfrager mehrere Zugangswege zum Finanzdienstleister parallel nutzen wird. Die Notwendigkeit einer Multikanal-(Multichannel-)Strategie wird in nahezu jeder Abhandlung zur Vertriebswegeorganisation von Finanzdienstleistern betont.[75] Dabei wird auch festgestellt, dass die verschiedenen Vertriebs- und Kommunikationsmöglichkeiten nicht als Alternativen (Substitution) zu sehen sind, sondern als Ergänzung (Integration).[76] Wenngleich man insgesamt von einem Trend hin zu den

---

[72] Vgl. Maude/R Raghunath/Sahay/Sands (2000), S. 93.

[73] Vgl. Herchenhein/Strathmann/Seidel (2002), S. 185; Kshirsagar/McNamara/Weir (2001), S. 15f.

[74] Vgl. Maude/R Raghunath/Sahay/Sands (2000), S. 95f.

[75] Vgl. Betsch (1999), S. 23; Betsch (2000), S. 11; Buhl/Mellwig (2001), S. 14; Dzienziol/Eberhardt/Renz/ Schackmann (2001), S. 2; Flur/Mendonca/Nakache (1997), S. 120; Karsch (2001), S. 568; Pauluhn (1998), S. 564; Schüller/Riedl (2000), S. 828; Sieweck (2001), S. 167; Weingarth (2000), S. 237.

[76] Vgl. Buhl/Wolfersberger (1999a), S. 9; Carl (2000), S. 31.

elektronischen Zugangswegen sprechen kann[77], so wird sich Quantität und Qualität der Nutzung dieser Kommunikationsmöglichkeiten für jede einzelne Dienstleistung in spezifischer Weise entwickeln. Der Distributions-Mix muss demnach für verschiedene Angebote unterschiedlich akzentuiert werden. Die für das Financial Planning im Retail-Geschäft, aufgrund der vorhergehenden Ausführungen als sinnvoll erachteten Distributionsformen zeigt die Abb. 4-10.

Abb. 4-10: Distributionsformen für das Financial Planning

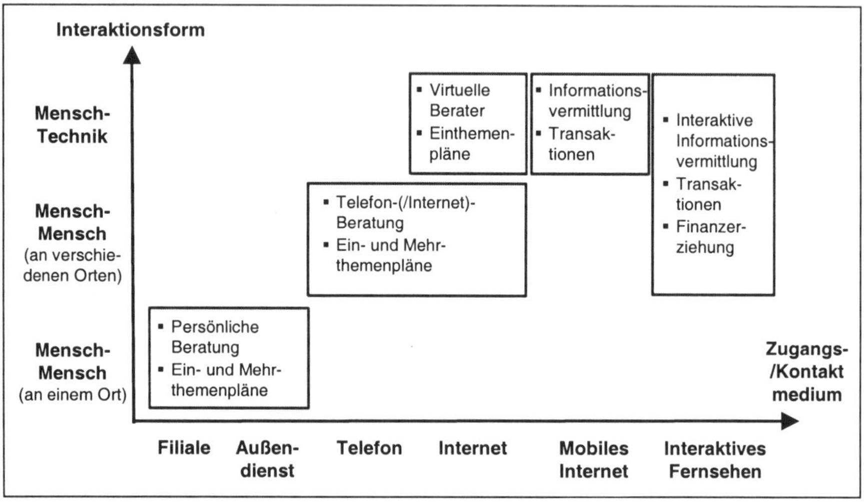

Quelle: Eigene Darstellung.

Für die Finanzplanung im Retail-Segment sind drei Interaktionsvarianten zwischen Nachfrager und Anbieter vorstellbar. Der Nachfrager wird entweder mit einem Berater oder technischen Kanälen kommunizieren. Die für ein umfassendes Financial Planning nach wie vor geeignetste Variante ist die persönliche Beratung in einer Filiale des Anbieters oder durch einen mobilen Außendienst in den Räumlichkeiten des Kunden. Diese Form wird am ehesten die hilfesuchende, mit der traditionellen Beratung vertraute Klientel wählen.

Die Nutzung des Telefons als Kommunikationskanal bei Beratungsdienstleistungen ist nur in beschränktem Umfang sinnvoll.[78] Vor allem bei der Erfassung der Kundensituation und der späteren Präsentation der Ergebnisse ist das Telefon alleine nicht ausreichend. In Verbindung mit dem Internet können diese Nachteile aber ausgeglichen werden.[79] Durch die Kombination von persönlicher und technischer Unterstützung können neben themenzentrierten auch umfassendere Finanzplanungen erarbeitet werden.

---

[77] Vgl. Theilmann/Fotschki (1998), S. 8.
[78] Vgl. Buhl/Wolfersberger (1999a), S. 7.
[79] Vgl. Roemer (1998), S. 299ff.

Die reine Internetlösung kann sich zwar der beschriebenen Softwareagenten bzw. virtuellen Berater bedienen, eine umfassende Finanzplanung in der Qualität der beiden anderen Varianten ist aber derzeit noch nicht darstellbar. Allerdings können durchaus themenzentrierte Finanzpläne online erstellt werden. Für Personen, die ihre Finanzen selbst planen möchten, kann hier das entsprechende Instrumentarium angeboten werden.

Die derzeitigen Möglichkeiten des mobilen Internets machen diesen Kanal vor allem zum unterstützenden Element in der Finanzplanung. Informationsübermittlung und Informationsüberwachung sind sinnvolle Einsatzgebiete.

Das interaktive Fernsehen kann nach einer weiteren Verbreitung in der Bevölkerung als Informationskanal eingesetzt werden. Mit diesem Instrument können auch "trockene" Themen aus der Finanzdienstleistungswelt anschaulich dargeboten werden. Auch Transaktionen mit Finanzprodukten könnten darüber abgewickelt werden. Für die Finanzerziehung scheint gerade das interaktive Fernsehen ein idealer Distributionskanal zu sein.

Zusammenfassend kann man sagen, dass für die Private Finanzplanung eine persönliche Komponente in der Beratung unverzichtbar bleibt. Eine reine Internetberatung für komplexe Beratungsleistungen erreicht (noch) nicht die Qualität einer persönlichen Beratung. Allerdings kann die Internet-Technologie sehr wohl genutzt werden, um auch komplexere Beratungsprozessschritte durchzuführen oder wenigstens substanziell zu unterstützen.[80] Die Distributionskanäle "mobiles Internet" und "interaktives Fernsehen" sind in einer späteren Entwicklungsphase gerade für das Mengengeschäft eine sinnvolle Ergänzung zur persönlichen Beratung.

4.4 Bepreisung von Financial Planning-Angeboten

Die Preispolitik hat im Privatkundengeschäft von Finanzdienstleistern eine wichtige Funktion. Sie bestimmt u.a. die Attraktivität des Angebotes, determiniert den erreichbaren Marktanteil und auch die Profitabilität des Geschäftes. Gerade im Retail-Segment, das durch eine unzureichende Ertragskraft gekennzeichnet ist, müssen zunehmend die Möglichkeiten der Preispolitik genutzt werden, um nachhaltige Wettbewerbsvorteile erzielen zu können.

Für das Financial Planning als Beratungsleistung gilt es herauszuarbeiten, welche Stellhebel bei der Preissetzung vorhanden sind und welche Formen der Preisgestaltung Erfolg versprechend erscheinen. Zielsetzung dieses Abschnittes ist die Diskussion der Komponenten einer Preisstrategie für das Financial Planning. Als Komponenten können Leistungs- und Preismodell, verschiedene Möglichkeiten der Preisdifferenzierung sowie Aspekte der Preispsychologie identifiziert werden. Vorab gilt es, die Besonderheit von Beratungshonoraren bei Finanzdienstleistungen aufzuzeigen und die Begriffe "Preis" und "Honorar" in diesem Zusammenhang zu definieren.

---

[80] Vgl. Buhl/Kundisch/Steck (2001), S. 2.

4.4.1 Financial Planning und Beratungshonorare

4.4.1.1 Honorare in der Finanzberatung

Bislang ist es gängige Praxis in der Finanzdienstleistungsindustrie, Beratung als kostenlose Dienstleistung anzubieten. Im Zuge eines Finanzproduktverkaufs wird die Beratung als Service mitgeliefert. Daraus resultiert quasi eine Quersubventionierung der Beratungsleistung durch den Produktverkauf. Zwar hat man bereits frühzeitig die Möglichkeit einer gesonderten Preisstellung für Beratungsdienstleistungen diskutiert[1], in der Praxis ist ein derartiges Vorgehen im Retail-Geschäft aber bis heute die Ausnahme. Beratungshonorare wurden bislang lediglich von Privatbanken in Form von Gebühren für die Verwaltung großer privater Vermögen erhoben.[2]

Vorreiter von gesonderter Bepreisung der Beratung im Mengengeschäft sind Finanzdienstleister in den USA, wo etwa Merrill Lynch und Prudential Securities bereits seit einigen Jahren derartige Angebote vorhalten.[3] Inzwischen haben auch deutsche Großbanken damit begonnen, Beratung im Zusammenhang mit Wertpapiergeschäften gesondert zu bepreisen.[4] Beispielsweise hat die Deutsche Bank Anfang 2001 eine neues Preismodell im Wertpapierbereich vorgestellt, das im Markt mit großer Aufmerksamkeit verfolgt wird.[5] Dabei erfolgt eine klare Trennung zwischen Beratungspreis und Transaktionspreis für Wertpapiergeschäfte. Der Beratungspreis errechnet sich nach einer degressiv-prozentualen Systematik aus dem Depotwert und beinhaltet neben der Bedarfsanalyse auch die Gebühren der Depotverwaltung. Ebenfalls in Form eines Staffeltarifes wird der Transaktionspreis mit der Berechnungsgrundlage "Transaktionswert" berechnet. Für beide Preiskomponenten wurden Mindestpreise festgelegt (Basispreis: 300 EUR p.a., Transaktionspreis: 20 EUR, jeweils zzgl. MwSt.). Ein ähnliches Modell offeriert die Dresdner Bank mit ihrem sog. Exklusivdepot.[6] Hier wird ebenfalls zwischen einer pauschalen Gebühr und Transaktionspreisen unterschieden.

Auch bei der Bepreisung von Dienstleistungen, die als Financial Planning bezeichnet werden, sind die Vereinigten Staaten von Amerika dem deutschen Markt voraus. In den USA ist eine Finanzberatung gegen Honorar für breite Bevölkerungsschichten bereits seit den 1970er Jahren üblich.[7] In Deutschland sind es bislang vornehmlich Angebote für sehr vermögende Kunden, die gesondert nach der Beratungsleistung bepreist werden. Dabei werden Honorare von 1.000 DM und mehr bezahlt, was für Kunden des Retail-Segmentes abschreckend wirkt und

---

[1]   Vgl. Patterson (1991), S. 283.

[2]   Vgl. Boissier (1999), S. 168; o.V. (2001a), S. 54; Patterson (1991), S. 267.

[3]   Vgl. Carl (2000), S. 30.

[4]   Vgl. Kaas (1999), S. 14.

[5]   Vgl. Brückner (2001), S. 31; Ebel/Hofer (2001), S. 488; Heuveldop (2001), S. 289; o.V. (2001a), S. 54.

[6]   Vgl. o.V. (2001a), S. 54; Stojan (1998), S. 447.

[7]   Vgl. Certified Financial Planner Boards of Standards (Hrsg.) (1999a), S. 4; Brückner (2001), S. 31; Sestina (1992), S. 7; Spatafore (1998), S. 113.

nicht zu einer weiteren Verbreitung des Financial Planning beiträgt.[8] Bei diesen Preisen ist zu berücksichtigen, dass es sich um umfassende Planungen mit komplexen Themenstellungen handelt, die speziell auf eine vermögende Klientel zugeschnitten sind.[9] Für das Retail-Segment sind durch verstärkten Technikeinsatz und vermehrt themenzentrierte Planungen andere Kostenstrukturen möglich, die sich auch auf die Preisstellung auswirken.[10]

4.4.1.2 Preisdefinition für Financial Planning

Der Begriff Preis kann auf unterschiedliche Weisen definiert werden.[11] Da sich die vorliegende Arbeit einer kundenorientierten Sichtweise verschrieben hat, soll auch die Preisdefinition in diesem Sinne erfolgen. Demnach kann der Preis als die

"... Summe aller oder unmittelbar mit dem Kauf eines Produktes verbundenen Kosten bzw. Ausgaben des Käufers..."[12]

definiert werden. Dazu zählen im Falle des Financial Planning neben evtl. Honoraren für die Planung selbst auch Vorkauf-Ausgaben für Informationsbeschaffung, Telekommunikation oder Reisen. Weitere, i.d.R. nicht oder nur schwer quantifizierbare Kostenarten sind der Zeiteinsatz, die verwandte Mühe oder etwa die Offenlegung der persönlichen Finanzsituation.[13] Diese Definition wird im Folgenden den Begriffen "Preis" und "Honorar" im Zusammenhang mit Financial Planning unterstellt. Beide Begriffe werden zudem synonym verwandt.

Zusätzlich soll eine weitergehende Definition für das Financial Planning eingeführt werden, die auf der Definition des Preises eines Finanzproduktes basiert. Allgemein kann der Preis eines Finanzproduktes p_{FP} als die Summe der diskontierten Auszahlungen a_t, $t = 0,...T$, die ein Nachfrager für das Finanzprodukt zu leisten hat, interpretiert werden. Als Diskontierungszinssatz i eignet sich die Präferenzrate des Konsums dieses Nachfragers. Der Preis eines Finanzproduktes wird also definiert als:[14]

---

8   TILMES konnte in seiner empirischen Untersuchung feststellen, dass für Private Finanzplanungen vermögender Kunden durchschnittliche Beratungshonorare von ca. 2.700 bis 4.400 DM bezahlt werden, vgl. Tilmes (2000a), S. 370. Eine Finanzplanung bei der FDK Köln Finanzdienste Vertriebsgesellschaft mbh (Tochter der Stadtsparkasse Köln) kostet durchschnittlich ca. 7.000 DM, vgl. Harth/Auner-Fellenzer (2000), S. 384.

9   Vgl. Kruschev (1999), S. 142.

10 Vgl. hierzu die Abschnitte 4.2 und 4.3.

11 DILLER unterscheidet die kalkulatorische Preisdefinition (Preis als monetäre Gegenleistung für ein Wirtschaftsgut), die betriebswirtschaftliche Definition (Preis = Entgelt/Leistungsumfang) und eine kundenorientierte Definition, vgl. Diller (2000a), S. 23f.

12 Diller (1997), S. 751.

13 KLOEPFER identifiziert als nicht direkt zu quantifizierende Kostenarten die Zeit (Datenaufnahmen, Strategiegespräch und Auswahl des Anbieters), Mühe (Beschäftigung mit der eigenen Finanzsituation, Beschäftigung mit der komplexen Beratungsleistung und den Anbietern) und Offenlegung der persönlichen Finanzsituation, vgl. Kloepfer (1999), S. 130.

14 Vgl. Roemer (1997), S. 38. Diese Preisdefinition entspricht der Sichtweise der Preisangabenverordnung (PAngV) und deren Ausführungen zum Preis von Finanzierungsprodukten.

$$p_{FP} = \sum_{t=0}^{T} \frac{a_t}{(1 + i_t)} \qquad (4.1)$$

Diese konditionenorientierte Preisdefinition kann auf das Financial Planning (das strengge-
nommen kein Finanzprodukt, sondern eine Finanzdienstleistung ist, vgl. Abschnitt 2.4.1) derart angewandt werden, dass der Preis für die Finanzplanung den diskontierten Beratungshonoraren entspricht.

Um die Sichtweise des privaten Haushaltes einzunehmen, ist es sinnvoll, eine finanzwirtschaftliche Preisdefinition einzuführen. Dabei wird die konditionenorientierte Definition um
zwei wesentliche Aspekte erweitert, die insbesondere beim Financial Planning von besonderer
Relevanz sind. Es werden Steuerwirkungen der Aus- und Einzahlungen berücksichtigt. Als
Auszahlungen fallen in erster Linie Beratungshonorare an, die steuerlich geltend gemacht
werden können. Zusätzlich entstehen evtl. aber auch Einzahlungen, die ohne eine Finanzplanung nicht angefallen wären. Solche "Mehr-Einzahlungen" sind beispielsweise Überrenditen
durch eine bessere Asset Allocation oder Ersparnisse durch die Wahl günstigerer Versicherungsprodukte.

Unter Berücksichtigung dieser Aspekte ergibt sich unter Erweiterung der Preisdefinition (4.1)
der Preis für eine Private Finanzplanung p_{PFP} wie folgt:

$p_{PFP} =$ (Summe diskontierter Nach-Steuer-Auszahlungen des Financial Planning – Summe   diskontierter Nach-Steuer-Einzahlungen des Financial Planning)

$$\Leftrightarrow p_{PFP} = \sum_{t=0}^{T} \frac{a_t^o + (1 - s_t) \times a_t^s}{(1 + i_t^s)^t} - \sum_{t=0}^{T} \frac{\Delta e_t^o + (1 - s_t) \times \Delta e_t^s}{(1 + i_t^s)^t} \qquad (4.2)$$

mit:

a_t^o : nicht steuerwirksame Auszahlung in Periode t

a_t^s : steuerwirksame Auszahlung in Periode t

e_t^o : nicht steuerwirksame Einzahlung in Periode t

e_t^s : steuerwirksame Einzahlung in Periode t

Δe_t^o : nicht steuerwirksame Mehr-Einzahlung in Periode t

Δe_t^s : steuerwirksame Mehr-Einzahlung in Periode t

s_t : Grenzsteuersatz in Periode t

i_t^s : Nach-Steuer-Kalkulationszinssatz in Periode t

Der Preis der privaten Finanzplanung wird gemäß 4.2 nach Steuern betrachtet, und er berücksichtigt explizit die durch die Finanzplanung erzielten Mehr-Einzahlungen. Mit Hilfe dieser
finanzwirtschaftlichen Preisdefinition kann der private Haushalt den Preis des Financial Planning nach Realisation der Handlungsempfehlungen bestimmen und eine Vorteilhaftigkeitsbe-

trachtung durchführen.[15] Es besteht die Möglichkeit, dass die monetären Ergebnisse die Kosten übersteigen und sogar ein negativer Preis der Finanzplanung entsteht.

4.4.2 Vergütungsmodelle für Financial Planning

Unter einem Vergütungsmodell werden die grundlegenden Komponenten der Preisstrategie verstanden. Hierzu zählen das Leistungsmodell, das Preismodell und die Formen der Preisdifferenzierung. Um ein Vergütungsmodell für das Financial Planning zu entwickeln, wird zuerst auf die besonderen Einflüsse der unterschiedlichen Leistungsarten der Finanzplanung und deren Implikationen auf die Preisstellung eingegangen. Weiterhin werden mögliche Preismodelle, die sich vor allem hinsichtlich der Bezugsbasen des Preises unterscheiden, systematisiert. Daran anschließend werden verschiedene Formen der Preisdifferenzierung beleuchtet, die ebenfalls für das Financial Planning geeignet erscheinen.

4.4.2.1 Vergütungsgestaltung in Abhängigkeit vom Leistungsmodell

Bei der honorarpflichtigen Beratung können grundsätzlich drei Vergütungsformen unterschieden werden. Die Abgrenzung kann sinnvollerweise anhand der Leistungsarten des Finanzplaners erfolgen. Es ist zu unterscheiden zwischen Financial Plannern, die ausschließlich beratend tätig sind, und solchen, die zusätzlich Finanzprodukte vermitteln oder verkaufen. Einen Überblick über die grundsätzlichen Vergütungsmodelle in Abhängigkeit vom Leistungsangebot des Finanzplaners gibt die Abb. 4-11.

Die Finanzplaner, die lediglich beraten (Variante A), erhalten nur Beratungshonorare direkt vom Nutzer der Dienstleistung. Als Bezugsgrößen des Beratungshonorars kommen grundsätzlich Volumen, Aktivität, Zeit und Ergebnis in Betracht (vgl. Abschnitt 4.4.2.2). Sollte der Kunde nach der Planung ein Finanzprodukt erwerben, so hat er die dabei anfallenden Kosten wie Provisionen oder Gebühren zu tragen. Finanzplaner mit solchen Vergütungsmodellen werden in den USA auch als "Fee-Only"-Planner bezeichnet.[16] Diese Form der Vergütung ist bislang in Deutschland zumindest für durchschnittlich vermögende Haushalte noch wenig entwickelt.[17] Die meisten bestehenden Angebote finanzieren sich in irgendeiner Form durch Produktprovisionen.[18]

---

[15]   Eine Methode der Vorteilhaftigkeitsbetrachtung vor der Durchführung einer Finanzplanung unter Berücksichtigung von Qualitätsaspekten findet sich im Abschnitt 3.4.1.3.

[16]   Vgl. Bernstein (1998); Sestina (1992), S. 7.

[17]   Ein Beispiel für eine solches "Fee-only"-Angebot, das sich auch an Kleinanleger wendet, ist das Finanzberatungsunternehmen "AIFP – fee only" aus Bad Homburg, vgl. Brückner (2001), S. 31.

[18]   Vgl. Tilmes (2000b), S. 550; Vollenweider (2000), S. 1.

Abb. 4-11: Honorarbasierte Vergütung in Abhängigkeit von der Leistungsart des Finanzplaners

Leistungsart Finanzplaner	Zahlungsströme	Vergütung Finanzplaner
A Beratung	Privater Haushalt — Honorar → Finanzplaner; Produktpreis → Produktgeber	Beratungshonorare • Volumen • Aktivität • Zeit • Ergebnis
B Beratung + Vermittlung	Privater Haushalt — Honorar → Finanzplaner; Provision; Produktpreis → Produktgeber; Provision →	Beratungshonorare + Vermittlungsprovisionen • Stückzahl • Volumen
C Beratung + Verkauf	Privater Haushalt — Honorar; Produktpreis → Finanzplaner = Produktgeber	Beratungshonorare + Finanzproduktpreise • Provisionen • Gebühren • Zinsen • Sonstiges

Quelle: Eigene Darstellung.

Die vermittelnden Finanzplaner (Variante B) beraten den Kunden ebenfalls, vertreiben jedoch zusätzlich Finanzprodukte von Produktherstellern (z.B. Banken, Versicherungen, Bausparkassen). Neben den Beratungshonoraren sind Provisionen aus der Vermittlungstätigkeit eine weitere Vergütungsform. Als Basis für die Provisionen eignen sich stückzahl- oder volumenabhängige Bezugsgrößen. Der Finanzplaner erhält ein Beratungshonorar von seinem Kunden und bei einer erfolgreichen Produktvermittlung eine Provision vom Hersteller (Praxisbeispiel: Advance Finanzplanungs AG[19]). Denkbar ist auch eine Vergütung ausschließlich durch Vermittlungsprovisionen, was vor allem für die Angebote der Finanzproduktvermittler (z.B. MLP, Tecis, AWD, DVAG) zutrifft.[20] In einigen Fällen werden die Provisionen auch an den privaten Haushalt ganz oder teilweise weitergegeben (z.B. bei der SINEUS AG).[21] Im Falle

---

[19]   Eine Erstberatung kostet etwa 200 DM, danach fallen Umsatzprovisionen an, vgl. Karsch (2001), S. 571.

[20]   Lediglich der AWD (Allgemeiner Wirtschaftsdienst, Gesellschaft für Wirtschaftsberatung und Finanzbetreuung mbH) bietet eine Finanzanalyse zum Preis von 190 DM an.

[21]   Vgl. Kruschev (1999), S. 141. Die Weitergabe von Provisionen für Versicherungen ist problematisch. Nach dem Versicherungsaufsichtsgesetz (VAG) sind jegliche Begünstigungen des Kunden durch den Mittler unzulässig. Demnach stellt eine Provisionsweitergabe eine Ordnungswidrigkeit dar, vgl. Kloepfer (1999), S. 61; Walz (1991), S. 114 und § 81 Abs. 2 VAG. Die bestehenden Regelungen befinden sich aber derzeit in der Überprüfung (hinsichtlich EU-Recht, Wettbewerbsrichtlinien) und dürften in der vorliegenden Form nicht mehr lange Bestand haben.

eines Produktkaufs durch den Kunden hat dieser zusätzlich die Finanzproduktpreise wie Provisionen oder Gebühren zu tragen.

Unter der dritten Variante sind Finanzplaner, die beraten und eigene Finanzprodukte verkaufen, zu subsumieren.[22] Neben den Beratungshonoraren erhalten solche Anbieter zusätzlich die Erträge aus dem Verkauf der Finanzprodukte. Dies sind z.b. Provisionen, Gebühren oder Zinsen. Auch hier besteht die Möglichkeit, auf das Beratungshonorar zu verzichten und lediglich durch den Produktverkauf Erträge zu erzielen. Dies ist die derzeit gängige Praxis von Finanzdienstleistern mit eigenen Finanzprodukten, welche die Finanzberatung lediglich als Instrument zum Produktabsatz einsetzen.

Als Qualitätsmerkmal des Financial Planning wurde im Abschnitt 4.2.1.2 die Objektivität und Unabhängigkeit der Beratung angeführt. Fehlende Unabhängigkeit und daraus resultierende Interessenkonflikte können sich negativ auf die Beratungsqualität auswirken. Die Betrachtung des Leistungsangebotes erlaubt Aussagen hinsichtlich solcher negativer Effekte. In den vorstehend diskutierten Varianten B und C sind qualitätsmindernde Einflüsse zu vermuten.

Bei einer Vergütung über Vermittlungsprovisionen liegt der Verdacht nahe, dass die Höhe der Vergütung unterschiedlicher Produkte oder Finanzproduktanbieter Einfluss auf die Beratung des Finanzplaners hat.[23] Die Entlohnungshöhe ist hier vom Beratungsergebnis abhängig. Das Kundeninteresse ist aber nur dann nicht gefährdet, wenn die Entlohnung des Beraters unabhängig vom Ergebnis der Finanzplanung ist.[24] Werden durch den Finanzplaner grundsätzlich alle in Frage kommenden Finanzprodukte vermittelt und sind die zu erzielenden Provisionen gleich, so kann von einer höheren Beratungsobjektivität ausgegangen werden. In der Realität ist eine derartige Konstellation nur eingeschränkt vorstellbar, wenn man die herrschende Angebots- und Provisionsvielfalt betrachtet. Eine reine Honorarberatung oder die Weitergabe der Vermittlungsprovisionen an den Kunden kann den Interessenskonflikt mildern oder gar auflösen.

Finanzberatungen, die durch die Hersteller von Finanzprodukten angeboten werden, müssen sich ebenfalls den Vorwurf gefallen lassen, in ihrer Objektivität beeinträchtigt zu sein. Das Interesse am Verkauf der eigenen Produkte wird möglicherweise die Handlungsempfehlungen einseitig ausrichten. Dies gilt auch für angestellte Berater mit festem Gehalt, da auch diese verpflichtet sind, im Interesse ihres Arbeitgebers zu handeln, und damit nicht vollkommen unabhängig agieren können.[25]

Insgesamt ist also eine reine Honorarberatung als die für den Kunden vorteilhafteste Variante einzustufen. Da auch solche Angebote bei den Finanzdienstleistern Gewinne erwirtschaften sollen und eine Quersubventionierung nicht möglich ist, muss der Nachfrager konsequenter-

---

[22] Denkbar sind auch Financial Planner, die sowohl Finanzprodukte von dritten Anbietern vermitteln als auch eigene Produkte verkaufen. Die sich daraus ergebende Konstellation ist eine Kombination der Varianten B und C und wird hier nicht gesondert beschrieben.

[23] Vgl. Gröneweg (2002), S. 29; Walz (1991), S. 187f.

[24] Vgl. Richter (2001), S. 160. Folgt man dieser Aussage, wäre auch eine erfolgsabhängige Vergütung suboptimal. RICHTER verneint dies aber, da er davon ausgeht, dass die Interessenlagen von Nachfrager und Anbieter bei erfolgsabhängiger Vergütung nicht konflikär sind.

[25] Vgl. Richter (2001), S. 161 und den Abschnitt 4.2.1.2 bzgl. der Qualitätsmerkmale von Financial Planning.

weise höhere Beratungshonorare in Kauf nehmen. Private Haushalte, die preissensibler sind, dem Finanzplaner vertrauen oder denen die Objektivität nicht derart wichtig ist, werden sich auch an vermittelnde bzw. verkaufende Finanzplaner wenden.

4.4.2.2 Preismodelle für das Financial Planning

Im Prinzip können beim Financial Planning zwei Formen der Bezahlung unterschieden werden. Dies sind Beratungshonorare (Gebühren) und Provisionen aus der Vermittlung von Finanzprodukten. In einer Untersuchung in den USA im Jahre 1999 unter Certified Financial Plannern (CFPs) gaben 41% an, dass ihre Honorare aus Provisionen und Gebühren bestehen. Weitere 25% erhalten nur Provisionen und 23% nur Gebühren, während 11% sonstige Ertragsquellen haben.[26] Daraus wird ersichtlich, dass Provisionen aus der Vermittlung von Finanzprodukten in den USA eine ebenso wichtige Einnahmequelle wie Beratungsgebühren sind. In der gleichen Befragung gaben 63% der CFPs an, mit Honoraren auf Stundenbasis zu arbeiten, wobei der durchschnittliche Stundensatz bei 116 USD lag.[27]

Bei einer tiefergehenden Betrachtung der Optionen zur Erstellung eines Preismodells lassen sich die Beratungshonorare weiter differenzieren. Differenzierungsmerkmal ist dabei die Wahl der Bezugsbasis. Darunter wird das eigentliche Preisobjekt verstanden, welches mit einem Preis versehen wird.[28]

In der Tab. 4-1 werden neben dem Provisionsmodell vier weitere Preismodelle, die bei Financial Planning grundsätzlich einsetzbar sind, aufgezeigt.[29] Dabei ist natürlich eine Kombination der Modelle bzw. Bezugsbasen möglich.

Tab. 4-1: Systematisierung von Preismodellen des Financial Planning

Preismodell	Bezugs-basis	Funktion	Beispiel für das Beratungshonorar
Provisions-Modell	(Finanz-)produkt	p = f(Produkt x Menge)	Provisionen aus der Vermittlung von Finanzprodukten
Volumen-Modell	Volumen	p = f(Quantität)	In Abhängigkeit vom Vermögen
Aktivitäts-Modell	Aktivität	p = f(Aktivität x Menge)	Pauschale Beratungsgebühr
Zeit-Modell	Zeit	p = f(Zeiteinheit x Menge)	Stundensatz für die Beratung
Performance-Modell	Ergebnis	p = f(Performance pro Zeitperiode)	Renditesteigerung, Steuerersparnis etc.

Quelle: Eigene Darstellung in Anlehnung an Bernet (1996), S. 260ff.

---

[26] Vgl. Certified Financial Planner Boards of Standards (Hrsg.) (1999a), S. 8.
[27] Vgl. Certified Financial Planner Boards of Standards (Hrsg.) (1999a), S. 8.
[28] Vgl. Bernet (1996), S. 259.
[29] Auch das Provisions-Modell wird unter die Beratungshonorare subsumiert, da die Provision ein indirektes Honorar darstellt.

Beim Provisionsmodell ist die eigentliche Beratung nicht honorarpflichtig. Vielmehr erhält der Finanzplaner für die Vermittlung von Finanzprodukten eine Provision von den Produktgebern. Diese Provision ist in den Preis des Finanzproduktes eingerechnet und stellt somit einen indirekten Preis für die Finanzberatung dar. Eine Bezahlung der Beratung findet in diesem Modell nur im Falle eines Finanzproduktkaufs an. Negativ für den Nachfrager ist die zwangsläufige Produktorientierung der Beratung und die Intransparenz des Preises für die Beratung.

Bei der volumenbasierten Preisstellung wird das Beratungshonorar als Funktion von Wert- oder Volumengrößen festgelegt. Solche Größen können z.b. das vorhandene Vermögen oder Finanzierungssummen sein. Dabei ist zwischen drei Ansätzen zu unterscheiden, die natürlich kombinierbar sind:[30] (1) Lineare Preisstruktur, d.h. Preis und Menge korrelieren linear; (2) Degressive oder progressive Struktur, d.h. die Beratungshonorare steigen bzw. sinken mit zunehmendem/abnehmendem Volumen; (3) Minimal- oder Maximalbeträge, d.h. das Honorar liegt innerhalb einer vorgegebenen Bandbreite. Als Berechnungsgrundlage können Prozent- oder Promillewerte der zugrunde liegenden Volumen verwendet werden. Die Vorteile dieses Modells liegen in der Transparenz, der leichten Nachvollziehbarkeit und einfachen Anwendung. Nachteilig für den Anbieter wirkt sich die Volatilität der Erträge durch externe Markteinflüsse bei dauerhafter Fixkostenbelastung aus.[31]

Das Aktivitäts-Modell beschreibt eine Honorierung der Dienstleistung nach der Anzahl der Aktivitäten. Beispielsweise wird für eine Beratung unabhängig von der Dauer eine pauschale Gebühr erhoben. Denkbar sind auch differenzierte Fixbeträge, die Abstufungen in den Pauschalen aufweisen.[32] Kriterien der Differenzierung können der Beratungsumfang, der gewählte Kommunikationskanal oder der Zeitpunkt der Beratung sein. Weiterhin besteht die Möglichkeit, Produktbündel pauschal zu bepreisen. Ein Produktbündel der Finanzplanung kann etwa aus mehreren Teilleistungen (Altersvorsorge-, Immobilien- oder Erbschaftsberatung) bestehen. Vorstellbar sind auch Kombinationen von Beratungsleistungen mit finanzdienstleistungsfremden Zusatzservices, wie Reisevermittlung oder Theaterkarten-Service. Für den Nutzer haben Pauschalgebühren den Vorteil der Kalkulationssicherheit, da er von Beginn an seine Belastung kennt. Im Gegensatz zum Provisions-Modell ist der Preis transparent. Für den Anbieter besteht der Nachteil sinkender Deckungsbeiträge bei steigender Nutzungsintensität, andererseits können Fixkostenblöcke direkt der Finanzplanung zugerechnet werden.

Im Rahmen einer zeitabhängigen Vergütung werden Preise für bestimmte Zeiteinheiten abgerechnet. Die Bepreisung erfolgt nach dem tatsächlichen Zeitaufwand der Beratung. Da es sich bei der Finanzplanung um eine Beratungsdienstleistung handelt, deren Kosten primär durch den Ressourceneinsatz Mensch determiniert werden, kann durch das Zeit-Modell eine ertragsorientierte Preiskalkulation erfolgen. Differenzierungsmöglichkeiten bestehen im Beratungsumfang, der Qualifikation des Beraters oder des genutzten Kommunikationsmediums. Dieses Modell ist z.B. in der Rechts- oder Steuerberatung bereits seit langem gängige Praxis und vom

---

[30] Vgl. Bernet (1996), S. 264.

[31] Vgl. Kuhn (1998), S. 473; Spatafore (1998), S. 114.

[32] Vgl. hierzu auch Abschnitt 4.4.2.3 zu den Möglichkeiten der Preisdifferenzierung.

Kunden auch akzeptiert.[33] Der Vorteil einer zeitabhängigen Bepreisung liegt in der leichten Nachvollziehbarkeit für den Nutzer und in der adäquaten Berücksichtigung der Kosten des Anbieters.

Die letzte Bezugsbasis ist das Ergebnis der Finanzplanung. Dabei bestimmen lediglich die Resultate der Beratung den Preis, unabhängig vom Ressourceneinsatz. Die Kalkulation des Preises erfolgt somit ex-post. Wichtig ist hierbei die Definition der nutzenstiftenden Komponenten.[34] Dies können Renditeziele oder Vermögenszuwächse sein, aber auch Ersparnisse, wie etwa eine niedrigere Steuerbelastung oder geringere Finanzierungskosten. Von Vorteil sind dabei Ergebnisfelder, die quantifizierbar, also monetär bewertbar sind. Mit qualitativen Kriterien (z.b. Zufriedenheit) ist eine für beide Seiten zufriedenstellende Bepreisung nur schwer darstellbar. Der kundenseitige Vorteil ist leicht ersichtlich, da nur im Erfolgsfall bezahlt wird. Der Anbieter wird also entsprechend motiviert sein, die vereinbarten Ziele zu erreichen, um Erträge zu generieren. Daraus resultiert auch der Nachteil für den Finanzplaner, der im Voraus den Preis nicht exakt bestimmen kann. Dies führt zu einem Preisrisiko für den Anbieter, der eventuell weniger als die kalkulierten Erträge erhält. Aber auch der Nachfrager unterliegt potenziell einem Preisrisiko. Bei entsprechendem Erfolg der Beratung kann der bezahlte Preis auch über einem vergleichbaren Pauschalpreis liegen.[35]

4.4.2.3   Möglichkeiten der Preisdifferenzierung

Unabhängig von den beschriebenen Vergütungssystematiken und den Gestaltungsoptionen in Abhängigkeit von der grundsätzlichen Leistungsart bestehen für das Financial Planning Möglichkeiten einer differenzierten Bepreisung. Bei einer Preisdifferenzierung werden Leistungen gleicher oder sehr ähnlicher Art an verschiedene Kundengruppen zu unterschiedlichen Preisen verkauft.[36] Anders ausgedrückt wird das Financial Planning verschiedenen Nachfragern zu unterschiedlichen Preisen angeboten. Die für das Financial Planning relevanten Formen der Preisdifferenzierung sind:

- Personenbezug
- Distributionskanalbezug
- Mengenorientierung
- Preisbündelung bzw. -entbündelung

Bei der personenbezogenen Preisdifferenzierung besteht die Möglichkeit, durch Verhandlungen eine Individualisierung des Preises zuzulassen.[37] Personen mit entsprechender Verhandlungsmacht, die sich durch vorhandenes Vermögen, Alternativangebote oder Dauer der Kundenbeziehung äußern kann, werden in die Lage versetzt, durch individuelle Absprachen günstigere Preise zu erzielen. Ebenfalls personenbezogen ist die segmentspezifische Ausrichtung

---

[33]   Vgl. Kuhn (1998), S. 475.

[34]   Vgl. Bernet (1996), S. 281.

[35]   Vgl. Bernet (1996), S. 277.

[36]   Vgl. Bernet (1996), S. 287; Diller (2000a), S. 286.

[37]   Vgl. Bernet (1996), S. 290; Diller (2000a), S. 288.

der Bepreisung.[38] So kann es z.b. für die Finanzplanung Sinn machen, einer viel versprechenden Zielgruppe (z.B. Studenten) preisgünstigere Angebote zu machen, um diese an das Unternehmen zu binden und später durch Folgegeschäfte die Investition wieder hereinzuholen.

Im Rahmen einer distributionskanalbezogenen Preisdifferenzierung werden unterschiedliche Preise für die Nutzung verschiedener Kanäle festgelegt.[39] Dies scheint insbesondere deshalb angebracht, da die Vertriebskanäle auch beim Anbieter unterschiedliche Kosten verursachen. Tendenziell sind elektronische Kanäle wie das Internet langfristig weniger kostenintensiv, da ein geringerer Personaleinsatz erforderlich ist. Kanäle mit stärkerem Personalbedarf (Call-Center oder Filialen) werden dementsprechend teurer sein, was sich auch in der Bepreisung der Finanzplanung niederschlagen sollte. Es ist davon auszugehen, dass mit zunehmender Intensität persönlicher Beratung auch höhere Beratungshonorare verlangt werden können.[40]

Bei den mengenorientierten Preisdifferenzierungen handelt es sich um quantitative Preissetzungsstrategien.[41] In diesem Sinn ist der Preis einer Finanzplanung eine Funktion der nachgefragten Menge. Mögliche Strategien sind Rabatte, die vor dem Vertragsabschluss ausgehandelt werden und einen Preisnachlass darstellen. So könnte die Erstberatung teurer sein als die Folgeberatungen. Denkbar ist auch, dass der Preis der Einzelberatung mit steigender Anzahl abnimmt. Je öfter eine Aktualisierung des Finanzplanes vorgenommen wird, desto günstiger kann die Einzelberatung sein. Dies ist auch ökonomisch zu begründen, da die Kosten der Planerstellung beim ersten Mal sicherlich höher sein werden als in den Folgeperioden, wo die Grunddaten lediglich auf den neuesten Stand gebracht werden müssen, aber keine komplette Neuerhebung stattfindet. Ein Rabatt kann auch derart ausgestaltet werden, dass zum gleichen Preis ein größerer Leistungsumfang angeboten wird. Beispielsweise könnten zur Finanzplanung noch regelmäßige Research-Unterlagen oder eine kostenlose Hotline zur Verfügung gestellt werden.

Weiterhin können Boni vereinbart werden. Diese Form der Preisdifferenzierung wird im Gegensatz zum Rabatt im Nachhinein gewährt. Führt der private Haushalt z.B. regelmäßig eine Aktualisierung seines Finanzplanes durch, so erhält er einen Preisnachlass oder andere Vergünstigungen, wie Treuepunkte eines Bonusprogramms (z.b. miles&more der Lufthansa).

Um Rabatte oder Boni einzuräumen, können auch andere Kriterien als die Menge der Finanzplanungen herangezogen werden. Die Treue zum Finanzdienstleister (Dauer der Kundenbeziehung) oder die Profitabilität der Geschäftsverbindung (bezogene Finanzprodukte, Depotvolumen) können ebenfalls durch Preisnachlässe honoriert werden.[42] Mit Rabatten und Boni lassen sich die Kundenbindung stärken und das zukünftige Nachfragerverhalten positiv beeinflussen.

---

[38] Vgl. Diller (2000a), S. 320.

[39] Vgl. Dzienziol/Eberhardt/Renz/Schackmann (2001), S. 2; Pauluhn (1998), S. 567.

[40] Vgl. Heuveldop (2001), S. 291; Stojan (1998), S. 445 und den Abschnitt 5.5.4.1, der diese Hypothese bestätigt.

[41] Vgl. Bernet (1996), S. 296.

[42] Vgl. Heuveldop (2001), S. 291.

Die letzte Form der Preisdifferenzierung kann durch die Entbündelung von Produkt- und Preiskomponenten erfolgen.[43] Klassischerweise werden bei einer umfassenden Finanzplanung zahlreiche Themenfelder integriert berücksichtigt (Vermögens-, Altersvorsorge-, Versicherungsplanung etc.), die i.d.R. auch zusammen bepreist werden. Durch die Entbündelung dieser Themenfelder können auch einzelne Preise gestellt werden. Es besteht die Möglichkeit, in Form eines Produktbaukastensystems einzelne Themen zu kombinieren und unterschiedlich zu bepreisen.[44] Die umfassende Finanzplanung könnte so etwa billiger als die Summe der Einzelplanungen sein. Auch der umgekehrte Fall ist für die Private Finanzplanung vorstellbar. Da eine Planung, die umfassend durchgeführt wird, tendenziell einen größeren Mehrwert für den Kunden schafft, ist auch ein höherer Paketpreis diskutierbar. Durch Preis- und Produktbündel kann der Nachfrager nach seinen individuellen Bedürfnissen die Finanzplanung zusammenstellen und leistungsgerecht bezahlen.

4.4.3 Psychologische Bestimmungsfaktoren der Preisstrategie bei Financial Planning

Neben dem Vergütungsmodell haben preispsychologische Aspekte wichtigen Einfluss auf die Preisstrategie bei Financial Planning. Diese Erkenntnis ergibt sich aus der marketingpolitischen Feststellung, dass ein Unternehmen durch das Angebot eines gegenüber den Wettbewerbern attraktiveren Preis-/Leistungsverhältnises einen Wettbewerbsvorteil aufbauen kann.[45] Eine derartige strategische Ausrichtung führt zwangsläufig zu einer Kundenorientierung, da die Vorteile eines Produktes nur dann relevant werden, wenn sie vom Kunden als substanzielle Nutzensteigerung wahrgenommen werden.[46] Die Kundenorientierung wird schließlich zur Zielsetzung des Preismanagements.[47] Die Preispsychologie beschäftigt sich durch die verhaltenswissenschaftliche Fundierung gerade mit diesen Trends im Preismanagement, nämlich dem Wandel von der Produkt- zur Kundenorientierung.[48] Da Financial Planning als bedarfs- und damit kundenorientierte Dienstleistung verstanden wird, eignen sich folgerichtig auch preispsychologische Erklärungsansätze zur Ausgestaltung eines adäquaten Preises.

Hilfreich für die Untersuchung der preispsychologischen Aspekte sind die Konstrukte der Preiszufriedenheit und der Preisbereitschaft, die zudem in positivem Zusammenhang stehen.[49]

---

[43] Vgl. Bernet (1996), S. 310; Bernet (1998); S. 372, Hummel (1998), S. 465.

[44] Vgl. Bernet (1998), S. 372; Ebel/Hofer (2001), S. 490; Stojan (1998), S. 445.

[45] Vgl. Simon (1992), S. 59f.

[46] Vgl. Ebel/Hofer (2001), S. 490; Diller (1999), S. 40.

[47] DILLER nennt neben der Kundenorientierung noch die Wettbewerbs- und Ertragsorientierung als weitere Zielsetzungen des Preismanagements, vgl. Diller (1999), S. 40. Diese Ansätze des Preismanagements werden aufgrund der Vernachlässigung der Kundensicht jedoch zunehmend als nicht zielführend erachtet, vgl. Ebel/Hofer (2001), S. 489.

[48] Vgl. Diller (1999), S. 40.

[49] Vgl. Herrmann/Wricke/Huber (2000), S. 131.

Des weiteren wird das preispsychologische Phänomen der Bedeutung des Preises als Qualitätsindikator untersucht.[50]

4.4.3.1 Preiszufriedenheit und Preisbereitschaft

Die Zufriedenheit von Kunden ist eine wichtige Einflussgröße auf das Kaufverhalten. Deshalb sind Erkenntnisse über die Ursachen für Zufriedenheit und damit auch Unzufriedenheit bedeutsam für die Produktgestaltung.[51]

Unter Preiszufriedenheit wird das Ergebnis einer gedanklichen Gegenüberstellung der Preiserwartungen und Preiswahrnehmungen verstanden.[52] Die Preiserwartungen beziehen sich auf die Einschätzung zu Preisgünstigkeit und Preiswürdigkeit der angebotenen Preis-Leistung.[53] Preiswahrnehmungen entstehen durch die Aufnahme von Preisinformationen, bei der objektive Preise in subjektive Preiseindrücke eingeordnet werden.[54] In Abgrenzung zu herkömmlichen Produktpreisurteilen unterscheidet sich die Preiszufriedenheit in drei Punkten:[55]

- Bezugspunkt ist die gesamte Geschäftsbeziehung zum Anbieter und nicht alleine das Produkt

- Es wird nicht nur die Leistungsseite einer Transaktion betrachtet, sondern alle Ebenen der Geschäftsbeziehung

- In einer zeitübergreifenden Perspektive werden auch die Vor- und Nachkaufphase eines Kaufprozesses miteinbezogen

Diese Gestaltungsparameter machen das Konstrukt der Preiszufriedenheit für das Financial Planning besonders geeignet. Durch die Fokussierung auf die Geschäftsbeziehung als Ganzes und die zeitübergreifende Sichtweise wird die langfristige Orientierung betont, die auch beim Financial Planning von Bedeutung ist. Da sich der Financial Planning-Prozess im Gegensatz zu einem klassischen Produktkauf durch die fortlaufende Überwachung und ggf. Anpassung des Planes über einen längeren Zeitraum erstreckt, können die Aspekte, die zur Kundenzufriedenheit führen, explizit berücksichtigt werden. Damit besteht die Möglichkeit, im Rahmen aller Phasen des Finanzplanungsprozesses den Preis als Gestaltungsmerkmal zur Schaffung von Kundenzufriedenheit einzusetzen (vgl. auch Tab. 4-2).

---

[50] Die verwendeten Konstrukte "Preisbereitschaft" und "Preiszufriedenheit" gehören zur Kategorie der Preisintentionen. Unter Preisintention versteht man Zustände gelernter oder relativ dauerhafter Bereitschaft, in entsprechenden Entscheidungssituationen ein bestimmtes Preisverhalten zu zeigen, vgl. Diller (2000a), S. 105 und S. 168. Die Unterscheidung von Preiszufriedenheit und Preisvertrauen wird von DILLER aufgrund der starken Überschneidungen aufgegeben, vgl. Diller (2000b), S. 585 Anmerkung 5.

[51] Vgl. Gierl (1995), S. 233.

[52] Vgl. Diller (1999), S. 41; Diller (2000a), S. 173; Diller (2000b), S. 571.

[53] Vgl. Diller (1999), S. 41.

[54] Vgl. Diller (2000a), S. 128; Simon (1992), S. 594f. Daraus resultiert ein Preisempfinden, das sich z.B. in einer Aussage wie "Ein Ausgabeaufschlag von 6% für einen Investmentfonds ist für mich inakzeptabel", manifestiert.

[55] Vgl. Diller (1999), S. 571; Diller (2000a), S. 173.

Die Preiszufriedenheit kann durch die Konstrukte "Preisgünstigkeit", "Preiswürdigkeit" und "Preisfairness" erklärt werden, die jeweils Gegenstand kundenspezifischer Erwartungen sind.[56] Im Rahmen von Preisgünstigkeitsbeurteilungen wird lediglich der absolute Preis eines Urteilsobjektes eingestuft (Relativierung zu Konkurrenzpreisen).[57] Preiswürdigkeitsurteile betreffen dagegen das Preis-Leistungs-Verhältnis des Dienstleistungsangebotes (Relativierung zum Nutzen).[58] Die verschiedenen Preiskomponenten des Financial Planning (Honorar, Überrendite durch die Nutzung von Financial Planning, Zeitaufwand etc.) führen zu den unterschiedlichsten Preiserwartungen der privaten Haushalte, deren Erfüllung letztlich in die Preiszufriedenheit einfließt. Die Komponente "Leistung" wird mit verschiedenen Konstrukten erfasst. Neben "Qualität" und "Nutzen" findet man auch "Einstellungen" und "Zufriedenheit" als Leistungsparameter.[59]

Das Konstrukt der Preisfairness beschreibt das subjektive Empfinden des Kunden bzgl. der Fairness des Geschäftspartners. Dabei handelt es sich um ein mehrdimensionales Gebilde, bei dem sieben Komponenten unterschieden werden können (vgl. Abb. 4-12).

Die Preisgerechtigkeit zielt auf die Verteilungsgerechtigkeit ab. Das Preis-/Leistungsverhältnis sollte in einem marktüblichen Verhältnis stehen, und kein Partner sollte versuchen, seine Position einseitig zu verbessern. Konsistentes Verhalten bedeutet, dass die Zusammenarbeit nach vorab definierten Regeln, also einem klaren Preismodell vonstatten geht. Durch gegenseitigen Respekt und Achtung soll eine langfristige Beziehung aufgebaut werden, die zu einem Gewinn für beide Seiten führt. Durch kulantes Verhalten und Flexibilität bei Unregelmäßigkeiten wird das Fairnessempfinden positiv beeinflusst.

Abb. 4-12: Komponenten der Preisfairness

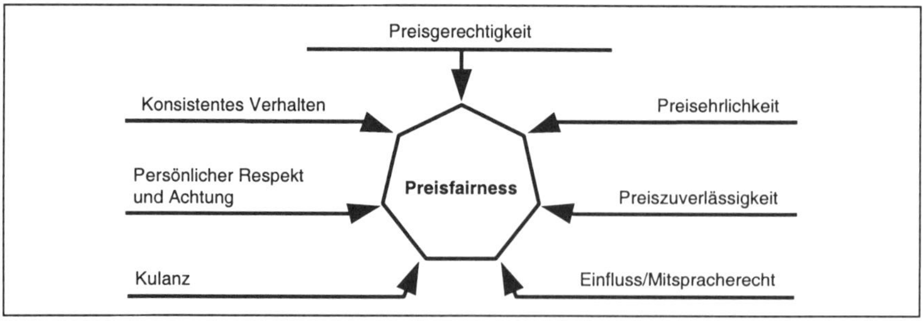

Quelle: Diller (2000a), S. 184.

Wahrheitsgemäße und klare Preisinformationen führen zu Preisehrlichkeit, die sich in einer richtigen, übersichtlichen, ungeschönten und vollständigen Informationsweitergabe manifes-

---

[56]   Vgl. Diller (2000a), S. 176; Diller (2000b), S. 574; Herrmann/Wricke/Huber (2000), S. 131.
[57]   Vgl. Diller (2000a), S. 153; Gierl (1995), S. 586; Simon (1992), S. 592.
[58]   Vgl. Böcker (1994), S. 276; Diller (2000a), S. 158; Simon (1992), S. 592.
[59]   Vgl. Diller (2000a), S. 158.

tiert. Mit der Einhaltung der bei Vertragsabschluss vereinbarten Preise wird dem Kunden Zuverlässigkeit signalisiert, was ebenfalls die Fairness positiv beeinflusst.

Erhält der Kunde ein gewisses Mitspracherecht bei der Preisgestaltung, z.b. durch Preisverhandlungen, so stärkt dies i.d.R. das Fairnessempfinden.

In einer empirischen Untersuchung mit Gebrauchsgütern konnte der positive Zusammenhang zwischen der Preisfairness und der Kundenzufriedenheit nachgewiesen werden.[60]

Für die Gestaltung der Preispolitik bei Financial Planning ergeben sich aus den Konstrukten Preisgünstigkeit, Preiswürdigkeit und Preisfairness wertvolle Hinweise. In der Tab. 4-2 werden deshalb für die drei Konstrukte nach den Phasen des Kaufprozesses (Vorkauf-, Durchführungs- und Nachkaufphase) mögliche preisrelevante Leistungen aufgezeigt.

Die Dimension Preisgünstigkeit kann bereits in der Vorkaufphase beeinflusst werden, indem Nebenkosten für den Nachfrager möglichst gering gehalten werden. Dazu kann eine örtliche Präsenz oder die Verfügbarkeit von Internetangeboten beitragen. In der Durchführungsphase ist neben dem Beratungshonorar ebenfalls das Augenmerk auf die Nebenkosten für den Kunden zu legen. Nach der eigentlichen Finanzplanung sollte zudem auf die Folgekosten für den Kunden geachtet werden. Sind diese zu hoch, besteht die Gefahr, dass keine langfristige Kundenbeziehung aufgebaut werden kann.

Tab. 4-2: Preisteilleistungen als Gegenstände der Preiszufriedenheit

Teildimensionen: Phase:	Preisgünstigkeit	Preiswürdigkeit	Preisfairness
Vorkauf- und Entscheidungsphase	▪ Nebenkosten des Kaufs, z.B. Such- und Informationskosten	▪ Preis-/Qualitätsverhältnis der entgeltlichen Leistungsinformationen	▪ Transparenz des Preismodells und der Preisbestandteile ▪ Ehrlichkeit in der Preisberatung ▪ Verhandlungsmöglichkeiten
Durchführungsphase	▪ Preis der Finanzplanung ▪ Preisnachlässe ▪ Nebenkosten der Durchführung (z.B. Internetgebühren, Fahrtkosten)	▪ Preis-/Qualitätsverhältnis der Finanzplanung	▪ Nachvollziehbarkeit der Preisstellung ▪ Korrektheit der Abrechnung
Nachkaufphase	▪ Laufende Kosten der Finanzplanung (z.B. jährliche Gebühren)	▪ Ergebnisqualität (z.B. Erreichen der Renditesteigerung oder Steuerersparnis) ▪ Betreuungsqualität	▪ Verzicht auf versteckte Zusatzkosten ▪ Preiskonstanz ▪ Kulanz bei Qualitätsmängeln

Quelle: Eigene Darstellung in Anlehnung an Diller (2000a), S. 176; Herrmann/Wricke/Huber (2000), S. 41ff.

Die Beeinflussung der Dimension Preiswürdigkeit kann schon bei der Sensibilisierung der Kunden für die Finanzplanung durch entsprechende Preis(-Leistungs)-Transparenz erfolgen.

---

[60] Vgl. Herrmann/Wricke/Huber (2000), S. 140.

Zielführend erscheint im Vorfeld auch eine überschlägige Kosten-Nutzen-Analyse, um das Preis-/Leistungsverhältnis greifbar zu machen.[61] Im Einzelfall kann auch ein Vergleich des eigenen Angebotes mit dem von Konkurrenten vorteilhaft sein, sofern das eigene als objektiv besser hervorgehoben werden kann. Während des Financial Planning sollte selbstverständlich die Qualität laufend überprüft und kommuniziert werden, um die Preiswürdigkeitseinstellung positiv zu unterstützen. Eine unabhängige und objektive Beratung wird sich positiv auf die Wahrnehmung der Preiswürdigkeit auswirken, nachdem diese Eigenschaften wesentliche Qualitätsmerkmale der Finanzplanung sind. Besonderes Augenmerk verdient auch die Dokumentation und Präsentation der Ergebnisse. Das Aufzeigen des Zielerreichungsgrades in der Nachkaufphase unterstreicht die Besonderheit des Finanzplanungskonzeptes. Im Rahmen der kontinuierlichen Anpassung und Kontrolle bietet ein sachgerechtes Berichtswesen die Möglichkeit, fortlaufend das Empfinden zur Preiswürdigkeit zu beeinflussen.

Die Preisfairness wird vor allem durch ein transparentes Vergütungsmodell beeinflusst. Einfache und nachvollziehbare Strukturen verstärken das Gefühl des Kunden, gerecht behandelt zu werden. Besteht zudem die Chance für den Kunden, den Preis durch Verhandlungen selbst zu beeinflussen, verstärkt sich die positive Fairnessempfindung. Ein ehrlicher Kundenumgang und korrekte, den Abmachungen entsprechende Abrechnung sollten selbstverständlich sein. Auch im Nachhinein sollte auf versteckte Zusatzkosten verzichtet und Kulanz bei Qualitätsmängeln in der Nachkaufphase gezeigt werden.

Die hier vorgestellten Maßnahmen können dazu beitragen, die Preiszufriedenheit der Kunden positiv zu beeinflussen. Eine hohe Kundenzufriedenheit sollte dann letztlich zu einer (hohen) Preisbereitschaft und -akzeptanz führen.[62]

Traditionell wird unter dem Begriff **Preisbereitschaft** der Geldbetrag verstanden, den eine Person höchstens für ein bestimmtes Produkt bzw. einen bestimmten Nutzenwert auszugeben bereit ist.[63] Der hierbei verwandte maximale Preis greift für das Financial Planning zu kurz. Da für Beratungsleistungen im Bereich der Finanzdienstleistungen die Bepreisung bislang nur in wenigen Fällen gebräuchlich ist, kommt der Frage nach einer grundsätzlichen Akzeptanz eines Honorars eine ebenso wichtige Stellung zu. Deshalb wird das Konstrukt der Preisbereitschaft um die Preisakzeptanz, d.h. die grundsätzliche Akzeptanz eines Honorars für das Financial Planning, ergänzt.

Die grundsätzliche Akzeptanz von Beratungshonoraren und die Preisbereitschaft wird in der vorliegenden Arbeit im Abschnitt 5.5.3 empirisch untersucht.

4.4.3.2   Der Preis als Qualitätsindikator

In der klassischen Preistheorie geht man davon aus, dass der Käufer über vollkommene Information verfügt und die Qualität der Produkte unabhängig vom Preis beurteilt.[64] Der Preis

---

[61]   Vgl. Abschnitt 3.4.1.3.

[62]   Vgl. Herrmann/Vetter (1999), S. 336.

[63]   Vgl. Böcker (1994), S. 274, Diller (2000a), S. 168

[64]   Vgl. Simon (1992), S. 604.

ist lediglich eine budgetschmälernde Komponente und bei höheren Preisen wird weniger nachgefragt. Die Situation in der Realität sieht allerdings anders aus.

Verschiedene Studien haben gezeigt, dass die Preise von Finanzprodukten eine geringere Wichtigkeit bei der Nachfrage spielen als beispielsweise das Vertrauen zum Berater oder die Performance des Produktes.[65] Die theoretische Erkenntnis, dass höhere Preise zu geringerer Nachfrage führen, gilt also nicht uneingeschränkt. Für eine andere Nachfragerreaktion spricht die Qualitätsindikatorfunktion des Preises, die untergeordnete Bedeutung des Preises in der individuellen Nutzenfunktion des Konsumenten oder fehlende Substitutionsmöglichkeiten.[66] Insbesondere die preisabhängige Qualitätsbeurteilung nimmt in der wissenschaftlichen Diskussion breiten Raum ein.

Der Preis kann als Produkteigenschaft auf die Beurteilung der Produktqualität wirken, ohne für letztere kausal zu sein.[67] Man kann feststellen, dass Nachfrager dazu neigen, den Preis als Qualitätsindikator heranzuziehen. Was teuer ist, wird demnach auch als qualitativ hochwertig empfunden.

Die Entstehung von Preis-Qualitätszusammenhängen wurde in der Marketing-Forschung bereits sehr häufig untersucht.[68] Insgesamt gilt heute als bewiesen, dass der Preis umso weniger als Qualitätsindikator verwendet wird,[69]

- je größer das Wissen und die Erfahrung der Verbraucher hinsichtlich des Produktes sind;

- je mehr Möglichkeiten zur Entdeckung von Qualitätsunterschieden zur Verfügung stehen;

- je geringer die Variationsbreite von Preisen und Qualitäten innerhalb einer Produktkategorie ausfällt;

- je weniger andere Qualitätsindikatoren, wie etwa Marke oder Image des Anbieters, zur Verfügung stehen;

- je preisinteressierter die Kunden sind.

Für das Financial Planning kann man unterstellen, dass die genannten Bedingungen weitestgehend noch nicht erfüllt sind und damit der Preis als Qualitätsindikator eine Rolle spielen dürfte. Bei Financial Planning handelt es sich um eine weitestgehend neue Dienstleistung, mit der die Verbraucher bislang kaum Erfahrungen gemacht haben. Durch die Komplexität der Dienstleistung ist die Qualität nur schwer abzuschätzen. In der Wahrnehmung von Beratungsqualität bestehen oftmals erhebliche Qualitätsunterschiede. Wenn dem so ist, besteht für die Anbieter die Möglichkeit, relativ hohe Preise zu setzen, um damit eine subjektive Qualitätsvermutung zu schaffen.

Mit zunehmender Verbreitung von honorarpflichtiger Finanzplanung ist es möglich, dass es aufgrund von Erfahrungseffekten der Nachfrager zu einem Preisverfall kommen kann. Hinzu kommt, dass die Qualität der angebotenen Finanzplanungen tendenziell steigen wird, was das

---

[65] Vgl. Flur/Ledet/McCoy (1996), S. 121.
[66] Vgl. Bernet (1996), S. 76.
[67] Vgl. Böcker (1994), S. 277; Gierl (1995), S. 587 sowie die Abschnitte 3.4.1.2 und 4.2.1.2.
[68] Vgl. Gierl (1995), S. 589.
[69] Vgl. Böcker (1994), S. 277; Diller (2000a), S. 164; Gierl (1995), S. 590; Simon (1992), S. 609.

Qualitätsrisiko verringert. Die Nachfrager benötigen den Preis als Qualitätsindikator dann nicht mehr.[70] Für die Anbieter bedeutet dies, die Gunst der Neuartigkeit des Financial Planning im Retail-Segment auszunutzen, um es als entgeltpflichtige Beratung zu platzieren.

4.4.4 Elemente einer Preisstrategie für das Financial Planning

In den vorangegangenen Abschnitten wurden die Komponenten einer Preisstrategie für das Financial Planning untersucht. Einen Überblick über die Bestandteile gibt die Abb. 4-13.

Entscheidend für die Festlegung der Strategie ist das gewählte Leistungsmodell. Je nachdem, ob neben der Beratung noch Finanzprodukte vermittelt oder verkauft werden, sind unterschiedliche Formen des Honorars denkbar. Hierbei ist allerdings zu beachten, dass im Falle einer Finanzproduktvermittlung bzw. eines -verkaufes das Problem einer eingeschränkten Unabhängigkeit und Objektivität in der Beratung auftritt, das sich negativ auf die Gesamtakzeptanz des Financial Planning auswirken kann.

In direktem Zusammenhang mit dem Leistungsmodell steht das Preismodell, das wesentlich durch die Bezugsbasis des Preises determiniert wird. Neben dem Provisionsmodell können Beratungshonorare nach zugrundeliegenden Volumina (z.B. Vermögen), der nachgefragten Zahl von Finanzplanungen, der benötigten Zeit oder der erzielten Performance berechnet werden.

Abb. 4-13: Komponenten einer Preisstrategie für das Financial Planning

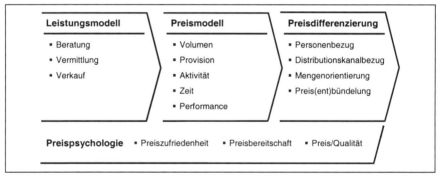

Quelle: Eigene Darstellung.

Nachdem Leistungs- und Preismodell festgelegt sind, besteht die Möglichkeit, zusätzlich Preisdifferenzierungen vorzunehmen. Dabei können unterschiedliche Preise für bestimmte Personen(-gruppen) oder für verschiedene Distributionskanäle festgelegt werden. Daneben sind Rabatte und Boni Formen der mengenorientierten Differenzierung. Eine weitere Möglichkeit der Preisdifferenzierung bietet das Entbündeln des umfassenden Financial Planning in einzeln bepreisbare Komponenten.

---

[70]   Vgl. Simon (1992), S. 612.

Die preispsychologischen Aspekte haben übergreifenden Einfluss auf die Preisstrategie. Durch die Berücksichtigung von Faktoren, die Preiszufriedenheit und damit Preisbereitschaft sowie die Qualitätsindikatorfunktion beeinflussen, können nützliche Gestaltungsmerkmale abgeleitet werden.

Eine derartige Konzeption der Preisstrategie kann dazu beitragen, die Akzeptanz von Beratungshonoraren für das Financial Planning herbeizuführen. Allerdings gestaltet sich die Einführung von Beratungsgebühren bislang als äußerst schwierig. Finanzdienstleistungskunden erwarten zunehmend qualitativ hochwertige Beratung und entwickeln gleichzeitig ein verstärktes Kostenbewusstsein.[71] Eine Vergütung der Beratungsleistung erfordert eine angemessene Qualität als Äquivalent zum Preis und eine entsprechende Kommunikation an den Kunden.[72] Dieser muss mit nachvollziehbaren Argumenten überzeugt werden, für eine bislang kostenlos erhältliche Dienstleistung nun bezahlen zu sollen. Der Kunde muss zu einem Honorar hingeführt werden. Er kann die Frage stellen, ob er denn in der Vergangenheit schlecht beraten worden sei. Zudem müssen teilweise Provisionen offengelegt werden, was bei den Kunden im Nachhinein zu Unverständnis bzgl. der Provisionshöhen führen könnte.

Das negative Image vieler Strukturvertriebe, die damit werben, eine umfassende Finanzplanung durchzuführen, ist auf die teilweise unzureichende Qualifikation der Mitarbeiter, deren Streben nach möglichst hohen Provisionen, was letztlich oftmals zu Fehlberatungen führt, zurückzuführen.[73] Honorarberatung führt zwar nicht automatisch zu einer qualitativ hochwertigen und ordnungsmäßigen Beratung, da die Kompetenz des Beraters und die damit verbundene Beratungsqualität zunächst unabhängig von der Bepreisung dieser Dienstleistung ist. Auch die Unabhängigkeit und Objektivität ist nicht zwangsläufig durch ein Honorar gegeben. Durch Beratungshonorare kann allerdings der Interessenkonflikt zwischen Finanzplaner und Kunde gemildert oder gar beseitigt werden. Dieser Konflikt resultiert aus der fehlenden Neutralität der Entlohnungshöhe vom Entlohnungsergebnis, der grundsätzlich sowohl für Angestellte als auch freiberufliche Berater gilt, sofern sie Provisionen für den Vertrieb von Finanzprodukten erhalten.

Für traditionelle Banken, Versicherungen und unabhängige Finanzproduktvermittler wird bis auf Weiteres eine Kombination aus Honoraren und Provisionen die vorherrschende Preisstrategie bleiben. Hier besteht die Möglichkeit, im Rahmen einer Mischkalkulation niedrige Beratungshonorare, die auch im Mengengeschäft akzeptabel sind, festzulegen und damit den Weg für zukünftig höhere Honorare zu ebnen. Zusätzlich sind die Möglichkeiten des Einsatzes von elektronischen Medien zur Kostensenkung anzuwenden. Eine reine Honorarberatung eines Finanzdienstleisters hingegen, der auch Finanzprodukte herstellt, ist nur dann glaubwürdig, wenn die Finanzplanung bei den Handlungsempfehlungen endet und die Realisierung anderweitig durchgeführt wird. Hier stellt sich die Frage, ob dies für die Kunden des Mengengeschäftes eine akzeptable Form des Financial Planning darstellt.

---

[71] Vgl. Carl (2000), S. 30; Dreyer (2001), S. 19; Rapp (1992), S. 333.
[72] Vgl. Carl (2000), S. 31; Heuveldop (2001), S. 291.
[73] Vgl. Brückner (2001), S. 31; Gröneweg (2002), S. 29.

Demgegenüber besteht für reine Honorarberater (z.B. auch Steuerberater) die Möglichkeit, sich im Wettbewerb durch unabhängige und objektive Beratung zu differenzieren. In diesem Fall sind allerdings höhere Honorare notwendig, um die entstehenden Kosten zu decken. Damit dürften die Erfolgschancen für das Mengengeschäft tendenziell niedriger ausfallen. Zielkunden für solche Angebote sind also durchschnittlich bis überdurchschnittlich verdienende Haushalte. Bei entsprechender Qualität und monetär messbarer Vorteilhaftigkeit von Finanzplanungen werden sich aber auch solche Angebote langfristig in allen Einkommensschichten durchsetzen.

5 Empirische Exploration des Financial Planning-Konzeptes

In den vorhergehenden Kapiteln wurde das Financial Planning für private Haushalte des Retail-Segmentes einer theoretischen Betrachtung unterzogen. Auf Basis dieser Ausführungen soll nun eine empirische Untersuchung helfen, ein tieferes Verständnis für das Financial Planning bei Kunden des Retail-Segmentes zu erreichen und die theoretisch abgeleiteten Erkenntnisse in der Realität zu analysieren.[1]

5.1 Grundlagen der Empirie

5.1.1 Forschungsstrategie und Zielsetzung

Grundsätzlich sind in der empirischen Sozialforschung zwei Forschungsstrategien zu unterscheiden, die beide ein theoretisches Wissenschaftsziel verfolgen: die Falsifikationsstrategie und die Explorationsstrategie.[2]

Das wissenschaftstheoretische Fundament der **Falsifikationsstrategie** ist die von POPPER entwickelte Wissenschaftsphilosophie des "kritischen Rationalismus".[3] Stark verkürzt kann unter der Falsifikationsstrategie (auch: "Prüfstrategie") eine Forschungsstrategie verstanden werden, bei der versucht wird, zu Erkenntnisfortschritten über die Widerlegung von Hypothesen durch ihre Konfrontation mit der Realität zu gelangen.[4] Sie betont den Begründungszusammenhang wissenschaftlicher Forschung und ist immer dann besonders erfolgreich, wenn dem Forscher bereits gehaltvolle Hypothesen zur Überprüfung vorliegen, d. h. wenn der Wissensstand über ein Phänomen schon weit fortgeschritten ist.[5]

Bei der **Explorationsstrategie** steht nicht die Bestätigungs- oder Ablehnungsentscheidung von Hypothesen, sondern der Entdeckungszusammenhang wissenschaftlicher Aussagen im Mittelpunkt, da dem Forscher noch keine substantiellen Hypothesen für eine Überprüfung zur Verfügung stehen. D. h. ein wohlstrukturierter Bezugsrahmen im Sinne einer "Vortheorie" liegt für die definierte Problemstellung nicht vor. Vielmehr geht es um das erstmalige Erkennen von Phänomenen und Kausalzusammenhängen sowie um die Vermittlung eines ganzheitlichen Bildes des untersuchten Sachverhaltes. Darin wird – im Gegensatz zur Falsifikations-

---

[1] Eine Aufstellung der Zusammenhänge zwischen den theoretischen Ausführungen und der empirischen Untersuchung findet sich im Anhang 1.

[2] MÜLLER-BÖLING führt zusätzlich eine dritte Forschungsstrategie an ("Konstruktionsstrategie"). Diese verfolgt jedoch kein theoretisches, sondern ein technologisches Wissenschaftsziel und wird daher in den weiteren Ausführungen nicht berücksichtigt. Vgl. Müller-Böling (1992), Sp. 1494-1495.

[3] Vgl. Popper (1971). Angesichts der ausführlichen wissenschaftstheoretischen Auseinandersetzung mit dem Konzept des Falsifikationismus in der Literatur wird für eine detaillierte Darstellung seiner Grundpositionen an dieser Stelle auf das einschlägige Schrifttum verwiesen; Stellvertretend für viele vgl. Atteslander (1993), S. 40f; Lingnau (1995), S. 124-129; Neeb (1995), S. 197-199.

[4] Zur Kritik an dieser Vorgehensweise insbesondere in der betriebswirtschaftlichen Forschung vgl. Bufka (1997), S. 97ff.

[5] Vgl. Atteslander (1993), S. 54ff.

strategie – bereits ein Erkenntnisfortschritt erkannt. Ziel einer Explorationsstrategie ist die Generierung sinnvoller Hypothesen, wobei unter sinnvoll "informationsreich", "problemrelevant", "verständnisfördernd" zu verstehen ist.[6] Die Frage nach der statistischen Repräsentativität, der in der Falsifikationsstrategie in Verbindung mit den strengen Gütekriterien der Validität und der Reliabilität entscheidende Bedeutung beizumessen ist[7], wird dabei explizit vernachlässigt. Ein Anspruch auf Generalisierbarkeit der abgeleiteten Aussagen wird bei der Verfolgung einer Explorationsstrategie nicht erhoben. Das Gütekriterium für die explorative Forschungsstrategie ist stattdessen ihr heuristisches Potential.[8]

Weder die wissenschaftliche Forschung noch die Praxis verfügen derzeit über ein tiefer gehendes Verständnis des Nachfrageverhaltens von privaten Haushalten des Mengengeschäftes nach der Dienstleistung Financial Planning. Die bisherige empirische Forschung auf diesem Gebiet hat für den deutschsprachigen Wirtschaftsraum bislang lediglich das Segment der vermögenden Privatkunden von Banken untersucht.[9] Aufgrund des unzureichenden Theoriepotenzials lassen sich für das Financial Planning keine "guten" Hypothesen ableiten.[10] Soll also eine Beschäftigung mit willkürlich aufgestellten Hypothesen vermieden werden, so lässt der gegenwärtige Forschungsstand den Schluss auf eine empirisch explorative Forschungsstrategie zu. Programmatisch ist eine derartige Vorgehensweise dadurch gekennzeichnet, dass wissenschaftliche Hypothesen mittels Exploration (im Sinne von Ausschöpfung) des Informationspotenzials einer möglichst umfangreichen empirischen Datenbasis aufgestellt werden.[11]

Die vorliegende empirische Untersuchung hat das Ziel, bestehende Unsicherheiten bzgl. der Nachfrager von Financial Planning im Retail-Segment zu reduzieren und die Konzeptionsstrukturierung für ein entsprechendes Angebot zu unterstützen. Die Befragung von privaten Haushalten soll folgende Aspekte untersuchen:

- Bekanntheitsgrad und bisherige Nutzung der Dienstleistung Financial Planning

- Zusammenhang zwischen den Verhaltensweisen in finanziellen Angelegenheiten im Allgemeinen und den Einstellungen zum Financial Planning

- Erwartungen und Anforderungen von Retail-Kunden an das Financial Planning

- Einfluss demographischer, sozioökonomischer und weiterer Merkmale auf die Erwartungs- und Anforderungsstrukturen

- Akzeptanz und mögliche Inanspruchnahme von Financial Planning als Beratungsdienstleistung und evtl. damit verbundener Beratungshonorare

---

[6] Vgl. Welge (1980), S. 63.

[7] Zu den Begriffen Repräsentativität, Validität und Reliabilität vgl. Abschnitt 5.2.1.2.

[8] Unter dem heuristischen Potenzial als Gütekriterium empirischer Forschung ist die Möglichkeit zu verstehen, durch ein bestimmtes Forschungsdesign zu zusätzlichen Kenntnissen in Form von Fragen und Interpretationsmustern zu gelangen. Maßstab für eine Bewertung bildet dabei das Ausmaß, in dem das Verständnis und die Beherrschung der Problemsituation verbessert werden, was sich in einer Präzisierung der theoretischen Perspektive und in der Formulierung von neuen weiterführenden Fragen äußert, vgl. Welge (1980), S. 60-61.

[9] Vgl. Kloepfer (1999), Tilmes (2000a).

[10] Vgl. Tilmes (2000a), S. IIf und S. 251.

[11] Vgl. Wollnik (1977), S. 43.

Die empirische Untersuchung trägt durch ihre Orientierung an der Nachfragerperspektive dazu bei, ein Angebot von Financial Planning-Dienstleistungen für den Massenmarkt adäquat auszugestalten.

5.1.2 Online-Marktforschung

Die Primärforschung (Feldforschung) dieser Arbeit wurde mittels einer Befragung im World Wide Web (WWW) durchgeführt. Diese Form der Online-Marktforschung[12] ist ein noch relativ junges Instrument und bedarf daher einiger Erläuterung.

Das Internet gewinnt in der modernen Gesellschaft zunehmend an Bedeutung. Das Wachstum der angeschlossenen Rechner steigt exponentiell und mit ihnen auch die Anzahl der angeschlossenen Nutzer.[13] In Deutschland benutzten im Mai/Juni 2001 etwa 38,8% (ca. 24,77 Mio. Personen) der Menschen ab 14 Jahren das Internet.[14] Da sich auch die Wissenschaft mit dieser dynamischen Entwicklung beschäftigt, wurde das WWW, als einer der Internet-Dienste[15], seit Anfang der 1990er Jahre zu einem neuen Instrument der empirischen Sozialforschung. Die Marktforschung per Internet macht gegenwärtig etwa 20% der Gesamtausgaben dieses Bereiches aus. Bis 2005 wird mit einem Anstieg auf etwa 38% gerechnet.[16]

Ein wesentlicher Aspekt bei der Durchführung von schriftlichen Befragungen, die möglichst einfache Beantwortungsmöglichkeit, wird durch das Medium Internet in besonderer Weise berücksichtigt.[17] Darüber hinaus weisen Fragebogenuntersuchungen, die im Internet durchgeführt werden, im Vergleich zu den traditionellen Methoden der Face-to-Face-, postalischen- oder telefonischen Datenerhebung eine Reihe von Besonderheiten auf. Folgende sechs Merkmale charakterisieren Web-basierte Umfragen:[18]

- **Asynchronität** und **Alokalität** – im Sinne einer zeit- und ortsunabhängigen Befragungsmöglichkeit

- **Automatisierbarkeit** der Durchführung und Auswertung, z.B. durch die Programmierung einer automatischen Filterführung, die die Befragungsperson auf einem individuellen Weg durch den Fragebogen führt

---

[12] Zur Online-Forschung vgl. einführend Reips (2000).

[13] Im August 2001 wurden in Deutschland ca. 2,4 Millionen (August 1999: 1,5 Mio.) angeschlossene Rechner (Hosts) gezählt; eine ständig aktualisierte Statistik findet sich unter: www.denic.de/DENICdb/stats/ hosts_simple.html. Obwohl nicht genau bekannt ist, wie viele Personen im Durchschnitt pro Rechner Zugang zum Internet haben, wird davon ausgegangen, dass der Faktor "Nutzer pro Rechner" im Zeitverlauf eine konstante Größe darstellt, vgl. Batinic/Bosnjak (1997), S. 233.

[14] Vgl. van Eimeren/Gerhard/Frees (2001), S. 383.

[15] Weitere Dienste des Internets sind bspw. E-Mail, Mailinglisten, Newsgroups oder Internet Relay Chat (IRC), vgl. Böshenz (1999), S. 7ff. Alle diese Internet-Dienste können für Befragungen eingesetzt werden, z.B. existieren neben WWW-Umfragen auch E-Mail und Newsgroup-Umfragen. Die vorliegende Arbeit beschäftigt sich jedoch ausschließlich mit der verbreitetsten Methodik, der WWW-Befragung, vgl. Hauptmanns (1999), S. 23f.

[16] Vgl. Röbke (2001), S. 36.

[17] Vgl. Berekoven/Eckert/Ellenrieder (1999), S. 114.

[18] Vgl. Batinic/Bosnjak (1997), S. 222ff.

- **Dokumentierbarkeit** der Durchführung auf elektronischen Medien

- **Flexibilität** – im Sinne der Integration verschiedener Medientypen wie beispielsweise Audio- oder Videodarbietungen

- **Objektivität** bei der Durchführung und Auswertung durch die Standardisierungsmöglichkeiten

- **Ökonomie** durch Zeit- und Kosteneinsparungen

Diese Merkmale erweisen sich als vorteilhaft und machen Internet-Befragungen zu einer interessanten Erweiterung des Methodenspektrums innerhalb der Sozialwissenschaften. Die Anwendung dieser Erhebungsform erfreut sich deshalb auch wachsender Beliebtheit.

Allerdings werden gegenüber WWW-Befragungen auch Bedenken hinsichtlich der Datenqualität geäußert, die bei der Konzeption, aber auch bei der Auswertung und Interpretation der Daten berücksichtigt werden müssen.[19] Diese Bedenken betreffen im Wesentlichen die unzureichende Repräsentativität und die zu erwartenden Stichprobenverzerrungen.

Eine Befragung im WWW kann nach gegenwärtigem Erkenntnisstand nicht den Anspruch erheben, repräsentativ zu sein. Dies gilt sowohl für die Gesamtbevölkerung, als auch hinsichtlich der Internetnutzer.[20] Durch die eingeschränkte Nutzerschaft des Internets entspricht die Grundgesamtheit nicht der Gesamtbevölkerung. Zieht man aus der Grundgesamtheit eine repräsentative Stichprobe, so erhält man bestenfalls repräsentative Aussagen über die Internet-Nutzer, nicht jedoch über die Bevölkerung im Allgemeinen. Es ist bei den derzeit angewandten Methoden keine methodisch einwandfreie Stichprobenziehung möglich, sondern vielmehr "zieht" sich die Stichprobe selbst und dies führt zwangsläufig zu Verzerrungen.[21]

Die Ursache für die Selbstselektion liegt in der Besonderheit der web-basierten Umfragen, deren Betreiber oftmals mittels Werbebannern oder Hyperlinks versuchen, Teilnehmer zu finden. Die Befragungspersonen müssen zunächst eine laufende Umfrage finden, dann aktiv über eine Teilnahme entscheiden und letztlich die entstehenden Kosten (z.B. Telefon- und Providergebühren) selbst tragen. Eine Erhebung, die auf der Selbstselektion der Teilnehmer beruht, muss sich den Vorwurf gefallen lassen, dass niemand Berücksichtigung findet, der von vorneherein eine Beantwortung der Fragen ablehnt.[22]

Diese Selbstselektion kann außerdem zu einer Verzerrung der Stichprobe führen. Es ist davon auszugehen, dass nur bestimmte Gruppen von Internet-Nutzern an den Befragungen teilnehmen. Genannt werden z.B. Verzerrungen in Richtung von Vielnutzern des Internet, geringere Frauenanteile oder höheres Bildungsniveau der Teilnehmer, die kein gutes Abbild der Grund-

---

[19] Vgl. Bandilla (1999), S. 9; Hauptmanns (1999), S. 22; Vogt (1999), S. 127.

[20] Eine Stichprobe wird dann als repräsentativ bezeichnet, wenn sie die Grundgesamtheit gut abbildet, also die Parameter der Grundgesamtheit (Mittelwerte, Varianzen) als gute Schätzungen für die gleichen Parameter der Grundgesamtheit gesehen werden können. Eine Stichprobe bildet die Grundgesamtheit in aller Regel dann gut ab, wenn sie zufällig gezogen wurde und keine systematischen Ausfallprozesse vorliegen, vgl. Hauptmanns (1999), S. 26; Goeritz (1999), S. 3.

[21] Vgl. Bandilla (1999), S. 10f; Hauptmanns (1999), S. 26.

[22] Vgl. Stark (2001).

gesamtheit erwarten lassen.[23] Diese Verzerrungen im Gegensatz zur Grundgesamtheit (etwa der Bevölkerung Deutschlands) lassen sich in vielen Fällen durch die Verwendung von Korrekturfaktoren (Gewichtungen) ausgleichen.[24] Zudem ist festzustellen, das sich die Internetnutzer im Zeitablauf immer weniger von der Gesamtbevölkerung unterscheiden, was auf die schnelle Verbreitung des Mediums Internet bei privaten Haushalten zurückzuführen ist.[25]

Um die Problematik der Selbstselektion abzumildern, werden verschiedene Verfahren angewandt.[26] In dieser Arbeit wurde, als eine dieser Methoden, ein Online-Panel zur Datenerhebung eingesetzt.[27] Bei einem Panel handelt es sich im Allgemeinen um eine bestimmte, gleichbleibende Gruppe von Auskunftspersonen, die in regelmäßigen zeitlichen Abständen zum (im Prinzip) gleichen Untersuchungsgegenstand befragt wird.[28] Das hier benutzte Online-Panel wurde als sogenanntes Access-Panel (oder auch Versuchspersonenreservoir) verwendet, d.h. es wurde eine einmalige Befragung zu einer spezifischen Forschungsfrage unter Rückgriff auf die Panel-Teilnehmer durchgeführt.[29]

Online-Panels weisen gegenüber herkömmlichen WWW-Umfragen einige Vorteile auf. Bei Online-Panels wird durch unterschiedlichste Online-Rekrutierungsmethoden und den Abgleich der Panelzusammensetzung mit anderen Strukturdaten versucht, die Verzerrungseffekte möglichst gering zu halten.[30] Weitere Vorteile von Online-Panels bestehen darin, dass Teilnahmebereitschaft und damit Antwortraten höher sind als bei traditionellen Erhebungsmethoden. Zusätzlich sind die Nonresponse-Raten bekannt, d.h. die Verzerrung der Stichprobe durch Ausfälle kann erklärt werden. Die Gefahr von Mehrfachantworten einer Befragungsperson ist außerdem relativ gering. Trotz dieser Vorteile kann aber auch das Online-Panel keine endgültige Repräsentativität gewährleisten, da die Teilnehmer des Panels sich selbst selektieren.[31]

Zusammenfassend lässt sich sagen, dass eine WWW-Umfrage aufgrund der beschriebenen grundsätzlichen Probleme zwar keine gleichwertige Erhebungsmethode wie etwa Telefonbefragungen oder Face-to-Face Interviews ist. Gerade für explorative Untersuchungen, die sich mit einer tendenziell neuen Thematik beschäftigen, stellt sie jedoch eine anerkannte und sinn-

---

[23]   Vgl. Bandilla (1999), S. 12ff; Hauptmanns (1999), S. 30ff.

[24]   Vgl. Bandilla (1999), S. 12; Hauptmanns (1999), S. 36. Allerdings konnte bereits gezeigt werden, dass gewichtete Daten von Zufallsstichproben zu schlechteren Schätzungen der Verteilungen der Untersuchungsvariablen in der Grundgesamtheit führen als ungewichtete, vgl. Zimmermann/Gadeib/Lürken (2001), S. 40.

[25]   Dies belegen beispielsweise die regelmäßig durchgeführten Studien der GfK und von ARD/ZDF zur Internetnutzung in Deutschland, vgl. GfK (Hrsg.) (2001); van Eimeren/Gerhard/Frees (2001).

[26]   Als Verfahren ist bspw. die N-th-Visitor-Methode zu nennen, bei der jeder n-te Besucher einer Website für die Befragung ausgewählt wird, vgl. Böshenz (1999), S. 21. Eine weitere Möglichkeit besteht darin, eine E-Mail-Stichprobe zu ziehen und die ausgewählten Adressaten zur Teilnahme aufzufordern, vgl. Hauptmanns (1999), S. 28. Allerdings existiert derzeit keine Methode, die eine Repräsentativität gewährleistet.

[27]   Es handelt sich dabei um das Online-Panel des Roland Berger Market Research.

[28]   Für eine detaillierte Beschreibung von Panels vgl. Berekoven/Ecker/Ellenrieder (1999), S. 123; Böhler (1992), S. 60ff.

[29]   Vgl. Goeritz (1999), S. 3; Zimmermann/Gadeib/Lürken (2001), S. 41.

[30]   Vgl. Goeritz (1999), S. 3.

[31]   Vgl. Goeritz (1999), S. 4.

volle Alternative dar.[32] Unter Berücksichtigung der genannten Aspekte bei der Interpretation der Daten sind auch mit einer WWW-Umfrage aussagekräftige Ergebnisse zu erzielen.

5.2 Vorgehensweise und Design

5.2.1 Methodik der Datenerhebung

Die Daten wurden im Oktober/November 2001 mittels einer WWW-Umfrage erhoben. Diese besondere Form der schriftlichen Befragung wurde aufgrund der vielfältigen Vorteile und des Bezuges der Thematik zum Medium Internet gewählt.[33] Ein wichtiger Aspekt der Befragung war außerdem die Nutzung des Internets zur Durchführung bzw. Unterstützung von Financial Planning-Aktivitäten, weshalb sich das Medium Internet zur Befragung besonders eignete.

Zur Erhebung wurde eine Zufallsstichprobe von n = 1.654 aus der Grundgesamtheit des Online-Access-Panel des Roland Berger Market Research ausgewählt. In diesem Panel sind private Haushalte bzw. einzelne Personen, die in solchen Haushalten leben, mit Wohnsitz in Deutschland, enthalten. Die Mitglieder dieses Panels werden regelmäßig zu verschiedensten Themen befragt. Aufgrund der gewählten Befragungsmethodik handelt es sich um eine nicht-repräsentative Untersuchung.

5.2.1.1 Fragebogen und Pretest

Bei der Gestaltung des Fragebogens wurden die gängigen Regeln des Fragebogenaufbaus beachtet, wobei besonderer Wert auf die Allgemeinverständlichkeit gelegt wurde.[34] Dies ist vor allem durch die unterschiedliche Zusammensetzung der Stichprobe (soziale Hintergründe, Bildungsstand, Erfahrungen mit Finanzangelegenheiten etc.) und die relative Unbekanntheit des Befragungsgegenstands begründet und wurde durch eine möglichst verständliche Fragenfolge und einfache Fragestellungen realisiert. Zusätzlich wurde vor die Beantwortung der Fragen eine kurze und prägnante Einleitung gestellt, in der die Besonderheiten des Financial Planning-Konzeptes beschrieben wurden. Es wurde außerdem darauf geachtet, die Befragten nicht mit einem zu langen Fragebogen zu überfordern oder auch zu verärgern, was letztlich die Antwortbereitschaft positiv beeinflusst hat.

---

[32] Vgl. Bandilla (1999), S. 18; Hauptmanns (1999), S. 37.
[33] Zur Methodik der schriftlichen Befragung im Allgemeinen vgl. Atteslander (1993), S. 126ff ; Porst (1998), S. 15f.
[34] Vgl. Böhler (1992), S. 89ff; Porst (1998), S. 17ff. Der Fragebogen inkl. der Einleitung zum Befragungsthema findet sich im Anhang 3.

Zur Identifikation der geeigneten Indikatoren zur explorativen Untersuchung des Financial Planning im Retail Segment wurde auf die Ergebnisse bereits vorhandener Untersuchungen mit verwandten Fragestellungen zurückgegriffen[1], eigene theoretische Überlegungen angestellt und eine Vorstudie in Form von zwei Pretests des Fragebogens durchgeführt. Diese Wege wurden parallel beschritten, um durch eine geeignete Operationalisierung ein möglichst genaues Abbild des Untersuchungsgegenstandes zu erreichen.

Für die Befragung wurde ein standardisierter Fragebogen verwandt, der fast ausschließlich geschlossene Fragen enthielt, d.h. es wurden feste Antwortkategorien vorgegeben. Dadurch wird eine gute Auswertbarkeit und Vergleichbarkeit der Daten gewährleistet, wobei versucht wurde, eine Antwortbeeinflussung durch Fragestellung und Kategorienvorgabe zu vermeiden. Als Kategorien wurden neben einfachen Ja-Nein-Dichotomien auch umfangreichere Rating-Skalen als Antwortmöglichkeiten vorgegeben. Bezüglich des Differenzierungsgrades der Rating-Skalen kamen in der Regel sechsstufige, monopolare Skalen zur Anwendung, wobei die Extrempunkte der Skalenstufen verbal gekennzeichnet wurden.[2]

Der Ablauf der Fragen gliedert sich in vier Teilbereiche, wobei darauf geachtet wurde, dass die Fragen in einer in sich logischen und stringenten Abfolge stehen (vgl. Abb. 5-1).

Abb. 5-1: Strukturmodell des Fragebogens

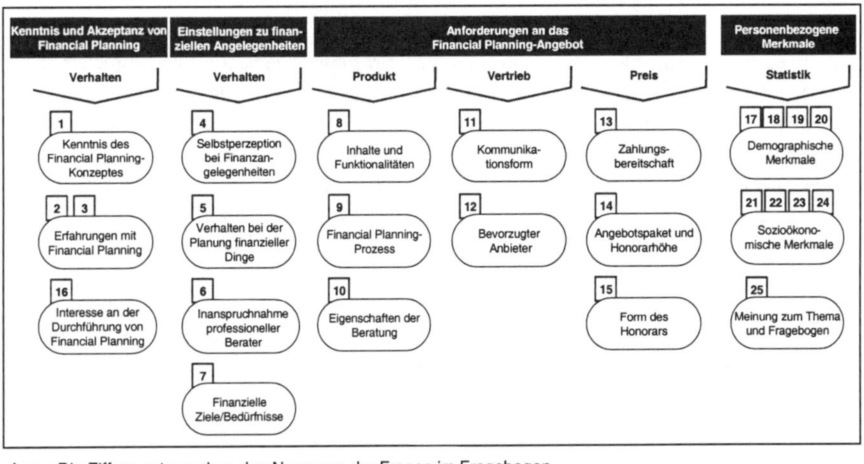

Anm.: Die Ziffern entsprechen den Nummern der Fragen im Fragebogen.

Quelle: Eigene Darstellung.

Als erstes wurden die Probanden gefragt, ob Ihnen Financial Planning in der in der Einleitung beschriebenen Form bekannt ist und ob bzw. bei welchem Anbieter sie schon einmal eine sol-

---

[1]   Vgl. Certified Financial Planner Boards of Standards (Hrsg.) (1999b); Kloepfer (1999); Oehler (1995); Srinivas (2000); Tilmes (2000a); Unser (1999).

[2]   Dies ist gängige Forschungspraxis vgl. beispielsweise Berekoven/Eckert/Ellenrieder (1999), S. 75; Spiegel-Verlag (Hrsg.) (2000).

che Dienstleistung in Anspruch genommen haben. Hier ist auch die Frage nach der Bereitschaft zur Inanspruchnahme von Financial Planning einzuordnen (Frage 16), die erst gegen
Ende des Fragebogens gestellt wurde, um den Probanden durch die Beantwortung der Fragen
ein tieferes Verständnis für diese Dienstleistung zu vermitteln und damit die Beantwortungs-
qualität dieser entscheidenden Frage zu erhöhen.

Im zweiten Teil folgten Fragen zur Selbsteinschätzung der Personen bzgl. ihrer Finanzangelegenheiten im Allgemeinen. Durch diese Fragen sollten der Umgang und das Verhalten der
Probanden mit finanziellen Gegebenheiten untersucht werden. Dadurch war es möglich, Zusammenhänge zwischen dem bisherigen Verhalten sowie den vorhandenen Einstellungen und
den später formulierten Anforderungen an ein Financial Planning-Angebot aufzudecken.

Daran anschließend wurden Einstellungen zur Dienstleistung Financial Planning in den Kategorien Produkt, Vertrieb und Preis abgefragt. Diese Fragen bildeten die Grundlage für die
Konzeption eines Financial Planning-Angebotes für die Zielgruppe Retail-Segment.

Als letzter Abschnitt folgten statistische Fragen zu demographischen und sozioökonomischen
Merkmalen. Die Fragen zu den persönlichen Einkommens- und Vermögensverhältnissen
standen dabei am Ende des Fragebogens, um etwaige Hemmungen bei der Beantwortung zu
reduzieren. Den Abschluss bildete eine offene Frage nach der persönlichen Meinung zu Thema und Fragebogen.

Vor der eigentlichen Befragung wurde der Fragebogen in zwei Pretests auf seine Tauglichkeit
hin überprüft. Um eine möglichst hohe Güte der Befragung zu gewährleisten, wurde ein Standard-Pretest nach gängiger Konvention durchgeführt.[3] Dem Pretest kommt gerade bei schriftlichen Befragungen eine besondere Bedeutung, da im Gegensatz zu telefonischen Interviews oder Face-to-Face Erhebungen keine Person für Rückfragen oder als Motivator zur Verfügung steht.[4] Untersucht wurde die Art und Qualität der Fragen, ihre Eignung für die Fragestellung, die Verständlichkeit und Handhabbarkeit. Dabei war es vor allem wichtig, die Befragten zu motivieren, den Fragebogen überhaupt und dann vollständig auszufüllen. Zwei
Gruppen von jeweils 15 Probanden wurde der Fragebogen in zwei Testläufen mittels E-Mail
zugesandt und um Beantwortung gebeten. Zusätzlich waren die Teilnehmer aufgefordert, die
Verständlichkeit der Fragen, die Eindeutigkeit der Kategorien und allgemeine Probleme anzumerken.[5] Die Fragebögen wurden ausgewertet und die Anregungen entsprechend ihrer Relevanz aufgegriffen und eingearbeitet.

5.2.1.2   Befragungsablauf und -güte

Am 25. Oktober 2001 wurden 1.654 registrierte Mitglieder des Online-Access-Panels durch
eine E-Mail auf den Fragebogen im Internet hingewiesen.[6] 51 E-Mail-Adressen waren ungül-
tig bzw. die Personen wollten nicht an der Umfrage teilnehmen. Von den verbleibenden 1.603

---

3   Zur Vorgehensweise beim Standard-Pretest vgl. Porst (1998), S. 37; Prüfer/Rexroth (1996), S. 5 bis 8.

4   Vgl. Klein/Porst (2000), S. 5.

5   Vgl. Atteslander (1993), S. 332ff.

6   Das Anschreiben ist im Anhang 2 zu finden. Die URL des Fragebogens lautete www.rb-
    research.com/finanzplanung.

Mitgliedern hatten bis zum 9. November 2001 289 Panel-Teilnehmer geantwortet. Dies entspricht einer Rücklaufquote von 18%. Marktübliche Rücklaufquoten von schriftlichen Befragungen liegen zwischen 5% und 30%.[7] Die erzielte Rücklaufquote von 18% liegt auch über den Quoten ähnlicher Befragungen und bestätigt in diesem Fall die Vorteilhaftigkeit der WWW-Umfragen hinsichtlich der Antwortraten.[8] Da aus Kostengründen keine Nachfassaktion durchgeführt wurde, keine Drittpersonen z.b. über Bannerschaltung auf die Umfrage aufmerksam gemacht wurden und der Befragungszeitraum lediglich zwei Wochen betrug, ist diese Rücklaufquote als angemessen zu betrachten. Die absolute Größe der Stichprobe liegt ebenfalls im Rahmen der Fallzahlen ähnlicher Befragungen.[9] Für die explorative Untersuchung ohne Anspruch auf Repräsentativität ist die Anzahl der ausgefüllten Fragebögen geeignet und ausreichend.

Nach der Codierung des Fragebogens und der elektronischen Dateneingabe erfolgte eine Prüfung des Datensatzes.[10] Dabei wurden die Antworten auf Inkonsistenzen und Fehler untersucht und erste Gruppierungen und Umcodierungen vorgenommen.

Die Güte der Untersuchung kann mit Hilfe der Kriterien Objektivität, Reliabilität und Validität beurteilt werden.[11] Objektivität ist die Voraussetzung für Reliabilität, welche wiederum für die Validität notwendig ist.[12]

Die Objektivität[13] der Messung wurde durch den hohen Grad der Automatisierung der Untersuchung gewährleistet.[14] Es fand kein persönlicher Kontakt und damit auch keine Beeinflussung zwischen Untersuchungsleiter und Probanden statt (Durchführungsobjektivität). Die Art der Fragen war bei jedem Teilnehmer absolut identisch und standardisiert (Auswertungsobjektivität).

Hinsichtlich der Reliabilität[15] der Untersuchung waren die Flexibilität und Anonymität der Erhebung förderlich.[16] Durch die zeitliche und örtliche Flexibilität der Beantwortung wurden Einflüsse eines ungewohnten Umfeldes bei den Probanden vermieden. Die Anonymität und

---

[7]   Vgl. Ulrich (2000), S. 91 und die dort angegebene Literatur.

[8]   Die Befragungen von TILMES und KLOEPFER hatten Rücklaufquoten von 13,8% (1.404 Fragebögen) bzw. 15% (1.216 Fragebögen), vgl. Kloepfer (1999), S. 193; Tilmes (2000a), S. 257.

[9]   Absolute Stichprobengröße von Befragungen im Finanzdienstleistungsbereich z.b. Boyd/Myron/White (1994): 161 Antwortende; Johnston (1997): 223 Antwortende; Machauer/Morgner (2001): 285 Antwortende; Srinivas (2000): 364 Antwortende.

[10] Vgl. Rodeghier (1997), S. 79ff.

[11] Wengleich bei explorativen Untersuchungen diese Kriterien nur eine untergeordnete Rolle spielen, so wurde dennoch alles getan, um eine hohe Qualität der empirischen Studie zu gewährleisten.

[12] Vgl. Berekoven/Eckert/Ellenrieder (1999), S. 89.

[13] Eine Untersuchung ist objektiv, wenn die Messergebnisse unabhängig vom Untersuchungsleiter sind, vgl. Berekoven/Eckert/Ellenrieder (1999), S. 86; Gierl (1995), S. 30.

[14] Vgl. Böshenz (1999), S. 32f.

[15] Als Reliabilität (Zuverlässigkeit) bezeichnet man die formale Genauigkeit der Merkmalserfassung. Ein Messinstrument ist dann reliabel, wenn es unter konstanten Rahmenbedingungen bei wiederholter Messung reproduzierbar Messwerte liefert, vgl. Atteslander (1993), S. 332; Berekoven/Eckert/Ellenrieder (1999), S. 87; Böhler (1992), S. 103.

[16] Vgl. Böshenz (1999), S. 33.

das private Umfeld beim Ausfüllen des Fragebogens erhöhen zudem die Zuverlässigkeit und reduzieren die Gefahr von sozial erwünschten Antworten, was vor allem bei den heiklen Fragen zur Einkommens- und Vermögenssituation von Bedeutung ist.[17] Weiterhin wurden in den Fragebogen Fragen eingebaut, die logisch miteinander in Verbindung standen.[18] Dadurch war es möglich, die Antworten auf interne Konsistenz zu überprüfen.[19] Durch diese Prüfungen konnte ein hohes Maß an Reliabilität festgestellt werden.

Auch die Validität[20] wird durch die Automatisierung positiv beeinflusst. Da die Untersuchungssituation für die Befragten vertraut war und keine unkontrollierten Störeinflüsse, wie etwa zeitlicher Druck beim Ausfüllen des Fragebogens, aktiv eingebaut wurden, ist diesbezüglich von einer hohen Validität auszugehen.[21] Die inhaltliche Bedeutsamkeit als Maß der Validität explorativer Untersuchungen ist ebenfalls positiv zu beurteilen, da durch die Interpretation der Daten aufschlussreiche Muster im Datensatz festgestellt werden konnten.[22] Eingeschränkt wird diese positive Validitätsbeurteilung durch die fehlende Repräsentativität der Stichprobe, die zwangsläufig die Validität negativ beeinflusst.[23] Dies ist aber bislang ein generelles Manko der angewandten Methode.

Durch die im Vorfeld der Befragung durchgeführten Pretests wurden die Fragen zudem einer eingehenden Evaluation unterzogen. Damit sollte sichergestellt werden, dass der Fragebogen zuverlässig das misst, was er messen soll, und somit reliable und valide Antworten liefert.[24]

5.2.2   Methodik der Datenauswertung

5.2.2.1   Analysedesign und Analyseablauf

Für die Analyse wird ein sechsstufiges Vorgehen gewählt, das in der Abb. 5-2 schematisch aufgezeigt wird. Zunächst werden für die psychografischen Merkmale und die Nettohaushaltseinkommen homogene Kundensegmente definiert. Diese Segmente werden in allen folgenden Untersuchungsschritten besonders betrachtet und evtl. Unterschiede und Gemeinsamkeiten herausgearbeitet. Anschließend wird die Kenntnis und bisherige Nutzung des Financial

---

[17] Die Befragten orientieren sich am vermuteten Meinungsklima und den gesellschaftlichen Normen, vgl. Klein/Porst (2000), S. 7.

[18] Vgl. beispielsweise Frage 10 zu den Eigenschaften einer Finanzplanung: "Möglichkeit die Planung selbständig durchzuführen (im Internet oder mit entspr. Software)" und Frage 11 zur Präferenz der Durchführungsmodalitäten: "Selbständig im Internet". Zur Konsistenzprüfung dieser Fragen vgl. Abschnitt 5.5.2.

[19] Vgl. Gierl (1995), S. 29.

[20] Ein Testverfahren ist valide (gültig), wenn es den interessierenden Sachverhalt tatsächlich erfasst. Es ist ein Indiz für die Gültigkeit der Ergebnisse, d.h. den Grad der Genauigkeit, mit der das gemessen wurde, was gemessen werden sollte, vgl. Atteslander (1993), S. 333; Berekoven/Eckert/Ellenrieder (1999), S. 88; Böhler (1992), S. 102.

[21] Vgl. Berekoven/Eckert/Ellenrieder (1999), S. 88; Böshenz (1999), S. 31f; Bortz/Döring (1995), S. 52.

[22] Bei explorativen Untersuchungen bezeichnet die Validität die inhaltliche Bedeutsamkeit des Gemessenen, die erst nach der Datenerhebung durch die Interpretation von Mustern im Datenmaterial erkannt wird, vgl. Gierl (1995), S. 27.

[23] Vgl. Bortz/Döring (1995), S. 52.

[24] Vgl. Bufka (1997), S. 227; Prüfer/Rexroth (1996), S. 3.

Planning-Konzeptes untersucht, um den Verbreitungsgrad dieses Konzeptes festzustellen. In einem dritten Schritt werden die Gestaltungsanforderungen an das Angebot einer solchen Dienstleistungen analysiert. Neben der Produkt-, Distributions- und Preispolitik wird auch die Akzeptanz von individuell bepreisten Angebotspaketen betrachtet. Anschließend erfolgt die Analyse der potenziellen Nachfrage nach Financial Planning. Durch die Erörterung möglicher Gründe für eine solche Nachfrage ergeben sich zusätzlich wertvolle Hinweise für die Konzeption einer privaten Finanzplanung für den Massenmarkt. Im fünften Schritt wird eine angebotsorientierte Segmentierung der Nachfrager entworfen, bevor zum Abschluss die Stellungnahmen der Befragten zum Thema und dem Fragebogen ausgewertet werden.

Abb. 5-2: Auswertungsdesign

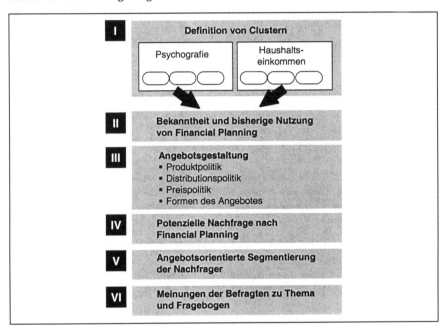

Quelle: Eigene Darstellung.

Die Analysen orientieren sich in jedem Abschnitt grundsätzlich an einer einheitlichen Struktur. Es wird nach Beziehungsstrukturen geforscht und, wo möglich, werden Hypothesen aufgestellt. Die Analyseergebnisse werden statistisch überprüft und inhaltlich beschrieben.

Durch die Psychografischen-Cluster und die Einkommensgruppen werden die Unterschiede bzgl. der Erwartungen und Anforderungen an ein Financial Planning-Konzept zwischen den Clustern dargestellt. Daraus ergeben sich gleichzeitig Hinweise auf geeignete Marktsegmentierungskonzepte. Daneben werden die Einflüsse von demographischen und soziökonomischen Merkmalen auf die Einstellungs- und Anforderungsstrukturen beleuchtet. Weiterhin werden mögliche Einflüsse der Bekanntheit und bisherigen Nutzung von Financial Planning auf die Nachfrage und Anforderungen an die Ausgestaltung untersucht. Besonderes Augenmerk wird auf die Einschätzungen der Personen gelegt, die ihre Bereitschaft, eine Private Finanzplanung auch tatsächlich durchführen zu wollen, signalisiert haben. Die Besonderheiten dieser Personengruppe werden, wo erforderlich, gesondert betrachtet.

5.2.2.2   Analysemethoden und Gütemaße

Neben qualitativ-sachlogischen Überlegungen stützt sich die Untersuchung auf verschiedene uni-, bi- und multivariate Analyseverfahren.[25] Die Auswertung des Datensatzes erfolgte mit Hilfe von "SPSS for Windows" in der Version 10.1.3.

Grundsätzlich ist bei den Analysemethoden zwischen strukturprüfenden und strukturentdeckenden Verfahren zu unterscheiden.[26] Die strukturprüfenden Verfahren haben das Ziel, Zusammenhänge zwischen Variablen zu überprüfen, von denen bereits vor der Analyse eine gewisse Vorstellung vorhanden war. Die hier verwendeten Methoden sind: Kreuztabellierung und Kontingenzanalyse, Varianzanalyse, Regressionsanalyse und Diskriminanzanalyse. Strukturprüfende Methoden werden mit der Zielsetzung angewandt, Beziehungszusammenhänge zwischen Variablen zu entdecken, die im Vorfeld unbekannt waren. Angewandt wurden die Cluster- und Faktorenanalyse. Bei der Auswahl des geeigneten Verfahrens wurden jeweils die zugrunde liegenden Skalenniveaus beachtet.[27]

- Strukturprüfende Verfahren

Bei allen Analysen von Zusammenhängen zwischen Variablen wurden verschiedene Signifikanzniveaus verwendet. Die Irrtumswahrscheinlichkeiten p (Signifikanzniveau), unterhalb derer die Nullhypothese verworfen wurden, waren: $p < 0,01$ sehr signifikant, $0,01 \leq p \leq 0,05$ signifikant, $0,05 < p \leq 0,1$ schwach signifikant, $p > 0,1$ nicht signifikant.[28]

Im Rahmen der bivariaten Analysen wurden verschiedene Signifikanztests durchgeführt, um Zusammenhänge bzw. Unterschiede zwischen verschiedenen Gruppen aus der Stichprobe festzustellen.[29] Zur Untersuchung von nominal skalierten Variablen wurde dabei das Verfahren der Kreuztabellierungen eingesetzt.[30] Wurde in der Matrix ein Zusammenhang entdeckt, so ließ sich mit Hilfe der **Kontingenzanalyse** feststellen, ob dieser zufällig auftrat oder nicht.

---

[25]   Die deskriptive Statistik unterscheidet univariate, bivariate und multivariate Verfahren. Zu den univariaten Verfahren zählen u.a. Häufigkeitsverteilungen mit Mittelwerten und Varianz. Bivariate Verfahren sind z.B. Kreuztabellierung oder einfache Korrelationsanalyse. Multivariate Methoden sind z.B. Varianz-, Regressions-, Faktor- oder Clusteranalyse, vgl. Berekoven/Ecker/Ellenrieder (1999), S. 192ff.

[26]   Vgl. Backhaus/Erichson/Plinke/Weiber (1996), S. XVIII.

[27]   Nominale und ordinale Messniveaus sind nicht-metrische Daten, und Intervall- und Rationiveaus sind metrische Daten. Für eine Zusammenfassung der verschiedenen Messniveaus (Nominal- Ordinal-, Intervall- und Rationiveau) und deren Eigenschaften vgl. Berekoven/Ecker/Ellenrieder (1999), S. 71; Böhler (1977), S. 23; Böhler (1992), S. 99ff.

[28]   Vgl. Bamberg/Baur (1993), S. 180.

[29]   Vgl. Chéron/Boidin/Daghfous (1999), S. 51; Berekoven/Ecker/Ellenrieder (1999), S. 236f.

[30]   Zur Kreuztabellierung und Kontingenzanalyse vgl. Backhaus/Erichson/Plinke/Weiber (1996), S. 166ff; Bamberg/Baur (1993), S. 36, S. 40 und S. 202; Eckstein (2000), S. 174ff.

Als Zusammenhangsmaß wurde der normierte Koeffizient Cramers V (C-V) verwendet.[31] Das Cramers V kann unabhängig von der Anzahl der Ausprägungen pro Variable einen Wert zwischen 0 (kein Zusammenhang) und 1 (maximaler Zusammenhang) einnehmen. Ein Cramers V von größer 0 bis 0,2 beschreibt einen schwachen Zusammenhang. Werte zwischen 0,2 und 0,5 zeigen einen ausgeprägten und Werte größer 0,5 einen starken Zusammenhang.[32] Dieser Test gibt bei nominalen Merkmalen keinen Aufschluss über die Richtung des Zusammenhangs.[33] Kausalinterpretationen zur Wirkungsrichtungen werden deshalb aufgrund theoretischer Überlegungen getroffen.

Um Zusammenhänge zwischen mehr als zwei Gruppen (Stichproben) bei ordinal skalierten Variablen aufzudecken, wurde der H-Test nach Kruskal und Wallis (K-W) mit der Testgröße Chi-Quadrat (χ^2) eingesetzt.[34]

In Verbindung mit den Analysen zu den Daten aus den sechsstufigen Rating-Skalen wurden multivariate Analysemethoden (Varianz-, Regressions-, Cluster-, Diskriminanz-, Faktorenanalyse) verwandt.[35] Streng genommen liefern die im Fragebogen verwendeten Rating-Skalen lediglich ordinalkalierte Angaben. In der Marktforschung werden diese jedoch häufig wie metrische Messdaten (Intervallniveau oder Rationiveau) behandelt, da davon auszugehen ist, dass die Abstände auf der Skala von den Befragten als gleiche Intervalle aufgefasst werden.[36] Deshalb werden, in Einklang mit gängiger Forschungspraxis, bei der weiteren Analyse auch bei ordinalskalierten Daten z.B. Mittelwertberechnungen durchgeführt.[37]

Bei Mittelwert-Vergleichen mit mehr als zwei Gruppen wurden **Varianzanalysen** durchgeführt.[38] Dabei wurde überprüft, ob sich die nicht-metrischen unabhängigen Variablen (Einkommens-/Psychografische-Cluster, Bildungsniveau etc.) signifikant bezüglich abhängiger, metrisch skalierter Variablen (Anforderungen an das Financial Planning etc.) unterscheiden.[39] Als Gütemaß kam der F-Test zum Einsatz, bei dem aus den Stichprobenwerten ein F-Wert errechnet wird, der mit einem theoretischen F-Wert verglichen wird. Ist der theoretische F-Wert kleiner als der errechnete, so ist die Hypothese H_0 (Nullhypothese) zu verwerfen.[40]

---

[31] Cramers V hat gegenüber dem phi-Koeffizienten (φ) den Vorteil, das verschiedene C-V-Werte miteinander vergleichbar sind, vgl. Backhaus/Erichson/Plinke/Weiber (1996), S. 179.

[32] Vgl. Eckstein (2000), S. 187; Ulrich (2001), S. 99.

[33] Vgl. Eckstein (2000), S. 186.

[34] Vgl. Bamberg/Baur (1993), S. 185; Bühl/Zöfel (1998), S. 283; Eckstein (2000), S. 167.

[35] Vgl. Berekoven/Ecker/Ellenrieder (1999), S. 201ff.

[36] Vgl. Berekoven/Eckert/Ellenrieder (1999), S. 74.

[37] Vgl. Berekoven/Eckert/Ellenrieder (1999), S. 195; Rapp (1991), S. 180.

[38] Vgl. Bühl/Zöfel (1998), S. 361ff; Gerpott/Knüfermann (2000), S. 41ff. Zur Varianzanalyse vgl. Backhaus/Erichson/Plinke/Weiber (1996), S. 56ff; Berekoven/Eckert/Ellenrieder (1999), S. 210ff; Böhler (1992), S. 192. Die Normalverteilungs- und Varianzhomogenitätsbedingung der einfaktoriellen Varianzanalyse wurden mit dem Kolmogorov-Smirnov-Test sowie dem Levene-Test überprüft, vgl. Eckstein (2000), S. 148ff. Zur Absicherung der Analysen wurden zusätzlich jeweils H-Tests nach Kruskal und Wallis zur Identifikation von Gruppenunterschieden durchgeführt.

[39] Vgl. Ulrich (2001), S. 100. Zur Varianzanalyse als unterstützendes Instrument von Entscheidungen bei der Marktsegmentierung vgl. Böhler (1977), S. 195ff.

[40] Vgl. Backhaus/Erichson/Plinke/Weiber (1996), S. 65.

Für Zusammenhänge zwischen einer metrisch unabhängigen Variablen und metrisch abhängigen Variablen wurde die **Regressionsanalyse** eingesetzt.[41] Im Rahmen dieser Analysemethode wurde das unkorrigierte und korrigierte Bestimmtheitsmaß R^2 verwendet. Dieses Bestimmtheitsmaß ist um so größer, je höher der Anteil der erklärten Streuung an der Gesamtstreuung ist.[42] Zur Überprüfung der Erklärungskraft der Regressionsgleichung als Ganzes wurde weiterhin der F-Test durchgeführt.[43] Wurde der Ansatz durch den F-Test nicht verworfen, dann erfolgte darüber hinaus noch eine Prüfung der einzelnen Regressionskoeffizienten mittels des t-Tests.[44]

▪ Strukturentdeckende Verfahren

Zur Bildung von homogenen Nachfragergruppen wurde eine **Clusteranalyse** durchgeführt.[45] Dabei wurden mit Hilfe der k-means-Methode aufgrund psychografischer Eigenschaften Nachfragersegmente gebildet. Hierbei handelt es sich um ein partitionierendes Klassifikationsverfahren, bei dem die Objekte solange iterativ gruppiert werden, bis die Unterschiede zwischen den Gruppen möglichst groß und innerhalb der Gruppen möglichst gering sind. Bei diesem nicht-hierarchischen Verfahren wird eine Anfangspartition (Zahl von Clustern) vorgegeben. Die Objekte werden dann so lange in andere Gruppen verlagert, bis eine optimale Clusterung erreicht wird.[46]

Zur Überprüfung der Güte der Clusteranalyse wurde die **Diskriminanzanalyse** eingesetzt.[47] Dabei lag eine metrisch unabhängige Variable und eine nominal abhängige Variable vor. Dieses Verfahren wird zur Aufdeckung von Gruppenunterschieden eingesetzt. Ausgangspunkt ist die Schätzung von Diskriminanzfunktionen, die zur Trennung und Überprüfung einer a priori definierten Gruppenzugehörigkeit verwendet werden. Um wiederum die Güte der Diskriminanzanalyse zu beurteilen, wurde Wilks' Lambda eingesetzt. Zur Errechnung dieses Wertes wird die nicht erklärte Streuung ins Verhältnis zur Gesamtstreuung gesetzt. Bei Wilks' Lambda handelt es sich um ein inverses Gütemaß, bei dem kleinere Werte eine höhere Trennschärfe aufzeigen.[48]

---

[41]   Zur Regressionsanalyse vgl. Backhaus/Erichson/Plinke/Weiber (1996), S. 1ff; Berekoven/Eckert/Ellenrieder (1999), S. 206ff. Die unabhängige Variable kann dabei auch nominal sein, vgl. Berekoven/Eckert/Ellenrieder (1999), S. 213.

[42]   Vgl. Backhaus/Erichson/Plinke/Weiber (1996), S. 23. Bei Regressionsanalysen ähnlicher Untersuchungen liegen die Werte des korrigierten R^2 zwischen 5% und 40%, selten über 50%, vgl. Oehler (1995), S. 150 und S. 193 sowie die dort angegebene Literatur.

[43]   Vgl. Backhaus/Erichson/Plinke/Weiber (1996), S. 26f.

[44]   Vgl. Backhaus/Erichson/Plinke/Weiber (1996), S. 27f.

[45]   Zur Clusteranalyse vgl. Backhaus/Erichson/Plinke/Weiber (1996), S. 261ff; Berekoven/Eckert/Ellenrieder (1999), S. 219ff.

[46]   Vgl. Backhaus/Erichson/Plinke/Weiber (1996), S. 282; Berekoven/Eckert/Ellenrieder (1999), S. 224.

[47]   Bei der Diskriminanzanalyse handelt es sich eigentlich um ein strukturprüfendes Verfahren. Da es hier aber nur zur Prüfung der Clusteranalyse verwendet wurde, erfolgt die Erklärung in diesem Zusammenhang. Zur Diskriminanzanalyse vgl. Backhaus/Erichson/Plinke/Weiber (1996), S. 90ff; Berekoven/Eckert/Ellenrieder (1999), S. 213ff.

[48]   Vgl. Backhaus/Erichson/Plinke/Weiber (1996), S. 118.

Als weiteres, multivariates Verfahren kam die **Faktorenanalyse** zum Einsatz.[49] Dabei wird eine größere Anzahl von Variablen anhand der gegebenen Fälle auf eine kleinere Anzahl unabhängiger Einflussgrößen (Faktoren) zurückgeführt. Die Faktoren weisen untereinander lediglich eine geringe Korrelation auf und sollen die beobachteten Zusammenhänge zwischen den gegebenen Variablen möglichst vollständig beschreiben. Dies ist insbesondere für die Clusteranalyse von Bedeutung, da zur Bildung homogener Gruppen nur Faktoren verwendet werden sollten, die untereinander nicht korreliert sind.

5.2.3 Struktur der Stichprobe

Zunächst soll die Stichprobe nach demographischen und sozioökonomischen Merkmalen untersucht werden.[50] Von den 289 Befragten sind 78 weiblich (27%) und 211 männlich (73%). Die Quote der weiblichen Teilnehmer ist auch für eine Internetumfrage gering.[51] Das Durchschnittsalter beträgt 34,62 Jahre. Während 34,3 % alleinstehend sind, leben 35,6% verheiratet und 30,1% in einer Partnerschaft. Die demographische Struktur der Altersgruppen und der Haushaltsgröße zeigt die Abb. 5-3.

Abb. 5-3: Demographische Struktur der Stichprobe

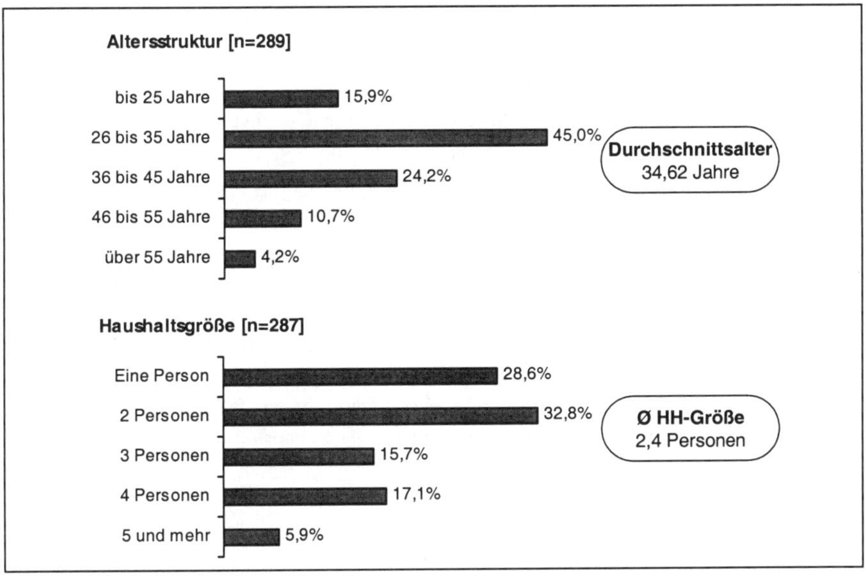

Quelle: Eigene Untersuchung.

---

[49]   Zur Faktoranalyse vgl. Backhaus/Erichson/Plinke/Weiber (1996), S. 189ff; Berekoven/Eckert/Ellenrieder (1999), S. 214ff.

[50]   Vgl. Fragen 17 bis 24 des Fragebogens.

[51]   Der Frauenanteil im Internet betrug Anfang 2001 42%; vgl. GfK (Hrsg.) (2001), S. 28.

Diese Alterstruktur weicht deutlich vom Bevölkerungsdurchschnitt ab.[52] Insgesamt ist eine
starke Präsenz von relativ jungen Befragungsteilnehmern festzustellen. Dies gilt auch im Vergleich zu den durchschnittlichen Internet-Nutzern.[53] Die bis zu 35-Jährigen machen mehr als
60% (Internet-Nutzer: ca. 55%) aus. Der Anteil der über 45-Jährigen in der Stichprobe liegt
bei etwas mehr als 15% (Internet-Nutzer: ca. 35%). Der jüngste Teilnehmer ist 17 und der
älteste Teilnehmer 74 Jahre alt.

Bei der Haushaltsgröße zeigt sich, dass der Großteil in Haushalten mit 2 oder mehr Personen
lebt (71,7%). Etwa ein Drittel sind Einpersonenhaushalte. Im Vergleich mit der Gesamtbevölkerung in Deutschland zeigen sich starke Strukturähnlichkeiten.[54] Die prozentualen Anteile
der Haushaltsgrößen in der Stichprobe (als Vergleichswert Deutschland, April 1999) gliedern
sich wie folgt: Einpersonenhaushalte 28,6% (35,7%), Zweipersonenhaushalte 33% (33,2%),
Dreipersonenhaushalte 15,7% (14,9%), Vierpersonenhaushalte 17,1% (11,8%) und Haushalte
mit fünf und mehr Personen 5,9% (4,4%). Auffallend ist der tendenziell höhere Anteil von
Haushalten mit mehr als drei Personen als im Bundesdurchschnitt. Dies führt auch zu einer
höheren Durchschnittsanzahl von 2,4 (2,18) Personen je Haushalt in der Stichprobe.

Die Zahl der Kinder mit insgesamt 76 ist relativ gering, was mit dem geringen Durchschnittsalter in Verbindung gebracht werden kann. In 26,3% der befragten Haushalte lebt mindestens
ein Kind unter 15 Jahren. Davon sind 47,4% Haushalte mit einem Kind und 44,7% Haushalte
mit zwei Kindern. Mehr als zwei Kinder sind nur in 7,9% dieser privaten Haushalte zu finden.

Zentrale sozioökonomische Merkmale sind das Nettohaushaltseinkommen und das Nettogeldvermögen (Geldvermögen abzüglich Schulden, ohne Immobilienvermögen und -darlehen).
Die Struktur dieser Größen für die Stichprobe zeigt die Abb. 5-4.

Das durchschnittliche Nettoeinkommen eines Haushaltes beträgt 4.893 DM/Monat.[55] Dies
spiegelt die bundesdeutsche Situation wider, da das Haushaltsnettoeinkommen 1998 im
Durchschnitt bei 5.115 DM/Monat lag.[56] Die gesamte Einkommensstruktur der Stichprobe
kann als repräsentativ für den Bundesdurchschnitt angesehen werden, wie ein Vergleich mit
den Daten der Einkommens- und Verbrauchsstichprobe (EVS) 1998 zeigt.[57] Aus der Stichprobe sind 17,5% (EVS 1998: 21,2%) mit einem monatlichen Nettoeinkommen von unter
2.500 DM als Geringverdiener einzustufen. Durchschnittsverdiener mit 2.500 bis 7.500
DM/Monat sind mit 57,9% (EVS 1998: 57,3%) vertreten. Weitere 24,6% (EVS 1998: 21,5%)
verdienen mehr als 7.500 DM netto und zählen damit zu den Großverdienern.[58]

---

[52] Verwendet man als Vergleichsgruppe die Bezugspersonen in deutschen Haushalten, so sind 4% bis 25 Jahre
      alt, 35,8% zwischen 25 Jahre und 45 Jahre sowie 60% über 45 Jahre; vgl. Statistisches Bundesamt (Hrsg.)
      (2001a), S. 63.

[53] Vgl. GfK (Hrsg.) (2001), S. 29.

[54] Zu den Werten für Deutschland vgl. Statistisches Bundesamt (Hrsg.) (2001a), S. 63.

[55] Der Durchschnittswert wurde aus den gewichteten Mittelwerten der Antwortkategorien aus Frage 23 berech-
      net.

[56] Vgl. Statistisches Bundesamt (Hrsg.) (2001c), S. 24.

[57] Zu den Werten der EVS 1998 vgl. Statistisches Bundesamt (Hrsg.) (2001c), S. 24.

[58] Vgl. hierzu auch Abschnitt 5.3.1.

Abb. 5-4: Nettohaushaltseinkommen und Nettogeldvermögen der Stichprobe

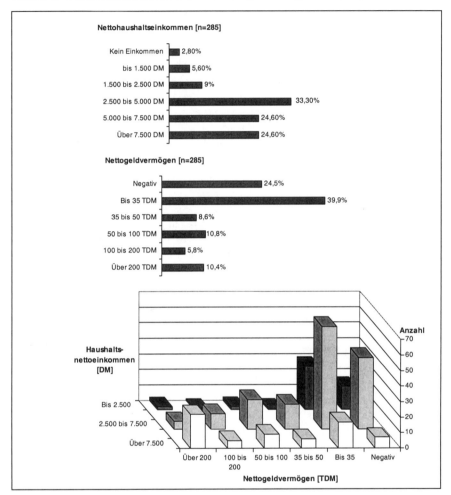

Quelle: Eigene Untersuchung.

Das durchschnittliche Nettogeldvermögen beläuft sich auf DM 53.877.[59] Dies liegt etwas unter dem durchschnittlichen Nettogeldvermögen in Deutschland von ca. 61 TDM.[60] Beim Nettogeldvermögen ist bemerkenswert, dass knapp 25% dieses als negativ angeben, d.h. deren Schulden übersteigen das Vermögen. Im Vergleich mit der EVS zeigt sich ebenfalls eine ähn-

---

[59] Der Durchschnittswert wurde aus den gewichteten Mittelwerten der Antwortkategorien aus Frage 24 berechnet.

[60] Vgl. Statistisches Bundesamt (Hrsg.) (2001d), S. 42.

liche Struktur.[61] Während 64,3% (EVS 1998: 58%) der Stichprobe zwischen 0 und 50 TDM besitzen, sind es 14,3% (EVS 1998: 17,1%) zwischen 50 TDM und 100 TDM und 21,4% (EVS 1998: 17,9%) über 100 TDM Nettogeldvermögen.

Gemessen an den durchschnittlichen Einkommen und Vermögen sowie deren Struktur, kann also von einer guten Stichprobenqualität gesprochen werden.

Bringt man Einkommen und Vermögen in Beziehung, so zeigt sich, dass die Geringverdiener ein negatives bzw. geringes Vermögen aufweisen. Die Durchschnittsverdiener sind häufig verschuldet (ca. 30%) oder besitzen geringe Vermögen bis 35 TDM (ca. 40%). Ein Drittel der Großverdiener kann über ein Vermögen von mehr als 200 TDM verfügen. Zwischen der Höhe des Nettogeldvermögens und dem monatlichen Haushaltsnettoeinkommen besteht bei den Einkommensklassen über 5.000 DM/Monat ein statistisch signifikanter Zusammenhang.[62]

Weitere sozioökonomische Merkmale sind der Bildungsstand und der ausgeübte Beruf. Das Bildungsniveau der Stichprobe ist auch im Vergleich zum Durchschnitt der Internet-Nutzer sehr hoch, verfügt doch fast die Hälfte aller Befragten über einen Hochschul- oder Fachhochschulabschluss. Ein Anteil von 52,6% in der Stichprobe mit gegenwärtig anderen Bildungsabschlüssen sorgt dennoch für ein Gegengewicht, so dass nicht von einer Dominanz der Akademiker gesprochen werden kann. Bei den Internet-Nutzern verfügen etwa 17% über ein Studium, 15% über Abitur, 39% über mittlere Reife und weitere 30% über Volks- oder Hauptschulabschluss.[63]

Die meisten Personen (56,7%) sind im Angestelltenstatus beschäftigt. Ebenfalls merklich vertreten sind Studenten und Selbständige mit rund 16% bzw. 10%. Weitere 8% der Befragten stehen in einem Beamtenverhältnis. Die restlichen Positionen sind nur von sehr wenigen Personen besetzt, weshalb Aussagen hierzu nur eingeschränkt möglich sind. Die durchschnittlichen Internet-Nutzer stehen in etwa gleichem Umfang in einem Beschäftigungsverhältnis wie die Stichprobe. Etwa 65% der Internet-Nutzer stehen in einem Arbeitsverhältnis, während sich 21% in Ausbildung befinden. Etwa 14% der Nutzer sind Rentner.[64]

---

[61] Da die EVS keine Haushalte mit negativem Vermögen ausweist, wurden aus der eigenen Erhebung nur die Haushalte mit positivem Vermögen (n = 210) zu diesem Vergleich herangezogen. Zu den Werten der EVS 1998 vgl. Statistisches Bundesamt (Hrsg.) (2001d), S. 43.

[62] Der Mittelwertvergleich ergibt F-Werte mit einem Signifikanzniveau von $< 0,001$ und $R^2 = 0,152$. Der Scheffé-Test der Variablen zeigt Signifikanz nur für die Einkommensklassen "5.000 bis 7.500 DM" und "über 7.500 DM", vgl. Bühl/Zöfel (1998), S. 370.

[63] Vgl. GfK (Hrsg.) (2001), S. 31.

[64] Vgl. van Eimeren/Gerhard/Frees (2001), S. 384.

Abb. 5-5: Bildungsabschluss und berufliche Position

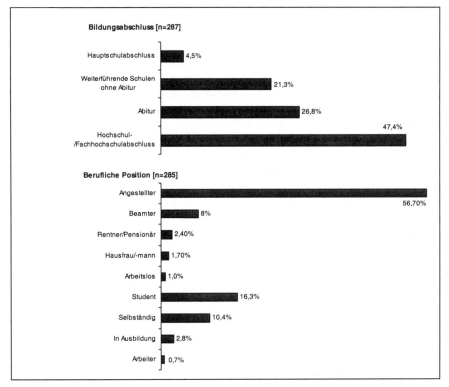

Quelle: Eigene Untersuchung.

Zusammenfassend ist festzuhalten, dass die soziodemographische Struktur sowohl von der Bevölkerung als auch von den Internet-Nutzern in weiten Teilen abweicht. Allerdings benötigen gerade Personen jüngeren und mittleren Alters, wie sie in der Stichprobe vertreten sind, tendenziell am ehesten eine Finanzplanung. Positiv ist auch die Einkommensstruktur der befragten Haushalte zu bewerten, die das Retail-Segment, also den eigentlichen Untersuchungsgegenstand, sehr gut abbildet. Die Struktur der Stichprobe lässt also vermuten, dass gerade die hier befragten Personen als Zielgruppe für das Financial Planning von Interesse sind.

5.3 Definition der Kunden-Cluster

Der erste Schritt zur Analyse der Daten ist die Bildung von Personengruppen (Cluster), der sog. Kunden-Cluster[1]. Durch die Bildung von Gruppen werden clusterspezifische Auswertungen möglich und die Interpretation der Ergebnisse erleichtert. Die bewusste Reduktion und Abstraktion führt zu einer besseren Verständlichkeit der Analysen. Außerdem werden die besonderen Zielsetzungen der vorliegenden Arbeit damit unterstrichen. Dies ist zum einen die Einbeziehung verhaltenswissenschaftlicher Faktoren und zum anderen die Berücksichtigung von Retail-Kunden, die sich in erster Linie durch das Haushaltseinkommen von anderen Gruppen unterscheiden lassen. Aus diesen Gründen werden zwei Arten der Gruppierung vorgenommen. Die Variablen der Unterscheidung sind für die erste Gruppe das Haushaltsnettoeinkommen und für die zweite Gruppe psychografische Faktoren.

5.3.1 Kunden-Cluster nach Haushaltseinkommen

Die Gruppenbildung nach den Haushaltseinkommen erfolgt nicht mit dem strukturentdeckenden Verfahren der Clusteranalyse. Vielmehr wird, basierend auf den Analysen des Kapitels 3.2.1.1 zur Einkommenssituation der privaten Haushalte in Deutschland, eine Dreiteilung in Geringverdiener (0 bis 2.500 DM/Monat), Durchschnittsverdiener (2.500 bis 7.500 DM/Monat) und Großverdiener (über 7.500 DM/Monat) vorgenommen (vgl. Tab. 5-1). Da im Ergebnis wie bei der Clusteranalyse Kundengruppen (Cluster) vorliegen, wird hier ebenfalls der Begriff "Cluster" verwendet. Zum Retail-Segment gehören die Gering- und Durchschnittsverdiener. In der befragten Stichprobe verteilen sich die Personen ähnlich wie in der Gesamtbevölkerung auf die definierten Einkommensgruppen.

Tab. 5-1: Kunden-Cluster nach dem Nettohaushaltseinkommen

	Geringverdiener [0 bis 2.500]	Durchschnitts- verdiener [2.500 bis 7.500]	Großverdiener [über 7.500]
Stichprobe [Anzahl]	50	165	70
Stichprobe [Prozent]	17,5%	57,9%	24,6%
Deutschland [Prozent]	21,2%	57,3%	21,5%

Anm.: Nettohaushaltseinkommen in DM/Monat; Eigene Untersuchung: n = 285.

Quelle: Statistisches Bundesamt (Hrsg.) (2001c), S. 24; Eigene Untersuchung.

---

[1] Die Gruppen werden als Kunden-Cluster bezeichnet, da im Folgenden der Begriff (potenzielle) Nachfrager nur für Personen gebraucht wird, die in der Frage 16 des Fragebogens ein Interesse an der Durchführung von Financial Planning bekundet haben.

Aufgrund der starken Übereinstimmung erlauben die Aussagen im Zusammenhang mit dem Einkommen Rückschlüsse auf den Bundesdurchschnitt. Im weiteren Verlauf werden die Einkommensgruppen immer dann detailliert untersucht, wenn zwischen den Clustern signifikante Unterschiede zu beobachten sind.

Die drei Einkommens-Cluster weisen Unterschiede in ihrer demographischen und sozioökonomischen Struktur auf (vgl. Tab. 5-2). Bis auf das Merkmal Geschlecht ist für alle anderen erhobenen Merkmale eine statistische Signifikanz zu beobachten:

- Die Großverdiener sind tendenziell älter als die beiden anderen Gruppen. Während 52,9% der besser Verdienenden über 35 Jahre alt sind, gehören nur 39,3% der Durchschnittsverdiener und 18% der Geringverdiener zu dieser Alterskategorie.

- Die Geringverdiener sind überwiegend alleinstehend (66%), während die Großverdiener in einer Partnerschaft leben (32,9%) oder verheiratet sind (57,1%).

- Unter den Geringverdienern sind die wenigsten Akademiker mit 26,5%. Bei den Durchschnitts- und Großverdienern ist der Anteil mit 47,6% und 60,0% deutlich höher.

- Die berufliche Stellung der Durchschnitts- und Großverdiener ist überwiegend im Angestellten-Bereich zu finden (jeweils über 60%). Bei den Geringverdienern ist es dagegen nur knapp ein Viertel der Befragten. Geringverdiener sind in erster Linie Studenten (64%). Der Anteil der Selbständigen ist bei den Großverdienern mit 14,3% am höchsten.

- Die Geringverdiener haben eine tendenziell geringere Haushaltsgröße. Etwa 60% leben alleine. Die Großverdiener leben in den vergleichsweise größten Haushalten. 51,4% leben in Haushalten mit drei und mehr Personen.

- Auch bei der Zahl der im Haushalt lebenden Kinder ist ein deutlicher Unterschied zwischen den Geringverdienern (95% ohne Kinder) und dem Rest zu beobachten (jeweils mehr als 35% Haushalte mit Kindern).

- Das Nettogeldvermögen offenbart ebenfalls Unterschiede zwischen den Gruppen. Ein Drittel der Großverdiener besitzt auch ein Geldvermögen (ohne Immobilieneigentum und dazugehörige Darlehen) von mehr als 200 TDM. Negatives Geldvermögen, also Schulden, finden sich mit ebenfalls je einem Drittel bei den Gering- und Durchschnittsverdienern.[2]

Es kann festgehalten werden, dass die Geringverdiener eher jünger, alleinstehend und mit niedrigerem Bildungsabschluss ausgestattet sind. Sie sind überwiegend Studenten und Angestellte mit Schulden bzw. geringem Geldvermögen.

---

[2] Aufgrund des relativ hohen Anteils von verschuldeten Haushalten ist nicht auszuschließen, dass einige Personen evtl. vorhandene Immobiliendarlehen berücksichtigt haben. In der Frage 24 wurde allerdings ausdrücklich darauf hingewiesen, weder Immobilieneigentum noch Immobiliendarlehen einzubeziehen.

Tab. 5-2:   Einkommensgruppenvergleich – soziodemografische Merkmale

Merkmal	Antwortkategorien	Gering-verdiener (n = 50) [%]	Durchschnitts-verdiener (n = 165) [%]	Groß-verdiener (n = 70) [%]
Geschlecht (n = 285)	weiblich	34,0	24,2	28,6
	männlich	66,0	75,8	71,4
C-V = 0,083; p = 0,374				
Alter (n = 285)	bis 25	32,0	10,9	17,1
	26 bis 35	50,0	49,7	30,0
	36 bis 45	12,0	24,2	32,9
χ^2 (K-W) = 24,389; p < 0,001	46 bis 55	2,0	10,3	17,1
	über 55	4,0	4,8	2,9
Familienstand (n = 285)	alleinstehend	66,0	35,2	10,0
	in Partnerschaft lebend	26,0	30,9	32,9
C-V = 0,288; p < 0,001	verheiratet	8,0	33,9	57,1
Bildungsabschluss (n = 283)	Hauptschulabschluss	2,0	6,7	1,4
	Weiterführende Schule	16,3	25,6	14,3
	Abitur	55,1	20,1	24,3
C-V = 0,236; p < 0,001	Hochschul-/Fachhochschulabschluss	26,5	47,6	60,0
Berufliche Position (n = 285)	Angestellter	24,0	63,6	64,3
	Beamter	--	10,3	7,1
	Arbeiter	2,0	0,6	--
	Selbständig	4,0	10,3	14,3
	Rentner/Pensionär	2,0	3,0	1,4
	Hausfrau/-mann	2,0	0,6	4,3
	Arbeitslos	--	1,8	--
C-V = 0,449; p < 0,001	Student	64,0	5,5	8,6
	In Ausbildung	2,0	4,2	--
Personen im Haushalt (n = 284)	1	59,2	30,9	2,9
	2	28,6	28,5	45,7
	3	8,2	17,0	17,1
χ^2 (K-W) = 39,754; p < 0,001	4	4,1	17,6	24,3
	5 und mehr	--	6,0	10,0
Personen unter 15 Jahren (n = 202)	0	95,0	57,0	64,7
	1	--	21,1	16,2
χ^2 (K-W) = 8,879; p = 0,012	2	--	19,3	16,2
	3 und mehr	5,0	2,6	3,0
Nettogeldvermögen (n = 277)	Negativ	30,6	28,4	10,6
	bis 35 TDM	57,1	40,7	25,8
	35 bis 50 TDM	2,0	9,9	9,1
	50 bis 100 TDM	4,1	11,7	13,6
χ^2 (K-W) = 38,0; p < 0,001	100 bis 200 TDM	2,0	6,2	7,6
	über 200 TDM	4,1	3,1	33,3

Anm.: χ^2 (K-W) = Chi-Quadrat (Kruskal Wallis); C-V = Cramers V; p = Signifikanzniveau.

Quelle: Eigene Untersuchung.

Der Durchschnittsverdiener ist männlich und mittleren Alters. Von Beruf ist er i.d.R. Angestellter, Beamter oder selbständig und lebt in einem kleinen Haushalt, teilweise mit Kindern. Falls er nicht verschuldet ist, hat er ein mittleres Geldvermögen zur Verfügung.

Beim Großverdiener ist festzustellen, dass er männlichen Geschlechts und eher älter ist. Er verfügt über relativ hohe Bildungsabschlüsse und ist Angestellter oder selbständig. Er lebt in einem Mehrpersonenhaushalt und besitzt ein mittleres bis hohes Geldvermögen.

5.3.2 Kunden-Cluster nach psychografischen Merkmalen

Zur Bildung der zweiten Form von Kunden-Gruppen wurden verhaltensorientierte (psychografische) Merkmale herangezogen. Als entsprechendes multivariates Verfahren wurde hierzu die Clusteranalyse herangezogen. Mit Hilfe einer vorgeschalteten Faktorenanalyse erfolgte eine Reduktion korrelierter Variablen auf unabhängige Faktoren.[3]

5.3.2.1 Faktorenanalyse der psychografischen Merkmale

Selbstperzeption und Einstellungen zu finanziellen Dingen sind nicht direkt beobachtbar. Um diese Konstrukte und damit ihre psychografischen Merkmale bei den Probanden feststellen zu können, muss eine Operationalisierung erfolgen.[4] Dazu werden durch erfragbare Variablen (im vorliegenden Fall die Unterfragen der Fragen 4 und 5) Messwerte erhoben, die anschließend zur Indikatorerstellung herangezogen werden können.

Zur Indikatorkonstruktion wurden mit Hilfe der Faktorenanalyse die insgesamt 15 Variablen der Fragen 4 und 5 auf fünf Faktoren reduziert, die mit höchstmöglicher Trennschärfe die psychografischen Merkmale repräsentieren.[5] Die fünf extrahierten Faktoren erlauben eine Beschreibung der Personen hinsichtlich deren psychografischer Einstellungen (vgl. Abb. 5-3).[6]

Die Kommunalität der einzelnen Merkmale gibt jeweils an, welcher Anteil der Varianz dieses Merkmals durch den entsprechenden Faktor erklärt wird.[7] Die Kommunalitäten liegen i.d.R. deutlich über 60%, was die sehr gute Erklärungskraft der gebildeten fünf Faktoren unterstreicht. Zur Prüfung der Eignung der Ausgangsdaten für faktoranalytische Zwecke wurde das

---

[3]   Vgl. Backhaus/Erichson/Plinke/Weiber (1996), S. 313.

[4]   Vgl. Gierl (1995), S. 346.

[5]   Bei der Faktoranalyse wurde eine Varimax-rotierte Faktorladungsmatrix erstellt. Die "richtige Faktorenzahl" wurde nach dem Kaiser-Kriterium bestimmt, d.h. es gab fünf Eigenwerte über 1, die zu den fünf Faktoren führten. 70,44% der Varianz wird durch diese 5 Faktoren erklärt. Nach allgemeiner Konvention wurden nur Faktorladungen > 0,5 berücksichtigt und interpretiert, vgl. Backhaus/Erichson/Plinke/Weiber (1996), S. 255. Die Unterfrage "Ich beschäftige mich aktiv mit der Gestaltung meiner finanziellen Angelegenheiten" (Frage 4), wurde aufgrund zweier annähernd gleich hoher Faktorladungen keinem Faktor zugeordnet und auch nicht interpretiert.

[6]   Eine detaillierte Aufstellung der Faktorladungen findet sich im Anhang 4.

[7]   Als Kommunalität wird der Teil der Gesamtvarianz einer Variablen bezeichnet, der durch die gemeinsamen Faktoren erklärt werden soll. Als Faktorextraktionsverfahren wurde die Hauptkomponentenanalyse benutzt. Das bedeutet, dass der nicht erklärte Varianzanteil als bewusst in Kauf genommener Informationsverlust zu werten ist. Vgl. Backhaus/Erichson/Plinke/Weiber (1996), S. 220ff.

Kaiser-Meyer-Olkin-Kriterium errechnet.[8] Dieses lag mit 0,857 ebenfalls sehr hoch, was die Eignung der verwendeten Indikatoren für eine Faktorenanalyse bestätigt.

Der Faktor I kann durch ein hohes Maß an Kontrollbewusstsein und Erfahrung im Umgang mit finanziellen Angelegenheiten beschrieben werden. Auf diesen Faktor laden auch die Indikatoren "Entscheidungsfreude" und "Erfolg der Entscheidungen". Angesichts der ladenden Variablen lässt sich der Faktor I als "Selbständigkeit/Erfahrung" interpretieren.

Auf den Faktor II lädt der Indikator "Spaß an finanziellen Angelegenheiten" und die beiden Größen zur Informationsbeschaffung mittels Internet, Fachzeitschriften oder Fernsehsendungen. Dieser Faktor wird deshalb im Sinne von "Spaß/Information" verstanden.

Tab. 5-3: Faktorenanalyse psychografischer Eigenschaften

Faktor		Psychografisches Merkmal	Kommu-nalität
I	Selbständigkeit, Erfahrung	Finanzielle Angelegenheiten im Griff haben	78,1%
		Im Umgang mit Bank- und Versicherungsprodukten erfahren	71,7%
		Treffen von finanziellen Entscheidungen ist kein Problem	73,3%
		Finanzielle Entscheidungen sind i.d.R. erfolgreich	77,5%
		Selbst die Kontrolle bei der Planung finanzieller Angelegenheiten behalten	66,8%
II	Spaß, Information	Spaß im Umgang mit finanziellen Dingen	71,3%
		Nutzung des Internets zur Informationsbeschaffung	73,8%
		Nutzung von Fachzeitschriften und Wirtschaftssendungen im Fernsehen	68,6%
		Wird bei der Planung der finanziellen Angelegenheiten von Eltern/Freunden/Verwandten gefragt	59,4%
III	Komplexität	Die Wechselwirkungen – z.B. zwischen Geldanlage, Versicherungsschutz und Steuern – erscheinen komplex	81,8%
IV	Unterstützung	Fragt bei der Planung der finanziellen Angelegenheiten Eltern/Freunde/Verwandte	72,3%
		Für finanzielle Angelegenheiten zu wenig Zeit	47,7%
V	Berateraffinität	Bei finanziellen Planungen wird einem professionellen Berater vertraut	81,1%
		Risikofreude im Umgang mit finanziellen Angelegenheiten	60,0%

Anm.: Kaiser-Meyer-Olkin-Wert = 0,857.

Quelle: Eigene Untersuchung.

---

[8] Der Wertebereich dieses "Measure of sampling adequacy (MSA)"-Kriterium liegt zwischen 0 und 1, wobei ein Wert von ≥ 0,8 als wünschenswert gilt. Bei Werten ≥ 0,8 spricht man nach KAISER und RICE von einer "meritorious (verdienstvollen)" Eignung der Korrelationsmatrix für eine Faktorenanalyse, vgl. Backhaus/Erichson/Plinke/Weiber (1996), S. 206.

Auf den dritten Faktor lädt lediglich die Variable zur "Komplexität der Wechselwirkungen". Es ist somit naheliegend, diesen Faktor lediglich mit "Komplexität" zu bezeichnen. Die Tatsache, dass nur eine Variable auf einen Faktor lädt, widerspricht dem Konzept der Faktorenanalyse, weshalb auf eine Interpretation dieses Faktors verzichtet wird.

Der Faktor IV wird durch die Variablen zur Einstellung bzgl. der Einbeziehung von Eltern, Verwandten oder Freunden in die Entscheidungsfindung bestimmt. In Verbindung mit dem zweiten Indikator, der die Einschätzung der verfügbaren Zeit für finanzielle Angelegenheiten aufzeigt, lässt sich der Faktor als die Suche nach "Unterstützung" interpretieren.

Der Faktor V spiegelt das "Vertrauen in professionelle Beratung" und die "Risikofreude" wider. Da die Einstellung zum Risiko mit einer geringeren Kommunalität in den Faktor eingeht, wird dieser als "Berateraffinität" interpretiert.

5.3.2.2 Clusteranalyse der psychografischen Merkmale

Nach der Faktorenanalyse wurde mit Hilfe der erzeugten Faktoren eine Clusteranalyse nach der k-means-Methode durchgeführt. Im Ergebnis konnten drei Kundentypen (Cluster) ermittelt werden. Um die Aussagekraft der gebildeten Cluster zu überprüfen, wurde eine multiple Diskriminanzanalyse durchgeführt.[9] Mit diesem multivariaten Verfahren kann die Qualität der Unterschiedlichkeit von mehreren Gruppen untersucht werden. Als unabhängige Variablen dienten die vorher bei der Clusteranalyse benutzten fünf Faktoren. Wie die Tab. 5-4 zeigt, sind die fünf Variablen in der Lage, signifikante Diskriminanzfunktionen zu bilden, anhand derer sich die drei Cluster in ihrer Zusammensetzung trennen lassen. Die Klassifikationsanalyse ergibt, dass auf Basis der beiden Diskriminanzfunktionen ca. 99% der betrachteten Untersuchungsobjekte (Befragte) korrekt zugeordnet werden können. Die vorgenommene Klassifikation ist demnach hoch stabil und statistisch zuverlässig. Darüber hinaus zeigen die Gütekriterien des Diskriminanzmodells auch, dass die gebildeten Gruppen untereinander eine hohe Heterogenität aufweisen.[10]

---

[9]   Vgl. Backhaus/Erichson/Plinke/Weiber (1996), S. 90ff; Bufka (1997), S. 204.

[10] Das Wilks' Lambda beträgt für die erste Diskriminanzfunktion 0,151 und für die zweite 0,432. In beiden Fällen liegt das Signifikanzniveau unter 0,001. Bei Wilks' Lambda handelt es sich um ein inverses Gütemaß, bei dem kleine Werte auf eine hohe Trennkraft der Diskriminanzfunktion hinweisen, vgl. Backhaus/Erichson/Plinke/Weiber (1996), S. 118.

Tab. 5-4: Klassifikationsprüfung durch die Diskriminanzanalyse

Ergebnis Clusteranalyse		Vorhergesagte Gruppenzugehörigkeit					
Cluster	n	Cluster 1		Cluster 2		Cluster 3	
1	67	67	100%	0	-	0	-
2	100	0	-	100	100%	0	-
3	118	0	-	2	1,7%	116	98,3%

Anm.: 99,3% der Fälle wurden richtig zugeordnet.
Quelle: Eigene Untersuchung.

Insgesamt konnten 285 Personen aus der Stichprobe den Clustern zugeordnet werden. In der Gruppe 1 liegen 67, die Gruppe 2 beinhaltet 100 und die dritte Gruppe schließlich 118 der Befragten. Alle Cluster haben damit eine ausreichende Größe, um Aussagen über Unterschiede bzw. Gemeinsamkeiten treffen zu können.

Zur Charakterisierung der drei Cluster wurde eine varianzanalytische Überprüfung der Gruppenmittelwerte vorgenommen (vgl. Tab. 5-5). Hierzu wurde für jede der Gruppierungsvariablen eine Varianzanalyse durchgeführt.[11] Es zeigt sich, dass sich die drei Gruppen über vier Faktoren hoch signifikant unterscheiden. Der Faktor Komplexität weist keine Signifikanz auf und wird daher nicht zur Beschreibung der Cluster herangezogen.

Tab. 5-5: Mittelwertausprägungen der Clusterbeschreibungsfaktoren

Faktor		Cluster		
	p	Zweifler	Hilfesuchende	Unabhängige
Selbständig-keit/Erfahrung	0,000	-1,07	0,30	0,35
Aktivität/ Information	0,000	-0,92	0,18	0,37
Komplexität	0,110	-0,09	0,17	-0,09
Unterstützung	0,000	-0,14	0,80	-0,60
Berateraffinität	0,000	0,14	0,50	-0,50
Anzahl der Befragten	285 (100%)	67 (23,5%)	100 (35,1%)	118 (41,4%)

Quelle: Eigene Untersuchung.

Aus dem Vergleich der Mittelwerte lassen sich die drei Cluster anhand ihrer spezifischen Eigenschaften und unterschiedlich starken Ausprägungen der psychografischen Merkmale be-

---

[11] Vgl. Bühl/Zöfel (1998), S. 261; Bufka (1997), S. 205.

schreiben.[12] Um eine prägnante Unterscheidung der drei Gruppen zu gewährleisten, werden sie nach den jeweils typischen Charakteristika als ZWEIFLER (Cluster 1), HILFESUCHENDE (Cluster 2) und UNABHÄNGIGE (Cluster 3) bezeichnet.

Die ZWEIFLER verfügen über wenig Erfahrung in finanziellen Dingen. Sie haben Probleme, finanzielle Entscheidungen zu treffen, und halten diese zudem für wenig erfolgreich. Es macht ihnen vergleichsweise wenig Spaß, sich mit finanziellen Angelegenheiten auseinander zu setzen. Die aktive Informationsbeschaffung durch das Internet oder andere Medien liegt ihnen nicht. Außerdem suchen sie nur selten den Rat von Eltern, Verwandten oder Freunden, wenn es um finanzielle Dinge geht. Das Vertrauen zu professionellen Finanzberatern hält sich ebenfalls in Grenzen. Insgesamt sind die ZWEIFLER ihre eigenen Finanzplaner – trotz des schlechten Gefühls dabei. Sie sind unschlüssig, wie sie ihre finanziellen Angelegenheiten in den Griff bekommen sollen.

Bei den HILFESUCHENDEN ist Erfahrung im Umgang mit Bank- und Versicherungsprodukten vorhanden. Die Entscheidungsfindung bereitet i.d.R. kaum Probleme. Der Erfolg dieser Entscheidungen wird als gut beurteilt, was mit der hohen Affinität zu professionellen Beratern zusammenhängen dürfte. Durch den Erfolg der Entscheidungen und das Hinzuziehen von externem Rat finden die HILFESUCHENDEN auch Spaß an finanziellen Dingen. Die Suche nach Unterstützung führt auch zu Eltern oder Verwandten, die um Rat in finanziellen Dingen gebeten werden. Die HILFESUCHENDEN legen also Wert auf Beratung und Unterstützung durch Dritte und haben insgesamt eine positive Einstellung zu finanziellen Angelegenheiten.

Auch die UNABHÄNGIGEN weisen Erfahrung mit Finanzprodukten auf. Sie haben ihre Finanzen im Griff und halten ihre Entscheidungen diesbezüglich ebenfalls für erfolgreich. Die Informationsbeschaffung mittels Internet oder Wirtschaftsmagazinen hat hohen Stellenwert. Die UNABHÄNGIGEN nehmen sich auch die notwendige Zeit, um ihre Finanzen zu organisieren. Ein weiteres Indiz für das Unabhängigkeitsstreben ist die geringe Bereitschaft, dritte Personen, seien es Verwandte/Freunde oder professionelle Berater, in den Entscheidungsprozess einzubinden. Die Merkmalsausprägungen weisen auf ein hohes Maß an Selbständigkeit dieser Gruppe hin. Externen Personen wird kaum vertraut, die eigenen Fähigkeiten werden als ausreichend zur Entscheidungsfindung eingestuft.

Auch die Psychografischen-Cluster weisen Unterschiede bei demografischen und sozioökonomischen Merkmalen auf (vgl. Tab. 5-6). Die signifikanten Merkmale können wie folgt beschrieben werden:

- Unterschiede zeigen sich beim Geschlecht der Befragten. Unter den UNABHÄNGIGEN befinden sich deutlich mehr Männer (83,1%) als in den beiden anderen Gruppen.

- Außerdem sind die HILFESUCHENDEN tendenziell jünger als der Rest. Drei Viertel dieser Gruppe sind unter 35 Jahre alt. Bei den ZWEIFLERN und UNABHÄNGIGEN sind es dagegen nur etwa die Hälfte der Befragten.

---

[12] Negative Mittelwertausprägungen weisen auf eine geringe Ausprägung und hohe Werte auf eine starke Ausprägung des Charakteristikums hin.

- Der Anteil an verheirateten Personen ist bei den UNABHÄNGIGEN mit 45,8% am höchsten, während die ZWEIFLER in 44,8% der Fälle alleinstehend sind.

- Sehr deutliche Unterschiede zeigen sich auch beim Haushaltseinkommen. Den höchsten Anteil an der Gruppe der Geringverdiener haben die ZWEIFLER mit rund einem Drittel. Dagegen haben jeweils knapp 30% der HILFESUCHENDEN und UNABHÄNGIGEN monatlich mehr als 7.500 DM netto zur Verfügung.

- Betrachtet man die Nettogeldvermögen, so erweisen sich die UNABHÄNGIGEN als vergleichsweise vermögender. 32,8% verfügen über mehr als 50 TDM, gegenüber 22,6% der ZWEIFLER und 21,2% der HILFESUCHENDEN. Bei den Schulden liegen die ZWEIFLER und HILFESUCHENDEN mit jeweils rund 30% über den UNABHÄNGIGEN, von denen lediglich 18,6% verschuldet sind.

Tab. 5-6: Psychografische Kunden-Cluster, soziodemografische Merkmale (I)

Merkmal	Antwortkategorien	Zweifler (n = 67) [%]	Hilfesu-chende (n = 100) [%]	Unab-hängige (n = 118) [%]
Geschlecht (n = 285)	weiblich	35,8	33,0	16,9
C-V = 0,192; p = 0,005	männlich	64,2	67,0	83,1
Alter (n = 285)	bis 25	17,9	19,0	12,7
	26 bis 35	38,3	56,0	39,8
	36 bis 45	28,4	13,0	31,4
χ^2 (K-W) = 8,279;	46 bis 55	9,0	9,0	11,9
p = 0,016	über 55	6,0	3,0	4,2
Familienstand	alleinstehend	44,8	31,0	31,4
(n = 285)	in Partnerschaft lebend	32,8	37,0	22,9
C-V = 0,155; p = 0,009	verheiratet	22,4	32,0	45,8
Bildungsabschluss	Hauptschulabschluss	3,0	6,0	4,3
(n = 284)	Weiterführende Schule	29,9	18,0	19,7
	Abitur	29,9	30,0	22,2
C-V = 0,117; p = 0,252	Hochschul-/Fachhochschulabschluss	37,3	46,0	53,8
Berufliche Position	Angestellter	53,7	56,0	58,5
(n = 285)	Beamter	6,0	8,0	9,3
	Arbeiter	--	1,0	0,8
	Selbständig	10,4	14,0	6,8
	Rentner/Pensionär	1,5	2,0	3,4
	Hausfrau/-mann	3,0	2,0	0,8
	Arbeitslos	--	--	2,5
C-V = 0,174; p = 0,365	Student	17,9	16,0	16,1
	In Ausbildung	7,5	1,0	1,7
Personen im Haushalt (n = 283)	1	34,3	27,6	26,3
	2	26,9	39,8	31,4
	3	19,4	10,2	17,8
	4	11,9	16,3	19,5
χ^2 (K-W) = 1,051; p = 0,591	5 und mehr	7,5	6,1	5,0
Personen unter 15 Jahren (n = 202)	0	72,7	67,6	55,2
	1	15,9	9,9	24,1
	2	9,1	16,9	19,5
χ^2 (K-W) = 3,608; p = 0,165	3 und mehr	2,3	5,6	1,1

Anm.: χ^2 (K-W) = Chi-Quadrat (Kruskal Wallis); C-V = Cramers V; p = Signifikanzniveau.

Quelle: Eigene Untersuchung.

Tab. 5-6:   Psychografische Kunden-Cluster, soziodemografische Merkmale (II)

Merkmal	Antwortkategorien	Zweifler (n = 67) [%]	Hilfesu-chende (n = 100) [%]	Unab-hängige (n = 118) [%]
Nettohaushaltsein-kommen/Monat (n = 281) χ^2 (K-W) = 10,037; p = 0,007	0 bis 2.500 DM	27,3	14,1	14,7
	2.501 bis 7.500 DM	60,6	57,6	57,8
	über 7.500 DM	12,1	28,3	27,6
Nettogeldvermögen (n = 274)	Negativ	32,3	27,3	18,6
	bis 35 TDM	37,1	42,4	39,8
	35 bis 50 TDM	8,1	9,1	8,8
	50 bis 100 TDM	9,7	9,1	12,4
	100 bis 200 TDM	4,8	4,0	8,0
χ^2 (K-W) = 5,951; p = 0,051	über 200 TDM	8,1	8,1	12,4

Anm.: χ^2 (K-W) = Chi-Quadrat (Kruskal Wallis); C-V = Cramers V; p = Signifikanzniveau.

Quelle: Eigene Untersuchung.

Bei den Merkmalen Bildung, berufliche Position, Haushaltsgröße und Anzahl der Kinder kön-nen keine signifikanten Unterschiede festgestellt werden.

Zusammenfassend ist festzuhalten, dass die ZWEIFLER eher alleinstehende Durchschnittsver-diener mit negativem bzw. kleinem Vermögen sind. Die UNABHÄNGIGEN sind tendenziell männlich und älter als die beiden anderen Gruppen. Ferner verfügen sie i.d.R. über durch-schnittliche bis hohe Einkommen und ein größeres Geldvermögen als die anderen Gruppen. Bei den HILFESUCHENDEN handelt es sich um jüngere Durchschnitts- bis Großverdiener mit kleinem Geldvermögen.

5.4   Bekanntheit und bisherige Nutzung von Financial Planning

Wichtig für die Beurteilung der weiteren Analysen ist der Grad der Bekanntheit und die bishe-rige Inanspruchnahme der Dienstleistung Financial Planning unter den Befragten.[1] Aus der Abb. 5-6 geht der Bekanntheits- und Durchführungsgrad hervor:

---

[1]   Grundlagen der diesbezüglichen Analysen sind die Fragen 1, 2 und 3 des Fragebogens.

Abb. 5-6:   Bekanntheit und bisherige Nutzung von Financial Planning

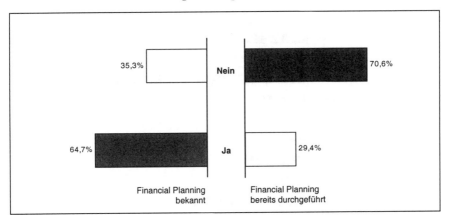

Quelle: Eigene Untersuchung, n = 289.

64,7% oder 187 Befragte gaben an, dass ihnen die beschriebene Dienstleistung in dieser Form bekannt sei. Von diesen Personen haben 45,5% (85 Personen) Financial Planning bereits durchgeführt. Damit verfügen 29,4% der Stichprobe bereits über Erfahrung mit Financial Planning. Die Zahlen belegen, dass es sich bei Financial Planning zwar um keine unbekannte Beratungsform handelt, diese andererseits bislang aber nur von vergleichsweise wenigen der Befragten genutzt worden ist.

Von den etwa 30% der Stichprobe mit Financial Planning-Erfahrung gibt der Großteil an, eine solche Analyse mit dem Anbieter MLP durchgeführt zu haben. Mit welchen Anbietern die Haushalte eine Finanzanalyse erstellt haben, zeigt die Abb. 5-7.

Abb. 5-7: Anbieter, mit denen Financial Planning durchgeführt wurde

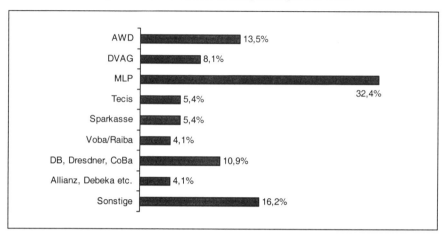

Quelle: Eigene Untersuchung, n = 74.

Bei weitem die meisten Nennungen erhielten die Strukturvertriebe bzw. Vermittlungsunter-nehmen MLP, AWD, DVAG und Tecis mit zusammen 59,4%.[2] Banken und Sparkassen brin-gen es gemeinsam lediglich auf 20,4%, und die Versicherungen auf 4,1%. Unter den sonstigen Anbietern sind selbständige unabhängige Finanzberater und Personen, die den Namen des Anbieters nicht mehr wissen, subsumiert.

Zu berücksichtigen hierbei ist die Unsicherheit bei allen Nennungen dahingehend, dass die Befragten eine Beratung, die eigentlich kein Financial Planning im klassischen Sinn, sondern evtl. eine Anlageberatung war, hier als solche verstanden haben.

Vergleicht man die Verteilung der Merkmale "Financial Planning-Kenntnis" und "Financial Planning-Erfahrung" zwischen den Einkommens- und Psychografischen-Clustern, so ist nur hinsichtlich der Frage nach der Bekanntheit des Konzeptes zwischen den Einkommens-gruppen kein signifikanter Unterschied zu beobachten (vgl. Tab. 5-7).

---

[2]   Bei den Unternehmen handelt es sich um: Marschollek, Lautenschläger & Partner AG (MLP); Allgemeiner Wirtschaftsdienst, Gesellschaft für Wirtschaftsberatung und Finanzbetreuung mbh (AWD); Deutsche Ver-mögensberatung AG (DVAG) und die Tecis Holding AG (Tecis).

Tab. 5-7:   **Bekanntheit und bisherige Nutzung von Financial Planning durch die Cluster**

Merkmal		Einkommens-Cluster [%]				Psychografische-Cluster [%]			
		0 bis 2.500 DM	2.501 bis 7.500 DM	über 7.500 DM		Zweifler	Hilfesu-chende	Unab-hängige	
Private Finanzplanung bekannt	Ja	58,0	63,0	74,3	χ^2(K-W) = 3,992;	53,7	67,0	69,5	C-V = 0,132;
	Nein	42,0	37,0	25,7	p > 0,1	46,3	33,0	30,5	p < 0,1
Private Finanzplanung bereits genutzt	Ja	16,0	27,3	44,3	χ^2(K-W) = 12,097;	19,4	42,0	24,6	C-V = 0,207;
	Nein	84,0	72,7	55,7	p < 0,01	80,6	58,0	75,4	p < 0,01

Anm.: χ^2 (K-W) = Chi-Quadrat (Kruskal Wallis); C-V = Cramers V; p = Signifikanzniveau.

Quelle: Eigene Untersuchung.

Interessant ist, dass sich die bisherige Nachfrage nach Financial Planning in den verschiedenen Einkommensgruppen deutlich unterscheidet. Lediglich 16% der Geringverdiener haben bislang Financial Planning durchgeführt. Dagegen wurde bei 27,3% der Durchschnittsverdiener und bei 44,3% der Großverdiener dieses Konzept bereits angewandt. Dieses Ergebnis spiegelt die gegenwärtige Angebotssituation wider, da bislang entsprechende Finanzplanungen vor allem für die vermögende Klientel vorgehalten werden.

Bezüglich der Kenntnis und bisherigen Nachfrage verhalten sich die Psychografischen-Gruppen verschieden. Der größte Anteil an Personen, die Financial Planning kennen, ist bei den HILFESUCHENDEN und den UNABHÄNGIGEN mit jeweils knapp 70% vorzufinden. Bei den ZWEIFLERN ist dieses Konzept hingegen weniger bekannt. Genutzt wurde Financial Planning bisher hauptsächlich bei den HILFESUCHENDEN (42%). Bei den ZWEIFLERN und UNABHÄNGIGEN haben mehr als drei Viertel noch keine Private Finanzplanung durchgeführt. Dies ist nicht verwunderlich, führen doch diese beiden Gruppen ihre Finanzplanung bislang ohne fremde Unterstützung durch.

Weiterhin ist zu klären, welche Zusammenhänge zwischen verschiedenen Merkmalen der Befragten (Soziodemographie etc.) und der Kenntnis bzw. Inanspruchnahme des Financial Planning-Konzeptes bestehen. Einen Überblick gibt die Abb. 5-8.

Abb. 5-8: Signifikanzniveaus für Bekanntheit und bisherige Nutzung von Financial Planning in Abhängigkeit von ausgewählten Merkmalen

Element \ Merkmal	Alter	Geschlecht	HH-Größe	Anzahl Kinder	Bildungs-niveau	Beruf	FP Interessiert	HH-Einkommen	Vermögen
Financial Planning bekannt					■		▲		
Financial Planning bereits durchgeführt	●				●		■	▲	

Kontingenzanalyse
■ Signifikanzniveau < 0,01   ● Signifikanzniveau < 0,1
▲ Signifikanzniveau < 0,05   Rest nicht signifikant

Quelle: Eigene Untersuchung.

- Von den weiblichen Befragten haben nur ca. 22% bereits eine Finanzplanung durchgeführt. Das entspricht etwa 6% aller Befragten. Unter den Männern geben 32% (23,5% aller Befragten) an, bereits eine private Finanzplanung zu haben.

- Von den Personen, die Financial Planning kennen, sind 18,3% mit Hauptschulabschluss und weiterführenden Abschlüssen ohne Abitur ausgestattet und 81,7% mit Abitur oder Fachhochschul- oder Hochschulabschluss.[3]

- Auch die potenziellen Nachfrager besitzen zu 83,5% Abitur oder sind höher qualifiziert. Lediglich 16,5% haben geringere Qualifikationsniveaus.[4]

- Die Personen, die bereits einmal Financial Planning durchgeführt haben, weisen im Vergleich zu Personen ohne Financial Planning-Erfahrung ein etwas höheres Durchschnittseinkommen von 5.533 DM/Monat (ohne Financial Planning: 4.627 DM/Monat) und ein etwa gleich großes Nettogeldvermögen von 55 TDM auf.

Es ist festzuhalten, dass die Kenntnis und bisherige Nachfrage des Konzeptes Financial Planning stark vom Bildungsniveau abhängig ist. Höhere Bildungsabschlüsse bedingen eine stärkere Kenntnis und Inanspruchnahme von Financial Planning. Haushalte, die Financial Planning bereits nachgefragt haben, weisen ein geringfügig höheres Haushaltsnettoeinkommen auf. Dies ist wohl darauf zurückzuführen, dass sich die bestehenden Angebote auch in aller Regel an (potenzielle) Großverdiener richten, und ein entsprechendes Angebot für Retail-Kunden nicht vorhanden ist. Alle weiteren der erfassten demographischen oder sozioökonomischen Merkmale haben jedoch keinen signifikanten Einfluss auf die Kenntnis und bisherige Nutzung von Financial Planning.

---

[3]   Cramers V = 0,312 (Signifikanzniveau < 0,001).

[4]   Cramers V = 0,155 (Signifikanzniveau < 0,1). Grundlage dieser Auswertung war die Frage 16, in der nach dem Interesse an einer privaten Finanzplanung gefragt wurde. Der Zusammenhang zwischen einer potenziellen Financial Planning-Nachfrage und der Kenntnis bzw. bisherigen Nutzung ist Gegenstand des Abschnitts 5.6 und wird deshalb hier nicht detaillierter betrachtet.

5.5   Angebotsgestaltung

Um ein für das Retail-Segment geeignetes Produktangebot zu gestalten, sind verschiedene Aspekte zu beachten. Mit Hilfe der Antworten der Befragten sollen empirisch unterstützte Aussagen zu den Anforderungen der möglichen Kunden gewonnen werden. Dazu werden Produkt-, Distributions- und preispolitische Punkte sowie spezielle Angebotspakete berücksichtigt.

5.5.1   Produktpolitik

5.5.1.1   Eigenschaften des Financial Planning

Für die Gestaltung eines Financial Planning-Angebotes ist es von Bedeutung, welche Anforderungen seitens der Nachfrager an die grundlegenden Eigenschaften der Dienstleistung bestehen.[1] Zusammenfassend können diese Anforderungen auch als Qualitätsmerkmale verstanden werden. In der Abb. 5-9 sind die Qualitätsmerkmale in den drei Dimensionen Potenzial-, Prozess- sowie Ergebnisqualität jeweils für die drei Psychografischen-Cluster zusammengestellt.[2]

Die drei Dimensionen Potenzial-, Prozess- und Ergebnisqualität werden von den Befragten in ähnlicher Wichtigkeit gesehen.[3] Von den fünf wichtigsten Merkmalen sind zwei als potenzialorientiert, eines als prozessorientiert und zwei als ergebnisorientiert einzustufen.

In der Gruppe **Potenzialqualität** sind die Merkmale "Objektivität" und "Beratungsstandards" unter den fünf insgesamt wichtigsten Eigenschaften vertreten. Eine objektive und unabhängige Beratung ist für alle Befragten eines der entscheidenden Kriterien überhaupt. Hier liegen aber auch die Schwächen der bisherigen Angebote, die viele potenzielle Nachfrager von der Inanspruchnahme derartiger Dienstleistungen Abstand nehmen lassen.[4] Die Grundsätze ordnungsmäßiger Finanzberatung als möglicher Beratungsstandard stellen also ein wichtiges qualitätssicherndes Instrument zur weiteren Verbreitung der privaten Finanzplanung dar.[5] Bei den potenzialorientierten Merkmalen ist die Qualifikation der Mitarbeiter bzw. der Einbezug weiterer Spezialisten von durchschnittlicher Wichtigkeit. Auf eine gute Qualifikation der Finanzplaner kann zwar nicht verzichtet werden, wenngleich eine besondere Ausbildung, z.B. als Certified Financial Planner, nicht zwingend notwendig erscheint. Weitere Spezialisten wie

---

[1]   Grundlage der Auswertungen ist die Frage 10 des Fragebogens.

[2]   Zum theoretischen Hintergrund von Potenzial-, Prozess- und Ergebnisqualität vgl. Abschnitt 4.2.1.2.

[3]   Die Mittelwerte liegen bei allen Variablen über 3,5. Dies ist dadurch zu erklären, dass die Befragten natürlich möglichst viele positive Eigenschaften in einem Angebot realisiert sehen möchten. Deshalb werden bei der Interpretation die relativen Differenzen zwischen den Variablen beurteilt.

[4]   Ca. 15% (n = 97) der Personen, die in der offenen Frage 25 ihre Meinung zum Thema der Befragung artikulierten, wiesen darauf hin, wie wichtig Unabhängigkeit und Neutralität seien und dass sie diese Merkmale bei den ihnen bekannten Angeboten nicht wiederfinden.

[5]   Zu den Grundsätzen ordnungsmäßiger Finanzberatung vgl. Richter (2001).

etwa Steuerberater hinzuzuziehen ist wohl nur in besonderen Fällen mit besonders komplexen finanziellen, steuerlichen und rechtlichen Verhältnissen notwendig.

Abb. 5-9: Eigenschaften eines Financial Planning-Angebotes

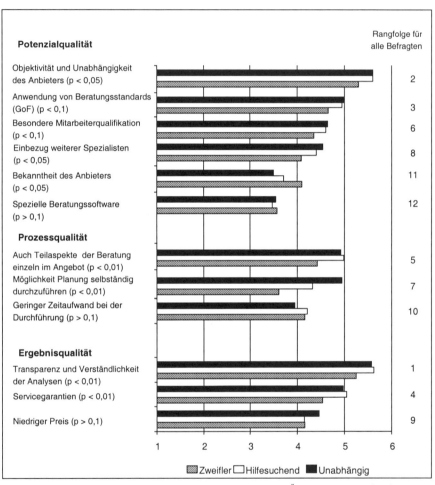

Anm.: Mittelwerte der jeweiligen Cluster; Skala von 1 = "Unwichtig" bis 6 = "Äußerst wichtig"; p = Signifikanzniveau.

Quelle: Eigene Untersuchung.

Die Bekanntheit des Anbieters und der Einsatz von spezieller Beratungssoftware sind die am wenigsten wichtigen Eigenschaften für alle Befragten. Offensichtlich muss der jeweilige Anbieter den Nachfrager für diese spezielle Dienstleistung in besonderer Weise von der Qualität überzeugen. Eine allgemeine Reputation eines Finanzdienstleisters reicht hier anscheinend nicht aus. Allerdings ist auffallend, dass die Gruppe der ZWEIFLER stärkeren Wert auf die Bekanntheit des Anbieters legt. Evtl. haben Personen, die sich nicht im klaren sind, ob eine Finanzplanung für sie geeignet ist, eher Vertrauen zu Anbietern mit höherer Reputation. Die eingesetzte Technik, insbesondere spezielle Beratungssoftware, interessiert den Kunden nicht in besonderem Maße. Jedenfalls ist dies kein Differenzierungskriterium für einen Anbieter.

Im Rahmen der **Prozessqualität** ist es von Bedeutung, dass auch Teilaspekte einer umfassenden Finanzplanung einzeln angeboten werden (beispielsweise eine Altersvorsorgeberatung). Dies ist auch für alle Befragten die fünftwichtigste Eigenschaft. Daraus geht hervor, dass für die hier untersuchten Nachfrager eine vollumfassende Finanzplanung nicht immer die erste Wahl sein muss. Vielmehr wird Flexibilität im Produktangebot verlangt, um auf die individuellen Umstände eines jeden Haushaltes eingehen zu können. Dies gilt vor allem für die HILFE-SUCHENDEN und UNABHÄNGIGEN. Für die ZWEIFLER scheint es von vergleichsweise geringerem Interesse zu sein, eine Finanzplanung auch eigenständig durchführen zu können oder lediglich über Teilaspekte beraten zu werden. Offensichtlich vertraut man in diesem Fall eher einem professionellen Finanzplaner, der eine umfassende Planung durchführt. Betrachtet man allerdings die Gruppen der UNABHÄNGIGEN und HILFESUCHENDEN, so zeigt sich deren starkes Interesse an der selbständigen Durchführung. Der Zeitaufwand bei der Durchführung spielt für die meisten eine eher untergeordnete Rolle. Man ist offenbar bereit, für eine qualitativ hochwertige Finanzberatung auch die notwendige Zeit aufzuwenden.

Bei der Dimension **Ergebnisqualität** sind ebenfalls zwei Merkmale unter den Top 5: Verständlichkeit und Servicegarantien. Auffallend ist, dass die ZWEIFLER diese beiden Merkmale als etwas weniger wichtig erachten als die beiden anderen Gruppen. Insgesamt sollte die Finanzplanung jedoch vor allem verständlich und transparent sein. Dies zielt auf die Dokumentation der Ergebnisse und die Erläuterung durch den Finanzplaner ab, die wesentlichen Einfluss auf die Qualitätswahrnehmung haben. Außerdem werden Servicegarantien gewünscht, wodurch eine erfolgsabhängige Komponente in das Angebot integriert wird. Solche Servicegarantien stellen eine echte Differenzierung für einen Anbieter dar. Im Ergebnis spielt der Preis des Financial Planning eine eher untergeordnete Rolle. Die Bereitschaft, für Beratung auch Honorare zu bezahlen, scheint also durchaus gegeben, wie auch die folgenden Analysen im Abschnitt 5.5.3 zeigen werden.

Die Beurteilung der verschiedenen Eigenschaften eines Financial Planning-Angebotes ist von einer Reihe weiterer Merkmale beeinflusst. Eine Übersicht der Signifikanzen zwischen diesen Merkmalen und den Eigenschaften gibt die Abb. 5-10. Welche Art von Zusammenhängen hinter diesen Signifikanzen stehen, wird im Folgenden für die Merkmale "Financial Planning durchgeführt" und "An Financial Planning interessiert", die vergleichsweise hohe Signifikanzen für mehrere Eigenschaften aufweisen, untersucht.[6]

- Personen, die bereits einmal eine Private Finanzplanung durchgeführt haben, legen mehr Wert auf die Anwendung einheitlicher Beratungsstandards.[7] Dies kann zum einen darin

---

[6] Ausgewertet wurden hier die Frage 2 ("Haben Sie schon einmal eine solche Finanzplanung durchgeführt?") und die Frage 16 ("Würden Sie, nach allem, was Sie jetzt über diese Dienstleistung erfahren haben, eine Private Finanzplanung durchführen wollen?").

[7] Mittelwert 5,18 für Personen mit Financial Planning Erfahrung und Mittelwert 4,76 für Personen ohne Erfahrung.

begründet liegen, dass den Befragten während der Finanzplanung die gesamte Komplexität des Vorgehens bewusst wurde und sie deshalb Standards fordern, die eine gleichbleibende Qualität gewährleisten. Allerdings können auch schlechte Erfahrungen der Auslöser
für die Forderung nach Beratungsstandards sein. Die in Sachen Financial Planning erfahrenen Personen sahen einen niedrigen Preis als weniger wichtig an als unerfahrene Personen.[8] Offensichtlich wurden die Haushalte von der Notwendigkeit einer Finanzplanung
überzeugt, und der geschaffene Mehrwert führte dazu, auch eine Honorarzahlung eher zu
akzeptieren. Eine etwas höhere Wichtigkeit sahen die Personen mit vorhandener Finanzplanung in der Objektivität und Unabhängigkeit.[9] Dies unterstreicht die Vermutung, dass
gerade diese zentralen Eigenschaften bislang von den Anbietern, obwohl oftmals verspro-
chen, nicht praktiziert wird.

▪ Auch die Befragten, die sich für eine Private Finanzplanung interessieren, halten einheitliche Standards für eine wichtige und den niedrigen Preis für eine weniger wichtige Eigenschaft.[10] Die Forderung, eine Finanzplanung selbständig durchzuführen, ist bei dieser Personengruppe geringer ausgeprägt als bei denjenigen, die sich nicht für Financial Planning
interessieren.[11]

---

[8]   Mittelwert 3,82 für Personen mit Financial Planning Erfahrung und Mittelwert 4,48 für Personen ohne Erfah-
      rung.

[9]   Mittelwert 5,72 für Personen mit Financial Planning-Erfahrung und Mittelwert 5,44 für Personen ohne Erfah-
      rung.

[10] Beratungsstandards: Mittelwert 5,01 für Personen mit Financial Planning-Interesse und Mittelwert 4,71 für
      Personen ohne Interesse; Niedriger Preis: Mittelwert 4,20 für Personen mit Financial Planning-Interesse und
      Mittelwert 4,40 für Personen ohne Interesse.

[11] Mittelwert 4,29 für Personen mit Financial Planning-Interesse und Mittelwert 4,63 für Personen ohne Inte-
      resse.

Abb. 5-10: Signifikanzniveaus für Eigenschaften eines Financial Planning-Angebotes in Abhängigkeit von ausgewählten Merkmalen

Eigenschaft \ Merkmal	Alter	Geschlecht	HH-Größe	Anzahl Kinder	Bildungs-niveau	Beruf	FP durch-geführt	FP interessiert	HH-Einkommen	Vermögen
Objektivität und Unabhängigkeit des Anbieters							▲	▲	■	
Besondere Beraterqualifikation	▲				▲					
Anwendung von Beratungsstandards (GoF)							■	▲		
Einbezug weiterer Spezialisten										
Spezielle Beratungssoftware							●			
Bekanntheit des Anbieters	▲	▲								
Geringer Zeitaufwand bei der Durchführung										
Möglichkeit Planung selbständig durchzuführen						●	▲		▲	
Auch Teilaspekte der Beratung einzeln im Angebot			▲	●						
Servicegarantien										■
Transparenz und Verständlichkeit der Analysen	●									
Niedriger Preis					●			■		■

Mittelwertvergleiche ■ Signifikanzniveau < 0,01   ● Signifikanzniveau < 0,1   ▲

Quelle: Eigene Untersuchung.

5.5.1.2 Financial Planning-Prozess

Die theoretische Grundlage des Financial Planning-Prozesses wurde im Abschnitt 2.3.1 erarbeitet. Für die empirische Analyse wurden aus diesem Prozess die Schritte, die Financial Planning im engeren Sinn ausmachen, herangezogen (Schritte 1, 2, 3, und 7 der Abb. 5-11).[12]

Die Probanden wurden aufgefordert, für jeden der sieben vorgegebenen Prozessschritte anzugeben, ob er durch einen professionellen Finanzplaner durchgeführt werden sollte oder nicht. Im Umkehrschluss bedeutet die Aussage, der Schritt solle nicht durch einen Finanzplaner wahrgenommen werden, dass der Haushalt diesen Schritt entweder selbst durchführen will bzw. er ihn für nicht wichtig erachtet und ganz weglassen würde.

---

[12] Grundlage der Auswertungen ist die Frage 9 des Fragebogens.

Zusätzlich wurde der Schritt "Realisierung" aus dem Ursprungsprozess weiter in die Schritte Produktvergleich, Produktauswahl und Produktvermittlung detailliert (Schritte 4 bis 6 der Abb. 5-11). Es sollte untersucht werden, inwieweit die Befragten auch diese nicht originär dem Financial Planning zuzuordnende Dienstleistung durch einen professionellen Finanzplaner durchgeführt wissen wollen. Gleichzeitig gibt dies auch Aufschluss darüber, ob die Realisierung der gemachten Handlungsempfehlungen von den Nachfragern zum Begriff des Financial Planning gerechnet wird oder nicht.

Betrachtet man alle Befragten, so wird deutlich, dass die Mehrzahl (über 50%) alle zur Auswahl stehenden Prozessschritte von einem Finanzplaner durchführen lassen möchte. Die Ausnahme hiervon sind die Produktauswahl und -vermittlung. Schritte also, die nicht zum Financial Planning im herkömmlichen Sinn gehören.

Abb. 5-11: Financial Planning-Prozess

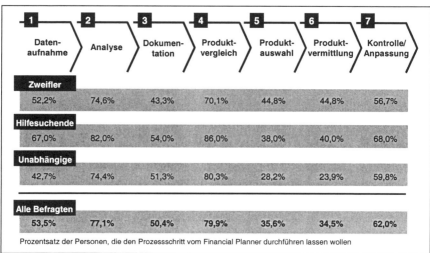

Prozentsatz der Personen, die den Prozessschritt vom Financial Planner durchführen lassen wollen

Anm.: Mehrfachantworten möglich; Prozentualer Anteil der Nennungen je Prozessschritt; Psychografische-
        Cluster n = 284; Alle Befragten n = 289; Signifikanzniveau < 0,1 in den Prozessschritten eins, vier, fünf
        und sechs.

Quelle: Eigene Untersuchung.

Die Prozessschritte mit der höchsten Delegationsbereitschaft sind dabei die Analyse und der Produktvergleich. Die Tatsache, dass dem Produktvergleich eine solch hohe Bedeutung im Zusammenhang mit Financial Planning zugemessen wird, korrespondiert mit der Forderung nach Objektivität und Neutralität der Beratung. Die Analyse ist wohl das zentrale Element einer Finanzplanung. Wird die Durchführung dieses Prozessschrittes durch einen Berater abgelehnt, so bedeutet dies, dass der Haushalt die Planung selbst oder gar nicht durchführen will.

Eine nicht geringe Zahl der Teilnehmer(-innen) könnte sich vorstellen, die Datenaufnahme selbst durchzuführen. Werden durch den Anbieter entsprechend standardisierte Erfassungsformulare (evtl. in elektronischer Form) angeboten, so könnte damit der Aufwand des Finanzplaners reduziert und der Kunde stärker in den Planungsprozess einbezogen werden.

Auch die Dokumentation durch den Finanzplaner erscheint etwa der Hälfte der Befragten nicht sehr wichtig zu sein. Dies steht im Widerspruch zur Forderung nach Transparenz und Verständlichkeit, die wesentlich von der Dokumentation der Ergebnisse abhängt.

Die geringe Zahl der Nennungen für die Produktauswahl und -vermittlung unterstreicht das Verlangen nach einer unabhängigen Beratung. Da die Financial Planning-Angebote bislang häufig von Strukturvertrieben und Produktvermittlern angeboten werden, wird hier das Dilemma dieser Unternehmen deutlich. Einerseits wollen die Kunden offenbar eine Finanzplanung, die Produktauswahl und -vermittlung, das eigentliche Geschäft dieser Firmen, möchte die Mehrzahl jedoch bevorzugt selbst vornehmen.

Der letzte Schritt, die regelmäßige Kontrolle und Anpassung des Planes, wird von der Mehrzahl wieder als originäre Aufgabe des Finanzplaners angesehen.

Die Unterschiede hinsichtlich der Psychografischen-Cluster bestehen in erster Linie darin, dass die HILFESUCHENDEN in den meisten Prozessschritten häufiger Aufgaben dem Finanzplaner zuordnen, als dies die beiden anderen Gruppen tun. Dies bestätigt die Charakterisierung als berateraffin. Bei den UNABHÄNGIGEN fällt die hohe Nachfrage nach Produktvergleichen auf, die ihnen eine Produktentscheidung vorbereitet. Sie erachten dies anscheinend als Schritt, den sie selbst nur schwer durchführen können. Obwohl diese Gruppe einer Finanzplanung nicht sehr positiv gegenübersteht, so würden sie bei einer eventuellen Inanspruchnahme die Analyse dennoch gerne in die Hände von professionellen Finanzplanern geben. Die ZWEIFLER überraschen mit den vergleichsweise hohen Delegationsquoten bei Produktauswahl und -vermittlung.

Es ist nun von Interesse, welche Kombinationen der sieben Prozessschritte in welcher Häufigkeit genannt wurden. Daraus lassen sich Gestaltungsanforderungen eines Financial Planning-Prozesses ableiten. Durch die sieben Prozessschritte, bei denen jeweils mit "ja" oder "nein" geantwortet werden konnte, sind $2^7 = 128$ verschiedene Kombinationen möglich. Bei allen Befragten werden durchschnittlich 3,9 Schritte auf den Finanzplaner verlagert. Tendenziell werden also etwas mehr als die Hälfte der angebotenen Schritte eher bei einem professionellen Berater gesehen.

Die größte Zahl an Nennungen, nämlich 30, erhält die Kombination, die alle Schritte dem Finanzplaner zuweist. Als nächsthäufige Kombination (17 Nennungen) wird der Gesamtprozess ohne Produktauswahl und -vermittlung genannt. Mit der gleichen Anzahl der Nennungen wird der reine Produktvergleich als Aufgabe des Financial Planners gewählt. Die zehn in der Abb. 5-12 dargestellten Kombinationsmöglichkeiten repräsentieren 138 Befragte. Diese 48% der Stichprobe präferieren 7,8% der Kombinationsmöglichkeiten (10/128). Die andere Hälfte bevorzugt also die anderen 118 Kombinationsmöglichkeiten.

Es können demnach einige bevorzugte Prozessschrittkombinationen beobachtet werden. Für einen Großteil der Befragten stellt sich der Financial Planning-Prozess jedoch sehr individuell dar. Dies führt dazu, dass ein Angebot möglichst modular aufgebaut sein sollte, um den spezifischen Anforderungen gerecht zu werden.

Abb. 5-12: Gewählte Prozessschrittkombinationen

1 Daten-aufnahme	2 Analyse	3 Dokumen-tation	4 Produkt-vergleich	5 Produkt-auswahl	6 Produkt-vermittlung	7 Kontrolle/ Anpassung	
X	X	X	X	X	X	X	10,4%[1]
X	X	X	X			X	5,9%
				X			5,9%
X	X	X	X	X		X	5,6%
X	X	X	X				4,2%
X	X					X	4,2%
X	X			X		X	4,2%
X	X	X	X		X	X	3,1%
	X	X	X			X	3,1%
⋮				⋮			
X	X	X				X	1,4%

1) Anteil an den Befragten (n = 288)
X = Prozessschritt, der durch einen professionellen Finanzplaner durchgeführt werden soll

Anm.: Mit den 10 abgebildeten Kombinationen sind insgesamt 48% aller gewählten und 7,8% aller möglichen Kombinationen erfasst.

Quelle: Eigene Untersuchung.

Der klassische Financial Planning-Prozess, der aus Datenaufnahme, Analyse, Dokumentation und regelmäßiger Kontrolle besteht, wurde von lediglich 1,4% der Befragten gewählt. Die theoretische Konstruktion eines solchen Planungsprozesses deckt sich hier nicht mit den in der Realität gewünschten Anforderungen.

Für die konkrete Gestaltung des Finanzplanungsprozesses sind insbesondere die Erwartungen der potenziellen Nachfrager von Bedeutung. Ihre Einschätzungen gibt die Abb. 5-13 wieder.[13]

---

[13] Ausgewertet wurde hier die Frage 16, mit der die potenzielle Nachfragebereitschaft nach Financial Planning erhoben wurde, sowie die Frage 9, die eine Zusammenstellung der Prozessschritte, welche durch einen Finanzplaner durchgeführt werden sollten, ermöglichte.

Abb. 5-13: Financial Planning-Prozess der potenziellen Nachfrager

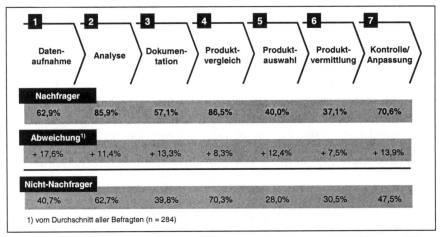

1) vom Durchschnitt aller Befragten (n = 284)

Anm.: Mehrfachantworten möglich; Prozentualer Anteil der Nennungen je Prozessschritt; Nachfrager n = 270, Nicht-Nachfrager n = 118; Signifikanzniveau < 0,01 in den Prozessschritten eins, zwei, drei, vier, und sieben.

Quelle: Eigene Untersuchung.

Hier fällt auf, dass die potenziellen Nachfrager bei jedem Prozessschritt noch mehr auf den Finanzplaner zurückgreifen würden, als dies der Durchschnitt der Befragten schon tut. Daraus lässt sich ableiten, dass im Falle einer Nachfrage große Teile des Gesamtprozesses vom Anbieter durchzuführen sind. Dies deckt sich auch mit der Feststellung in Abschnitt 5.5.1.1, wo für die potenziellen Nachfrager die Eigenschaft der selbständigen Durchführung einer Finanzplanung weniger wichtig war als für den Rest.

Eine fast identische Struktur wie in Abb. 5-13 ergibt die Auswertung der Personen, die bereits eine Finanzplanung durchgeführt haben. Die prozentuale Verteilung der Nachfrage nach einzelnen Prozessschritten entspricht weitgehend (+/- 4%) den Erwartungen der potenziellen Nachfrager. Auch hier sind die Schritte eins bis vier und sieben signifikant unterschiedlich zwischen den beiden Gruppen. Es ist zu vermuten, dass, falls die Personen mit den Finanzplanungen zufrieden waren, die Angaben auch die Prozessstruktur der Anbieter widerspiegeln. Falls sie nicht zufrieden waren, zeigen sie jedenfalls deren Wunschvorstellung.

5.5.1.3   Spezifische Komponenten eines Financial Planning-Angebotes

Bei der Ausgestaltung eines Financial Planning-Angebotes besteht die Möglichkeit, verschiedene Schwerpunkte zu setzen. Neben Mehrthemenplänen (umfassende Finanzplanung) sind auch Einthemenpläne (themenzentrierte Finanzplanung) denkbar.[14] Da es für viele Personen wichtig ist, auch Teilaspekte einzeln in Anspruch zu nehmen und damit implizit bestimmte

---

[14]   Vgl. Abschnitt 2.3.3.

Schwerpunkte zu setzen[15], stellt sich die Frage, welche Komponenten besonders wichtig und welche weniger wichtig für die Konsumenten sind. Die Frage 8 des Fragebogens hatte einen Katalog von möglichen Bestandteilen einer Finanzplanung zum Inhalt. Die Probanden sollten wiederum angeben, welchen Grad an Wichtigkeit sie den einzelnen Elementen zurechnen würden. Dabei wurden insbesondere einige spezifische Komponenten ausgewählt, die bislang entweder nicht im Zusammenhang mit Financial Planning diskutiert worden sind (z.B. Schuldnerberatung oder Seminare zur Finanzplanung) oder bei denen eine im Vergleich zu vermögenden Privatkunden andersartige Präferenzstruktur zu vermuten ist (beispielsweise Erbschaftsplanung, Empfehlungen zu staatlichen Fördermitteln).

Die Einschätzungen der Befragten gibt die Abb. 5-14 wieder. Dabei sind die Elemente einer Finanzplanung nach der Wichtigkeitsbeurteilung aller Befragten geordnet. Zusätzlich sind die Einzelbeurteilungen der Psychografischen-Cluster abgebildet.[16]

Auffallend ist zunächst, dass nur die Elemente "Berechnungen zur Altersvorsorge" und "Empfehlungen zu Produkten" signifikante Unterschiede zwischen den Psychografischen-Clustern aufweisen. Bei allen anderen Elementen gehen die Einschätzungen der Gruppen in die gleiche Richtung. Man kann also unterschiedliche Einstellungen zu den Komponenten eines Financial Planning-Angebotes nicht auf psychografische Faktoren zurückführen.

Die größte Bedeutung wird den Berechnungen zur Altersvorsorge beigemessen. Insbesondere die HILFESUCHENDEN legen hierauf höchsten Wert. Dies ist nicht erstaunlich, wenn man die Diskussion um die private Altersvorsorge und die Riester-Rente im Jahr 2001 betrachtet.[17] Hier besteht offensichtlich großer Beratungsbedarf, der aufgrund seiner Tragweite an oberster Stelle einer Finanzplanung steht.

Auch den Empfehlungen zu staatlichen Fördermitteln, wie etwa "Vermögenswirksame Leistungen" oder die "Eigenheimzulage beim Immobilienerwerb" wird große Bedeutung beigemessen. Anscheinend entsteht aufgrund der zunehmenden Komplexität dieser Fördermöglichkeiten (auch hier in Verbindung mit der Förderung der privaten Altersvorsorge) Unsicherheit in der Bevölkerung, die durch Beratung abgebaut werden soll.

Ebenfalls ist es wenig überraschend, dass die Thematik "Steuern" an nächster Stelle der Prioritätenliste aufgeführt wird. Grund hierfür dürfte ebenfalls die Undurchschaubarkeit der einschlägigen Gesetze und Vorschriften sein, die für den privaten Haushalt allein nicht mehr zu bewältigen sind.

Empfehlungen zu Bank- und Versicherungsprodukten sollten Bestandteil eines Financial Planning-Angebotes sein. Dies steht im Einklang mit den Anforderungen an den Financial Planning-Prozess, wo ebenfalls die Analyse und der Produktvergleich hohen Stellenwert einnahmen. Allerdings wurde die konkrete Produktauswahl mehrheitlich nicht als originäre Auf-

---

[15] Vgl. hierzu Abschnitt 5.5.1.1.

[16] Der Vergleich der drei Einkommens-Cluster bezüglich der Wichtigkeit der verschiedenen Financial Planning-Komponenten zeigt keine nennenswerten Unterschiede zwischen den Gruppen. Bis auf die Elemente "Berechnungen zur Altersvorsorge", "Empfehlungen zu geeigneten Bank- und Versicherungsprodukten" und "Schuldnerberatungen" liegen die Signifikanzniveaus über 0,1.

[17] Vgl. Bierbaum (2000), S. 668f; Hoffmann (2000), S. 1260; Laux (2000), S. 1250ff.

gabe des Finanzplaners gesehen, was folgenden Schluss zulässt: Empfehlungen und Produktvergleich sollten Bestandteil des Financial Planning sein, aber die letztliche Entscheidung will
der Kunde selbst fällen.

Abb. 5-14: Wichtigkeit spezifischer Elemente eines Financial Planning-Angebotes

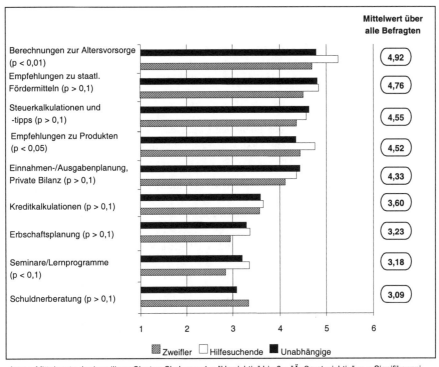

Anm.: Mittelwerte der jeweiligen Cluster; Skala von 1 = "Unwichtig" bis 6 = "Äußerst wichtig"; p = Signifikanzniveau; Geordnet nach der Wichtigkeit über alle Befragten; n = 282.

Quelle: Eigene Untersuchung.

Die Komponente "Einnahmen-/Ausgabenplanung, Private Bilanz" ist spezifisch für das Financial Planning. Bei herkömmlichen Beratungsangeboten wie etwa einer Anlage- oder Versicherungsberatung ist eine derartige Leistung gewöhnlich nicht integriert. Der Grad der
Wichtigkeit für die Befragten verdeutlicht aber, dass dies eine relevante Dienstleistung ist und
Bestandteil eines Financial Planning sein sollte.

Die weiteren Elemente werden als weniger wichtig eingestuft. Sie liegen unter dem Wert von
3,5 (Mittelwert). Es ist davon auszugehen, dass die Komponenten weniger entscheidend für
die Inanspruchnahme von Financial Planning im Allgemeinen und die Auswahl eines bestimmten Anbieters im Speziellen sein dürften.

Die Kalkulationen für Ratenkredite oder Immobiliendarlehen und die Erbschaftsplanung sind
über alle Befragten hinweg und für die Psychografischen-Cluster von untergeordneter Bedeu-

tung. Hier zeigen sich jedoch Unterschiede bei anderen ausgewählten Merkmalen der Befragten (vgl. weiter unten in diesem Abschnitt).

Ebenfalls von relativ geringer Bedeutung sind Seminare und Lernprogramme, die den privaten Haushalt durch die Aneignung von spezifischem Wissen in die Lage versetzen könnten, die eigenen finanziellen Angelegenheiten besser in den Griff zu bekommen. Diese Feststellung deckt sich mit der generellen Tendenz, die Planung einem Spezialisten zu überlassen.

Auch die Schuldnerberatung ist nicht sonderlich beliebt, jedenfalls im Durchschnitt aller Befragten. Dies ist verwunderlich, betrachtet man den relativ großen Anteil verschuldeter Haushalte in der Stichprobe (24,5%). Die verschuldeten Haushalte erachten die Schuldnerberatung allerdings bei weitem wichtiger als die nicht verschuldeten Haushalte (vgl. weiter unten in diesem Abschnitt). Die Haushalte mit positivem Geldvermögen gehen davon aus, keine Schuldnerberatung im herkömmlichen Sinn zu benötigen.

Zwischen den Einstellungen zu den Elementen eines Financial Planning-Angebotes und verschiedenen soziodemographischen Merkmalen der Probanden können vielfältige Zusammenhänge festgestellt werden, wie dies die Abb. 5-15 zeigt.

Abb. 5-15: Signifikanzniveaus für Elemente eines Financial Planning-Angebotes in Abhängigkeit von ausgewählten Merkmalen

Quelle: Eigene Untersuchung.

Näher betrachtet werden die Merkmale "Alter", "Vermögen" und "Interesse an Financial Planning", die eine Vielzahl von Signifikanzen bezüglich der Elemente aufweisen.

- Die Empfehlungen zu staatlichen Fördermitteln und die Kalkulationen von Krediten sind eher für die jüngeren Personen bis 35 Jahre von Interesse.[18] Dies hängt wohl damit zusammen, das staatliche Förderungen oftmals an Einkommensgrenzen gebunden sind, die mit zunehmendem Alter überschritten werden. Zudem fördert der Staat vornehmlich Bereiche, welche die Altersvorsorge tangieren. Die entsprechenden Vorsorgemaßnahmen sind tendenziell in früheren Lebensabschnitten zu treffen. Kreditkalkulationen sind im Falle von Immobilienfinanzierungen zu erstellen, die ebenfalls eher in mittleren Lebensabschnitten stattfinden. Ratenkredite sind verbunden mit der Einkommenssituation, die sich auch mit zunehmendem Alter verbessert. Die Elemente "Einnahmen-/Ausgabenplanung", "Steuerkalkulationen" und "Erbschaftsplanung" sind dagegen für die älteren Personen wichtiger.[19] Etwa ab einem Alter von 45 Jahren gewinnen diese Themen an Bedeutung, was für die Erbschaftsplanung nicht verwunderlich ist. Steuerliche Fragestellungen sind in der Phase relativ stark steigender Einkommen (nach der Ausbildung) und in fortgeschrittenem Alter, wenn der Höhepunkt des Vermögensaufbaus erreicht ist, von Bedeutung. Die Einnahmen- und Ausgabenplanung scheint erst mit fortgeschrittenem Alter wichtig zu werden. Dabei ist den Haushalten offensichtlich nicht bewusst, dass gerade in Phasen des Vermögensaufbaus oder der Investition in Immobilien eine Transparenz und Planung bzgl. der Finanzströme von besonderer Bedeutung ist. Hier liegt sicherlich ein Anknüpfungspunkt für die Gestaltung eines Financial Planning-Angebotes, das auch jüngeren Personen die Vorteilhaftigkeit einer solchen Planung aufzeigt.

- Die Höhe des vorhandenen Nettogeldvermögens beeinflusst die Einstellungen zur Wichtigkeit der Elemente einer Finanzplanung signifikant. Das Element "Steuerkalkulationen" ist für die vermögenderen Personen von größerer Bedeutung als beispielsweise für die Verschuldeten.[20] Wo weniger Steuern bezahlt werden, ist die Nachfrage nach Steueroptimierung anscheinend geringer. In der Detailbetrachtung zeigt sich, dass die verschuldeten Haushalte der Schuldnerberatung einen deutlich höheren Stellenwert einräumen als die vermögenden Haushalte.[21] Auch die Bedeutung des Themas "Kreditkalkulationen" nimmt mit steigendem Vermögen ab.[22] Entweder werden weniger Fremdmittel benötigt, oder die Haushalte beziehen die benötigten Informationen anderweitig. Haushalte mit Vermögen bis zu 35 TDM wären am ehesten interessiert an Seminaren zur privaten Finanzplanung. Bei mittleren und hohen Vermögen (35 bis 100 TDM und über 200 TDM) nimmt das Interesse wieder ab.[23] Die Beobachtungen zu Schuldnerberatung, Kreditkalkulation und Semi-

---

[18]   Staatliche Fördermittel: Mittelwert 4,90 für Personen bis 35 Jahren und Mittelwert 4,17 für Personen über 55 Jahren; Kreditkalkulationen: Mittelwert 3,70 für Personen bis 35 Jahren und Mittelwert 3,00 für Personen über 55 Jahren.

[19]   Einnahmen-/Ausgabenplanung: Mittelwert 4,28 für Personen bis 25 Jahre und Mittelwert 5,00 für Personen über 55 Jahre; Steuerkalkulationen: Mittelwert 4,24 für Personen bis 25 Jahre und Mittelwert 4,75 für Personen über 55 Jahre; Erbschaftsplanung: Mittelwert 3,02 für Personen bis 25 Jahre und Mittelwert 4,00 für Personen über 55 Jahre.

[20]   Mittelwert negative Vermögensgruppe: 4,30; Mittelwert Vermögensgruppe 200 TDM: 5,03.

[21]   Mittelwert negative Vermögensgruppe: 3,80; Mittelwert Vermögensgruppe über 200 TDM: 1,97.

[22]   Mittelwert negative Vermögensgruppe: 4,01; Mittelwert Vermögensgruppe über 200 TDM: 2,76.

[23]   Mittelwert Vermögensgruppe bis 35 TDM: 3,52; Mittelwert Vermögensgruppe über 200 TDM: 2,69.

narangebot lassen vermuten, dass sie tendenziell mit steigendem Vermögen weniger nachgefragt werden.

▪ Private Haushalte, die Interesse an der Durchführung von Financial Planning signalisieren,
unterscheiden sich vom Rest hinsichtlich der Elemente Altersvorsorge, Produktempfeh-
lungen, Steuerkalkulationen, Erbschaftsplanung und Seminare. Allen diesen Elementen
messen die potenziellen Nachfrager eine größere Wichtigkeit bei als die Nicht-Nachfrager.
Diese Unterschiede sind bei der Gestaltung eines Angebotes zu beachten. Es zeigt sich,
dass die vermeintlichen Financial Planning-Nachfrager evtl. doch für die Erbschaftsplanung oder Seminare/Lernprogramme zu interessieren sind. Einen Vergleich dieser Elemente bzgl. ihrer Wichtigkeit für Nachfrager, Nicht-Nachfrager und alle Befragten stellt
die Abb. 5-16 dar. Auffallend sind die signifikanten Unterschiede zwischen den Nicht-
Nachfragern, den Nachfragern und allen Befragten.

**Abb. 5-16: Anforderungen der potenziellen Nachfrager an spezifische Elemente eines
Angebotes**

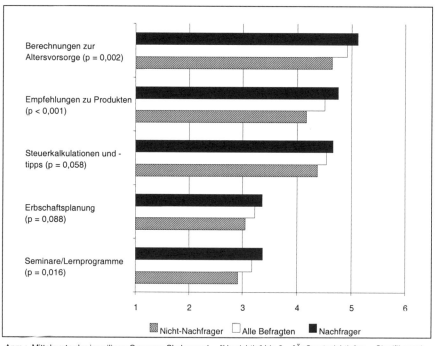

Anm.: Mittelwerte der jeweiligen Gruppen; Skala von 1 = "Unwichtig" bis 6 = "Äußerst wichtig"; p = Signifikanzniveau; n = 286.

Quelle: Eigene Untersuchung.

5.5.2 Distributionspolitik

Die Form der Kommunikation zwischen Anbieter und Nachfrager hat starken Einfluss auf die Gestaltung des Angebotes. Aus den Kommunikationspräferenzen lässt sich die Gestaltung der Vertriebswege bzw. deren Kombination ableiten. Die Anforderungen der Befragten geben außerdem Aufschluss darüber, ob beispielsweise eine Internetlösung, ein Call-Center, Filialen oder ein mobiler Außendienst Akzeptanz findet. Um diese Präferenzen zu erheben, wurden in der Frage 11 des Fragebogens verschiedene Alternativen zur Bewertung vorgestellt, wo und mit Hilfe welcher Medien eine Finanzplanung durchgeführt werden soll. Einen Überblick über die Bewertungen der Psychografischen-Cluster gibt die Abb. 5-17.

Abb. 5-17: Durchführung des Financial Planning – Ort und Kommunikationsform

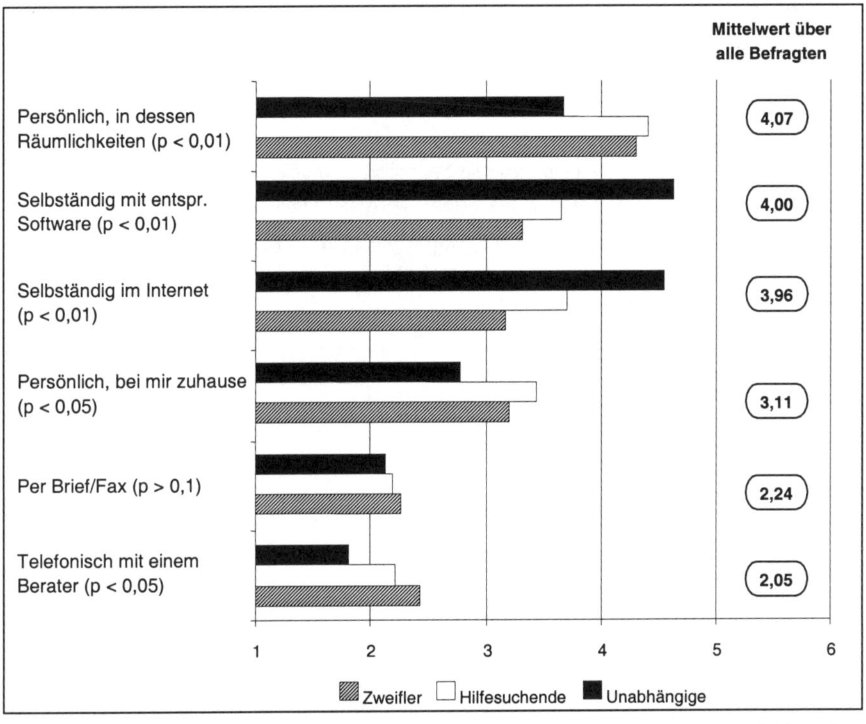

Anm.: Mittelwerte der jeweiligen Cluster; Skala von 1 = "sehr geringe Präferenz" bis 6 = "sehr hohe Präferenz"; p = Signifikanzniveau; Geordnet nach der Wichtigkeit über alle Befragten; n = 285.

Quelle: Eigene Untersuchung.

Die im Durchschnitt wichtigste Variante ist die persönliche Beratung in den Räumlichkeiten des Anbieters. Gerade die HILFESUCHENDEN und die ZWEIFLER, als tendenziell Financial Planning affine Personen, möchten zum Anbieter gehen und bei ihm beraten werden. Erwartungsgemäß stellte diese Form für die UNABHÄNGIGEN nicht die beste Alternative dar. Für diese Personengruppe ist die Möglichkeit, die Planung selbständig im Internet oder mit entsprechender Software zuhause durchzuführen, weitaus interessanter.

Für alle Befragten nehmen die Medien Internet und spezielle Software eine wichtige Position ein. Es besteht insgesamt ein starker Zusammenhang zwischen den Aussagen zu den Medien und dem Urteil der Befragten bzgl. der Eigenschaft "Möglichkeit, die Planung selbständig durchzuführen" aus Frage 10.[24]

Die Möglichkeit, eine Finanzplanung bei sich zuhause durchführen zu lassen, ist lediglich den HILFESUCHENDEN eine erwägenswerte Alternative. Ansonsten ist die Vorstellung, einen Berater in den eigenen Räumen zu empfangen, nicht sonderlich positiv.

Die beiden letzten Möglichkeiten des brieflichen oder telefonischen Kontaktes erscheinen geradezu ausgeschlossen. Der Einsatz dieser Kommunikationsmittel kann allenfalls als Unterstützung im Gesamtprozess eingesetzt werden, um etwaige Nachfragen durchzuführen oder die Dokumentation zuzustellen.

Diese Ergebnisse machen eine klare Trennung in zwei Lager deutlich: Einerseits die durchwegs hohe Akzeptanz von persönlicher Beratung in den Räumen des Anbieters und andererseits die ebenfalls hohe Akzeptanz von selbständiger Durchführung mittels neuer Medien. Letzteres gilt in besonderer Weise für die UNABHÄNGIGEN Personen.

Weitere Zusammenhänge zwischen den Erwartungen an den Ort sowie die Kommunikation im Rahmen der Finanzplanung und verschiedenen Merkmalen illustriert die Abb. 5-18.

---

[24] Personen, von denen die Möglichkeit der selbständigen Planung (unabhängige Variable) als wichtige Eigenschaft gesehen wird (Frage 10), tendieren auch dazu, eine Finanzplanung im Internet ($R^2 = 0,298$; $p < 0,001$) oder per Software ($R^2 = 0,323$; $p < 0,001$) durchführen zu wollen (Frage 11).

Abb. 5-18: Signifikanzniveaus für Kommunikationsformen in Abhängigkeit von ausgewählten Merkmalen

Element / Merkmal	Alter	Geschlecht	HH-Größe	Anzahl Kinder	Bildungsniveau	Beruf	FP durchgeführt	FP interessiert	HH-Einkommen	Vermögen
Persönlich, bei mir zuhause						•	■	■		
Persönlich, in dessen Räumlichkeiten						•		■		
Telefonisch mit einem Berater					▲			•		
Per Brief/Fax		•				▲				
Selbständig im Internet	▲						•	•		
Selbständig mit entsprechender Software						■				

Mittelwertvergleiche

■ Signifikanzniveau < 0,01 • Signifikanzniveau < 0,1
▲ Signifikanzniveau < 0,05 Rest nicht signifikant

Quelle: Eigene Untersuchung.

- Die Akzeptanz einer Finanzberatung über das Internet ist vom Alter abhängig. Jüngere Personen können sich dies erwartungsgemäß eher vorstellen als ältere Personen.[25]

- Die zahlreichen Zusammenhänge zwischen der beruflichen Position und den Kommunikationspräferenzen sind durch den hohen Anteil von Angestellten (56,7%) und Studenten (16,3%) in der Stichprobe beeinflusst. Die verschiedenen Berufsgruppen haben im Einzelnen sehr unterschiedliche Präferenzen. Wegen der zum Teil jedoch sehr kleinen Anzahl von Personen in den Gruppen wird auf eine detaillierte Beschreibung mangels Aussagekraft verzichtet.

- Personen, die bereits einmal eine Finanzplanung durchgeführt haben, sind einem Beraterbesuch zuhause weniger abgeneigt als die restlichen.[26] Dies könnte darauf zurückzuführen sein, dass sie gute Erfahrungen mit dieser Vorgehensweise gemacht haben.

- Bemerkenswert ist die Verbindung zwischen dem generellen Interesse an einem Financial Planning und der Präferenz des Kommunikationsweges und -ortes. Befragte, die eine Finanzplanung durchführen wollen, haben eine deutlich positivere Einstellung zum Beraterbesuch zuhause als solche, die keine Planung wünschen.[27] Gleichwohl halten sie jedoch auch die Beratung beim Anbieter für geeigneter als die Nicht-Nachfrager.[28] Außerdem prä-

---

[25] Mittelwerte bis 25 Jahre: 3,85; Mittelwert über 55 Jahre: 2,92.

[26] Mittelwert Financial Planning durchgeführt 3,65 und Mittelwert Financial Planning nicht durchgeführt 2,89.

[27] Mittelwert Nachfrager 3,56 und Mittelwert Nicht-Nachfrager 2,48.

[28] Mittelwert Nachfrager 4,36 und Mittelwert Nicht-Nachfrager 3,65.

ferieren die Nachfrager die selbständige Durchführung im Internet weniger als die Nicht-Nachfrager.[29]

5.5.3 Preispolitik

Die Befragten der vorliegenden Untersuchung fordern Unabhängigkeit und Objektivität in der Beratung und sehen die Produktvermittlung größtenteils nicht als Aufgabe des Finanzplaners.[30] Da die Anbieter von Beratungsleistungen bislang fast ausschließlich Erträge aus der Vermittlung von Produkten erzielt haben, ist es nur folgerichtig, ein Honorar für die Beratungsdienstleistung als Kompensation für entgangene Vermittlungsprovisionen zu verlangen. Da der Beratungsumfang dieser Dienstleistung, je nach Ausgestaltung, weit über das hinausgeht, was heute üblicherweise von Banken oder anderen Finanzdienstleistern angeboten wird, stellt sich ebenfalls die Frage nach der Bepreisung. Es gilt herauszufinden, inwieweit diese für den Kunden bislang ungewohnte Vorgehensweise nun im Zusammenhang mit Financial Planning Akzeptanz finden kann. Dazu wird zunächst die allgemeine Bereitschaft zur Zahlung von Beratungshonoraren untersucht, um anschließend die geeignete Honorarform zu finden.[31]

5.5.3.1   Zahlungsbereitschaft

Wie die Abb. 5-19 zeigt, ist die Bereitschaft zur Zahlung von Honoraren groß. 83,7% der Befragten können sich grundsätzlich vorstellen, für Financial Planning zu bezahlen. Der überwiegende Teil möchte dies aber verständlicherweise an bestimmte Voraussetzungen knüpfen, die erfüllt sein müssen, um einen Honoraranspruch zu begründen. Alle drei in der Fragestellung 13 angegebenen Umstände, die für eine Zahlungsbereitschaft vorhanden sein müssten, fanden große Zustimmung. Vor allem das Konzept der Servicegarantien findet breite Akzeptanz. 76,1% der Personen, die unter Umständen zur Zahlung bereit wären, gaben dies an. Die Forderung korrespondiert mit den Aussagen zu den geforderten Eigenschaften eines Financial Planning-Angebotes. Dort wurde die Wichtigkeit der Abgabe von Garantien beim Financial Planning mit einem Mittelwert von 4,9 bewertet, was insgesamt die viertwichtigste Eigenschaft war.[32] Anbieter könnten also durch derartige Versprechen bezüglich der Prozessqualität oder der Ergebniserreichung die Bereitschaft zur Zahlung von Honoraren maßgeblich unterstützen. Die Forderung nach Unabhängigkeit wird von 73,2% der unter bestimmten Voraussetzungen Zahlenden gewählt, ein wiederholter Hinweis auf die Bedeutung dieses Merkmals. Eine etwas weniger häufig gewählte Voraussetzung sind die umfassenden Lösungsansätze. Es könnte sein, dass die privaten Haushalte nicht umfassende, sondern kurze und prägnante Handlungsempfehlungen vorziehen.

---

[29]   Mittelwert Nachfrager 3,79 und Mittelwert Nicht-Nachfrager 4,19.

[30]   Vgl. Abschnitte 5.5.1.1 und 5.5.1.2.

[31]   Gegenstand der Auswertung ist die Frage 13 ("Wären Sie bereit, für eine Private Finanzplanung ein Honorar zu bezahlen?") und die Frage 15 ("Wie geeignet sind Ihrer Meinung nach folgende Formen des Honorars für eine Private Finanzplanung?").

[32]   Vgl. Frage 10 auf einer Skala von 1 = "Unwichtig" bis 6 = "Äußerst wichtig".

Abb. 5-19: Bereitschaft zur Honorarzahlung

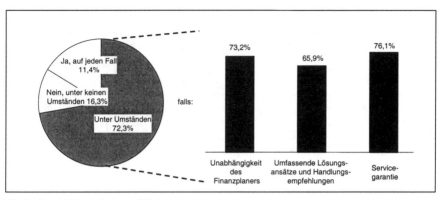

Quelle: Eigene Untersuchung; n = 289.

Die Bereitschaft zur Zahlung eines Honorars ist im Wesentlichen von der Haushaltsgröße, dem Vermögen und der potenziellen Nachfrage nach Financial Planning abhängig (vgl. Abb. 5-20).

- Je größer der Haushalt, desto weniger gerne wird ein Honorar bezahlt. 51% der "Nicht-Zahler" haben vier oder mehr Personen im Haushalt, während 30,9% der "Zahler" Ein- oder Zweipersonenhaushalte sind.[33]

- Von den potenziellen Nachfragern nach Financial Planning wären prinzipiell 90,6% bereit, ein Honorar zu entrichten. Unter denjenigen, die Financial Planning ablehnen, sind es jedoch nur 73,9%, die grundsätzlich nichts gegen Honorare einzuwenden hätten.[34]

- Verfügt der Haushalt über mehr Vermögen, so ist er tendenziell auch eher für kostenpflichtiges Financial Planning zu haben. Beispielsweise verfügen 43,8% der Haushalte, die Honorare zahlen würden, über ein Vermögen von mehr als 50 TDM. Dagegen besitzen 73,8% der zahlungsunwilligen Haushalte weniger als 35 TDM oder sind verschuldet.[35]

Erstaunlicherweise macht es jedoch keinen Unterschied, ob die Personen bereits Erfahrung mit Financial Planning gesammelt hatten oder nicht. In beiden Fällen waren etwa 12% auf jeden Fall bereit, ein Honorar zu bezahlen, und ca. 14% wollen keinesfalls etwas bezahlen. Offensichtlich haben die bisherigen Erfahrungen dazu geführt, ein Honorar von gewissen Bedingungen abhängig zu machen, wie es rund 70% der Befragten angeben. Auch andere sozioökonomische oder demographische Merkmale wie Alter, Geschlecht oder Haushaltseinkommen haben keine signifikanten Auswirkungen auf die Akzeptanz von Beratungshonoraren.

---

[33] χ^2 Kruskal-Wallis = 8,368; p < 0,05.
[34] Cramers V = 0,223; p < 0,01.
[35] χ^2 Kruskal-Wallis = 10,593; p < 0,01.

Abb. 5-20: Signifikanzniveaus für Honorarakzeptanz in Abhängigkeit von ausgewählten Merkmalen

Element \ Merkmal	Alter	Geschlecht	HH-Größe	Anzahl Kinder	Bildungs- niveau	Beruf	FP durch- geführt	FP interessiert	HH- Einkommen	Vermögen
Honorarakzeptanz			▲					■		■

Kontingenzanalyse	■ Signifikanzniveau < 0,01	● Signifikanzniveau < 0,1
	▲ Signifikanzniveau < 0,05	Rest nicht signifikant

Quelle: Eigene Untersuchung.

Vergleicht man die Honorarakzeptanz der Psychografischen-Cluster, so ergeben sich interessante Unterschiede (vgl. Abb. 5-21). Die geringste Bereitschaft, auf jeden Fall etwas zu bezahlen, zeigen konsequenterweise die UNABHÄNGIGEN, die sowieso lieber selbst planen. Die höchste Bereitschaft signalisieren allerdings die ZWEIFLER. Bringt man also diese unentschlossene Gruppe dazu, ein Financial Planning durchzuführen, so sind sie jedenfalls wenig preissensibel.[36]

Die konsequente Ablehnung von Honoraren ist bei den UNABHÄNGIGEN und ZWEIFLERN mit 22,0% und 17,9% am stärksten ausgeprägt. Bei den für das Financial Planning interessanten ZWEIFLERN ist demnach Überzeugungsarbeit durch die Anbieter zu leisten, dass die erbrachte Leistung ihren Preis auch wert ist. Dies belegt vor allem die hohe Zahl von Personen, die gewisse Bedingungen erfüllt sehen will. Die HILFESUCHENDEN haben das größte Bedürfnis nach Sicherheit, was die Qualität der erbrachten Finanzplanung betrifft. 80% machen die Honorarfrage von bestimmten Voraussetzungen abhängig.

---

[36] Die ZWEIFLER und HILFESUCHENDEN gaben bei der Frage 10 nach der Wichtigkeit eines niedrigen Preises mit Mittelwerten von 4,17 und 4,15 auch niedrigere Bewertungen als die UNABHÄNGIGEN mit 4,48 an.

Abb. 5-21: Honorarbereitschaft der Psychografischen-Cluster

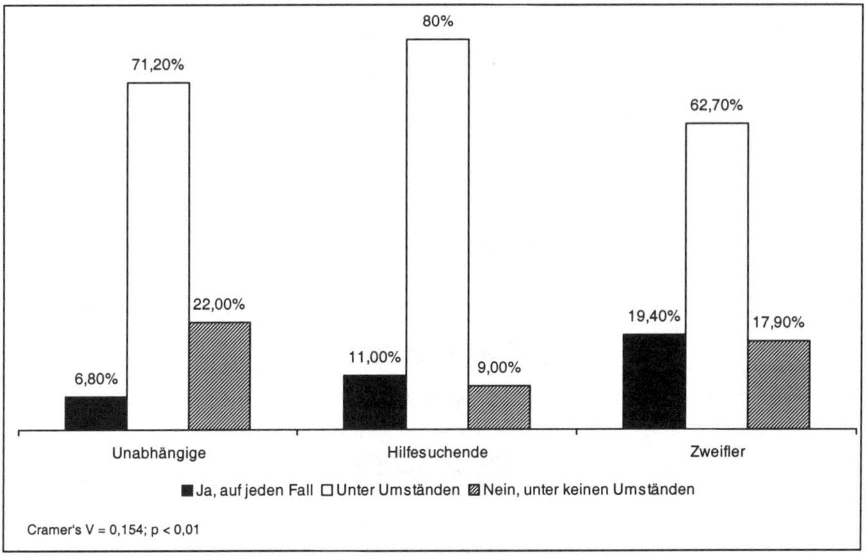

Anm.: Prozentualer Anteil innerhalb der Cluster; p = Signifikanzniveau.

Quelle: Eigene Untersuchung.

5.5.3.2 Honorarformen

Wie aus der Abb. 5-22 ersichtlich wird, ist die geeignetste Honorarform die erfolgsabhängige Bezahlung.[37] Diese Forderung etwa nach Renditesteigerungen oder Steuerersparnissen ist aus Nachfragersicht verständlich. Für die Anbieter stecken hinter diesem Thema jedoch die meisten Probleme: Wie ist eine Renditeberechnung gerecht zu bewerkstelligen? Welche Erträge werden in schwachen Börsenzeiten generiert? Wie ist der Beratungsbestandteil "Versicherungen" erfolgsbezogen zu beurteilen? etc.

Besonders die HILFESUCHENDEN favorisieren erfolgsabhängige Modelle. Die ZWEIFLER allerdings erachten die Erfolgsabhängigkeit nur wenig besser geeignet als die Kopplung des Honorars an die Vermögenshöhe.[38]

Auch die Bindung an die Vermögenshöhe ist in der konkreten Ausgestaltung bei Financial Planning problematisch, betrachtet man wiederum als ein Beispiel den Versicherungsbereich. Von den UNABHÄNGIGEN und HILFESUCHENDEN wird diese Variante jedoch nicht besser eingestuft als Pauschalbeträge, die von allen Gruppen in etwa als gleich geeignet angesehen werden.

---

[37] Ausgewertet wurde die Frage 15 des Fragebogens.

[38] Mittelwert Erfolgsabhängig 4,13 vs. Mittelwert Vermögenshöhe 4,00.

Eine pauschale Vergütung ist die einfachste und für beide Parteien am leichtesten nachzuvoll-
ziehende Form, was ihre relative Beliebtheit erklärt. Die Möglichkeit einer Abrechnung nach
der tatsächlich aufgewandten Zeit der Beratung ist lediglich für die HILFESUCHENDEN vorstellbar. Die beiden anderen können sich damit nur wenig anfreunden.[39]

Abb. 5-22: Akzeptanz der Honorarformen

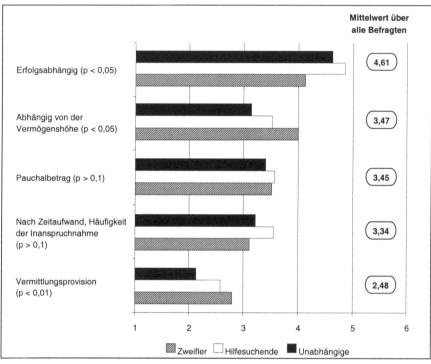

Anm.: Mittelwerte der jeweiligen Cluster; Skala von 1 = "überhaupt nicht geeignet" bis 6 = "sehr geeignet"; p =
Signifikanzniveau; Geordnet nach der Wichtigkeit über alle Befragten; n = 274.

Quelle: Eigene Untersuchung.

Die Provision für vermittelte Produkte erscheint allen Gruppen als nicht geeignet für die
Bepreisung von Financial Planning. Gerade für die UNABHÄNGIGEN könnte hier ein Grund
liegen, dass sie einer Dienstleistung wie Financial Planning gegenüber nur wenig aufgeschlos-
sen sind. Diese Erkenntnis zeigt in ihrer Deutlichkeit, dass die bestehenden Anbieter, die vornehmlich auf Vermittlungsprovisionen abzielen, langfristig über dieses Vorgehen nachdenken

---

[39]   Mittelwerte: ZWEIFLER 3,11; HILFESUCHENDE 3,55; UNABHÄNGIGE 3,22.

müssen.[40] Für neue Angebote besteht hier die Möglichkeit, sich von anderen Marktteilnehmern zu differenzieren und damit den Kundenanforderungen gerecht zu werden.

Auch bei den Honorarformen sind Unterschiede hinsichtlich verschiedener persönlicher Merkmale der befragten Personen festzustellen, (vgl. Abb. 5-23).

Abb. 5-23: Signifikanzniveaus für Honorarformen in Abhängigkeit von ausgewählten Merkmalen

Element \ Merkmal	Alter	Geschlecht	HH-Größe	Anzahl Kinder	Bildungs-niveau	Beruf	FP durch-geführt	FP interessiert	HH-Einkommen	Vermögen
Pauschalbetrag					■					
Nach Zeitaufwand/Häufigkeit der Inanspruchnahme	■				▲	▲				
Abhängig von der Vermögenshöhe										
Erfolgsabhängig					■		●			
Vermittlungsprovision						●	●			

Mittelwertvergleiche
■ Signifikanzniveau < 0,01   ● Signifikanzniveau < 0,1
▲ Signifikanzniveau < 0,05   Rest nicht signifikant

Quelle: Eigene Untersuchung.

- Die Abrechnung von Beratungsleistungen nach dem Zeitaufwand oder der Häufigkeit der Inanspruchnahme findet bei Frauen deutlich mehr Zuspruch als bei Männern.[41]

- Das Bildungsniveau beeinflusst die Beurteilung der Honorarformen ebenfalls. Tendenziell sprechen sich Personen höherer Bildungsschichten eher für eine Bepreisung nach Zeitaufwand oder erfolgsbezogenen Kriterien aus als dies andere innerhalb einer Honorarvariante tun. Beim Pauschalbetrag ist zu erwähnen, dass die Befragten mit Hochschul/Fachhochschulabschluss diesen als weniger geeignet empfinden als diejenigen mit Abitur.[42] Da sich unter den Abiturienten viele Studenten befinden, lässt dies den Schluss zu, dass im Rahmen von speziellen Studentenangeboten eine pauschale Honorierung durchaus Akzeptanz finden kann.[43]

- Die Unterschiede zwischen den Berufsgruppen sind wiederum durch die Vielzahl kleiner Gruppen beeinflusst. Die drei größten Gruppen unterscheiden sich jedoch in interessanter

---

[40] Gemeint sind hier Angebote, die keine Beratungshonorare verlangen und durch Produktvermittlung Provisionen erhalten.

[41] Mittelwert Frauen 3,85 vs. Mittelwert Männer 3,15.

[42] Mittelwert Hochschul-/Fachhochschulabschluss 3,03 vs. Mittelwert Abitur 4,22.

[43] 41,6% der Abiturienten geben als berufliche Position Student an.

Weise. Während Angestellte eine Abrechnung nach dem Zeitaufwand als wenig geeignet empfinden, halten Studenten dies für zumindest etwas geeignet, und Beamte könnten sich diese Variante unter allen Gruppen am besten vorstellen.[44]

• Probanden, die bereits Erfahrungen mit der Finanzplanung gemacht haben, halten eine erfolgsabhängige Vergütung für geeigneter als andere.[45] Das mag daran liegen, dass sie mit den Erfolgen der Finanzplanung nicht zufrieden waren und sich im Falle einer Erfolgskopplung eine höhere Motivation der Anbieter erwarten. Eine weitere Erklärung könnte sein, dass die praktizierten Vergütungsmodelle, also in der Hauptsache provisionsgetriebene, nicht den Erwartungen der Nutzer entsprachen, und sie deshalb andere Varianten fordern.

5.5.4   Formen des Angebotes

5.5.4.1   Angebots-Pakete

Für die Anbieter ist es wichtig zu wissen, in welcher Form ein Financial Planning-Angebot ausgestaltet werden soll. Die Abschnitte 5.5.1 bis 5.5.3 haben die diesbezüglich wichtigen Merkmale bereits detailliert untersucht. Zur Untersuchung der Nachfrage nach Financial Planning sind in der Frage 14 des Fragebogens Angebotspakete konstruiert worden. Dies geschah in Anlehnung an das Konzept der Wahlangebotsstrategie, bei dem durch eine Angebotsdifferenzierung den Kunden in Preis und Umfang unterschiedliche Leistungsversionen angeboten werden.[46] Diese Angebotspakete verbinden also die Parameter "Leistungsumfang" und "Preis" zu einem individuellen Angebot. Die Akzeptanz und die evtl. Bereitschaft, ein Honorar hierfür zu bezahlen, sollten im Rahmen der Fragestellung angegeben werden. Damit können Einschätzungen zur potenziellen Nachfrage nach spezifischen Paketen getroffen werden. Durch die vereinfachte Konstruktion wurde gewährleistet, dass die Inhalte auch leicht verständlich sind. Inhaltlich können die Pakete wie folgt beschrieben werden:

• **Basis:** Reines Internetangebot, bei der die Planung selbständig online durchgeführt wird und auch die Ergebnisse online dargestellt werden. Es findet keine persönliche Beratung statt. Das Angebot ist jederzeit verfügbar. Es wird eine Jahrespauschale berechnet.

• **Komfort:** Die telefonische, umfassende Beratung erfolgt durch einen qualifizierten Finanzplaner. Die Ergebnisse werden per Post/E-Mail/Fax zugestellt. Es wird eine einmalige Gebühr erhoben.

• **Exklusiv:** Ein qualifizierter Finanzplaner führt die persönliche Beratung durch. Falls notwendig, werden weitere Spezialisten hinzugezogen. Abgerechnet wird ein Einmalhonorar.

Einen Überblick über die Akzeptanz der drei Pakete und die grundsätzliche Bereitschaft zur Honorarzahlung gibt die Abb. 5-24. In der Frage 14 wurden die Probanden aufgefordert, für jedes Angebotspaket den Preis zu nennen, den sie maximal zu entrichten bereit wären. Alter-

---

[44]   Mittelwerte: Angestellte 3,12; Studenten 3,66; Beamte 4,36.

[45]   Mittelwert Financial Planning durchgeführt 4,90 und Mittelwert Financial Planning nicht durchgeführt 4,46.

[46]   Vgl. Abschnitt 2.5.2.

nativ bestand die Möglichkeit, das Paket insgesamt abzulehnen. Die Fragestellung impliziert, dass die Akzeptanz eines Paketes stets mit der Zahlung eines Beratungshonorars einhergeht.

Abb. 5-24: Preisbereitschaft nach Angebotspaketen

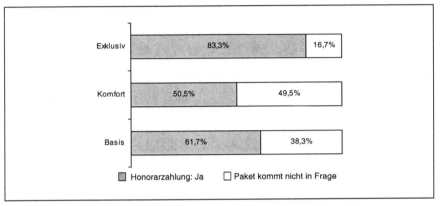

Quelle: Eigene Untersuchung; Basis n = 282, Komfort n = 279; Exklusiv n = 282.

Das Basispaket wird von insgesamt 61,7% mit Honorarzahlung akzeptiert. Für die Komfort-Version sind 50,5% der Befragten bereit, ein Honorar zu bezahlen. Die höchste Akzeptanz findet das Exklusivangebot, für das 83,3% grundsätzlich ein Honorar zahlen würden. Diese Ergebnisse korrespondieren mit den Präferenzen der Befragten zu den Kommunikationsformen. Dort standen ebenfalls der persönliche Kontakt und das Internet ganz oben. Basis- und Exklusivpaket sind die Angebotsformen, die auch diese Kommunikationsmittel benutzen.

Für die Interpretation der Zahlungsbereitschaft ist von Bedeutung, ob die Personen tatsächlich an einer privaten Finanzplanung interessiert sind. Es ist davon auszugehen, dass die Einschätzungen solcher Personen zum Honorar näher an der Realität liegen als solche von Haushalten, die überhaupt nicht beabsichtigen, eine Finanzplanung durchzuführen. Zur Untersuchung möglicher Zusammenhänge wurden die Merkmale "Potenzielle Nachfrage nach Financial Planning"[47] und "Honorarakzeptanz je Angebotspaket"[48] kreuztabelliert (vgl. Tab. 5-8).

Die potenziellen Nachfrager signalisieren zu über 90% Zahlungsbereitschaft für die umfassende Beratung. Von den Nicht-Nachfragern sind beim Exklusiv-Paket immerhin noch ca. 70% zahlungsbereit.[49] Das ist unverständlich, da diese Personen das Angebotspaket zwar nicht ablehnen, aber auf die Frage nach der Bereitschaft zu einer Finanzplanung mit Nein antworten. Gleiches gilt für die Nicht-Nachfrager bei Komfort- und Basisversion, die dennoch zu 49,1% bzw. 59,1% Zahlungsbereitschaft angeben.

---

[47] Auswertungsgrundlage ist die Frage 16 des Fragebogens zum Interesse an einer privaten Finanzplanung.

[48] Auswertungsgrundlage ist die Frage 14 des Fragebogens zur Akzeptanz und Preisbereitschaft der Angebotspakete

[49] Es ist festzustellen, dass nur beim Exklusiv-Paket Signifikanzen zwischen der Nachfragebereitschaft und der Honorarakzeptanz bei den Befragten bestehen.

Die Zahlungsbereitschaft der Nachfrager bei Komfort- und Basis-Paket liegt jeweils über 50%. Insgesamt kann also bei den potenziellen Nachfragern mit einer hohen Akzeptanz von Beratungshonoraren bei den konstruierten Angebotspaketen gerechnet werden.

Tab. 5-8: Akzeptanz der Pakete durch Nachfrager und Nicht-Nachfrager

Paket	Bereitschaft zur Honorarzahlung	Nachfrager [%]	n	Nicht-Nachfrager [%]	n	
Exklusiv	Ja	91,6	152	71,6	83	C-V = 0,264
	Nein	8,4	14	28,4	33	p < 0,01
Komfort	Ja	51,5	85	49,1	56	C-V = 0,024
	Nein	48,5	80	50,9	58	p > 0,1
Basis	Ja	63,5	106	59,1	68	C-V = 0,044
	Nein	36,5	61	40,9	47	p > 0,1

Anm.: C-V = Cramers V, p = Signifikanzniveau.
Quelle: Eigene Untersuchung.

Die Aussagen korrespondieren auch mit den Angaben zur grundsätzlichen Bereitschaft zur Zahlung von Beratungshonoraren. In diesem Zusammenhang gaben ebenfalls 73,9% der Nicht-Nachfrager an, für eine Private Finanzplanung ein Honorar bezahlen zu wollen.[50] Es ist im Fall der Beratungshonorare also besonders wichtig, zwischen den allgemeinen Einstellungen der Individuen und der letztlich konkreten Nachfrage bzw. Akzeptanz von Financial Planning zu unterscheiden.

Aufgrund der Angaben zahlreicher Nicht-Nachfrager, Honorare für die Pakete bezahlen zu wollen, erscheint deshalb eine isolierte Betrachtung der Nachfrager und deren Preisbereitschaft angebracht, um Fehlinterpretationen zu vermeiden.

Die Probanden, die eine Private Finanzplanung durchführen wollen (Frage 16: Ja) und zugleich bereit sind, für die Angebotspakete Honorare zu entrichten (Frage 14: Angabe eines maximalen Honorars), sind am besten geeignet, um die mögliche Höhe von Beratungshonoraren abzuschätzen. In der Abb. 5-25 sind ebendiese Personen mit ihren Angaben dargestellt.

---

[50] Vgl. Abschnitt 5.5.3.1 und Frage 13 des Fragebogens.

Abb. 5-25: Preisbereitschaft der potenziellen Nachfrager für die Angebotspakete

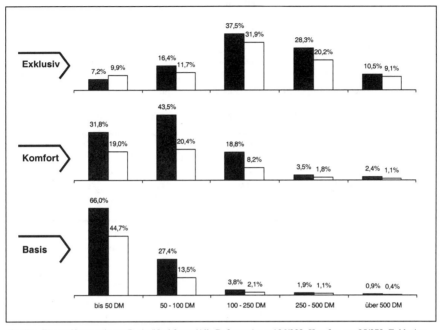

Quelle: Eigene Untersuchung; Basis (Nachfrager/Alle Befragten) n = 106/282, Komfort n = 85/279; Exklusiv n = 152/282.

Zusätzlich sind die Angaben aller Befragten gegenübergestellt, woraus ersichtlich wird, dass i.d.R. die potenziellen Nachfrager in allen Preis-/Paket-Kombinationen zahlreicher vertreten sind.[51] Dies bedeutet, dass die Nachfrager häufiger als andere bereit sind, Honorare zu entrichten. Außerdem zeigt sich, dass diese Personengruppe tendenziell auch höhere Preise bezahlen würde als der Durchschnitt der Befragten.

Hinsichtlich der Preisbereitschaft der potenziellen Nachfrager lassen sich folgende Aussagen treffen:

▪ Beim Basispaket, dem reinen Internetangebot, liegt die Preisbereitschaft bei ca. 66% der Probanden bis 50 DM, bei etwa 28% sogar bis 100 DM pro Jahr.

▪ Bei der Komfort-Version geht die Bereitschaft etwas höher. Rund 19% wären bereit, bis zu 250 DM für eine telefonische Beratung zu bezahlen. Knapp 44% wären bereit, bis zu 100 DM auszugeben, und etwa ein Drittel hält bis zu 50 DM für realistisch.

▪ Die höchsten Honorare würden für das Exklusiv-Paket bezahlt werden. Knapp 40% können sich hier vorstellen, 250 DM und mehr zu bezahlen. Davon akzeptierten über 10% so-

---

[51] Die einzige Ausnahme findet sich beim Exklusivpaket in der Preiskategorie bis 50 DM.

gar Honorare von mehr als 500 DM. Weitere 37,5% würden 100 bis 250 DM für die persönliche und umfassende Beratung aufwenden.

Die starke Akzeptanz der persönlichen Betreuung schlägt sich auch in der höheren Preisbereitschaft nieder.

Vergleicht man die Bereitschaft der potenziellen Nachfrager zur Honorarzahlung für die Pakete innerhalb der Einkommens- und Psychografischen-Clustern, so ergeben sich nur zwischen den Psychografischen-Gruppen und dem Komfort-Paket Signifikanzen (vgl. Tab. 5-9).

Tab. 5-9: Akzeptanz der Pakete nach Clustern – nur potenzielle Nachfrager

Paket		Einkommens-Cluster [%]				Psychografische-Cluster [%]			
Bereitschaft zur Honorarzahlung		0 bis 2.500 DM n = 23	2.501 bis 7.500 DM n = 100	über 7.500 DM n = 43	Sig.	Zweifler n = 45	Hilfe-suchende n = 67	Unabhängi-ge n = 53	Sig.
Exklusiv	Ja	87,0	90,9	95,3	χ^2 (K-W) = 1,467	88,9	94,0	92,5	C-V = 0,078
	Nein	13,0	9,1	4,7	p > 0,1	11,1	6,0	7,9	p > 0,1
Komfort	Ja	63,6	49,0	50,0	χ^2 (K-W) = 1,570	73,3	53,0	32,1	C-V = 0,319
	Nein	36,4	51,0	50,0	p > 0,1	26,7	47,0	67,9	p < 0,01
Basis	Ja	52,2	65,0	65,1	χ^2 (K-W) = 1,402	67,4	56,7	67,9	C-V = 0,112
	Nein	47,8	35,0	34,9	p > 0,1	32,6	43,3	32,1	p > 0,1

Anm.: χ^2 (K-W) = Chi-Quadrat (Kruskal Wallis); C-V = Cramers V; p = Signifikanzniveau.
Quelle: Eigene Untersuchung.

Bei den Einkommens-Clustern ist auffällig, dass die Geringverdiener beim Basispaket eine deutlich geringere Honorarakzeptanz (52,2%) aufweisen als die besser verdienenden Haushalte (jeweils über 60%). Dies ist insofern überraschend, da die Geringverdiener bei den höherwertigen Paketen ebenso häufig zur Honorarzahlung bereit wären wie die anderen Gruppen. Die Zahlungsbereitschaft kann also nicht ausschließlich auf den geringeren Verdienst zurückgeführt werden. Für das Exklusiv-Paket signalisieren alle drei Einkommensgruppen sehr hohe Preisbereitschaften.

Auch bei den Psychografischen-Gruppen weisen alle drei eine extrem hohe Bereitschaft zur Honorarzahlung für das Exklusiv-Paket auf (jeweils über 80%). Das Komfort-Paket findet erstaunlicherweise die höchste Zustimmung bei den ZWEIFLERN (73,3%). Bei den HILFESU-CHENDEN liegt die Akzeptanzrate um die 50% und bei den UNABHÄNGIGEN nur bei etwa 30%.

Die Basis-Version wird von den ZWEIFLERN und UNABHÄNGIGEN am deutlichsten präferiert (jeweils ca. 67%). Dies verwundert bei den UNABHÄNGIGEN insofern nicht, als die reine Internetlösung dem Bedürfnis dieser Gruppe nach selbständigem Vorgehen am nächsten kommt. Die ZWEIFLER dürften in der kleinsten Version das Angebot sehen, bei dem sie am wenigsten falsch machen können und diese Dienstleistung sozusagen ausprobieren.

Eine spezielle Konzeption der Angebotspakete in Abhängigkeit der Einkommenssituation lässt keine höhere Bereitschaft zur Zahlung von Honoraren vermuten. Auch eine Ausrichtung von Produktkonzeption und -vertrieb aufgrund einer psychografischen Kundensegmentierung erscheint für die Angebotspakete nur eingeschränkt hilfreich. Zwischen den Psychografischen-Clustern lassen sich Unterschiede nur für die Komfort-Version feststellen. Insgesamt bestätigt dies die Allgemeingültigkeit der grundsätzlichen Präferenzen für die drei Pakete.

Um einen noch detaillierteren Einblick in die Präferenzstruktur der Stichprobe zu erlangen, wird nun untersucht, welche Kombinationen von Angebotspaketen in welcher Häufigkeit von den Probanden gewählt werden. Auch hier werden nur die potenziellen Nachfrager betrachtet, womit die Stichprobe auf die wesentlichen Elemente reduziert wird. Aus der Abb. 5-26 geht hervor, dass die am meisten vorzufindende Kombination alle drei Pakete enthält.

Abb. 5-26: Von den potenziellen Nachfragern gewählte Kombinationen der Pakete

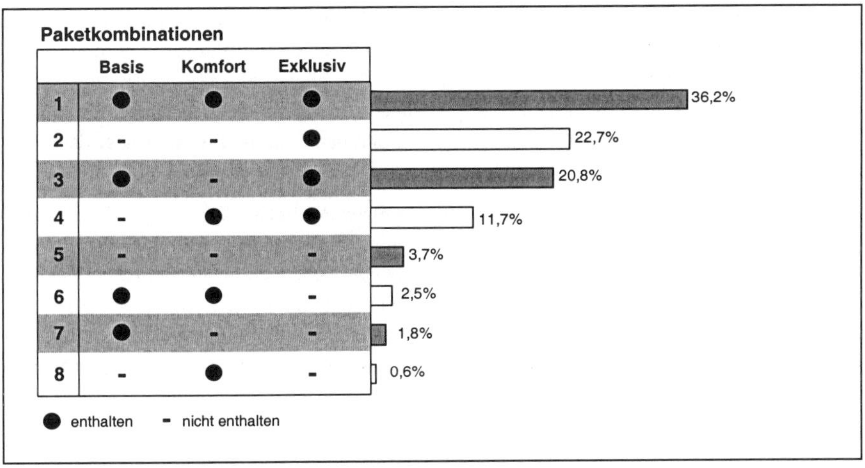

Quelle: Eigene Untersuchung; Anzahl der gewählten Kombinationen in Prozent, n = 163.

Für 36,2% der potenziellen Nachfrager kommt eine Honorarzahlung bei allen drei Versionen in Frage. Dies legt den Schluss nahe, dass auch die Kombination eines Paketes aus Internet, Telefon und persönlicher Beratung auf Akzeptanz stoßen dürfte. Die zweithäufigste Wahl fällt auf das Exklusivpaket allein. In Übereinstimmung mit den Ergebnissen zu den bevorzugten Kommunikationsformen[52] präferieren viele die persönliche Beratung und wollen daneben auch keine andere Form. Offensichtlich finden sich fast ebenso viele Personen, die das Basis-

---

[52] Vgl. Abschnitt 5.5.2.

und Exklusiv-Paket gegen Bezahlung nutzen wollen. Eine Kombination aus Internet und persönlicher Beratung scheint eine dritte sinnvolle Kombination darzustellen.

Etwa 10% könnten sich auch Komfort- und Exklusiv-Paket als Finanzplanungsformen vorstellen. Ob allerdings in der Praxis eine derartige Kombinationsmöglichkeit besonderer Erwähnung bedarf, ist fraglich. Bei vielen persönlichen Beratungsgesprächen wird es ohnehin telefonischen Kontakt bei Nachfragen etc. geben, so dass sich aus dieser Konstellation keine neuen Erkenntnisse ableiten lassen. Die restlichen Kombinationen werden nur noch von sehr wenigen potenziellen Nachfragern gewählt. Erstaunlich ist dabei die geringe Akzeptanz des Basis-Paketes als alleinige Version. Scheinbar wird das Internet nur als unterstützendes Medium bei der Finanzplanung angesehen, das erst in Verbindung mit einem persönlichen Faktor angenommen wird.

5.5.4.2 Leistungsumfang und Eigenleistung der Nachfrager

Im Abschnitt 2.3.3 wurden mögliche Formen des Financial Planning beschrieben. Die Kriterien zur Beschreibung dieser Formen waren der Umfang der Beratungsleistung des Anbieters und der Grad an Eigenleistung, der durch den privaten Haushalt erbracht werden muss. Zur Operationalisierung dieser Kriterien enthielt der Fragebogen zwei Fragen. In der Frage 10 zu den Eigenschaften einer Finanzplanung wurden die Merkmale "... Teilaspekte der umfassenden Finanzplanung einzeln angeboten werden" und "Möglichkeit, die Planung selbständig durchzuführen" auf der sechsstufigen Rating-Skala bewertet. Diese beiden Fragen dienen als Indikatoren für den Umfang der Beratungsleistung und den Grad an Eigenleistung, den sich ein Haushalt wünscht.[53]

Diese Auswertung soll Aufschluss darüber geben, welche Personen aufgrund ihrer Einstellungen zu den Eigenschaften der Finanzplanung nun wirklich eine integrierte Betrachtung möglichst vieler finanzieller Bereiche möchten und damit ein klassisches Financial Planning präferieren, oder bei welchen Probanden im Grunde nur eine herkömmliche Beratung eines Teilaspektes erwartet wird. Durch das Kriterium der Eigenleistung sollen die Personen herausgefiltert werden, die eine hohe Bereitschaft zur Selbstberatung mitbringen und mit geeigneter Software ihre eigenen Finanzplaner sind.

In der Abb. 5-27 sind die vier identifizierten Segmente mit dem prozentualen Anteil der Befragten dargestellt.

---

[53] Werte von 1 und 2 bei der Frage "... auch Teilaspekte der umfassenden Finanzplanung einzeln angeboten werden" werden als umfassende Beratung, Werte von 3 und 4 als teils/teils sowie Werte von 5 und 6 als zielorientierte Beratung interpretiert. Werte von 1 und 2 bei der Frage "Möglichkeit, die Planung selbständig durchzuführen" werden als geringer Grad, Werte von 3 und 4 als mittlerer Grand sowie Werte von 5 und 6 als hoher Grad an Eigenleistung interpretiert. Bei der Interpretation des Indikators Beratungsumfang ist zu beachten, dass es sich hierbei zwar um Eigenschaften handelt, bei denen eine hohe Bewertung bedeutet, dass Teilleistungen angeboten werden sollten, aber dadurch nicht gesagt ist, ob auch nur "Teilberatungen" nachgefragt werden oder nicht. Sinngemäß gilt gleiches für den zweiten Indikator. Eine hohe Bewertung bedeutet, dass die Möglichkeit vorhanden sein sollte, über die Inanspruchnahme kann aufgrund der Fragestellung keine Aussage getroffen werden.

Abb. 5-27: Formen des Financial Planning

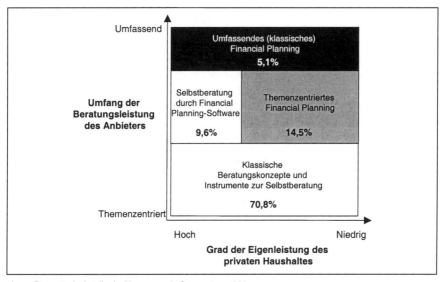

Anm.: Prozentuale Anteile der Nennungen je Segment, n = 289.

Quelle: Eigene Untersuchung.

Es wird deutlich, dass die Mehrzahl (70,8%) eine starke Zielorientierung der Planung bevorzugt, d.h. es sollen auch Teilaspekte des umfassenden Financial Planning-Konzeptes einzeln analysiert werden. Zusätzlich erwarten diese Personen die Möglichkeit, eine Planung selbständig (z.B. im Internet oder mit entsprechender Software) durchführen zu können. Diese Forderung nach hoher Eigenleistung des Haushaltes stimmt mit der ebenfalls sehr positiven Bewertung der Kommunikationskanäle Internet und Software bei der Frage 11 überein.[54]

Die mittlere Reihe in der Abb. 5-27 repräsentiert Personen, die eine etwas umfassendere Planung bevorzugen. Dabei wollen knapp 10% eine hohe Eigenleistung erbringen, was auf Selbstberatung mit Hilfe von Financial Planning-Software hindeutet. Weitere 15% möchten einen geringeren Eigenanteil zur Planung beitragen und können demnach als Nachfrager von themenzentrierter Finanzplanung eingestuft werden.

Ein klassisches Financial Planning, das sich im Wesentlichen durch eine umfassende Planung auszeichnet, erscheint lediglich für ca. 5% der Befragten wünschenswert.

Nur wenige Befragte möchten ganz auf Teilangebote verzichten und nur ein umfassendes Angebot erhalten. Genauso wenig Akzeptanz findet ein kompletter Ausschluss der Möglichkeit, selbst etwas zur Finanzplanung beitragen zu können. Diese Feststellung, verbunden mit der Tatsache, dass über 80% diesen Aspekten in ihrer Kombination eine hohe Bedeutung zumes-

---

[54] Vgl. Abschnitt 5.5.2.

sen, ist ein erneuter Hinweis auf die geforderte Individualität und Flexibilität eines Financial Planning-Angebotes.

Zu beachten ist, dass die Forderung nach Zielorientierung deutlich in Richtung der klassischen Beratungsleistungen wie Anlage- oder Versicherungsberatung geht, die größtenteils nur Einzelaspekte der finanziellen Angelegenheiten eines privaten Haushaltes abdecken. Für ein wirkliches Financial Planning-Angebot wird entscheidend sein, zwar Teilaspekte modular anzubieten, den Gesamtkontext in der Analyse jedoch nicht außer acht zu lassen. Nur dadurch wird auch für dieses Anspruchssegment eine Differenzierung zu klassischen Beratungsangeboten möglich sein.

5.6 Nachfrage nach Financial Planning

Ein zentrales Ergebnis der vorliegenden empirischen Untersuchung ist die Analyse der konkreten Nachfragerstruktur für die Dienstleistung Financial Planning. Interessant ist hierbei zunächst, welche Bereitschaft zur Nachfrage nach Finanzplanung im Allgemeinen vorhanden ist. Weiterhin gilt es herauszufinden, welche Gründe möglicherweise hinter dieser Nachfrage stehen. Dabei ist zu untersuchen, inwieweit Bedürfnisse der Individuen eine Rolle bei der Nachfrage spielen und ob evtl. die Einstellung zur Beratung durch Dritte einen Einfluss auf das Nachfrageverhalten hat. Zudem ist von Interesse, welcher Art von Anbietern (Banken, Versicherungen etc.) bei der Nachfrage der Vorzug gegeben wird. Zusammengefasst sollen folgende Fragen in diesem Abschnitt untersucht werden:

* In welchem Maß wird Financial Planning überhaupt nachgefragt (5.6.1)?

* Wo liegen mögliche Gründe für die Nachfrage (5.6.2, 5.6.3)?

* Bei welchen Anbietern wird die Dienstleistung nachgefragt (5.6.4)?

5.6.1 Allgemeine Nachfrage nach Financial Planning

Von allen Befragten würden potenziell 170 Personen (58,8%) Financial Planning nachfragen wollen.[1] Untersucht man die Zusammenhänge ausgewählter Merkmale der Befragten, so zeigt sich, dass davon nur drei als ursächlich für die Nachfrage angesehen werden können (vgl. Abb. 5-28).[2] Insbesondere die soziodemographischen Merkmale erlauben keine Rückschlüsse auf das Interesse an der Durchführung einer privaten Finanzplanung. Es bestehen Zusammenhänge zwischen der Kenntnis und der bisherigen Erfahrung mit Financial Planning. Außerdem unterscheiden sich die drei Psychografischen-Cluster in der Nachfrage nach der Finanzplanung.

---

[1]   Hierbei handelt es sich lediglich um potenzielle Nachfrager, da nicht vorhergesagt werden kann, inwieweit sich die Personen im konkreten Fall auch tatsächlich für eine Private Finanzplanung entscheiden würden.

[2]   Grundlage für die Auswertung ist die Frage 16 des Fragebogens: "Würden Sie, nach allem, was Sie jetzt über diese Dienstleistung erfahren haben, eine Private Finanzplanung durchführen wollen?".

**Abb. 5-28: Signifikanzniveaus für die Nachfrage nach Financial Planning in Abhängig-
keit von ausgewählten Merkmalen**

Element \ Merkmal	Alter	Geschlecht	HH-Größe	Anzahl Kinder	Bildungs-niveau	Beruf	HH-Einkommen	Vermögen	FP bekannt	FP durch-geführt	Psychogra-fisches Cluster
Interesse an der Durchführung von Financial Planning									▲	■	■

Kontingenzanalyse

■ Signifikanzniveau < 0,01   ● Signifikanzniveau < 0,1
▲ Signifikanzniveau < 0,05   Rest nicht signifikant

Quelle: Eigene Untersuchung.

Eine detaillierten Einblick in die Zusammenhänge zwischen der Kenntnis bzw. der bisherigen Nutzung von Financial Planning und der potenziellen Nachfrage dieser Dienstleistung vermittelt die Abb. 5-29.

Personen, die das Konzept des Financial Planning bereits kennen, sind eher geneigt, dieses auch nachzufragen. 63,1% derjenigen, die Financial Planning kennen, würden auch nachfragen. Bei den Personen, für die Finanzplanung noch unbekannt ist, sind es nur 51%. Es ist zu vermuten, dass die Kenntnis um die Möglichkeit sowie die Inhalte und Vorteile einer Finanzplanung die Nachfragebereitschaft erhöht. Für die Anbieter solcher Dienstleistungen bedeutet dies, durch geeignete Kommunikation zunächst das grundlegende Konzept und die vorhandenen Instrumente des Financial Planning bei den Haushalten vorzustellen. Erst die Kenntnis und das Verständnis von Sinnhaftigkeit und Wertschöpfung der Finanzplanung führt zu Nachfrage.

Auch die Erfahrung mit der Finanzplanung hat positiven Einfluss auf die potenzielle Nachfrage. Mehr als drei Viertel der Befragten, die bereits einmal in Kontakt mit privater Finanzplanung gekommen sind, geben an, auch zukünftig eine solche Planung durchführen zu wollen. Die "Wiedernutzungsrate" ist damit sehr hoch, was u.a. durch positive Erfahrungen und den erlebten Mehrwert begründet werden könnte. Bei den Probanden ohne Financial Planning-Erfahrung liegt die Nutzungsrate bei 51%.

Abb. 5-29: Nachfrage nach Financial Planning in Abhängigkeit von der Kenntnis und bisherigen Nutzung der Dienstleistung

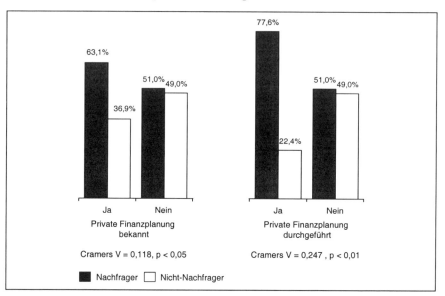

Quelle: Eigene Untersuchung; n = 289.

Betrachtet man die Einkommens- und Psychografischen-Cluster, so fällt auf, dass lediglich die letzteren signifikante Unterschiede beim Nachfrageverhalten aufweisen (vgl. Tab. 5-10).

Bei den Psychografischen-Clustern zeigen sich deutliche Unterschiede zwischen den Gruppen. Die höchste Nachfragebereitschaft ist bei den ZWEIFLERN zu verzeichnen. Ca. 70% der Personen dieser Gruppe signalisieren ein Interesse. Dieser hohe Wert überrascht zunächst, da die ZWEIFLER nach der Charakteristik unschlüssig sind, ob und wie Finanzplanung für sie geeignet sein könnte. Die Frage 16 stand bewusst am Ende des finanzplanungsspezifischen Fragebogenteils, um den Probanden durch die Fragen die Eigenschaften und Besonderheiten des Financial Planning näher zu bringen. Es liegt daher die Vermutung nahe, dass durch ein besseres Verständnis des Konzeptes die Bereitschaft zur Nachfrage gesteigert werden könnte. Dies unterstreicht wiederum die Notwendigkeit einer breiten Aufklärungsarbeit.

Eine fast ebenso hohe Akzeptanz findet die Finanzplanung konsequenterweise bei den HILFE-SUCHENDEN. Laut deren Charakteristika ist bereits eine starke Tendenz zur Inanspruchnahme fremder Hilfe in Finanzangelegenheiten vorhanden. Die Nachfrage nach Financial Planning ist nur folgerichtig.

Tab. 5-10: Potenzielle Nachfrage nach Financial Planning durch die Cluster

Merkmal		Einkommens-Cluster [%]				Psychografische-Cluster [%]			
		0 bis 2.500 DM	2.501 bis 7.500 DM	über 7.500 DM		Zweifler	Hilfesu-chende	Unab-hängige	
Interesse an künftiger pri-vater Finanz-planung	Ja	48,0	61,8	61,4	χ^2 (K-W) = 3,199;	71,6	67,0	45,8	C-V = 0,234;
	Nein	52,0	38,2	38,6	p > 0,1	28,4	33,0	54,2	p < 0,01

Anm.: χ^2 (K-W) = Chi-Quadrat (Kruskal Wallis); C-V = Cramers V; p = Signifikanzniveau.

Quelle: Eigene Untersuchung.

Ebenso logisch ist die Einstellung der UNABHÄNGIGEN, die ihre finanziellen Dinge lieber selbständig und ohne fremde Hilfe regeln. Die Mehrheit dieser Gruppe ist nicht bereit, eine Private Finanzplanung in Anspruch zu nehmen, obgleich auch etwa 46% dieser Gruppe trotz allgemeiner Ablehnung von fremder Beratung bei Financial Planning nachfragebereit wären. Die UNABHÄNGIGEN sollten also nicht ganz vergessen werden, es ist vielmehr von besonderem Interesse, welche Angebote auch für diese Gruppe geeignet sind.[3]

Um das Potenzial der Psychografischen-Gruppen zu eruieren, ist es notwendig, den Anteil der Nachfrager je Gruppe im Verhältnis zu allen Befragten anzusehen. Von den 170 Personen mit Nachfragepotenzial waren 49 ZWEIFLER (17,0% aller Befragten), 67 HILFESUCHENDE (23,2% aller Befragten) und 54 UNABHÄNGIGE (18,7% aller Befragten). Dadurch wird ersichtlich, dass der höchste Anteil der Nachfrager unter den HILFESUCHENDEN zu finden ist. Absolut gesehen halten sich die Nachfrager bei den ZWEIFLERN und UNABHÄNGIGEN in etwa die Waage.

Erstaunlicherweise gibt es keine signifikanten Zusammenhänge zwischen der Höhe des Einkommens oder Vermögens und der potenziellen Financial Planning-Nachfrage. Dies verwundert umso mehr, als doch bislang häufig argumentiert wurde, Financial Planning wäre nur etwas für einkommens- und vermögensstarke Haushalte. Die Nachfrager selbst sehen dies offensichtlich nicht so.

Bei den Einkommens-Clustern ist lediglich eine Unterschied zwischen Geringverdienern und dem Rest festzustellen. Die Nachfrage bei Durchschnitts- und Großverdienern liegt mit 60% etwas höher als bei Geringverdienern, von denen nur etwa 50% eine Finanzplanung durchführen wollen.

Bezüglich der Vermögensgruppen sind keine Unterschiede in der Nachfragestruktur vorzufinden (vgl. Abb. 5-30). Auffällig ist die überdurchschnittlich hohe Nachfragebereitschaft bei Vermögen bis 35 TDM. In den höheren Vermögensklassen ist das Nachfrageverhalten höchst

---

[3] Vgl. Abschnitt 5.5.4.1. Hierbei handelt es sich um die internetbasierte Variante, die eine selbständige Finanzplanung ermöglicht, und das Exklusiv-Paket mit persönlicher Beratung.

heterogen. Bei den verschuldeten Haushalten ist das Verhältnis von Nachfragern und Nicht-
Nachfragern ausgeglichen.

Abb. 5-30: Nachfrage nach Financial Planning in Abhängigkeit vom Nettogeldvermögen

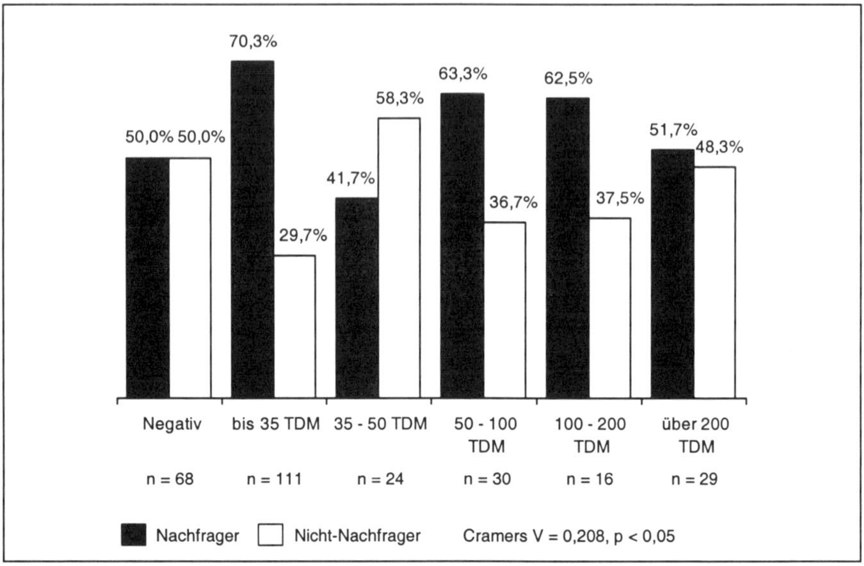

Quelle: Eigene Untersuchung; n = 278.

Es gilt festzuhalten, dass die allgemeine Nachfrage nach Financial Planning nicht auf die Ein-
kommens- oder Vermögenshöhe zurückzuführen ist. Nur Geringverdiener haben vergleichsweise weniger Interesse als andere Einkommensgruppen. Vielmehr bestehen positive Zusammenhänge zwischen der Kenntnis und der bisherigen Nutzung und der zukünftigen Nachfrage.
Außerdem weisen Zweifler und Hilfesuchende tendenziell eine höhere Akzeptanz auf als andere Personen.

5.6.2 Bedürfnisse als Gründe für eine Financial Planning-Nachfrage

Um die Nachfrage nach Financial Planning zu erklären, sollen die Gründe, die ein Individuum
veranlassen, eine solche Dienstleistung in Anspruch zu nehmen, näher untersucht werden.[4]
Dadurch wird klar, welche Erwartungen auf Nachfragerseite vorhanden sind und woraus u.a.
Rückschlüsse auf die Gestaltung des Angebotes gezogen werden können. Bei der Interpretation der Antworten auf die Frage zu den möglichen Gründen für eine Planung der Finanzangelegenheiten ist zu beachten, dass keine Aussagen zur Art der Finanzplanung gemacht werden
können. Eine hohe Wichtigkeit für bestimmte Nachfragegründe bedeutet nicht unmittelbar die

---

[4] Gegenstand dieser Analyse ist die Frage 7 ("Wie wichtig erscheinen ihnen folgende Gründe für eine Planung
     Ihrer Finanzangelegenheiten?").

Nachfrage nach einem Financial Planning-Angebot. So ist beispielsweise auch eine selbständige Finanzplanung durch den Haushalt vorstellbar.

Die zwölf zu bewertenden Gründe für eine Private Finanzplanung wurden mit Hilfe einer Faktorenanalyse auf sechs voneinander unabhängige Faktoren verdichtet (vgl. Tab. 5-11).[5] Als Gütemaße für diese Faktorenanalyse wurden die Kommunalität und das Kaiser-Meyer-Olkin-Kriterium errechnet.[6] Die hohen Werte weisen auf eine insgesamt sehr hohe Modellgüte hin.

Tab. 5-11: Faktorenanalyse der Nachfragegründe für Financial Planning

	Faktor	Nachfragegründe	Kommu-nalität
I	Vermögen	▪ Sicherung der Altersvorsorge	75,8%
		▪ Sicherung des Vermögensbestandes	74,5%
		▪ Systematischer Vermögensaufbau	71,8%
II	Unsicherheits-reduktion	▪ Reduktion der Unsicherheit der zukünftigen finanziellen Situation	85,5%
		▪ Überprüfung der bisherigen Strategie	78,0%
III	Ertrag	▪ Steueroptimierung	84,3%
		▪ Renditesteigerung	72,1%
IV	Schuldenabbau/ Risiko-absicherung	▪ Abbau von Schulden	83,5%
		▪ Risikoabsicherung der Familie	75,0%
V	Transparenz/ Planung	▪ Transparenz/Übersicht über Einnahmen/Ausgaben, Vermögen, Schulden und Versicherungen	81,2%
		▪ Planung der laufenden Einnahmen und Ausgaben	69,6%
VI	Immobilienerwerb	▪ Immobilienerwerb	91,1%

Anm.: Kaiser-Meyer-Olkin-Wert = 0,830.

Quelle: Eigene Untersuchung.

Auf den Faktor I laden die Variablen zum Vermögensaufbau und der Vermögenssicherung. In Verbindung mit der dritten Variable zur Altersvorsorge, die sich im weitesten Sinn auch mit dem Aufbau von Vermögen für den Ruhestand beschäftigt, ist die Bezeichnung des Faktors I mit "Vermögen" naheliegend.

Die ladenden Variablen des Faktor II beschreiben das Streben nach einer sicheren finanziellen Zukunft und der Gewissheit, die richtige Strategie zum Erreichen der persönlichen Wünsche

---

[5]   Bei der Faktoranalyse wurde eine Varimax-rotierte Faktorladungsmatrix erstellt. Die Anzahl der Faktoren wurde mit sechs voreingestellt, um einen möglichst hohen Varianzerklärungsanteil der Faktoren zu erreichen, vgl. Backhaus/Erichson/Plinke/Weiber (1996), S. 242; Durch diese sechs Faktoren werden 78,5% der Varianz erklärt. Nach allgemeiner Konvention wurden nur Faktorladungen > 0,5 berücksichtigt und interpretiert, vgl. Backhaus/Erichson/Plinke/Weiber (1996), S. 255. Eine detaillierte Aufstellung der Faktorladungen findet sich im Anhang 5.

[6]   Zur Interpretation von Kommunalität und Kaiser-Meyer-Olkin-Kriterium vgl. Abschnitt 5.3.2.1.

eingeschlagen zu haben. Beide Variablen stehen für die Reduktion von bestehender Unsicherheit in finanziellen Dingen. Der Faktor II wird deshalb mit "Unsicherheitsreduktion" benannt.

Steueroptimierung und die Steigerung der Rendite sind beides Ziele, die auf eine Steigerung des Ertrages bei Einkommen und Vermögen abstellen. Deshalb wird der Faktor III mit "Ertrag" gekennzeichnet.

Im Faktor IV werden ebenfalls sicherheitsbezogenen Gründe zusammengeführt. Der Abbau von Schulden und die Absicherung der Familie sind Punkte, die eine direkte Beziehung zu den Produkten Kredit und Versicherungen haben. Für den Nachfragefaktor führt dies zur Bezeichnung "Schuldenabbau/Risikoabsicherung".

Der Faktor V wird durch Financial Planning-spezifische Merkmale bestimmt. Die zentralen Element der Planung mit dem Ziel der Transparenz kommen durch die beiden zugrunde liegenden Variablen zum Ausdruck. Faktor V wird "Transparenz/Planung" genannt.

Auf den letzten Faktor lädt nur die Variable Immobilienerwerb. Als Bezeichnung wird konsequenterweise der Begriff "Immobilienerwerb" gewählt.

Durch die Reduktion auf sechs voneinander unabhängige Faktoren ist eine anschauliche Untersuchung und Darstellung der Nachfragegründe möglich. Zur Analyse der Nachfragegründe der drei Psychografischen-Cluster wurde eine varianzanalytische Überprüfung der Gruppenmittelwerte vorgenommen (vgl. Tab. 5-12). Hierzu wurde für jede der Gruppierungsvariablen eine Varianzanalyse durchgeführt.[7] Es zeigt sich, dass sich die drei Gruppen nur hinsichtlich der Faktoren "Vermögen", "Schuldenabbau" und "Transparenz" signifikant unterscheiden. Darüber hinaus lassen sich jedoch Aussagen darüber treffen, welche Nachfragegründe innerhalb eines Clusters von größerer Bedeutung sind als andere.

---

[7]   Vgl. Bühl/Zöfel (1998), S. 261.

Tab. 5-12: Mittelwertausprägungen der Nachfragefaktoren

Faktor	Cluster			
	p	Zweifler	Hilfesuchende	Unabhängige
Vermögen	0,013	-0,30	0,17	0,01
Unsicherheits-reduktion	0,214	0,06	0,10	-0,12
Ertrag	0,186	-0,12	0,15	-0,06
Schuldenabbau/ Risikoabsicherung	0,079	0,25	-0,04	-0,10
Transparenz/ Planung	0,013	-0,31	0,01	0,14
Immobilienerwerb	0,157	-0,20	0,07	0,08
Anzahl der Fälle		n = 64	n = 98	n = 117

Anm.: p = Signifikanzniveau.

Quelle: Eigene Untersuchung.

Bei den ZWEIFLERN sind "Schuldenabbau" und "Unsicherheitsreduktion" die Hauptgründe für eine Planung ihrer finanziellen Angelegenheiten. Dies mag darin begründet liegen, dass 32,3% dieser Gruppe verschuldet ist und finanzielle Belange im Allgemeinen ein eher ungutes Gefühl hervorrufen. Aufgrund ihrer hohen Bereitschaft zur Nachfrage nach Financial Planning sind sie offensichtlich der Meinung, dass diese Gründe bzw. Ziele dadurch zu erreichen sind.

Unter den drei Gruppen benennen die HILFESUCHENDEN die meisten Faktoren als mögliche Nachfragegründe. Die Faktoren "Vermögensaufbau und -sicherung", "Ertrag" sowie "Reduktion bestehender Unsicherheit" und "Immobilienerwerb" sind für die HILFESUCHENDEN wichtig. Im Vordergrund stehen also Eigentum und Vermögen bzw. Sicherheitsstreben. Lediglich Schuldenabbau und Transparenz sind offensichtlich von geringerer Bedeutung. Auch hier ist davon auszugehen, dass die hohe Nachfragebereitschaft dieser Gruppe ein Indiz dafür ist, dass Financial Planning gerade diese Aspekte für die Nachfrager behandeln soll.

Den UNABHÄNGIGEN sind insbesondere die "Transparenz/Planung", der "Immobilienerwerb" und "Vermögensaspekte" mögliche Gründe für eine Finanzplanung. Da diese Personen größtenteils ihre eigenen Finanzplaner sind, ist davon auszugehen, dass sie der Auffassung sind, auch diese Themen selbständig "in den Griff" zu bekommen.

Für die weiteren Analysen sind die Faktorwerte, die für jeden Befragten pro Faktor errechnet wurden, in vier Perzentielgruppen aufgeteilt.[8] Die vier Gruppen bekamen folgende Wertelabels, welche die Wichtigkeit des jeweiligen Faktors beschrieben: "unwichtig", "etwas wich-

---

[8] Vgl. Bühl/Zöfel (1998), S. 411.

tig", "wichtig" und "sehr wichtig".[9] Mit den so erzeugten Werten wurden Mittelwertvergleiche mit verschiedenen Merkmalen der Befragten vorgenommen (vgl. Abb. 5-31), um festzustellen, welche Zusammenhänge zwischen den Nachfragegründen und den bezeichneten Merkmalen bestehen.

Abb. 5-31: Signifikanzniveaus für die Nachfragefaktoren nach Financial Planning in Abhängigkeit von ausgewählten Merkmalen

Faktor \ Merkmal	Alter	Geschlecht	HH-Größe	Anzahl Kinder	Bildungs-niveau	Beruf	FP durch-geführt	FP interessiert	HH-Einkommen	Vermögen
Vermögen				●						
Unsicherheitsreduktion	●							●		
Ertrag		●					●			
Schuldenabbau/ Risikoabsicherung	●	●	▲	▲		●				■
Transparenz/Planung							▲			
Immobilienerwerb							▲		●	

Mittelwertvergleiche

■ Signifikanzniveau < 0,01   ● Signifikanzniveau < 0,1
▲ Signifikanzniveau < 0,05   Rest nicht signifikant

Quelle: Eigene Untersuchung.

Die Unterschiede bei ausgewählten Merkmalen hinsichtlich der Nachfragefaktoren können wie folgt zusammengefasst werden:

- Die Reduktion von Unsicherheit bzgl. der zukünftigen finanziellen Situation ist für die bis 25-Jährigen weniger wichtig (44,4% wichtig) als für die über 45-Jährigen (77,5% wichtig).

- Frauen erachten den Abbau von Schulden für weniger wichtig (42,9% wichtig) als Männer (52,7%).

- Personen, die bereits eine Private Finanzplanung durchgeführt haben, halten ertragsorientierte Gründe für wichtiger (61,9% wichtig) als solche ohne Finanzplanungserfahrung (44,9% wichtig).

---

[9]   In den weiteren Ausführungen werden die Werte "unwichtig" und "etwas wichtig" zu "unwichtig" und die Werte "wichtig" und "sehr wichtig" zu "wichtig" zusammengefasst.

- Vergleicht man Probanden, die eine Finanzplanung zukünftig in Betracht ziehen, so zeigt sich, dass für diese die Unsicherheitsreduktion ein tendenziell wichtigerer Nachfragegrund ist (52,6% wichtig) als für die restlichen (46% wichtig).

- Haushalte mit Nettoeinkommen über 7.500 DM/Monat schätzen den Immobilienerwerb als deutlich wichtigeren Grund ein (63,2% wichtig) als Geringverdiener mit Einkommen unter 2.500 DM/Monat (34,7%).

- Bei Haushalten mit negativem Nettogeldvermögen hat der Schuldenabbau einen deutlich höheren Stellenwert (76,2% wichtig) als beispielsweise bei Haushalten mit mehr als 200 TDM Vermögen (31% wichtig).

5.6.3 Akzeptanz der Beratung als Grund für die Nachfrage nach Financial Planning

Ein möglicher Beweggrund für die Inanspruchnahme von Financial Planning ist das bisherige Entscheidungsverhalten der Probanden im Zusammenhang mit finanziellen Angelegenheiten. In der Frage 6 des Fragebogens trafen die Befragten eine Aussage, auf welche Weise sie derartige Entscheidungen zu treffen pflegten. Die vier Auswahlalternativen der Frage ermöglichen Aussagen darüber, inwieweit professionelle Berater in die Entscheidungsfindung einbezogen werden. Insgesamt ist festzustellen, dass der überwiegende Teil der Befragten weitgehend selbständig in der Entscheidungssituation agiert. Etwa 80% treffen ihre Entscheidung allein oder aufgrund von Vorschlägen professioneller Berater (vgl. Abb. 5-32). Die restlichen 20% suchen weitreichendere Unterstützung Dritter.

In den drei Psychografischen-Clustern stellt sich die Situation differenzierter dar. Die ZWEIFLER weisen das relativ ausgewogenste Verhaltensmuster auf. Schwerpunkt ist zwar auch die Entscheidung nach Vorschlägen des Beraters, doch finden sich auch in den anderen Alternativen zahlreiche Probanden wieder. Dies ist auch nicht verwunderlich, werden sie doch als unentschlossen charakterisiert. In dieser Gruppe sind auch die wenigen Personen zu finden, die finanzielle Entscheidungen komplett auf den Berater übertragen.

Abb. 5-32: Entscheidungsverhalten der Psychografischen-Cluster

Finanzielle Entscheidungen werden getroffen:	Zweifler	Hilfe- suchende	Unab- hängige	Alle
Ohne Einfluss professioneller Berater	24,2%	15,1%	41,0%	28,0%
Selbständig nach Prüfung von Vorschlägen	40,9%	55,6%	55,6%	52,1%
Mit Unterstützung und Beratung	27,3%	29,3%	3,4%	18,1%
Durch den professionellen Berater	7,6%	--	--	1,8%
	100%	100%	100%	100%

Cramers V = 0,314, p < 0,01

Quelle: Eigene Untersuchung.

Bei den HILFESUCHENDEN sind die wenigsten bereit, ohne fremde Hilfe zu handeln. Sie suchen aktiv den Rat von Beratern und haben den höchsten Anteil an Personen, die nach umfassender Beratung entscheiden.

Konsequenterweise findet sich bei den UNABHÄNGIGEN der größte Anteil an Personen, die vollkommen selbständig vorgehen (41%). Nur ca. 3% dieser Gruppe holen sich umfassende Unterstützung.

Die Ergebnisse unterstützen die hohen Akzeptanzquoten der ZWEIFLER (71,6%) und HILFESUCHENDEN (67%) bzgl. des Financial Planning. Es ist zu vermuten, dass die Beobachtungen zur bisherigen Einstellung gegenüber Beratung Aussagen darüber erlauben, in welcher Form Financial Planning nachgefragt werden wird.

Um weitere Zusammenhänge zwischen dem Entscheidungsverhalten in Finanzangelegenheiten und der Financial Planning-Nachfrage zu untersuchen, wird die bisherige und potenzielle Nutzung der Dienstleistung in die Analyse einbezogen (vgl. Abb. 5-33).[10]

Abb. 5-33: Entscheidungsverhalten der bisherigen und potenziellen Financial Planning-Nachfrager

Finanzielle Entscheidungen werden getroffen:	Bisherige Financial Planning-Nachfrager		Potenzielle Financial Planning-Nachfrager	
	Ja	Nein	Ja	Nein
Ohne Einfluss professioneller Berater	15,5%	33,2%	17,8%	42,4%
Selbständig nach Prüfung von Vorschlägen	51,2%	52,5%	55,4%	47,5%
Mit Unterstützung und Beratung	33,3%	11,9%	23,8%	10,1%
Durch den professionellen Berater	--	2,5%	3,0%	--
	100%	100%	100%	100%
	Cramers V = 0,288, p < 0,01		Cramers V = 0,303, p < 0,01	

Quelle: Eigene Untersuchung.

Von den Personen mit Financial Planning-Erfahrung geben gut ein Drittel an, umfassende professionelle Beratung in Anspruch zu nehmen. Bei den Probanden ohne Erfahrung im Umgang mit Finanzplanung sind dies nur ca. 12%. Insgesamt zeigt diese Gruppe ein ausgewogenes Verhältnis zur Beratung. Sowohl vollkommen Selbständige als auch "Delegierer" sind vorzufinden. Bei den hier unterstellten Beratungsformen der Finanzplanungsunerfahrenen dürfte es sich vornehmlich um Bank- und Versicherungsberatungen handeln, die in Anspruch genommen wurden.

---

[10] Grundlage hierfür sind die Fragen 2 (bisherige Nutzung) und 16 (potenzielle Nutzung) des Fragebogens.

Die besonders interessante Gruppe der potenziellen Financial Planning-Nachfrager zeigt im Vergleich zu allen Befragten eine Tendenz zu mehr Fremdberatung in ihrem bisherigen Verhalten. Es ist also davon auszugehen, dass Personen, die bislang geneigt waren, Beratung z.b. bei Banken aktiv zu suchen, auch der Finanzplanung positiv gegenüberstehen. Dies bestätigt umgekehrt der hohe Anteil (42,4%) der Nicht-Nachfrager, die auch bisher keine Unterstützung von professionellen Beratern in Anspruch genommen haben.

Zusammenfassend ist festzustellen, dass Entscheidungsmuster bei finanziellen Angelegenheiten, respektive die Inanspruchnahme traditioneller Beratungsdienstleistungen, Aufschluss über die potenzielle Nachfrage nach privater Finanzplanung sein können. Der Grund für die Nachfrage nach Financial Planning kann also auch im Nachfrageverhalten bzgl. Bank-, Versicherungs- oder Bausparprodukten zu finden sein. Für die Anbieter von traditioneller Beratung bedeutet dies, dass ihre bisherigen Beratungskunden auch in hohem Maße Financial Planning-affin sein dürften. Dies mag mit dem Vertrauensverhältnis zum bestehenden Finanzdienstleister und der Erklärungsbedürftigkeit des Produktes zusammenhängen. Eine Fokussierung auf das Cross Selling von Financial Planning im eigenen Kundenstamm und die Neuakquisition von Kunden mit traditionellen Beratungswünschen erscheint demnach Erfolg versprechend. Die Beobachtungen bei den Psychografischen-Clustern legen den Schluss nahe, dass eine Segmentierung nach psychografischen Kriterien die geeignete Form zur Identifizierung der Zielgruppe ist.

5.6.4 Wahl des Anbieters

Die Anbieterpräferenzen der privaten Haushalte sind ein Bestandteil für die Beurteilung der Nachfragestruktur nach Financial Planning. Für bestehende und evtl. neu zu gründende Finanzdienstleister stellt sich die Frage, ob die Nachfrager ein Financial Planning bei ihnen nutzen würden. Durch die Frage 12 des Fragebogens drückten die Probanden den Grad des Zutrauens für verschiedene Anbieterkategorien bei der privaten Finanzplanung aus.[11]

Das höchste Vertrauen wird den unabhängigen Finanzberatern zugesprochen (vgl. Abb. 5-34). Dadurch wird abermals die "Unabhängigkeit" des Dienstleisters als entscheidendes Merkmal betont.

Eine annähernd gleich hohe Kompetenzerwartung werden den Verbraucherzentralen und Steuerberatern zuteil. Die hohe Wertung der Verbraucherzentralen dürfte auf deren Image als neutrale Einrichtungen, welche die Interessen der Nachfrager berücksichtigen, zurückzuführen sein. Bei den Steuerberatern handelt es sich um einen Personenkreis, dem allgemein Kompetenz in finanziellen Dingen unterstellt wird. Zudem sind dort Honorare üblich, was die Unabhängigkeit und Objektivität des Angebotes unterstützt.

Banken und Sparkassen, die traditionellen Anbieter von Beratungsleistungen rund um die privaten Finanzen, schneiden schlechter ab. Die Wahrnehmung der privaten Finanzplanung bei den Befragten unterscheidet sich anscheinend von der herkömmlichen Anlage- oder Finanzie-

---

[11] Die Bewertung der Anbieter erfolgte auf einer sechsstufigen Skala von 1 = "sehr geringe Präferenz" bis 6 = "sehr hohe Präferenz".

rungsberatung von Kreditinstituten. Dadurch wird deutlich, dass die Anforderungen an eine Finanzplanung von Kundenseite andere sind als bei den bisher vorhandenen Angeboten.

Das Schlusslicht bilden die Versicherungen, bei denen vergleichsweise die geringste Kompetenz vermutet wird. Hier spielt wohl die starke Provisionsorientierung der Versicherungsvertreter eine Rolle. Wie bereits gezeigt wurde, ist die Vergütung von Financial Planning durch Vermittlungsprovisionen schließlich die am wenigsten gewünschte Form.[12]

Es wird deutlich, dass Financial Planning von den Kunden bei unabhängigen und neutralen Institutionen gesehen wird. Entsteht der Eindruck einer Verbindung von Produktverkauf und Finanzberatung, wie es sich bei Kreditinstituten und Versicherungen aufdrängt, geht die Akzeptanz zurück.

Zwischen den drei Psychografischen-Clustern gibt es keine signifikanten Unterschiede, was die Einstellung zu den möglichen Anbietern betrifft (vgl. Abb. 5-34).

Abb. 5-34: Anbieterpräferenzen

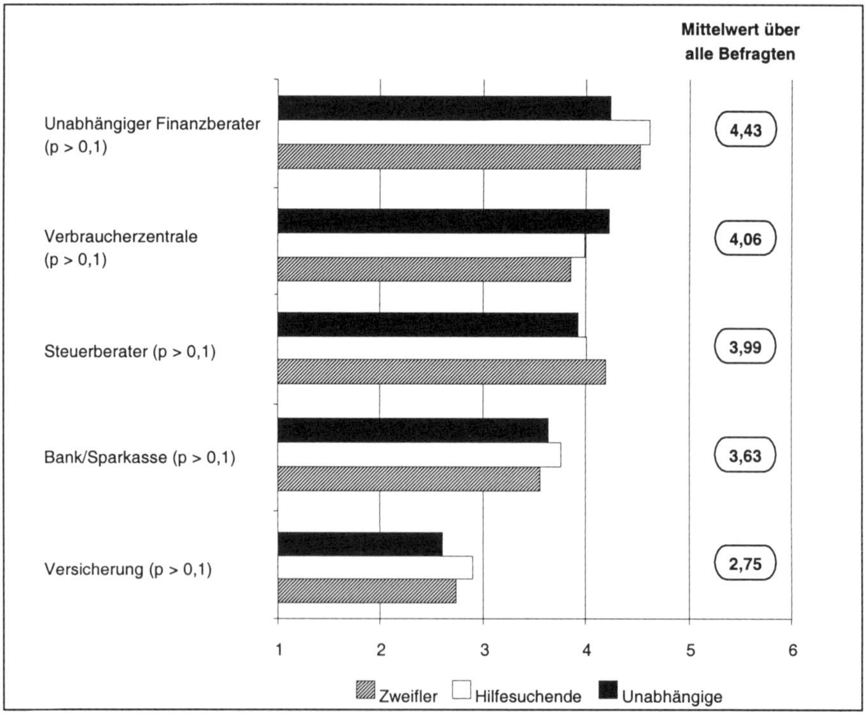

Anm.: Mittelwerte der jeweiligen Kunden-Cluster; Skala von 1 = "sehr geringe Präferenz" bis 6 = "sehr hohe Präferenz"; p = Signifikanzniveau.

Quelle: Eigene Untersuchung.

---

[12] Vgl. Abschnitt 5.5.3.2.

Alle Gruppen bewerten die Institutionen in ähnlicher Weise. Bei den UNABHÄNGIGEN ist auffallend, dass alle Präferenzbeurteilungen mit Ausnahme derjenigen für Verbraucherzentralen niedriger ausfallen als bei den beiden anderen Gruppierungen. Dies spiegelt deren grundsätzlich geringere Bereitschaft zur Nutzung von Financial Planning wider.

Sucht man nach Zusammenhängen zwischen verschiedenen Merkmalen der Probanden und den Anbieterpräferenzen, so ergeben sich vielfältige Hinweise (vgl. Abb. 5-35). Die Hintergründe der wichtigsten Signifikanzen lassen sich wie folgt beschreiben:

- Nur die unabhängigen Finanzberater werden von Personen, die bereits Erfahrung mit privater Finanzplanung gemacht haben, höher bewertet als von Personen ohne Finanzplanungserfahrung. Bei allen anderen Anbietern haben die Finanzplanungsunerfahrenen eine höhere Präferenz als andere Personen.

- Die potenziellen Financial Planning-Nachfrager (FP-interessiert) vergeben die gleiche Rangfolge bei den Anbietern wie alle Befragten. Besonders deutlich fällt die Präferenz der Nachfrager bei den unabhängigen Finanzberatern aus (Mittelwert 4,84). Die Nicht-Nachfrager sind hier deutlich skeptischer (Mittelwert 3,84). Auch für den Steuerberater sprechen sich die potenziellen Nachfrager deutlicher aus (Mittelwert 4,15) als die Nicht-Nachfrager (Mittelwert 3,81).

- Bei den Großverdienern mit einem Nettohaushaltseinkommen über 7.500 DM/Monat liegt die Präferenz für die Verbraucherzentralen deutlich niedriger (Mittelwert 3,68) als bei Durchschnittsverdienern mit 2.500 bis 7.500 DM/Monat (Mittelwert 4,17) und den Geringverdienern mit unter 2.500 DM/Monat (Mittelwert 4,24).

- Auch bei den Vermögensgruppen zeigen sich die weniger Vermögenden eher zu Verbraucherzentralen hingezogen (Mittelwert Haushalte 0 bis 35 TDM: 4,42), als besser gestellte Haushalte (Mittelwert Haushalte über 200 TDM: 2,64). Gleiches gilt für die Präferenzen für die unabhängigen Finanzberater, die ebenfalls stärker von den vermögensschwachen Haushalten bevorzugt werden (Mittelwert Haushalte 0 bis 35 TDM: 4,74; Mittelwert Haushalte über 200 TDM: 3,96). Die hochvermögenden Haushalte bescheinigen dem Steuerberater die höchste Präferenz (Mittelwert Haushalte über 200 TDM: 4,10).

Abb. 5-35: Signifikanzniveaus für Anbieterpräferenzen in Abhängigkeit von ausgewählten Merkmalen

Element \ Merkmal	Alter	Geschlecht	HH-Größe	Anzahl Kinder	Bildungs-niveau	Beruf	FP durch-geführt	FP interessiert	HH-Einkommen	Vermögen
Bank/Sparkasse							▲			
Versicherung										
Unabhängiger Finanzberater	●				●	▲	■	■		●
Steuerberater						▲		▲		
Verbraucherzentrale	▲					▲	●		●	■

Mittelwertvergleiche

■ Signifikanzniveau < 0,01   ● Signifikanzniveau < 0,1
▲ Signifikanzniveau < 0,05   Rest nicht signifikant

Quelle: Eigene Untersuchung.

5.7 Angebotsorientierte Nachfragersegmentierung

Fasst man die Ausführungen im Abschnitt 2.5 zur Segmentierung kurz zusammen, so kann festgestellt werden, dass Marktsegmente so zu definieren sind, dass die Mitglieder eines Segmentes eine nach ihren Bedürfnissen, ihren Lebenslagen und auch ihrem Verhalten bzgl. des Angebotes von Finanzdienstleistungen einheitliche Zielgruppe bilden.[1] Eine Abgrenzung von Bedürfnisunterschieden und Unterschieden im Kaufverhalten ist i.d.R. jedoch nur für einzelne Finanzprodukte sinnvoll vorzunehmen.[2] Da es sich bei Financial Planning um ein einzelnes Produkt in diesem Sinne handelt[3], erscheint eine Segmentierung der Nachfrager hierfür durchaus sinnvoll. Zumindest dann, wenn als Ziel der Segmentierung eine Hinweis auf die Gestaltung der Dienstleistung Financial Planning für unterschiedliche Nutzergruppen, wie beispielsweise Gering- oder Großverdiener, erreicht werden soll.

Die Nachfrager von Finanzdienstleistungen zeichnen sich durch eine zunehmende Heterogenität aus. Wollen sie in manchen Situationen hochwertige Beratung, verlangen sie in anderen Fällen preisgünstige, standardisierte Produkte. Dies führt zunehmend zu Individualisierungsstrategien, die mit herkömmlichen Segmentierungsformen nicht darstellbar sind.[4]

---

[1] Vgl. Bühler (2000a), S. 751; Obele (1998), S. 80f, Wöhe (1993), S. 634f.

[2] Vgl. Bühler (2000a), S. 751.

[3] Financial Planning wurde als Finanzdienstleistung bezeichnet, die Informationen zur rationellen Nutzung von Finanzprodukten bereitstellt. Financial Planning wird im Sinne der beschriebenen Segmentierungsdiskussion wie ein Finanzdienstleistungsprodukt am Markt angeboten. Kunden bezahlen teilweise für die Inanspruchnahme. Für die Zwecke der Marktsegmentierung erscheint also die Bezeichnung Produkt durchaus angebracht.

[4] Vgl. Verwilghen (1997), S. 22.

Um für das Financial Planning als eine relativ junge und innovative Dienstleistung eine geeignete Marktsegmentierung zu entwerfen, werden traditionelle und neue Segmentierungskriterien und -methoden kombiniert. Die Kriterien sind das Einkommen und psychografische
Kriterien (zusammengefasst in Gruppen von Nachfragertypen) sowie das Preis- und Nutzen-
verhalten der Kunden.[5] Die Methode greift außerdem das Konzept der Wahlangebotsstrategien auf, indem für die Sparten in Preisniveau und Servicequalität unterschiedliche Leistungsversionen (Pakete) angeboten werden.

Anhand der empirischen Untersuchung wird gezeigt, wie eine Segmentierung der Financial
Planning-Nachfrager aussehen kann. Die Abb. 5-36 zeigt die Ergebnisse der Segmentierung
der befragten Haushalte.

Abb. 5-36: Angebotsorientierte Segmentierungsmatrix

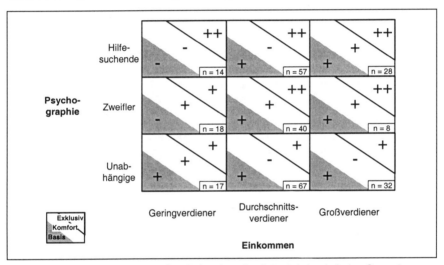

Anm.:   Prozentuale Anteile der gegen Entgelt akzeptierten Angebotspakete innerhalb eines Segmentes; ++
          falls > 80%, + falls ≥ 50%, – falls < 50%; n = 281.

Quelle: Eigene Untersuchung.

Neben den beiden Achsen Psychografie und Einkommen werden für jedes Segment die bevorzugten Angebotspakete der befragten Haushalte dargestellt.[6] Es handelt sich dabei um die
exemplarischen Pakete Basis (reines Internetangebot), Komfort (telefonische Beratung) und

---

[5]   In einem nächsten Schritt sollte dieses Konstrukt um den Aspekt der Profitabilität der Kundenbeziehung
      ergänzt werden, vgl. Harrison (1994) S. 18. Da es sich allerdings bei Financial Planning für den Großteil des
      hier adressierten Marktes um ein neues Angebot handelt, bedarf es geraumer Zeit, bis die hierfür notwendi-
      gen Daten vorliegen. Erst dann macht dieses Kriterium unter Praktikabilitätsgesichtspunkten Sinn.
[6]   Für diese Analyse wurden die Fragen 4, 5, 14 und 23 des Fragebogens ausgewertet.

Exklusiv (persönliche Beratung).[7] Ausgewertet wurden alle Nennungen, die eine Bereitschaft zur Zahlung eines Honorars für das entsprechende Beratungspaket aufwiesen.

Die Ergebnisse dieser Segmentierung spiegeln im Wesentlichen die Erkenntnisse aus der Akzeptanzanalyse der Angebotspakete wider (vgl. Abschnitt 5.5.4.1). Ein zusätzlicher Erkenntnisfortschritt resultiert aus der Identifikation der zugrundeliegenden Kundengruppen, die bereit wären, die Pakete gegen Entgelt nachzufragen.

Insgesamt wird von allen Segmenten das Exklusivpaket favorisiert. Lediglich die UNABHÄN-GIGEN zeigen verständlicherweise eine etwas geringere Nachfragebereitschaft für die persönliche Beratung. Die HILFESUCHENDEN und die besser verdienenden ZWEIFLER weisen bei der Komfort- und Basis-Version eine relativ hohe Nachfrage- und Zahlungsbereitschaft auf. Die Durchschnitts- und Großverdiener aller psychografischen Gruppen würden zu mehr als 50% das reine Internetangebot nachfragen wollen. Die Komfortversion mit dem Kommunikationskanal Telefon kommt lediglich bei den ZWEIFLERN für ein Financial Planning in Frage.

Basierend auf einer derartigen Segmentierungsstrategie kann ein Finanzdienstleister in Verbindung mit dem Wissen um die Anzahl der Kunden in den jeweiligen Segmenten die möglichen Absatzpotenziale abschätzen. Dadurch können wertvolle Hinweise hinsichtlich der ökonomischen Tragfähigkeit des Konzeptes gewonnen werden. Eine derartige Vorgehensweise erlaubt zudem die zielgruppenspezifische Ausgestaltung des Financial Planning-Angebotes.

Eine weitere Detaillierung dieses Vorgehens bestünde in der Zusammenstellung von Preisbaukästen. Darunter sind verschiedene Entgeltleistungen zu verstehen, die entsprechend den individuellen Leistungsansprüchen und Preisbereitschaften bestimmter Kunden(-gruppen) zu kombinieren sind.[8]

5.8 Meinungen der Befragten zu Thema und Fragebogen

Am Ende des Fragebogens bestand für die Probanden die Möglichkeit, ihre persönliche Meinung zur Befragung und dem Thema "Private Finanzplanung" zu äußern. Davon wurde erfreulicherweise reger Gebrauch gemacht. 97 Personen aus der Stichprobe (33,6%) gaben eine Antwort auf die offen gestellte Frage.

Der weit überwiegende Teil der Stellungnahmen zu Thema und Befragung war sehr positiv. Die Aussagen zur Thematik Financial Planning waren zu 85,7% positiv und zu 14,3% negativ. Positiv wurde angemerkt, dass Financial Planning eine interessante Dienstleistung sei, die in größerem Maße Verbreitung finden sollte. Dies wird vor allem vor dem Hintergrund der aktuellen Situation in Deutschland gefordert (Private Altersvorsorge etc.) Allerdings fehlt es oftmals am Vertrauen in die Unabhängigkeit und Objektivität der Anbieter. Die Forderung nach Qualität der Beratung und die Bereitschaft zur Zahlung von Beratungshonoraren wurde wiederholt. Die negativen Kommentare hielten das Thema für überflüssig, da die Personen keine Notwendigkeit in einer umfassenden Beratung sahen.

---

[7] Eine detaillierte Beschreibung der Pakete findet sich im Abschnitt 5.5.4.1.

[8] Vgl. Diller (1999), S. 45.

Bezüglich des Fragebogens waren 83,3% positiv und 16,7% negativ eingestellt. Positiv beurteilt wurde die klare Struktur und Aufmachung des Fragebogens. Es wurde festgestellt, dass bereits das Ausfüllen zu neuen Denkimpulsen führte und einige sich erst dadurch bewusst wurden, was alles hinter den "finanziellen Angelegenheiten" eines privaten Haushaltes steckt. Manchem war der Fragebogen allerdings zu lang. Negativ wurde außerdem angemerkt, dass wichtige Aspekte unberücksichtigt geblieben seien.[1] Etwa die Frage, wie unabhängige Beratung sichergestellt und überprüft werden könne.

Einige der Antworten, die im Folgenden wiedergegeben sind, spiegeln die Einstellung der Befragten zum Thema Financial Planning und auch die gegenwärtige Situation dieser Dienstleistung in Deutschland sehr gut wieder:

"Wäre schön, wenn es das endlich geben würde: Einen unabhängigen Berater für die komplette Übersicht und Planung im privaten Bereich!"

"Ich habe bisher das Angebot einer solchen Dienstleistung in dem hier aufgeführten Umfang noch nicht erlebt, würde aber davon Gebrauch machen, wenn es so etwas gäbe."

"Begrüße diese Befragung, die mir bekannten 'Finanzplanungen' von Bekannten dienten weniger deren Planungsbedarf als der Umsatzsteigerung ... der Geldinstitute."

"Private Finanzplanung ist schon sehr wichtig. Leider gibt es nach meiner Erfahrung keine 'wirklich' unabhängigen professionellen Berater."

"Der Berater vermittelt den besten Vertrag. Der beste Vertrag ist der mit der höchsten Provision. Deshalb vergleiche ich selbst."

"Es fehlt wie in der Buchführung. Grundsätze ordnungsgemäßer Finanzberatung."

"Man bekommt sogar schon beim Ausfüllen des Fragebogens ein paar neue Denkimpulse, find' ich toll gemacht."

"Grundlage für eine private Finanzplanung sollten trotz aller heutigen Möglichkeiten (z.B. Internet) weiterhin unabhängige und qualifizierte Berater sein. Vertrauen und Transparenz sind die Grundlage für langfristige Beziehungen."

"Interessante und zeitgemäße Befragung, da dieses Thema meiner Meinung nach öffentlich zu wenig behandelt wird ..."

"Ein Anstoß zum Überdenken des Themas. Die Finanzplanung wird in Zukunft eine immer größere Rolle spielen und sich individuell anpassen müssen. Formen und Wichtigkeit sind wohl höchst verschieden."

---

[1] Dies ist sicherlich ein berechtigter Einwand. Allerdings können im Rahmen einer solchen Befragung nicht alle relevanten Aspekte aufgegriffen werden.

5.9 Zentrale Aussagen der empirischen Untersuchung

Die zentralen Aussagen, die sich aus der empirisch-explorativen Untersuchung ableiten lassen, sind zugleich Hypothesen, die mögliche Zusammenhänge zwischen den Einstellungen der Nachfrager und dem Konzept des Financial Planning beschreiben. Daneben stellen sie Handlungsempfehlungen dar, die bei der Konzeption eines Financial Planning-Angebotes für das Retail-Segment eingesetzt werden können.[1]

- Obwohl signifikante Unterschiede (soziodemografischer Art) zwischen den Einkommensgruppen bestehen, lassen sich nur wenige Unterschiede dieser Gruppen hinsichtlich der Anforderungen an ein Financial Planning-Konzept feststellen. Lediglich die Höhe des Vermögens liefert einige Anhaltspunkte für unterschiedliche Anforderungen der Kunden an ein Angebot. Einkommen und Vermögen sind demnach keine geeigneten Kriterien zur zielgruppengerechten Angebotsgestaltung.

- Die Psychografischen-Gruppen unterscheiden sich nur geringfügig nach soziodemographischen Merkmalen, allerdings sind deutliche Unterschiede bei ihren Einstellungen zu einem Financial Planning-Konzept vorzufinden. Die psychografischen Merkmale sind insofern geeignete Segmentierungskriterien für das Financial Planning.

- Financial Planning ist einem Großteil der privaten Haushalte bekannt (64,7%), trotzdem wird es bislang nur von etwa einem Drittel nachgefragt.

- Die Kenntnis und bisherige Nutzung ist positiv von der Höhe des Bildungsniveaus abhängig. Die bisherigen Nachfrager verfügen i.d.R. über ein höheres Nettohaushaltseinkommen.

- Die fünf wichtigsten Eigenschaften eines Financial Planning-Angebotes sind:

  - Transparenz und Verständlichkeit der Analysen

  - Objektivität und Unabhängigkeit des Anbieters

  - Anwendung von einheitlichen Beratungsstandards

  - Servicegarantien

  - Angebot von Teilaspekten einer umfassenden Finanzplanung

- Die typischen Elemente des Financial Planning-Prozesses, die ein professioneller Finanzplaner durchführen sollte, sind: Datenaufnahme, Analyse, Dokumentation, Produktvergleich und regelmäßige Kontrolle.

- Ein Financial Planning-Angebot sollte mindestens über folgende spezifische Elemente verfügen:

---

[1] Die folgenden Aussagen haben zusammenfassenden und verallgemeinernden Charakter. Die detaillierten Ergebnisse mit einer differenzierten Betrachtung aller Merkmale der Befragten finden sich in den Abschnitten 5.3 bis 5.7.

- Berechnungen zur Altersvorsorge

- Empfehlungen zu staatlichen Fördermitteln

- Steuerkalkulationen und -tipps

- Einnahmen- und Ausgabenkalkulation; private Bilanz

- Für potenzielle Nachfrager sind außerdem die Erbschaftsplanung und Seminare zur privaten Finanzplanung geeignete Angebote.

- Der bevorzugte Ort der Beratung sind die Räumlichkeiten des Anbieters. Ebenfalls sehr positiv ist die Einstellung gegenüber selbständiger Beratung mittels entsprechender Software oder im Internet.

- Die Bereitschaft zur Zahlung von Honoraren ist groß. Mit Hilfe von unabhängigen und objektiven Angeboten sowie Servicegarantien sind Honorarakzeptanzquoten von über 70% feststellbar.

- Die Bezahlung sollte erfolgsabhängig, in Abhängigkeit von der Vermögenshöhe oder durch eine Pauschalbetrag erfolgen. Vermittlungsprovisionen hingegen werden abgelehnt.

- Für eine internetbasierte Beratung ist ein Preis bis zu 100 DM vorstellbar. Eine telefonische Finanzplanung dürfte bis zu 250 DM kosten. Die umfassende, persönliche Beratung könnte bis zu 500 DM teuer sein.

- Das Internet wird für das honorarpflichtige Financial Planning lediglich als unterstützendes Medium gesehen. Eine ausschließliche Internetplanung gegen Entgelt findet nur geringe Akzeptanz.

- Die potenzielle Nachfrage ist abhängig von der Kenntnis des Financial Planning-Konzeptes und der bisherigen Inanspruchnahme bei den Haushalten sowie von psychografischen Merkmalen, nicht hingegen von soziodemographischen Merkmalen wie Einkommen oder Vermögen.

- Personen mit positiver Einstellung gegenüber Bank- und Versicherungsberatung zeigen eine höhere Nachfragebereitschaft nach Financial Planning.

- Als Anbieter von Financial Planning werden unabhängige Finanzberater, Verbraucherzentralen und Steuerberater vor Banken und Sparkassen bevorzugt. Versicherungen hingegen wird das geringste Vertrauen diesbezüglich entgegengebracht.

6   Zusammenfassung und Ausblick

6.1   Wissenschaftliche Betrachtung

Erklärtes Ziel der vorliegenden Arbeit ist die wissenschaftliche Untersuchung des Financial Planning-Konzeptes für private Haushalte des Retail-Segmentes. Durch die Fokussierung auf das Retail-Segment konnten Erkenntnisfortschritte hinsichtlich der Erklärung von nachfrage-bestimmenden Faktoren und der Ableitung von spezifischen Gestaltungsmerkmalen eines Finanzplanungsangebotes erzielt werden. Die umfangreiche empirische Untersuchung der Kundenanforderungen unterstützt die theoretischen Ergebnisse weitreichend. Zusätzlich wurden durch die Befragung wertvolle Hinweise für die Konzeption eines zielgruppenspezifischen Angebotes gewonnen. Damit liegt erstmals eine theoretisch fundierte und empirisch unterstützte Analyse dieser für das Mengengeschäft bedeutsamen Finanzdienstleistung vor.

Durch die Zusammenstellung und Diskussion der **Grundlagen der Untersuchung** konnten Beiträge zu einem Verständnis der privaten Finanzplanung geleistet werden. Aus dem Vergleich mit dem Ursprungsland des Financial Planning, den Vereinigten Staaten von Amerika, geht hervor, dass dieses Konzept hierzulande nur eine geringe Tradition und einen vergleichsweise niedrigen Verbreitungsgrad vorweisen kann. Allerdings ist in den letzten Jahren auch in Deutschland ein verstärktes Interesse in Theorie und Praxis festzustellen.

Die problemadäquate Formulierung und inhaltliche Präzisierung des Financial Planning-Begriffs und die möglichen Ausgestaltungsformen dieser Dienstleistung erlauben eine erste theoretische Fundierung. Durch eine Analyse bestehender Definitionen des Begriffes Financial Planning wird eine neue Definition unter Berücksichtigung der Problemspezifika – private Haushalte des Mengengeschäftes – entwickelt. Der Financial Planning-Prozess wird um Aspekte, die sich aus der Nachfragerperspektive ergeben, ergänzt. Dabei handelt es sich insbesondere um die Bedarfserkennung und die Entscheidung bzgl. einer Finanzberatung vor dem eigentlichen Financial Planning und die Realisierung der Handlungsempfehlungen im Anschluss an die eigentliche Finanzplanung. Wichtig für die Weiterentwicklung des Financial Planning-Verständnisses ist auch die Unterscheidung in umfassende und themenzentrierte Finanzplanungen sowie die Variante einer (teilweisen) Selbstberatung des Haushaltes.

Die Einordnung des Financial Planning in die Beratungsdienstleistungen zeigt, dass sich dahinter keineswegs eine Form der Vermögensverwaltung oder ein Allfinanz-Konzept verbirgt. Vielmehr handelt es sich um eine bedarfsorientierte und umfassende Form der Finanzberatung, die sich mit der rationellen Nutzung von Finanzprodukten beschäftigt. Sie unterscheidet sich damit auch grundlegend von den derzeit noch immer vorherrschenden produktorientierten Beratungsansätzen der Finanzdienstleister.

Die privaten Haushalte des Retail-Segments werden in der Praxis häufig pragmatisch anhand ihrer Einkommens- und Vermögensverhältnisse segmentiert. Für eine tiefergehende Betrachtung im Zusammenhang mit der privaten Finanzplanung reichen diese Kriterien zur Marktsegmentierung allerdings nicht aus. Eine Erweiterung um bedürfnisorientierte und psychografische Elemente erscheint zwingend notwendig. Die Vorteilhaftigkeit einer solchen Segmentierung bestätigt sich auch in der empirischen Untersuchung, bei der eine psychografische Kundensegmentierung den herkömmlichen Methoden (Segmentierung nach Einkommens- und Vermögenskriterien) deutlich überlegen ist.

Die **Relevanz und der Bedarf von Financial Planning für das Retail-Segment** lässt sich durch konsumenten- und verhaltenswissenschaftliche Ansätze erklären. Die Nachfrage durch Individuen aus dem Mengengeschäft wird zunächst aufgrund der finanziellen Situation deutlich. Zusätzlich erlauben Analysen der ökonomischen Disposition (Sicherheit, Rentabilität, Liquidität, Substanzerhalt) und der psychografischen Disposition (Erfahrung, Kontrolle, Vertrauen etc.) Rückschlüsse auf das Nachfrageverhalten der Haushalte des Retail-Segmentes.

Die Analyse der persönlichen Situation der privaten Haushalte in Deutschland unter finanziellen Gesichtspunkten zeigt, dass große Teile der Bevölkerung über Einkommens- und Vermögenspositionen verfügen, die der strukturierten Planung bedürfen. Die insgesamt rückläufige Sparquote bei steigender Eigenverantwortung – z.B. für die Altersvorsorge – weist auf konkreten Handlungsbedarf hin. Financial Planning ist ein Instrument, das die Spartätigkeit zu optimieren hilft und damit einen Beitrag zur privaten Vorsorge leisten kann. Besonders für Haushalte mit geringerem Einkommen stellt die Verschuldung eine ernsthafte Existenzbedrohung dar, die leicht zu einer Überschuldung führen kann. Auch hier kann eine Finanzplanung präventiv eingesetzt werden.

Die persönliche Situation eines Haushaltes lässt sich auch mit dem Lebensphasenmodell idealtypisch beschreiben. Dabei ist festzustellen, dass eine Finanzplanung in nahezu jeder Lebensphase sinnvoll ist. Dieses Modell zeigt die unterschiedlichen Phasen mit ihren spezifischen Anforderungen an die Finanzarchitektur und ist deshalb ein wichtiges Instrument zur bedürfnisorientierten Finanzberatung. In einem weiteren Schritt lässt sich der Haushalt durch seinen Lebensstil charakterisieren, der ein komplexes Verhaltensmuster darstellt. Es ist davon auszugehen, dass verschiedene Lebensstile unterschiedliche Anforderungen an die Finanzplanung stellen.

Es kann gezeigt werden, wie Bedürfnisse als elementare Auslöser für die Nachfrage nach Financial Planning wirken. Durch die Inanspruchnahme einer Finanzplanung können Bedürfnisse durch die Erreichung von persönlichen und finanziellen Zielen befriedigt werden. Von besonderer Relevanz sind dabei Transaktions-, Anlage-, Sicherungs- und Finanzierungsbedürfnisse. Diese Grundbedürfnisse oder -funktionen werden i.d.R. durch Finanzprodukte (z.B. aus dem Bank- und Versicherungsbereich) abgedeckt. Die Finanzplanung ist quasi eine Hilfsfunktion, die in Form eines Problemlösungsprozesses die rationale Nutzung der Finanzprodukte durch eine integrierte Betrachtung ermöglicht. Die detaillierte Analyse der Grundfunktionen verdeutlicht die Vorteilhaftigkeit einer Finanzplanung für private Haushalte und ist damit Indiz für die Nachfrage.

Neben den aktivierenden Prozessen (Bedürfnisse) spielen die kognitiven Prozesse eine wichtige Rolle bei der Erklärung des Nachfrageverhaltens hinsichtlich Financial Planning. Diese Vorgänge der Informationsaufnahme, -verarbeitung und -speicherung determinieren das menschliche Verhalten grundlegend. Im Sinne einer problemadäquaten Untersuchung werden drei Kategorien identifiziert, die für das Financial Planning zu Erkenntnisfortschritten führen: Informationsverhalten, Komplexitätsreduktion und Delegationsbereitschaft.

Das Informationsverhalten des Menschen zeichnet sich durch beschränkte Rationalität und begrenzte Verarbeitungskapazitäten aus. Die zugrunde liegenden Verhaltenscharakteristika lassen Rückschlüsse auf die potenzielle Nutzung von Finanzplanung zu. Im Rahmen der Informationsverarbeitung wird die Dienstleistung beurteilt und letztlich über die Nachfrage entschieden. Die Finanzplanung kann als ein Modell der Konsumentscheidung zur Auswahl von Finanzprodukten verstanden werden. Aufgrund der Komplexität der Entscheidungsfindung ist davon auszugehen, dass in der Realität relativ einfache Kosten-Nutzen-Analysen durch den Haushalt durchgeführt werden.

Eine weitere Erklärungskomponente zur Nachfrage ist die Komplexitätsreduktion durch das Financial Planning. Nimmt der private Haushalt die Komplexität seiner finanziellen Angelegenheiten wahr, und sieht er sich dieser Situation zunächst nicht gewachsen, so entsteht Unsicherheit. Durch eine Finanzplanung kann diese Unsicherheit und damit auch die Komplexität der Entscheidungssituation hinsichtlich der finanziellen Angelegenheiten des Haushaltes erfolgreich reduziert werden.

Die dritte Komponente ist die Delegationsbereitschaft des Beratungsprozesses durch das Individuum. Hier ist festzustellen, dass das Streben nach einer Kontrolle der eigenen finanziellen Situation, die subjektiven Erfahrungen in Finanzangelegenheiten und das Vertrauen in den Finanzplaner die Nachfrage mit beeinflussen.

Neben einer Erklärung der Nachfrage stand die Ableitung von **kundenorientierten Gestaltungsanforderungen an eine Financial Planning-Konzeption** im Zentrum der Analysen. Das untersuchte Retail-Segment zeichnet sich dabei durch einige Besonderheiten aus: Die geringe Profitabilität des Mengengeschäftes führt zu einer immer stärker werdenden Standardisierung des Leistungsangebotes und zu vermehrtem Technikeinsatz durch die Anbieter. Qualifizierte Beratung wird immer mehr zu einem Luxusgut, das sich Durchschnittsverdiener nicht leisten können.

Die Problematik wird z.B. durch die vielfach mangelhafte Beratungsqualität bei Kreditinstituten im Mengengeschäft deutlich. Um die Qualität einer Finanzplanung zu gewährleisten, müssen zentrale Qualitätsmerkmale beachtet werden. Dabei können die Kategorien Potenzial-, Prozess- und Ergebnisqualität unterschieden werden. Die aus diesen Kategorien ableitbaren Eigenschaften einer Finanzplanung liefern wertvolle Hinweise zur Differenzierung der Finanzplanung von herkömmlichen Beratungsleistungen.

Für die Gestaltung des Financial Planning-Prozesses durch die Anbieter sind drei Aspekte von besonderem Interesse für das Mengengeschäft:

Erstens kann durch geeignete Formen der Finanzerziehung, also der Vermittlung von Wissen rund um das Thema Finanzen, eine Sensibilisierung für die Vorteilhaftigkeit eines Financial Planning unterstützt werden. Dieses Konzept wird in den USA bereits sehr erfolgreich in der Erwachsenenbildung eingesetzt und ist dort u.a. mit verantwortlich für die weite Verbreitung des Financial Planning.

Zweitens erscheint der Einsatz von spezieller Planungssoftware als ein wichtiger Erfolgsfaktor für Finanzplanungen im Retail-Segment. Die Komplexität der Thematik bedarf einer umfangreichen Ausbildung und Erfahrung des Finanzberaters. Da solche Mitarbeiter für die Anbieter sehr kostenintensiv sind, bieten Softwareunterstützungen die Möglichkeit, Finanzplanungen auch durch geringer qualifizierte Mitarbeiter durchführen zu lassen. Dies steigert die Qualität der Beratung und reduziert gleichzeitig die Kosten.

Drittens spielt die Umsetzung der Planungsergebnisse eine wichtige Rolle im Rahmen der Finanzplanung. Ein unterstützendes Hilfsmittel bei der Auswahl geeigneter Finanzprodukte sind Produktvergleiche, die nahezu jedes Bank- oder Versicherungsprodukt nach Preis und Leistung vergleichen. Hier leisten entsprechende Internetangebote wertvolle Unterstützung für die Private Finanzplanung.

Beim Vertrieb von Beratungsleistungen sind grundsätzlich zwei Dimensionen zu unterscheiden. Zum einen die Schnittstelle zwischen Kunde und Anbieter, die entweder technisch oder persönlich ausgestaltet sein kann, zum anderen der Ort der Beratung, der entweder beim Anbieter oder beim Nachfrager gewählt werden kann. Innerhalb dieses Dimensionenspektrums lassen sich die Distributionsformen für eine Finanzplanung darstellen. Gerade für das Retail-Segment erscheinen die elektronischen Kommunikationsformen (insbesondere das Internet) aufgrund der geringeren Personalintensität für die Anbieter zunächst besonders geeignet. Für die Dienstleistung Financial Planning ist aber festzustellen, dass aufgrund der Komplexität des Beratungsgegenstandes ein ausschließliches Internetangebot mit den derzeit verfügbaren technischen Möglichkeiten nur für einen Teil der Nachfrager eine befriedigende Lösung sein kann. Allerdings zeigen die Ansätze zur Individualisierung von Internetangeboten, der Einsatz intelligenter Softwareagenten und die Kombination von persönlichen und elektronischen Kanälen (z.B. Telefon und Internet) vielversprechende Entwicklungsmöglichkeiten, die in absehbarer Zeit auch anspruchsvolle Beratungen auf diesen Wegen möglich machen werden.

Die Bepreisung von Finanzberatungsangeboten bedeutet einen grundlegenden Wandel in der Finanzdienstleistungsindustrie. Zwar sind bereits vereinzelt honorarpflichtige Dienstleistungen zu beobachten, doch beschränken sich diese vornehmlich auf Angebote für vermögende Kundengruppen. Für das Financial Planning ist die honorarbasierte Vergütung allerdings eine ernstzunehmende Preisstrategie, die helfen kann, diese Dienstleistung auch in diesem grundsätzlich weniger profitablen Kundensegment zu etablieren. Das Vergütungsmodell eines Finanzplaners ist in erster Linie von dessen Leistungsangebot abhängig. Ein Financial Planner, der ausschließlich beratend tätig ist und dafür Honorare vereinnahmt, demonstriert durch den Verzicht auf Provisionserlöse die Unabhängigkeit und Objektivität der Dienstleistung. Sobald Finanzprodukte vermittelt oder verkauft werden, sind diese Qualitätskriterien der Beratung in der Kundenwahrnehmung negativ beeinträchtigt. Dieser Aspekt beeinflusst auch die Preiszufriedenheit und damit die Preisbereitschaft der Nachfrager. Durch die Berücksichtigung von Gestaltungskomponenten der Preiszufriedenheit (Preisgünstigkeit, Preiswürdigkeit und Preisfairness) vor, während und nach der Finanzplanung kann die Zahlungsbereitschaft und die akzeptierte Honorarhöhe maßgeblich beeinflusst werden. Weiterhin besteht die Möglichkeit, durch Formen der Preisdifferenzierung und die Wahl des Preismodells (Pauschalhonorare, zeitabhängige Honorare etc.) eine geeignete Preisstrategie zu entwickeln.

Die Methodik der **empirischen Exploration** der Arbeit beruht auf einer Internet-Befragung mit 289 teilnehmenden privaten Haushalten. Die Deskription des Datensatzes ergibt zwar keine demographische Übereinstimmung mit dem Bevölkerungsdurchschnitt, aber eine hohe Übereinstimmung in der Struktur der Nettohaushaltseinkommen, was insbesondere den Vergleich von vermögenden und Retail-Haushalten erlaubt.

Die Analysen aufgrund der gebildeten Cluster (Einkommens- und psychografische Kundengruppen) demonstrieren die Vorteilhaftigkeit der psychografischen Segmentierungskriterien. Im Gegensatz zur Klassifikation nach dem Haushaltseinkommen können für die psychografischen Gruppen ZWEIFLER (67 Personen), HILFESUCHENDE (100 Personen) und UNABHÄNGIGE (118 Personen) deutliche Unterschiede in der Nachfrage und den Anforderungen an ein Financial Planning-Angebot gezeigt werden.

Fast zwei Drittel der Befragten geben an, das Konzept des Financial Planning zu kennen, doch lediglich ein Drittel hat eine Finanzplanung bislang durchgeführt. Insgesamt kann eine hohe potenzielle Nachfragebereitschaft von knapp 60% nach Financial Planning festgestellt werden. Positiv wird die Nachfrage durch die Kenntnis des Konzeptes und bisherige Erfahrungen beeinflusst. Außerdem spielen die psychografischen Merkmale der Personen eine Rolle. Personen, die sich bei ihren finanziellen Angelegenheiten unsicher sind (ZWEIFLER) oder aktiv fremde Hilfe suchen (HILFESUCHENDE), würden zu mehr als zwei Dritteln eine Private Finanzplanung nachfragen. Menschen, die in ihre eigenen Fähigkeiten und Erfahrungen vertrauen und von ihren selbständig getroffenen finanziellen Entscheidungen überzeugt sind (UNABHÄNGIGE), weisen die geringste Nachfragebereitschaft auf. Ein signifikant unterschiedliches Nachfrageverhalten zwischen den Einkommensgruppen (Gering-, Durchschnitts- und Großverdiener) kann dagegen nicht festgestellt werden. Auch die Höhe des vorhandenen Geldvermögens hat keinen wesentlichen Einfluss. Damit wird die Relevanz dieser Dienstleistung auch im Mengengeschäft unterstrichen.

Die Analysen zu Produkt-, Distributions- und Preispolitik verdeutlichen die Heterogenität der Nachfrager. In allen drei Bereichen sind v.a. bei den psychografischen Kundenclustern unterschiedliche Anforderungsprofile zu beobachten, die wichtige Erkenntnisse für die praktische Ausgestaltung eines entsprechenden Angebotes liefern.

Bedeutsam sind die Abweichungen der Anforderungen beim Produktangebot von der bislang in der Literatur propagierten, umfassenden Finanzplanung. Für das Mengengeschäft erscheint eine Anpassung dieser Konzeption notwendig. Die Forderung nach themenzentrierten Finanzplanungen, die sich auf Teilaspekte der finanziellen Situation konzentrieren, erscheint dabei die wesentlichste Erweiterung der bislang vorherrschenden Sichtweise.

Als wichtigste Eigenschaft der Finanzplanung wird die Unabhängigkeit des Anbieters und damit die Objektivität der Analysen genannt. Aber auch bislang kaum diskutierte Qualitätsdimensionen wie Beratungsstandards oder Servicegarantien werden als sehr bedeutsam eingestuft.

Bei den Elementen eines Finanzplanungsangebotes werden nach wie vor klassische Komponenten bevorzugt. Dazu gehören Altersvorsorgeplanungen oder Steuerkalkulationen. Die ebenfalls vorgeschlagenen Komponenten "Schuldenberatung" und "Finanzerziehungsprogramme" stoßen bislang nicht auf die erwartete Resonanz.

Bei der Distributionsform ist festzustellen, dass keine grundsätzliche Ablehnung elektronischer Kanäle in der Finanzplanung besteht. Für die UNABHÄNGIGEN Nachfrager ist die Finanzplanung im Internet oder mit entsprechender Software durchaus vorstellbar. Trotzdem bleibt der persönliche Kontakt für die meisten Personen unverzichtbar. Elektronische Kommunikationsformen sind derzeit als unterstützende Elemente zu sehen.

Auch die oft genannten Schwierigkeiten bei der Durchsetzung von Beratungshonoraren können durch die Analysen nicht bestätigt werden. Mehr als 80% der Befragten können sich vorstellen, für eine Finanzplanung ein Honorar zu entrichten. Ein wesentliches Kriterium für die Zahlung von Beratungshonoraren sind dabei die Unabhängigkeit des Anbieters und womöglich Servicegarantien. Darf man den positiven Einstellungen zu Honoraren trauen, so sind bei entsprechender Ausgestaltung des Angebotes auch direkte Beratungserträge durch die Finanzdienstleister zu erzielen.

Insgesamt ergibt sich eine hohe Übereinstimmung der aus theoretischer Sicht erarbeiteten Grundlagen der privaten Finanzplanung, der Bestimmungsfaktoren der Nachfrage und der Gestaltungsanforderungen des Angebotes mit den Ergebnissen der empirischen Überprüfung.

Weiterer Forschungsbedarf besteht beispielsweise in der Untersuchung der strategischen und operativen Umsetzung von Financial Planning-Konzepten für das Retail-Segment bei Finanzdienstleistern. Aufbauend auf den vorliegenden Erkenntnissen aus der Nachfragersicht sollte die Perspektive der Anbieter näher erforscht werden. Weiterhin wäre eine Untersuchung zur Messung der objektiven Vorteilhaftigkeit von privater Finanzplanung im Vergleich mit herkömmlichen Beratungsangeboten nützlich. Auch eine nähere Betrachtung der Kundeneinschätzung bezüglich des Preis-/Leistungsverhältnisses bei Financial Planning würde den wissenschaftlichen Erkenntnisstand bereichern.

6.2 Implikationen für die Finanzdienstleistungspraxis

Versucht man aus den Ergebnissen der vorliegenden Arbeit Handlungsempfehlungen für die Praxis in Finanzdienstleistungsunternehmen abzuleiten, so ergeben sich die nachfolgend skizzierten Ansatzpunkte.

Eine wesentliche Implikation für die Praxis ist die Notwendigkeit von psychografischer Kundensegmentierung, um die potenziellen Nachfrager identifizieren und gezielt ansprechen zu können. Die Nachfrage beschränkt sich nämlich keineswegs auf eine vermögende Kundenklientel, sondern ist in allen Einkommens- und Vermögenssegmenten zu beobachten. Wichtig erscheint vor allem die Kommunikation der Möglichkeiten und der Vorteile einer Finanzplanung für den Einzelnen. Dadurch lassen sich Akzeptanz und Nachfragebereitschaft deutlich steigern. Es kann davon ausgegangen werden, dass allgemein beratungsaffine Kunden auch in besonderer Weise für das Financial Planning gewonnen werden können.

Für die Nachfrager ist ein differenziertes Leistungsspektrum vorzuhalten, das sich nicht streng an der traditionellen Financial Planning-Konzeption einer vollumfänglichen Analyse orientieren sollte, sondern auch die individuelle Planung von Teilaspekten erlaubt (themenzentriert). Außerdem ist die Finanzplanung nicht zwingend mit den Handlungsempfehlungen zu beenden. Die Durchführung von Finanzproduktvergleichen stellt eine vielfach gewünschte Ergänzung des klassischen Financial Planning dar.

Als wichtiger Erfolgsfaktor erweist sich die Objektivität und Unabhängigkeit der Analysen. Die derzeit vorherrschende Abhängigkeit vieler Finanzplaner von ihren eigenen oder fremden Produktangeboten stellt für die potenziellen Nachfrager ein entscheidendes Hindernis für die Inanspruchnahme dar. Daraus erklärt sich auch die relativ geringe Akzeptanz von Kreditinstituten und Versicherungen als Finanzplaner. Den unabhängigen Finanzberatern, Verbraucherzentralen oder Steuerberatern wird derzeit bei der Finanzplanung eher vertraut.

Mit dem Einsatz von internetbasierten Techniken kann für bestimmte Kundengruppen eine Finanzplanung dargestellt werden. Der überwiegende Teil der Nachfrager akzeptiert elektronische Kommunikation nur als unterstützendes Element und wünscht sich persönlichen Kontakt mit Beratern.

Bei entsprechender Qualität der Dienstleistung wird eine Bepreisung durchaus akzeptiert. Die Höhe des Beratungshonorars ist dabei wesentlich vom Beratungsumfang und dem Einsatz personeller Beratungskapazität abhängig. Allerdings ist die häufige Forderung nach unabhängiger und objektiver Finanzberatung als Voraussetzung zur Zahlung zu beachten.

Die Private Finanzplanung stellt insofern ein wichtiges Element in der Produkt- und Servicestrategie von Finanzdienstleistern dar, mit dem bei entsprechender Ausgestaltung neben der Kundenbindung auch die Ertragskraft gestärkt werden kann. Dies gilt nicht nur für sehr vermögende Kundengruppen, sondern auch für das Mengengeschäft.

Anhang

Anhang 1: Zusammenhang zwischen den Textabschnitten der Arbeit und den Fragen des Fragebogens

Kategorie	Querverweis auf Abschnitt		Ausgewertete Fragen
	Theorie	Empirie	
Kenntnis und Erfahrung mit der Dienstleistung Financial Planning	2.1/ 2.2	5.4	Fragen 1, 2 und 3
Person des/der Befragten			
▪ Selbstperzeption bzgl. finanzieller Angelegenheiten	3.4	5.3.2.1/ 5.5.4.2	Frage 4
▪ Planung finanzieller Angelegenheiten	3.4	5.3.2.1	Frage 5
▪ Unterstützung bei der Entscheidungsfindung	3.4	5.6.3	Frage 6
▪ Finanzielle Ziele/Bedürfnisse	3.3	5.6.2	Frage 7
Ausgestaltung der Dienstleistung Financial Planning			
▪ Inhalte und Funktionalitäten	2.3.2	5.5.1.3	Frage 8
▪ Financial Planning-Prozess	2.3.1/ 3.4.3.1/ 4.2.2	5.5.1.2	Frage 9
▪ Eigenschaften der Beratung	3.4.3.3/ 4.2.1.2	5.5.1.1	Frage 10
Kommunikationsformen und Anbieter von Financial Planning			
▪ Kommunikationsformen/Ort der Durchführung	4.3	5.5.2	Frage 11
▪ Bevorzugter Anbieter	2.1.3	5.6.4	Frage 12
Interesse an der Durchführung von Financial Planning		5.6.1	Frage 16
Bepreisung von Financial Planning			
▪ Zahlungsbereitschaft	4.4	5.5.3.1	Frage 13
▪ Angebotspakete und deren Honorarhöhe	4.4	5.5.4.1	Frage 14
▪ Honorarformen	4.4.2.2	5.5.3.2	Frage 15
Angebotsorientierte Nachfragersegmentierung	2.5	5.7	Fragen 4, 5, 14 und 23
Meinung zu Thema und Fragebogen		5.8	Frage 25
Person des/der Befragten		5.2.3 und alle weiteren Abschnitte des Kapitels 5	Fragen 17 bis 20
▪ Demographie (Geschlecht, Alter, Familienstand, Anzahl der Personen im Haushalt, Anzahl der Personen unter 15 Jahren im Haushalt)			
▪ Sozioökonomischer Status (Ausbildungsabschluss, berufliche Position, monatliches Haushaltsnettoeinkommen, Nettogeldvermögen)			Fragen 21 bis 24

Anhang 2: Einladung zur Teilnahme an der WWW-Umfrage

Anonyme, unabhängige Befragung privater Haushalte zum Thema Private Finanzplanung

Sehr geehrte Damen und Herren,

die Universität Bayreuth und der dortige Lehrstuhl für Finanzwirtschaft und Bankbetriebslehre von Prof. Dr. Hermann-Josef Tebroke führen in Zusammenarbeit mit dem Roland Berger Forschungs-Institut eine anonyme, nicht-kommerzielle Online-Befragung durch, zu der wir Sie herzlich einladen möchten.

Ziel des Forschungsprojektes ist es, Aufschluss darüber zu erhalten, wie Ihre Einschätzungen und Vorstellung zur Dienstleistung "Private Finanzplanung" aussehen. Durch die Beantwortung der Fragen erhalten Sie sicher wertvolle Hinweise zu den verschiedenen Planungsmöglichkeiten für Ihre privaten finanziellen Angelegenheiten, von denen Sie persönlich profitieren können.

Die Beantwortung der Fragen wird ca. 15 Minuten in Anspruch nehmen. Für Rückfragen steht Ihnen Herr Bernd Hochberger (Bernd.Hochberger@epost.de) zur Verfügung.

Herzlichen Dank für Ihre Teilnahme!

Bitte hier klicken: https://www.rb-research.com/finanzplanung/

Anhang 3: Fragebogen

Private Finanzplanung oder Financial Planning — Was ist das?

Vorbemerkung

Die private Finanzplanung ist eine Beratungsdienstleistung, die von Banken, Versicherungen oder unabhängigen Finanzdienstleistern angeboten wird. Ziel der Privaten Finanzplanung ist es, die persönlichen und finanziellen Wünsche des Kunden mit der individuellen Familien-, Einkommens- und Vermögenssituation in Einklang zu bringen. Im Unterschied zur traditionellen Anlageberatung werden neben den Bestandteilen des privaten Vermögens (Wertpapiere, Bausparverträge, Immobilien etc.) auch die Verbindlichkeiten (Überziehungskredite, Immobiliendarlehen etc.), Einnahmen und Ausgaben, Versicherungsverträge und die steuerliche Situation in die Planung mit einbezogen. Dabei werden insbesondere die Wechselwirkungen zwischen diesen Komponenten berücksichtigt.

Die Finanzplanung wird typischerweise in einem mehrstufigen Prozess durchgeführt. Nach der Aufnahme der persönlichen Ziele und der Finanzdaten erfolgt eine Analyse, aus der schließlich konkrete Handlungsempfehlungen abgeleitet werden, die durch einen schriftlichen Bericht dokumentiert sind. Das Ergebnis könnte beispielsweise auf die fehlende Absicherung bei Berufsunfähigkeit hinweisen oder aufzeigen, wie Sie Ihren Wunsch nach einer eigenen Immobilie realisieren können.
Neben dieser umfassenden, persönlichen Finanzplanung werden zunehmend auch im Internet entsprechende Planungstools angeboten, die in der Regel einzelne Teilbereiche abdecken und dem Nutzer eine selbständige Finanzplanung ermöglichen sollen.

Hinweise zur Auswertung und Beantwortung der Fragen:

Die Auswertung der folgenden Fragen erfolgt absolut **anonym.**
Ihre Antworten werden zu keinem Zeitpunkt ihrem Namen zugeordnet. Bitte beantworten Sie alle Fragen vollständig, auch, falls eine private Finanzplanung für Sie persönlich nicht in Frage kommt.
Das Ausfüllen des Fragebogens nimmt ca. 15 Minuten in Anspruch.
Vielen Dank!

▶ **Zur Umfrage** ▶

Private Finanzplanung

1) Ist Ihnen die Private Finanzplanung, wie hier beschrieben, als Dienstleistung bekannt?

    ○ Ja

    ○ Nein

---

2) Haben Sie schon einmal eine solche Finanzplanung durchgeführt?

    ○ Ja

    ○ Nein

---

3) Falls Sie schon einmal eine Finanzplanung durchgeführt haben, mit Hilfe welchen Anbieters?

Die folgenden Fragen (4-7) beziehen sich auf Ihre persönlichen Einstellungen zu finanziellen Angelegenheiten im Allgemeinen:

4) Wie würden Sie sich und Ihren Umgang mit finanziellen Angelegenheiten beschreiben?

	Trifft überhaupt nicht zu (1)	(2)	(3)	(4)	(5)	Trifft ganz genau zu (6)
Es macht mir Spaß, mich mit finanziellen Dingen zu beschäftigen	○	○	○	○	○	○
Ich beschäftige mich aktiv mit der Gestaltung meiner finanziellen Angelegenheiten	○	○	○	○	○	○
Meine finanziellen Angelegenheiten habe ich unter Kontrolle	○	○	○	○	○	○
Im Umgang mit Bank- und Versicherungsprodukten habe ich ausreichendes Wissen	○	○	○	○	○	○
Finanzielle Entscheidungen zu treffen ist für mich kein Problem	○	○	○	○	○	○
Meine finanziellen Entscheidungen sind i.d.R. erfolgreich	○	○	○	○	○	○
Bei finanziellen Angelegenheiten bin ich risikofreudig	○	○	○	○	○	○
Ich habe zu wenig Zeit, um mich selbst um alle meine finanziellen Angelegenheiten zu kümmern	○	○	○	○	○	○

5) Wenn es um die Planung meiner privaten Finanzangelegenheiten geht ...

	Trifft über-haupt nicht zu (1)	(2)	(3)	(4)	(5)	Trifft ganz genau zu (6)
frage ich Eltern/ Verwandte/ Freunde um Rat	○	○	○	○	○	○
werde ich von Eltern/ Verwandten und Freunden um Rat gefragt	○	○	○	○	○	○
nutze ich das Internet zur Informationssuche	○	○	○	○	○	○
lese ich Fachzeitschriften oder sehe Sendungen zu Wirtschaftsthemen im Fernsehen	○	○	○	○	○	○
möchte ich selbst die Kontrolle behalten	○	○	○	○	○	○
erscheinen mir die Wechselwirkungen - z.B. zwischen Geldanlage, Versicherungsschutz und Steuern - als sehr komplex	○	○	○	○	○	○
vertraue ich professionellen Beratern	○	○	○	○	○	○

6) Entscheidungen bzgl. meiner finanziellen Angelegenheiten ...

○ treffe ich ohne jeden Einfluss von professionellen Beratern

○ treffe ich nach Prüfung der Vorschläge von professionellen Beratern selbstständig

○ treffe ich nach umfassender professioneller Beratung mit Unterstützung des Beraters

○ lasse ich meinen professionellen Berater treffen

7) Wie wichtig erscheinen Ihnen die folgenden Gründe für eine Planung Ihrer Finanzangelegenheiten?

	Unwichtig (1)	(2)	(3)	(4)	(5)	Äußerst wichtig (6)
Transparenz/ Übersicht über Einnahmen/Ausgaben, Vermögen, Schulden und Versicherungen	○	○	○	○	○	○
Systematischer Vermögensaufbau	○	○	○	○	○	○
Sicherung des Vermögensbestandes	○	○	○	○	○	○
Sicherung der Altersvorsorge	○	○	○	○	○	○
Renditesteigerung	○	○	○	○	○	○
Steueroptimierung	○	○	○	○	○	○
Abbau von Schulden	○	○	○	○	○	○
Risikoabsicherung der Familie	○	○	○	○	○	○
Planung der laufenden Einnahmen und Ausgaben	○	○	○	○	○	○
Immobilienerwerb	○	○	○	○	○	○
Überprüfung der bisherigen Strategie	○	○	○	○	○	○
Reduktion der Unsicherheit der zukünftigen finanziellen Situation	○	○	○	○	○	○

Die weiteren Fragen (8 bis 16) beziehen sich auf Ihre speziellen Vorstellungen und Wünsche bezüglich der Dienstleistung "Private Finanzplanung":

8) Welche der folgenden Inhalte gehören Ihrer Meinung nach zu einer Privaten Finanzplanung?

	Unwichtig (1)	(2)	(3)	(4)	(5)	Äußerst wichtig (6)
Berechnungen zur Altersvorsorge (Rentenschätzung, Versorgungslückenrechner)	○	○	○	○	○	○
Empfehlungen zu geeigneten Bank- und Versicherungsprodukten	○	○	○	○	○	○
Empfehlungen zu staatlichen Fördermitteln (vermögenswirksame Leistungen, Riester-Rente etc.)	○	○	○	○	○	○
Einnahmen- Ausgabenplanung, Private Bilanz	○	○	○	○	○	○
Steuerkalkulationen und -tipps (Einkommensteuer, Erbschaftsteuer etc.)	○	○	○	○	○	○
Erbschaftsplanung	○	○	○	○	○	○
Schuldnerberatung	○	○	○	○	○	○
Ratenkredit/ Immobiliendarlehen-Kalkulation	○	○	○	○	○	○
Seminare/Lernprogramme zur privaten Finanzplanung (Vermittlung von Versicherungs- und Finanzwissen)	○	○	○	○	○	○
Sonstige (bitte angeben):	○	○	○	○	○	○

9) Die Private Finanzplanung kann als Prozess verstanden werden. Welche der folgenden Prozessschritte würden Sie **durch den professionellen Finanzplaner** durchführen lassen?

☐ Datenaufnahme und Darstellung der persönlichen Ist-Situation

☐ Analyse und Aufzeigen von Handlungsempfehlungen, um die gewünschten Ziele zu erreichen

☐ Dokumentation der Ergebnisse, d.h. Erstellung eines schriftlichen Berichtes

☐ Vergleich von Finanzprodukten, wie Versicherungen oder Bankprodukte, nach Preis und Leistung

☐ Auswahl des spezifischen Finanzproduktes und des Anbieters (z.B. die Lebensversicherung des Versicherungsunternehmens xyz)

☐ Vermittlung der Finanzprodukte und Durchführung der Transaktion (z.B. Kauf/Verkauf von Wertpapieren oder Versicherungen)

☐ Regelmäßige Kontrolle und Anpassung des Finanzplans

10) Wie wichtig wären Ihnen die folgenden Eigenschaften bei einer Privaten Finanzplanung?

	Unwichtig (1)	(2)	(3)	(4)	(5)	Äußerst wichtig (6)
Transparenz und Verständlichkeit der Analysen	○	○	○	○	○	○
Anwendung einheitlicher Standards bei der Beratung (Grundsätze ordnungsmäßiger Finanzplanung)	○	○	○	○	○	○
Besondere Qualifikation des Beraters (z.B. als Certified Financial Planner)	○	○	○	○	○	○
Einbezug von weiteren Spezialisten (z.B. Steuerberater)	○	○	○	○	○	○
Servicegarantien - für den Beratungsprozess und die Ergebnisse -, die bei Nichteinhaltung zu einer Entschädigung führen	○	○	○	○	○	○
Einsatz von spezieller Beratungssoftware	○	○	○	○	○	○
Niedriger Preis	○	○	○	○	○	○
Geringer Zeitaufwand bei der Durchführung	○	○	○	○	○	○
Bekanntheit des Anbieters (Bank, Versicherung etc.)	○	○	○	○	○	○
Möglichkeit, die Planung selbstständig durchzuführen (im Internet oder mit entsprechender Software)	○	○	○	○	○	○
Dass auch Teilaspekte der umfassenden Finanzplanung einzeln angeboten werden (z.B. Altersvorsorgeplanung, Erbschaftsplanung)	○	○	○	○	○	○
Objektivität, Unabhängigkeit des Anbieters	○	○	○	○	○	○

11) Auf welche Weise würden Sie eine Private Finanzplanung gerne durchführen?

	Sehr geringe Präferenz (1)	(2)	(3)	(4)	(5)	Sehr hohe Präferenz (6)
Persönlich mit einem Berater bei mir zu Hause	○	○	○	○	○	○
Persönlich mit einem Berater in dessen Räumlichkeiten	○	○	○	○	○	○
Telefonisch mit einem Berater	○	○	○	○	○	○
Per Brief/Fax	○	○	○	○	○	○
Selbstständig im Internet	○	○	○	○	○	○
Selbstständig mit entsprechender Software	○	○	○	○	○	○

12) Welchen Anbieter würden Sie bei der Privaten Finanzplanung bevorzugen?

	Sehr geringe Präferenz (1)	(2)	(3)	(4)	(5)	Sehr hohe Präferenz (6)
Bank/Sparkasse	○	○	○	○	○	○
Versicherung	○	○	○	○	○	○
Unabhängiger Finanzberater	○	○	○	○	○	○
Steuerberater	○	○	○	○	○	○
Verbraucherzentrale	○	○	○	○	○	○

13) Wären Sie bereit, für eine Private Finanzplanung ein Honorar zu bezahlen?

○ Ja, auf jeden Fall

○ Unter Umständen, falls:

☐ Unabhängigkeit des Finanzplaners von den Produktanbietern gegeben ist

☐ umfassende Lösungsansätze und Handlungsempfehlungen vorliegen

☐ eine Servicegarantie für die Beratung und deren Ergebnisse abgegeben wird

☐ Sonstige Bedingungen: [   ]

○ Nein, unter keinen Umständen

14) Bis zu welcher Höhe würden Sie ein Honorar für eine Private Finanzplanung, die Ihren persönlichen Vorstellungen entspricht, akzeptieren?

Honorar in DM Paket	bis 50	50 - 100	100 - 250	250 - 500	über 500	Paket kommt nicht in Frage
A. Basis (Reines Internetangebot, bei der Sie die Planung selbst durchführen und online die Ergebnisse erhalten; keine persönliche Beratung; ständig verfügbar; Jahrespauschale)	◌	◌	◌	◌	◌	◌
B. Komfort (Telefonische, umfassende Beratung durch einen qualifizierten Finanzplaner; Ergebnisse erhalten Sie per Post/Fax/E-Mail; Einmalgebühr)	◌	◌	◌	◌	◌	◌
C. Exklusiv (Persönliche, umfassende Beratung durch einen qualifizierten Finanzplaner unter Einbeziehung eines Spezialistenteams, Einmalgebühr)	◌	◌	◌	◌	◌	◌

15) Wie geeignet sind Ihrer Meinung nach folgende Formen des Honorars für eine Private Finanzplanung?

	Überhaupt nicht geeignet (1)	(2)	(3)	(4)	(5)	Sehr geeignet (6)
Pauschalbetrag	◌	◌	◌	◌	◌	◌
Nach Zeitaufwand/Häufigkeit der Inanspruchnahme	◌	◌	◌	◌	◌	◌
Abhängig von der Vermögenshöhe	◌	◌	◌	◌	◌	◌
Erfolgsabhängig (Renditesteigerung, Steuerersparnis etc.)	◌	◌	◌	◌	◌	◌
Vermittlungsprovision bei der Umsetzung (Produktverkauf etc.)	◌	◌	◌	◌	◌	◌

16) Würden Sie, nach allem, was Sie jetzt über diese Dienstleistung erfahren haben, eine Private Finanzplanung durchführen wollen?

- ○ Ja
- ○ Nein

Zum Abschluss noch einige statistische Fragen:

17) Sie sind

- ○ weiblich
- ○ männlich

18) Wie alt sind Sie?

[   ] Jahre

19) Welchen Familienstand haben Sie?

- ○ Alleinstehend
- ○ Partnerschaft
- ○ Verheiratet

20) Wie viele Personen leben insgesamt in Ihrem Haushalt? [   ]

Wie viele davon sind unter 15 Jahren? [   ]

21) Bitte kreuzen Sie Ihren bisher höchsten Bildungsabschluss an.

- ○ kein Schulabschluss
- ○ Hauptschulabschluss
- ○ Weiterführende Schule ohne Abitur
- ○ Abitur
- ○ Hochschul-/Fachhochschulabschluss

22) Was ist Ihre derzeitige berufliche Position?

    ○ Angestellter

    ○ Beamter

    ○ Rentner/Pensionär

    ○ Hausfrau/-mann

    ○ Arbeitslos

    ○ Student

    ○ Selbstständige

    ○ Andere Position: [＿＿＿＿＿＿＿＿＿＿＿＿]

23) Wie hoch ist das monatliche Nettoeinkommen Ihres Haushaltes?
(Bitte addieren Sie die Nettoeinkommen der Haushaltsmitglieder)

    ○ kein Einkommen

    ○ bis 1.500 DM

    ○ 1.501-2.500 DM

    ○ 2.501-5.000 DM

    ○ 5.001-7.500 DM

    ○ über 7.500 DM

24) Wie hoch ist Ihr Geldvermögen (Bankguthaben, Wertpapiere etc.) abzüglich der Schulden
(Überziehungskredite, Ratenkredite etc.)?
(Bitte berücksichtigen Sie keine Immobilienvermögen bzw. -darlehen)

    ○ negativ

    ○ bis 35 TDM

    ○ 35 bis 50 TDM

    ○ 50 bis 100 TDM

    ○ 100 bis 200 TDM

    ○ über 200 TDM

Wir würden uns freuen, wenn Sie uns noch Ihre persönliche Meinung zu dieser Befragung und dem Thema "Private Finanzplanung" mitteilen:

[＿＿＿＿＿＿＿＿＿＿＿＿]

Falls Sie an der Verlosung teilnehmen möchten, geben Sie bitte hier Ihre E-Mail Adresse an:

[＿＿＿＿＿＿＿＿＿＿＿＿]

[Fragebogen abschicken]   [Zurücksetzen]

Anhang 4: Faktorladungsmatrix der psychografischen Eigenschaften

Faktor		Selbständig-keit/Erfahrung	Aktivität/Information	Komplexität	Unterstüt-zung	Berater-affinität
Eigenwert		5,59	1,55	1,21	1,15	1,06
%-Varianz		37,28	10,36	8,08	7,65	7,08
3	FIG	0,832				
4	UME	0,679	0,313	-0,300		
5	EKP	0,801				-0,395
6	EEF	0,870				
13	KON	0,642				
1	SPF	0,422	0,605		-0,366	
11	INT		0,817			
12	ZFS		0,775			
14	KOM			0,896		
8	ZZT			0,310	0,564	
9	FEV				0,842	
7	RFR		0,429	-0,337		0,541
15	BER			0,329		0,785
2	AKT	0,561	0,567			
10	WEV	0,352	0,506	-0,444		

Anm.: Angaben zur Faktorladung = Korrelation zwischen Variable und Faktor; Eigenwert = Summe der quadrierten Faktorladungen; %-Varianz = Varianzaufklärung durch den Faktor in %; Die Zahlen vor den **Variablen** entsprechen den Unterfragen der Fragen 4 und 5 des Fragebogens; **FIG** (Finanzielle Angelegenheiten im Griff), **UME** (Erfahrung im Umgang mit Finanzprodukten), **EKP** (Entscheidungen zu treffen kein Problem), **EEF** (Entscheidungen sind erfolgreich), **KON** (Selbst Kontrolle behalten), **SPF** (Spaß mit finanziellen Dingen), **INT** (Internet zur Informationsbeschaffung), **ZFS** (Fachzeitschriften oder Fernsehen zur Informationsbeschaffung), **KOM** (Komplexität der Wechselwirkungen), **ZZT** (Zu wenig Zeit), **FEV** (Fragt Eltern/Verwandte/Freunde), **RFR** (Risikofreudig), **BER** (Vertrauen zu professionellen Beratern), **AKT** (Aktive Beschäftigung mit finanziellen Angelegenheiten), **WEV** (Wird von Eltern/Verwandten/Freunden gefragt); Faktorladungen < 0,3 werden nicht ausgewiesen.

Quelle: Eigene Untersuchung.

Anhang 5: Faktorladungsmatrix der Nachfragegründe für Finanzplanung

Faktor		Vermögen	Unsicher-heitsreduk-tion	Ertrag	Schulden-abbau/ Risikoabsi-cherung	Transpa-renz/ Planung	Immobi-lienerwerb
Eigenwert		4,42	1,47	1,14	0,93	0,78	0,69
%-Varianz		36,80	12,21	9,50	7,78	6,52	5,75
2	SVA	0,765					
3	SVB	0,746				0,311	
4	SAV	0,773					
11	UES		0,602				0,526
12	RUN		0,852				
5	REN	0,448		0,662			
6	STE			0,858			
7	ASC				0,874		
8	RIF	0,398	0,304		0,639		
1	TRA					0,849	
9	PLA				0,326	0,554	
10	IMM						0,929

Anm.:   Angaben zur Faktorladung = Korrelation zwischen Variable und Faktor; Eigenwert = Summe der quadrierten Faktorladungen; %-Varianz = Varianzaufklärung durch den Faktor in %; Die Zahlen vor den **Variablen** entsprechen den Unterfragen der Frage 7 des Fragebogens; **SVA** (Systematischer Vermögensaufbau), **SVB** (Sicherung Vermögensbestand), **SAV** (Sicherung Altersvorsorge), **UES** (Überprüfung Strategie), **RUN** (Reduktion von Unsicherheit), **REN** (Renditesteigerung), **STE** (Steueroptimierung), **ASC** (Abbau von Schulden), **RIF** (Risikoabsicherung der Familie), **TRA** (Transparenz über Einnahmen/Ausgaben, Vermögen/Schulden), **PLA** (Planung laufende Einnahmen/Ausgaben), **IMM** (Immobilienerwerb); Faktorladungen < 0,3 werden nicht ausgewiesen.

Quelle: Eigene Untersuchung.

Literaturverzeichnis

Adelt, Peter J./Müller, Horst/Wiswede, Günter (1994)
Ausprägung und Prognose der Spar- und Anlagementalität, in: Sparkasse, Jg. 111 Nr. 6, S. 263-273.

Adler, Jost (1998)
Eine informationsökonomische Perspektive des Kaufverhaltens, in: WiSt, H. 7/1998, S. 341-347.

Altenburger, Ralph/Pohl, Michael (2000)
Hat die Versicherungswirtschaft das Internet verschlafen?, in: Versicherungswirtschaft, H. 5/2000, S. 294-295.

Amely, Tobias (1994)
Allfinanz-Konzerne als Problem der Bank- und Versicherungsaufsicht: Vorschläge zu einer integrativen Behandlung der Erfolgsrisiken, Köln.

Anthes, William L./Lee, Shelley A. (2001)
Experts examine emerging concept of "life planning", in: Journal of Financial Planning, Jg. 14 Nr. 6, S. 90-101.

Arbeitsgemeinschaft der Verbraucherverbände/Deutsches Rotes Kreuz (Hrsg.) (1998)
Schuldenreport 1999: Kredite der privaten Haushalte in Deutschland, Baden-Baden.

Asendorpf, Dirk (2001)
Informationstechnik: E-Learning hilft beim Karrieresprung, in: Die Zeit, vom 11.10.2001, S. 35.

Atteslander, Peter (1993)
Methoden der empirischen Sozialforschung, 7. Aufl., Berlin.

Backhaus, Klaus/Erichson, Bernd/Plinke, Wulff/Weiber, Rolf (1996)
Multivariate Analysemethoden: eine anwendungsorientierte Einführung, 8. verbesserte Aufl., Berlin.

Bae, Sung/Sandanger, James P. (1997)
What Consumers look for in Financial Planners, in: Financial Counseling and Planning Journal, Vol. 8 Feb 1997, S. 9-16.

Baldi, Stefan/Achleitner, Ann-Kristin (1998)
Sicherheit im Internet-Banking, in: Burkhardt, Thomas/Lohmann, Karl (Hrsg.), Banking und Electronic-Commerce im Internet, Berlin.

Bamberg, Günter/Baur, Franz (1993)
Statistik, 8. überarbeitete und erweiterte Aufl., München.

Bamberg, Günter/Coenenberg, Adolf (1996)
Betriebswirtschaftliche Entscheidungslehre, 9. überarbeitete Aufl., München.

Bandilla, Wolfgang (1999)
WWW-Umfragen - Eine alternative Datenerhebungstechnik für die empirische Sozialforschung?, in: Batinic, Bernard/Gräf, Lorenz/Werner, Andreas/Bandilla, Wolfgang (Hrsg.), Online Research: Methoden, Anwendungen und Ergebnisse, Göttingen.

Bandura, Albert (1997)
Self-Efficacy: The Exercice of Control, New York.

Batinic, Bernard/Gräf, Lorenz/Werner, Andreas/Bandilla, Wolfgang (1999)
Online Research: Methoden, Anwendungen und Ergebnisse, Göttingen.

Bätscher, Rudolf (1989)
Financial Services für den privaten Haushalt - Entwicklung, Funktionen und konzeptioneller Ansatz im Lichte des Service-Gedankens, St. Gallen.

Bayer, Patrick J./Bernheim, B. Douglas/Scholz, John Karl (1996)
The Effects of Financial Education in the Workplace: Evidence from a Survey of Employers, in: National Bureau of Economic Research, Working Paper 5655, Cambridge.

Beck, Douglas A./Fraser, Jane N./Reuter-Domenech, A. C./Sidebottom, Peter (1999)
Personal Financial Services Goes Global, in: The McKinsey Quarterly, Number 2, S. 39-47.

Bellof, Tilo/Bercher, Arndt G. (1999)
Neue Geschäftsmodelle im Internet Banking, in: Die Bank, H. 5/1999, S. 318-321.

Berekoven, Ludwig (1974)
Der Dienstleistungsbetrieb - Wesen, Struktur, Bedeutung, Wiesbaden.

Berekoven, Ludwig/Eckert, Werner/Ellenrieder, Peter (1999)
Marktforschung: methodische Grundlagen und praktische Anwendung, 8. überarbeitete Aufl., Wiesbaden.

Berger, Roland/Hoock, Reinhard (1998)
Mit kundenorientierter Organisation und Kultur zur Weltspitze, in: Betsch, Oskar/van Hooven, Eckart/Krupp, Georg (Hrsg.), Handbuch Privatkundengeschäft. Entwicklung - State of the art - Zukunftsperspektiven, Frankfurt am Main.

Bernet, Beat (1996)
Bankbetriebliche Preispolitik, Bern.

Bernet, Beat (1998)
Bündelung und Entbündelung von Finanzprodukten, in: Betsch, Oskar/van Hooven, E-ckart/Krupp, Georg (Hrsg.), Handbuch Privatkundengeschäft. Entwicklung - State of the art - Zukunftsperspektiven, Frankfurt am Main.

Bernheim, B. Douglas/Garrett, Daniel M. (1996)
The Determinants and Consequences of Financial Education in the Workplace: Evidence from a Survey of Households, in: National Bureau of Economic Research, Working Paper 5667, Cambridge.

Bernheim, B. Douglas/Garrett, Daniel M. (2001)
The Effects of Financial Education in the Workplace: Evidence from a Survey of Households, Working Paper.

Bernheim, B. Douglas/Ray, Debraj/Yeltekin, Sevin (1999)
Self-Control, Saving, and the Low Asset Trap, Working Paper, Stanford.

Bernheim, B. Douglas/Skinner, Jonathan/Weinberg, Steven (2001)
What Accounts for the Variation in Retirement Wealth Among U.S. Households, Working Paper, Stanford.

Bernstein, Phyllis (1998)
Compensation and Disclosure Issues in Personal Financial Planning, http://www.aicpa.org/members/div/pfp/wht-papr.htm [Stand: 15.07.2001].

Berzdorf, Stefan/Heinsen, Heiko (1999)
Strategische Vermögensplanung, in: Warth & Klein (Hrsg.), Professionelle Vermögensverwaltung. Finanzplanung - Steuergestaltung - EDV-Lösungen, Stuttgart.

Betsch, Oskar (1995)
Anspruch und Wirklichkeit der Beratung vermögender Privatkunden - eine Profilierungschance für Genossenschaftsbanken durch das Angebot von privater Finanzplanung, in: ZfgG, Jg. 45, S. 4-16.

Betsch, Oskar (1999)
Irrtümer und Wahrheiten zum Retail-Banking, in: bank und markt, H. 4/1999, S. 18-24.

Betsch, Oskar (2000)
Privatkundengeschäft - Achillesferse der Banken?, in: ÖBA, H. 1/2000, S. 5-14.

Betsch, Oskar/van Hooven, Eckart/Krupp, Georg (1998)
Handbuch Privatkundengeschäft - State of the art - Zukunftsperspektiven, Frankfurt am Main.

Bierbaum, Detlef (2000)
Altersvorsorge: Lebenszyklus-Anlageprogramme für Führungskräfte und Freiberufler, in: Die Bank, H. 10/2000, S. 668-673.

Bills, Donald O. (2001)
The Rise of Financial Planning Worldwide, Denver.

Bitz, Michael/Oehler, Andreas (1993a)
Überlegungen zu einer verhaltenswissenschaftlich fundierten Kapitalmarktforschung (Teil I), in: Kredit und Kapital, H. 2/1993, S. 246-273.

Bitz, Michael/Oehler, Andreas (1993b)
Überlegungen zu einer verhaltenswissenschaftlich fundierten Kapitalmarktforschung (Teil II), in: Kredit und Kapital, H. 3/1993, S. 375-416.

Blum, Achim (1992)
Der Weg zur Allfinanz, in: Jansen, Dieter E. (Hrsg.), Allfinanz 2000: das Handbuch der Kapitalanlage und Vermögensbildung, Neuwied.

Blum, Anne Catherine (1997)
Integration nicht-traditioneller Asset Classes in die Vermögensverwaltung von High Net Worth Individuals, Bern.

Böcker, Franz (1994)
Marketing, 5. überarbeitete Aufl., Stuttgart.

Böckhoff, Michael/Stracke, Guido (1999)
Der Finanzplaner: Handbuch der privaten Finanzplanung und individuellen Finanzberatung, Heidelberg.

Bockholt, Heinrich (1999)
Richtig beraten mit Blick auf die Zukunft - Finanzplanung, in: Bank Magazin, H. 9/1999, S. 16-18.

Böhler, Achim (2001)
Kundentypologie und Fondsvertrieb: Neue Segmentierung gefragt, in: bank und markt, H. 12/2001, S. 14-19.

Böhler, Heymo (1977)
Methoden und Modelle der Marktsegmentierung, Stuttgart.

Böhler, Heymo (1992)
Marktforschung, 2. überarbeitete Aufl., Stuttgart.

Bohm, Rainer/Werner, Harald/König, Tanja (1998)
Segmentierung von Privatkunden: nicht nach Geschäftsvolumen, in: bank und markt, H. 11/1998, S. 24-27.

Boissier, Vera Cvijetic (1999)
Family Office: Allroundservice für Wohlhabende, in: Die Bank, H. 3/1999, S. 168-171.

Bongartz, Ulrich (1999)
Financial Planning 2000: Entwicklungen und Chancen, in: Versicherungswirtschaft, H. 22/1999, S. 1676-1677.

Börner, Christoph J. (2001)
Allfinanz, neue Bankvertriebswege und Resource-based View, Köln.

Bortz, Jürgen/Döring, Nicola (1995)
Forschungsmethoden und Evaluation, 2. vollständig überarbeitete und aktualisierte Aufl., Berlin.

Böshenz, Johann (1999)
Möglichkeiten und Grenzen der Online-Marktforschung - Konzeptionelle Grundlagen und empirische Erkenntnisse, Arbeitspapier Band 89, FGM Fördergesellschaft Marketing e.V. an der Ludwig-Maximilians-Universität München, München.

Bowers, Tab/Singer, Marc (1996)
Who will capture value in online financial services, in: The McKinsey Quarterly, Number 2, S. 78-83.

Boyd, William L./Myron, Leonard/White, Charles (1994)
Customer Preferences for Financial Services: An Analysis, in: International Journal of Bank Marketing, Jg. 12 Nr. 1, S. 9-15.

Bresser, Rudi K./Eschen, Erik/Millonig, Klemens (2001)
Internet-Banking verdirbt Filialbanken das Geschäft, in: Harvard Business Manager, H. 3/2001, S. 28-39.

Broll, Udo/Milde, Hellmuth (1999)
Versicherung, Diversifikation und Hedging (Teil 1), in: WiSt, H. 10/1999, S. 516-520.

Brückner, Michael (2001)
Wenn guter Rat teuer ist, in: Süddeutsche Zeitung, vom 19. 06. 2001, S. 31.

Bruhn, Manfred (2000)
Kundenerwartungen - Theoretische Grundlagen, Messung und Managementkonzept, in: ZfB, Jg. 70 H. 9, S. 1031-1054.

Bruhn, Manfred/Stauss, Bernd (Hrsg.) (1999)
Dienstleistungsqualität: Konzepte - Methoden - Erfahrungen, 3. vollständig überarbeitete und erweiterte Aufl., Wiesbaden.

Brunner, Guido (1987)
Die Vermögensverwaltung deutscher Kreditinstitute im Privatkundengeschäft, Frankfurt am Main.

Brunner, Wolfgang L./Vollath, Johann (Hrsg.) (1993)
Handbuch Finanzdienstleistungen, Stuttgart.

Bühl, Achim/Zöfel, Peter (1998)
SPSS Version 8 - Einführung in die moderne Datenanalyse unter Windows, Bonn.

Bufka, Jürgen (1997)
Auslandsgesellschaften internationaler Dienstleistungsunternehmen: Koordination – Kontext – Erfolg, Wiesbaden.

Buhl, Hans Ulrich/Huther, Andreas/Reitwiesner, Bernd (2001)
Information age economy - 5. internationale Tagung Wirtschaftsinformatik 2001, Heidelberg.

Buhl, Hans Ulrich/Huther, Andreas/Reitwiesner, Bernd/Schroeder, Nina/Schneider, Jo-
    chen/Tretter, Bruno (2000)
    Performanceattribution im Private Banking, in: Die Bank, H. 5/2000, S. 318-323.

Buhl, Hans Ulrich/Kreyer, Nina/Steck, Werner (2001)
    e-Finance: Innovative Problemlösungen für Informationssysteme in der Finanzwirtschaft,
    Berlin.

Buhl, Hans Ulrich/Kundisch, Dennis/Steck, Werner (2001)
    Sophistication Banking als erfolgreiche Strategie im Informationszeitalter, in: Universität
    Augsburg, Lehrstuhl für Betriebswirtschaftslehre mit Schwerpunkt Wirtschaftsinformatik,
    Diskussionspapier WI-92, http://www.wiwi.uni-augsburg.de/bwl/bwl_wi/forschung/ pa-
    pers/ [Stand: 14.02.02].

Buhl, Hans Ulrich/Mellwig, Nicola (2001)
    Der Einfluss des Internetvertriebs auf die Bank- und Versicherungsmärkte, in: Universität
    Augsburg, Lehrstuhl für Betriebswirtschaftslehre mit Schwerpunkt Wirtschaftsinformatik,
    Diskussionspapier WI-102, http://www.wiwi.uni-augsburg.de/bwl/bwl_wi/forschung/ pa-
    pers/ [Stand: 14.02.02].

Buhl, Hans Ulrich/Wolfersberger, Peter (1999a)
    Neue Perspektiven im Online- und Multichannel Banking, in: Universität Augsburg,
    Lehrstuhl für Betriebswirtschaftslehre mit Schwerpunkt Wirtschaftsinformatik, Diskussi-
    onspapier WI-64, http://www.wiwi.uni-augsburg.de/bwl/bwl_wi/forschung/ papers/
    [Stand: 14.02.02].

Buhl, Hans Ulrich/Wolfersberger, Peter (1999b)
    Individuelle Finanzdienstleistungen im WWW: Wird der Kunde zum Online-König?, in:
    Bayerischer Monatsspiegel, Jg. 35 H. 3, S. 113-115.

Bühler, Wilhelm (2000a)
    Zweiklassensystem - Ultima Ratio der Privatkundensegmentierung?, in: Die Bank, H.
    11/2000, S. 748-753.

Bühler, Wilhelm (2000b)
    Kundenbindung durch Wahlangebotsstrategien, in: Die Bank, H. 12/2000, S. 846-851.

Bundesministerium für Arbeit und Sozialordnung (Hrsg.) (2001a)
    Sicherheit mit System - Die neue Rente für vermindert Erwerbsfähige, Berlin.

Bundesministerium für Arbeit und Sozialordnung (Hrsg.) (2001b)
    Die neue Rente: Solidarität mit Gewinn, Berlin.

Bundesregierung (Hrsg.) (2001a)
    Lebenslagen in Deutschland - Der erste Armuts- und Reichtumsbericht der Bundesregie-
    rung, Berlin.

Bundesregierung (Hrsg.) (2001b)
    Lebenslagen in Deutschland - Daten und Fakten, Materialband zum ersten Armuts- und
    Reichtumsbericht der Bundesregierung, Berlin.

Bundesverband Informationswirtschaft, Telekommunikation und neue Medien e.V. (Hrsg.) (2002)
Wege in die Informationsgesellschaft - Status quo und Perspektiven Deutschlands im internationalen Vergleich, Berlin.

Burger, Jerry M. (1992)
Desire for Control: Personality, Social ans Clinical Perspectives, New York.

Burkhardt, Thomas (1998)
Automatisierte Verhandlungsführung und Mediation in elektronischen Märkten, in: Burkhardt, Thomas/Lohmann, Karl (Hrsg.), Banking und Electronic-Commerce im Internet, Berlin.

Burkhardt, Thomas/Lohmann, Karl (Hrsg.) (1998a)
Banking und Electronic-Commerce im Internet, Berlin.

Burkhardt, Thomas/Lohmann, Karl (1998b)
Wachstum und Facetten des Electronic Commerce - Ökonomische Perspektiven unter besonderer Berücksichtigung des Internet-Banking, in: Burkhardt, Thomas/Lohmann, Karl (Hrsg.), Banking und Electronic-Commerce im Internet, Berlin.

Carl, Reinhard (2000)
Private Banking: Internet für neue Zielgruppen, in: bank und markt, H. 5/2000, S. 28-32.

Certified Financial Planner Boards of Standards (Hrsg.) (1999a)
First Annual CFP Practitioner Survey, http://www.cfp-board.org/press_srvyinfo.html [Stand: 09.03.02].

Certified Financial Planner Boards of Standards (Hrsg.) (1999b)
1999 Consumer Survey, http://www.cfp-board.org/press_srvyinfo.html [Stand: 09.03.02].

Certified Financial Planner Boards of Standards (Hrsg.) (2001a)
CFB Board Report, Jg. 8 Nr. 1, http://www.cfp-board.org [Stand: 28.09.2001].

Certified Financial Planner Boards of Standards (Hrsg.) (2001b)
CFB Board Annual Report 2000, http://www.cfp-board.org [Stand: 04.02.2002].

Cezanne, Wolfgang (1993)
Allgemeine Volkswirtschaftslehre, München.

CFP-Council (Hrsg.) (2001)
Statistics: Total Number of International CFP Licensees as of December 31, 2000.

Cheron, Emmanuel J./Boidin, Helene/Daghfous, Naoufel (1999)
Basic financial services needs of low income individuals: a comparative study in Canada, in: International Journal of Bank Marketing, Jg. 17 Nr. 2, S. 49-60.

Clemons, Eric K./Hitt, Lorin M. (2000)
The Internet and the Future of Financial Services: Transparency, Differential Pricing and Disintermediation, in: Working Paper Series: The Wharton Financial Institutions Center, Working Paper 00-35, Philadelphia.

Coleman, James Samuel (1990)
Foundations of Social Theory, Cambridge.

College for Financial Planning (Hrsg.) (1993)
CFP Survey of Trends in Financial Planning (Spring 1993), Denver.

Corsten, Hans (1992)
Lexikon der Betriebswirtschaftslehre, München.

Cramer, Jürgen (2000)
E-Commerce: Wie viel man doch falsch machen kann, in: bank und markt, H. 6/2000, S. 14-19.

Deutsche Bundesbank (Hrsg.) (1993)
Zur Vermögenssituation der privaten Haushalte in Deutschland, in: Monatsbericht 10/93, S. 19-32.

Deutsche Bundesbank (Hrsg.) (1998)
Die gesamtwirtschaftlichen Finanzierungsströme im Jahr 1997, in: Monatsbericht 5/98, S. 27-51.

Deutsche Bundesbank (Hrsg.) (1999)
Zur Entwicklung der privaten Vermögenssituation seit Beginn der neunziger Jahre, in: Monatsbericht 1/99, S. 33-50.

Deutsche Bundesbank (Hrsg.) (2001)
Die gesamtwirtschaftlichen Finanzierungsströme im Jahr 2000, in: Monatsbericht 6/01, S. 15-40.

Diez, Willi (2000)
Wenn das Internet als Verkäufer arbeitet, in: Harvard Business Manager, H. 1/2000, S. 22-29.

Diller, Hermann (1997)
Preismanagement im Zeichen des Beziehungsmarketing, in: DBW, Jg. 57. Nr. 6, S. 749-763.

Diller, Hermann (1999)
Entwicklungslinien in Preistheorie und -management, in: Marketing ZFP, H. 1/1999, S. 39-60.

Diller, Hermann (2000a)
Preispolitik, 3. überarbeitete Aufl., Stuttgart.

Diller, Hermann (2000b)
Preiszufriedenheit bei Dienstleistungen, in: DBW, Jg. 60 Nr. 5, S. 570-587.

Dobler, Peter (1999)
Computerunterstützung in der Vermögensverwaltung - der Schlüssel zu mehr Anlageer-
folg, in: Warth & Klein (Hrsg.), Professionelle Vermögensverwaltung. Finanzplanung -
Steuergestaltung - EDV-Lösungen, Stuttgart.

Dombret, Andreas R. (2000)
Ausgewählte Strategieansätze für Finanzdienstleister, in: Die Bank, H. 6/2000, S. 368-
369.

Domschke, Wolfgang/Scholl, Armin (2000)
Grundlagen der Betriebswirtschaftslehre: Eine Einführung aus entscheidungsorientierter
Sicht, Berlin.

Donabedian, Avedis (1980)
The Definition of Quality and Approaches to its Assessment, Explorations in Quality Assessment and Monitoring, Ann Arbor.

Dornbusch, Rudiger/Fischer, Stanley (1995)
Makroökonomik, 6. Aufl., München.

Dreyer, Karl-Joachim (2001)
Haspa: Mehrwert statt Preiswettbewerb, in: bank und markt, H. 3/2001, S. 14-19.

Dynan, Karen E./Skinner, Jonathan/Zeldes, Stephen P. (2000)
Do the Rich Save More?, in: Federal Reserve Board (Hrsg.), NBER Working Paper No.
7906, Washington.

Dzienziol, Jochen/Eberhardt, Michael/Renz, Annete/Schackmann, Jürgen (2001)
Multi-Channel Pricing for Financial Services, in: Universität Augsburg, Lehrstuhl für
Betriebswirtschaftslehre mit Schwerpunkt Wirtschaftsinformatik, Diskussionspapier WI-
94, http://www.wiwi.uni-augsburg.de/bwl/bwl_wi/forschung/papers/ [Stand: 14.02.02].

Ebel, Bernhard/Hofer, Markus B. (2001)
Wertpapiergeschäft: Die Preisstrukturen brechen auf, in: Die Bank, H. 7/2001, S. 487-
491.

Eckstein, Peter P. (2000)
Angewandte Statistik mit SPSS, 3. vollständig überarbeitete und erweiterte Aufl., Wiesbaden.

Eichhorn, Wolfgang/Hellwig, Martin (1988)
Versicherungsmärkte: Theorie - A. Versicherungsmärkte mit vollständiger Information,
in: Farny, Dieter et al. (Hrsg.), Handwörterbuch der Versicherung HdV, Karlsruhe.

Eisen, Roland (1988)
Versicherungsnachfrage, in: Farny, Dieter et al. (Hrsg.), Handwörterbuch der Versicherung HdV, Karlsruhe.

Eisenführ, Franz/Weber, Martin (1993)
Rationales Entscheiden, Berlin.

Employee Benefit Research Institute (Hrsg.) (2001)
The 2001 Retirement Confidence Survey: Summary of findings, www.ebri.org/rcs
/2001/index.htm [Stand 14.02.2002].

Engels, Stefan/Meissner, Thomas W./Schölzl, Alfred (1999)
Private Finanzplanung als Instrument des privaten Vermögensmanagements, in: Warth &
Klein (Hrsg.), Professionelle Vermögensverwaltung. Finanzplanung - Steuergestaltung -
EDV-Lösungen, Stuttgart.

Engenhardt, Gerold F. (1998)
Private Finanzplanung, in: Vermögensverwaltung 1998 - Das Jahrbuch der sicheren und
rentablen Kapitalanlage, Sonderdruck Private Finanzplanung, Wiesbaden, S. 1-9.

Erat, Andreas/Steinert, Martin (2001)
Qualitätssteigerung der E-Mail-Kommunikation im Zeitalter des CRM, in: io management, H. 4/2001, S. 32-36.

Ericsson, K. Anders/Smith, Jacqui (1991)
Prospects and Limits of the Empirical Study of Expertise: An Introduction, in: Ericsson,
K. Anders/Smith, Jacqui (Hrsg.), Toward a General Theory of Expertise, New York.

Euler, Manfred (1995)
Das Grundvermögen privater Haushalte, in: Sparkasse, Jg. 112 Nr. 8, S. 345-355.

Farny, Dieter et al. (Hrsg.) (1998)
Handwörterbuch der Versicherung HdV, Karlsruhe.

Farny, Dieter (1988)
Theorie der Versicherung: B. Fortentwicklung der Theorie der Versicherung, in: Farny,
Dieter et al. (Hrsg.), Handwörterbuch der Versicherung HdV, Karlsruhe.

Faßbender, Heino/Spellerberg, Frank (1991)
Lebensstil als Bestimmungsfaktor der Nachfrage nach Finanzdienstleistungen, in: Krümmel, Hans-Jacob/Rehm, Hannes/Simmert, Diethard B. (Hrsg.), Allfinanz - Strukturwandel an den Märkten für Finanzdienstleistungen, Beihefte zu Kredit und Kapital Heft 11,
Berlin.

Felderer, Bernhard (1991)
Demographische Einflüsse auf den Sparprozess, in: Krümmel, Hans-Jacob/Rehm, Han-
nes/Simmert, Diethard B. (Hrsg.), Allfinanz - Strukturwandel an den Märkten für Finanzdienstleistungen, Beihefte zu Kredit und Kapital Heft 11, Berlin.

Fichte, Harald (1970)
Zu Problemen der prognostischen Arbeit auf dem Gebiet der Finanzökonomie unter besonderer Berücksichtigung der Möglichkeiten zur Ausnutzung der Finanzbilanz des Staates Berlin, Berlin.

Fisher, Irvin (1930)
The Theory of Interest, New York.

Flur, Dorlisa K./Ledet, Elizabeth A./McCoy, Molly (1996)
Supermarket banks, in: The McKinsey Quarterly, Number 4, S. 76-82.

Flur, Dorlisa K./Mendonca, Lenny T./Nakache, Patricia (1997)
Personal Financial Services: A Question of Channels, in: The McKinsey Quarterly, Number 3, S. 116-125.

Fotschki, Christiane/Theilmann, Olaf (1998)
Den Wandel als Chance nutzen! Electronic Banking, in: Geldinstitute, H. 3/1998, S. 8-11.

Frese, Erich (Hrsg.) (1992)
Handwörterbuch der Organisation, 3. Aufl., Stuttgart.

Freter, Hermann (1983)
Marktsegmentierung, Stuttgart.

Freter, Hermann (1993)
Marktsegmentierung, in: Handwörterbuch der Betriebswirtschaft, 5. völlig neu gestaltete Aufl., Stuttgart, Sp. 2803-2818.

Fricke, Dieter (1972)
Das Sparverhalten der privaten Haushalte in der Bundesrepublik Deutschland - Eine empirische Überprüfung der Sparfunktion, Berlin.

Fridgen, Michael/Steck, Werner (2001)
New Perspectives on Individualization and Controlling of Web Sites for the Financial Services Industry, in: Universität Augsburg, Lehrstuhl für Betriebswirtschaftslehre mit Schwerpunkt Wirtschaftsinformatik, Diskussionspapier WI-99, http://www.wiwi.uni-augsburg.de/bwl/bwl_wi/forschung/papers/ [Stand: 14.02.2002].

Friedman, Milton (1957)
A Theory of Consumption Function, Princeton.

Gerpott, Torsten J./Knüfermann, Markus (2000)
Internet banking - Eine empirische Untersuchung bei deutschen Sparkassen, in: ÖBA, H. 1/2000, S. 38-50.

Gesamtverband der Deutschen Versicherungswirtschaft e.V. (GDV) (2001)
Statistisches Taschenbuch der Versicherungswirtschaft 2001, Berlin.

Gessner, Peter (1993)
Hat der Allfinanzgedanke noch Zukunft?, in: Brunner, Wolfgang L./Vollath, Johann (Hrsg.), Handbuch Finanzdienstleistungen, Stuttgart.

GfK (Hrsg.) (2001)
GfK Online-Monitor - Ergebnisse der 7. Untersuchungswelle.

Gierl, Heribert (1995)
Marketing, Stuttgart.

Gierl, Heribert (1999)
Das Vertrauen der Kunden gewinnen, in: Die Bank, H. 6/1999, S. 388-391.

Gierl, Heribert/Stumpp, Stefan (1999)
Der Einfluß von Kontrollüberzeugungen und globalen Einstellungen auf umweltbewußte Konsumentenverhalten, in: Marketing ZFP, H. 2/1999, S. 121-129.

Gilly, Marc C./Enis, Ben R. (1982)
Recycling the Family Life Cycle: A Proposal for Redefinition, in: Mitchel, A. A. (Hrsg.), Advances in Consumer Research, Ann Arbor.

Gloystein, Peter (1998)
Das Wertpapiergeschäft als Schlüssel zum Privatkunden, in: Betsch, Oskar/van Hooven, Eckart/Krupp, Georg (Hrsg.), Handbuch Privatkundengeschäft. Entwicklung - State of the art - Zukunftsperspektiven, Frankfurt am Main.

Goeritz, Anja S. (1999)
Online-Panels, in: Internet-Umfragen-Newsletter 17, http://www.or.zuma-mannheim.de/inhalt/informationsquellen/newsletter/um17.htm [Stand: 14.02.2002].

Gokhale, Jagadeesh/Warshawsky, Laurence J. (1999)
Comparing the Economic and Conventional Approaches to Financial Planning, Boston.

Graham, Fred/Isaac, Alan G. (2001)
The Behavioral Life-Cycle Theory of Consumer Behaviour: Survey Evidence, Working Paper American University, Washington.

Gröneweg, Simone (2002)
Im Dschungel der Berater, in: Süddeutsche Zeitung, vom 30./31.03/01.04.2002, S. 29.

Gubert, Walter A. (1999)
Herausforderungen für die europäische Finanzindustrie, in: ÖBA, H. 1/1999, S. 6-14.

Haley, Russel I. (1968)
Benefit segmentation: a decision-oriented research tool, in: Journal of Marketing, Jg. 32 Nr. 3, S. 30-35.

Hallmann, Victor G./Rosenbloom, Jerry S. (1987)
Personal Financial Planning, New York.

Hanna, Shermann/Fan, Jessi X./Chang, Y. Regina (1995)
Optimal Life Cycle Savings, in: Financial Counseling and Planning Journal, Vol. 6 Feb. 1995, S. 1-15.

Harrison, Tina S. (1994)
Mapping Customer Segments for Personal Financial Services, in: International Journal of Bank Marketing, Jg. 12 Nr. 8, S. 17-25.

Hart, Wolfgang (2001)
Ist Private Banking auch ein interessantes Geschäftsfeld für Sparkassen?, in: Sparkasse, Jg. 118 Nr. 9, S. 403-406.

Harth, Wolfgang/Auner-Fellenzer, Andreas (2000)
Financial Planning im Kommen, in: Betriebswirtschaftliche Blätter, H. 8/2000, S. 383-386.

Hartmann-Wendels, Thomas/Pfingsten, Andreas/Weber, Martin (1998)
Bankbetriebslehre, Berlin.

Harwalik, Peter (1988)
Preispolitik und Nachfragerverhalten im standardisierten Geschäft der Banken mit dem privaten Kunden, Erlangen-Nürnberg.

Hauke, Wolfgang/Opitz, Otto (1996)
Mathematische Unternehmensplanung: eine Einführung, Landsberg/Lech.

Hauptmanns, Peter (1999)
Grenzen und Chancen von quantitativen Befragungen mit Hilfe des Internet, in: Batinic, Bernard/Gräf, Lorenz/Werner, Andreas/Bandilla, Wolfgang (Hrsg.), Online Research: Methoden, Anwendungen und Ergebnisse, Göttingen.

Hauschildt, Jürgen (1977)
Entscheidungsziele, Tübingen.

Heigl, Christian (2000)
Strategische Modelle im Internet-Banking, in: ÖBA, H. 4/2000, S. 299-304.

Hellwig, Martin (1988)
Versicherungsmärkte: Theorie - B. Versicherungsmärkte mit unvollständiger Information, in: Farny, Dieter et al. (Hrsg.), Handwörterbuch der Versicherung HdV, Karlsruhe.

Herchenhein, Sven/Strathmann, Sacha M./Seidel, Christian J. (2002)
Interaktives TV: Innovativer Vertriebskanal für Finanzdienstleister, in: Die Bank, H. 3/2002, S. 184-187.

Herrmann, Andreas/Vetter, Ingrid (1999)
Finanzdienstleistungen - die Präferenzen der Kunden, in: Die Bank, H. 5/1999, S. 336-340.

Herrmann, Andreas/Wricke, Martin/Huber, Frank (2000)
Kundenzufriedenheit durch Preisfairness, in: Marketing ZFP, H. 2/2000, S. 131-143.

Heuveldop, Guido (2000)
Neue Wege in der Preispolitik, in: Die Bank, H. 4/2000, S. 288-291.

Hober, Rolf-Jürgen (1981)
Versorgungsvermögen in der Vermögensverteilung - Die Kapitalisierung der Versorgungsansprüche mit Vermögenscharakter und ihre Einbeziehung als Versorgungsvermögen in die personelle Vermögensverteilung der Haushalte in der BRD im Jahre 1973, Tübingen.

Hoffmann, Gabriele (2000)
Kapitalgedeckte Vorsorge für das Alter als Kern des aktuellen Rentenkonzeptes, in: ZfgK, H. 21/2000, S. 1260.

Hofmann, Oliver/Deschner, Dominik/Dümpe, Oliver/Will, Andreas (1999)
Ein generisches Modell zur kundenindividuellen Leistungsbündelung durch Softwareagenten, in: Steiner, Manfred et al. (Hrsg.), Elektronische Dienstleistungswirtschaft und Financial Engineering, Tagungsband der 2. internationalen FAN-Tagung 1999, Münster.

Holliday, K. K. (1993)
Financial Planning as a Relationship Tool, in: Bank Management, H. 8/1993, S. 42-46.

Homburg, Christian/Kebbel, Phoebe (2001a)
Involvement als Determinante der Qualitätswahrnehmung von Dienstleistungen, in: DBW, Jg. 61 Nr. 1, S. 42-59.

Homburg, Christian/Kebbel, Phoebe (2001b)
Komplexität als Determinante der Qualitätswahrnehmung von Dienstleistungen, in: ZfbF, H. 8/2001, S. 478-499.

Höper, Julia (2000)
Das Internet als Beratungsmedium Stärken und Schwächen, in: Die Bank, H. 6/2000, S. 396-401.

http://www.media.spiegel.de/SoHa5
Interaktive Online-Auswertung der Studie Soll und Haben 5.

Hummel, Detlev (1998)
Preisgestaltung bei Produktbündeln, in: Betsch, Oskar/van Hooven, Eckart/Krupp, Georg (Hrsg.), Handbuch Privatkundengeschäft. Entwicklung - State of the art - Zukunftsperspektiven, Frankfurt am Main.

Huther, Andreas/Reitwiesner, Bernd/Schneider, Jochen (2001)
Performanceanalyse im E-Brokerage, in: Buhl, Hans Ulrich/Kreyer, Nina/Steck, Werner (Hrsg.), e-Finance: Innovative Problemlösungen für Informationssysteme in der Finanzwirtschaft.

Hütt, Eduardo/Le Brun, Robert/Mannhardt, Thilo (2001)
Simplifying Web segmentation, in: The McKinsey Quarterly, Number 3, S. 12-14.

Hütter, Helmut (2000)
Wettbewerbsvorteil durch Servicegarantien, in: ÖBA, H. 4/2000, S. 305-308.

Instenberg-Schieck, Gabriele (1999)
Multi Channel Banking - die Wege zum Kunden, in: Die Bank, H. 9/1999, S. 602-607.

Institut für Finanzdienstleistungen (Hrsg.) (2000)
Access to Financial Services: Strategies towards Equitable Provision, German National Report, Preliminary Paper, Hamburg.

Jacob, Hans-Reinhard/Winkelmann, Bettina (1999)
1 x 1 der Kundenorientierung, in: Die Bank, H. 9/1999, S. 590-597.

Jänsch, Norbert (1995)
Mikrogeographische Marktsegmentierung in der Versicherungswirtschaft: Ein Instrument zur Analyse und Steuerung, München.

Jansen, Dieter (Hrsg.) (1992)
Allfinanz 2000: das Handbuch der Kapitalanlage und Vermögensbildung, Neuwied.

Johnston, Robert (1997)
Identifying the critical determinants of service quality in retail banking: importance and effect, in: International Journal of Bank Marketing, Jg. 15 Nr. 4, S. 111-116.

Jurowsky, Rainer/Terhürne, Markus (1999)
Die Performance von Wertpapierdepots - Berechnung und Beurteilung unter Risikogesichtspunkten, in: Warth & Klein (Hrsg.), Professionelle Vermögensverwaltung. Finanzplanung - Steuergestaltung - EDV-Lösungen, Stuttgart.

Kaas, Klaus Peter (1992)
Kontraktgütermarketing als Kooperation zwischen Prinzipalen und Agenten, in: ZfbF, H. 10/1992, S. 884-901.

Kaas, Klaus Peter (1999)
Marktsegmentierung: Die einfachsten Kriterien sind nicht immer die Besten, in: bank und markt, H. 11/1999, S. 12-16.

Kangis, Peter/Passa, Vassiliki (1997)
Awareness of service charges and its influence on customer expectations and perceptions of quality in banking, in: The Journal of Service Marketing, Jg. 11 Nr. 2, S. 105-117.

Kapoun, Josef (2001)
Bots und Avatare: Das Internet soll "menschlich" werden, in: bank und markt, H. 9/2001, S. 30-34.

Karsch, Werner (2001)
Direct Brokerage - die zweite Welle, in: Die Bank, H. 8/2001, S. 566-573.

Keller, Bernhard/Lerch, Sabine/Matzke, Sandro (2000)
Umfrage: Kundenbindung und Wechselbereitschaft, in: Die Bank, H. 6/2000, S. 376-381.

Kennickell, Arthur B./Starr-McCluer, Martha/Sunden, Annika E. (1997)
Saving and Financial Planning: Some findings from a Focus Group, in: Financial Counseling and Planning Journal, Vol. 8 Feb 1997, S. 1-8.

Kennickell, Arthur B./Sunden, Annika E. (1997)
Pensions, Social Security, and the Distribution of Wealth, Washington.

Kern, Holger (2000)
Finanzportale - vom "one-stop-shopping" zum "One-dot-shopping", in: ÖBA, H. 5/2000, S. 370-376.

Kerr & Downs Research (Hrsg.) (1994)
International Association for Financial Planning 1994 Survey of Financial Advisors, Atlanta.

Kirkland, Jane M./Welsh, Timothy A. (1997)
A vision for worksite marketing, in: The McKinsey Quarterly, Number 3, S. 138-142.

Klein, Edgar (2001)
Comeback von Allfinanz?, in: geldinstitute, H. 6/2001, S. 14-15.

Klein, Sabine/Porst, Rolf (2000)
Mail Surveys: Ein Literaturbericht, in: ZUMA-Technischer Bericht 10/2000, Mannheim.

Kloepfer, Jörg (1998)
Marketing für die private Finanzplanung - Theoretische und empirische Grundlagen für eine innovative, komplexe Beratungsleistung, Frankfurt.

Köcher, Renate (1998)
Veränderungen der Kundenstruktur und Kundenbedürfnisse, in: Betsch, Oskar/van Hooven, Eckart/Krupp, Georg (Hrsg.), Handbuch Privatkundengeschäft. Entwicklung - State of the art - Zukunftsperspektiven, Frankfurt am Main.

Korczak, Dieter (2000)
Überschuldung in Deutschland zwischen 1988 und 1999, in: Gutachten im Auftrag des Bundesministeriums für Familie, Senioren, Frauen und Jugend, München/Weiler.

Kotler, Philip/Bliemel, Friedhelm (1992)
Marketing-Management - Analyse, Planung, Umsetzung, Steuerung, 7. vollständig neu bearbeitete Aufl., Stuttgart.

Krafft, Manfred/Albers, Sönke (2000)
Ansätze zur Segmentierung von Kunden - Wie geeignet sind herkömmliche Konzepte?, in: ZfbF, H. 9/2000, S. 51-536.

Krafft, Reinhard H. (1998)
Altersvorsorge - das zentrale Thema in der Bankberatung der Zukunft, in: Betsch, Oskar/van Hooven, Eckart/Krupp, Georg (Hrsg.), Handbuch Privatkundengeschäft. Entwicklung - State of the art - Zukunftsperspektiven, Frankfurt am Main.

Kratzer, Constance Y./Brunson, Bruce H./Garman, E. Thomas/Kim, Jinhee/Joo, So-hyun (1998)
Financial Education in the workplace: Results of a research study, in: Journal of Compensation and Benefits, Jg. 14 Nr. 3, S. 24-27.

Krauß, Hans-Ulrich (2001)
Chancen, Synergien und Erfolge mit S-Vermögensmanagement, in: Betriebswirtschaftliche Blätter, H. 4/2001, S. 180-182.

Krauss, Peter (2001a)
Geschäftsfeld Financial Planning - Private Finanzplanung, in: AssCompact, H. 4/2001, S. 106-107.

Krauss, Peter (2001b)
Private Finanzplanung - Beratungssoftware, in: Bank Magazin, H. 2/2001, S. 36-39.

Kremer, Erhard (1988)
Risikotheorie, in: Farny, Dieter et al. (Hrsg.), Handwörterbuch der Versicherung HdV, Karlsruhe.

Kremer, Marcus (1994)
Das Nachfrageverhalten von Versicherungs- und Bankkunden aus ganzheitlicher Sicht - Konsequenzen für den Finanzdienstleistungsgedanken, St. Gallen.

Krick, Matthias (1998)
Entwicklungsmöglichkeiten im Retail Banking - die Indifferenz der Profile, in: ZfgK, 51. Jg H. 19/1998, S. 1085-1087.

Kroeber-Riel, Werner/Weinberg, Peter (1999)
Konsumentenverhalten, 7. verbesserte und ergänzte Aufl., München.

Krümmel, Hans-Jacob/Rehm, Hannes/Simmert, Diethard B. (Hrsg.) (1991)
Allfinanz - Strukturwandel an den Märkten für Finanzdienstleistungen, Beihefte zu Kredit und Kapital Heft 11, Berlin.

Kruschev, Wesselin (1998)
Bedarfsorientierte Beratung als Instrument zur Kundenakquisition, in: Die Bank, H. 6/1998, S. 352-356.

Kruschev, Wesselin (1999)
Private Finanzplanung: Die neue Dienstleistung für anspruchsvolle Anleger, Wiesbaden.

Kruschwitz, Lutz (1995)
Finanzmathematik, München.

Kshirsagar, Alok/McNamara/Weir, Janette (2001)
A broadband future for financial advice, in: The McKinsey Quarterly, Number 2, S. 15-17.

Kuhn, Wolfgang (1998)
    Erfolgsversprechende Ansätze bei der Konditionierung von Beratungsleistung, in: Betsch,
    Oskar/van Hooven, Eckart/Krupp, Georg (Hrsg.), Handbuch Privatkundengeschäft. Ent-
    wicklung - State of the art - Zukunftsperspektiven, Frankfurt am Main.

Kundisch, Dennis/Dzienziol, Jochen/Eberhardt, Michael/Pinnow, Marian (2001)
    Vergleichsmöglichkeiten für Finanzdienstleistungsangebote im WWW, in: Universität
    Augsburg, Lehrstuhl für Betriebswirtschaftslehre mit Schwerpunkt Wirtschaftsinformatik,
    Diskussionspapier WI-89, http://www.wiwi.uni-augsburg.de/bwl/bwl_wi/forschung/ pa-
    pers/ [Stand: 14.02.2002].

Küster, Guido J. (2000)
    CFP - ein internationales Gütesiegel für Financial Planning, in: ÖBA, H. 10/2000, S. 827-
    828.

Laakmann, Wilhelm (1990)
    Einflüsse der Kundensegmentierung und Zielgruppenbildung auf die Vertriebspolitik, in:
    bank und markt, H. 8/1990, S. 10-13.

Laker, Michael/Wübker, Georg/Baumgarten, Jens (2001)
    E-Banking: Technologisch perfekt, aber am Kunden vorbei?, in: Die Bank, H. 6/2001, S.
    430-434.

Lange, Jörg (1995)
    Finanzberatung für private Haushalte, theoretische Konzepte, praktische Umsetzung und
    Anforderungen für die Zukunft, Hannover.

Langer, Ellen J. (1983)
    The Psychology of Control, Newbury Park.

Lautenschläger, Manfred (1996)
    Mythos MLP: Erfolgsgeschichte eines Finanzdienstleisters, Frankfurt am Main.

Laux, Manfred (2000)
    Zur Zukunft der Altersvorsorge - das Altersvermögensaufbaugesetz aus Sicht des BVI, in:
    ZfgK, H. 21/2000, S. 1250-1259.

Leitermann, Hubert (1998)
    Bankfilialen in Supermärkten, in: Betsch, Oskar/van Hooven, Eckart/Krupp, Georg
    (Hrsg.), Handbuch Privatkundengeschäft. Entwicklung - State of the art - Zukunftsper-
    spektiven, Frankfurt am Main.

Levin, Ross (1997)
    The Wealth Management Index: The Financial Advisor's System for Assessing & Mana-
    ging Your Client's Plans & Goals, Chicago.

Lingnau, Volker (1995)
    Kritischer Rationalismus und Betriebswirtschaftslehre, in: WiSt, 24. Jg Nr. 3, S. 124-129.

Link, Hubert/Schackmann, Jürgen (2000)
Ein ökonomisches Modell für die Produktion individueller digitaler Produkte, in: Universität Augsburg, Lehrstuhl für Betriebswirtschaftslehre mit Schwerpunkt Wirtschaftsinformatik, Diskussionspapier WI-82, http://www.wiwi.uni-augsburg.de/bwl/bwl_wi/ forschung/papers/ [Stand: 14.02.2002].

Link, Hubert/Schackmann, Jürgen (2001a)
Mass Customization of Digital Products in Electronic Commerce, in: Universität Augsburg, Lehrstuhl für Betriebswirtschaftslehre mit Schwerpunkt Wirtschaftsinformatik, Diskussionspapier WI-97, http://www.wiwi.uni-augsburg.de/bwl/bwl_wi/forschung/ papers/ [Stand: 14.02.2002].

Link, Hubert/Schackmann, Jürgen (2001b)
Individual Digital Goods and Services in Electronic Commerce, in: Universität Augsburg, Lehrstuhl für Betriebswirtschaftslehre mit Schwerpunkt Wirtschaftsinformatik, Diskussionspapier WI-98, http://www.wiwi.uni-augsburg.de/bwl/bwl_wi/forschung/papers/ [Stand: 14.02.2002].

Linke, Klaus (2001)
Diese Vertragsmodalitäten müssen Berater beachten, in: Consultant, H. 6/2001, S. 62-66.

Loebbecke, Claudia (2001)
eCommerce: Begriffsabgrenzung und Paradigmenwechsel, in: BFuP, H. 2/2001, S. 93-108.

Loerzer, Sven (2001)
Kein Ausweg aus der Schuldenfalle, in: Süddeutsche Zeitung, vom 14./15.08.2001, S. 50.

Luhmann, Niklas (1994)
Soziale Systeme: Grundriß einer allgemeinen Theorie, 4. Aufl., Frankfurt am Main.

Machauer, Achim/Morgner, Sebastian (2001)
Segmentation of bank customers by expected benefits and attitudes, in: International Journal of Bank Marketing, Jg. 19 Nr. 1, S. 6-17.

Maslow, Abraham H. (1987)
Motivation and Personality, 3. Aufl., New York.

Maude, David/R Raghunath/Sahay, Anupam/Sands, Peter (2000)
Banking on the device, in: The McKinsey Quarterly, Number 3, S. 87-97.

Meffert, Heribert (1995)
Dienstleistungsmarketing: Grundlagen, Konzepte, Methoden, Wiesbaden.

Merrill Lynch, Pierce, Fenner & Smith inc. (Hrsg.) (1994)
Introduction to Financial Planning, New York.

Michel, Stefan (1999)
Qualitätsunterschiede zwischen Dienstleistung und Eigenleistung (Prosuming) als Herausforderung für Dienstleister, in: Bruhn, Manfred/Stauss, Bernd (Hrsg.), Dienstleistungsqualität: Konzepte - Methoden - Erfahrungen, 3. vollständig überarbeitete und erweiterte Aufl., Wiesbaden.

Milde, Hellmuth (1992)
Über Risiko und Risikotheorie, in: ÖBA, H. 4/1992, S. 314-319.

Minhas, Raj Singh/Jacobs, Everett M. (1996)
Benefit segmentation by factor analysis: an improved method of targetin customers for
financial services, in: International Journal of Bank Marketing, Jg. 14 Nr. 3, S. 3-13.

Mittra, Sid (1990)
Practicing financial planning: a complete guide for professionals, Englewood Cliffs.

Modigliani, Franco (1986)
Life Cycle, Individual Thrift, and the Wealth of Nations, in: American Economic Review,
Jg. 76 Nr. 3, S. 297-314.

Modigliani, Franco/Brumberg, Richard (1954)
Utility Analysis and the Consumption Function: An Interpretation of Cross-Section Data,
in: Kurihara, K. K. (Hrsg.), Postkeynesian Economics, New York.

Mols, Niels Peter (1998)
The behavioral consequences of PC banking, in: International Journal of Bank Marketing,
Jg. 16 Nr. 5, S. 195-201.

Moore, David (2000)
Financial Services for everyone, in: The McKinsey Quarterly, Number 1, S. 125-131.

Morasch, Karl/Welzel, Peter (2000)
Emergence of Electronic Markets: Implications of Declining Transport Costs on Firm
Profits and Consumer Surplus, in: Universität Augsburg, Volkswirtschaftliche Diskussi-
onsreihe, Beitrag 196.

Mullainathan, Sendhil/Thaler, Richard H. (2000)
Behavioral Economics, in: NBER Working Paper No. 7948.

Müller, Christoph/Roth, Stephan/Wichmann, Ralph (1999)
Private Finanzen 2000. Representative Analyse von Finanzmentalitäten und -verhalten
der Bundesbürger, in: Sparkasse, Jg. 116 Nr. 1, S. 29-32.

Müller, Peter (1997)
Ganzheitliche Kundenberatung durch Financial Planning. Ein Konzept zur Implementie-
rung einer allumfassenden Kundenbetreuung erläutert am Beispiel der Basler Kantonal-
bank, Bern.

Müller-Böling, Detlef (1992)
Methodik der empirischen Organisationsforschung , in: Frese, Erich (Hrsg.), Handwörterbuch der Organisation, 3. Aufl., Stuttgart.

Münnich, Margot (1999)
Haus- und Grundbesitz sowie Wohnverhältnisse privater Haushalte in Deutschland, in:
Wirtschaft und Statistik, H. 3/1999, S. 210-220.

Münnich, Margot (2000)
Einkommens- und Geldvermögensverteilung privater Haushalte in Deutschland - Teil 1,
Ergebnis der Einkommens- und Verbrauchsstichprobe 1998, in: Wirtschaft und Statistik,
H. 9/2000, S. 679-689.

Münnich, Margot (2001a)
Einkommens- und Geldvermögensverteilung privater Haushalte in Deutschland - Teil 2,
Ergebnis der Einkommens- und Verbrauchsstichprobe 1998, in: Wirtschaft und Statistik,
H. 2/2001, S. 121-137.

Münnich, Margot (2001b)
Geldvermögen privater Haushalte 1998 im Spiegel der Statistik, in: Sparkasse, Jg. 118
Nr. 4, S. 154-160.

Münnich, Margot/Illgen, Monika (2000)
Einkommen und Einnahmen privater Haushalte in Deutschland, in: Wirtschaft und Statistik, H. 2/2000, S. 124-137.

Münnich, Margot/Illgen, Monika/Krebs, Thomas (2000)
Zur Höhe und Struktur der Ausgaben privater Haushalte in Deutschland - Ergebnisse der
Einkommens- und Verbrauchsstichprobe 1998, in: Wirtschaft und Statistik, H. 11/2000,
S. 853-868.

Nachtigall, Walter (1974)
Zur rationellen Nutzung des wissenschaftlich-technischen Fortschritts in der Ökonomie
mit Hilfe mathematisch-statistischer Verfahren, dargestellt am Beispiel Finanzökonomie,
Berlin.

Nanahary, Saholy (2001)
eLearning - Finanzdienstleiter vor neuen Herausforderungen, in: geldinstitute, H. 9/2001,
S. 14-18.

National Center For Financial Education
Financial Self Help, http://www.ncfe.com [Stand: 14.02.2002].

Neeb, Christoph (1995)
Wissenschaftstheorie, in: Preissner, Andreas/Engel, Stefan (Hrsg.), Promotionsratgeber,
2. Aufl., München/Wien.

Nölke, Uwe (2000)
Die Freunde im Netz: Internetberatung, in: Bank Magazin, H. 5/2000, S. 58-60.

o.V. (1997)
Zwischen Zaudern und Zocken, in: Finanztest, H. 12/1997, S. 12-20.

o.V. (2000a)
Finanzdienstleistungen im Internet: Selbstdarstellung geht vor Service, in: management berater, H. 3/2000, S. 32-33.

o.V. (2000b)
Baufinanzierung: Im Beratungstest ließen die Banken kaum einen Fehler aus - Passt selten, in: Finanztest, H. 2/2000, S. 12-17.

o.V. (2000c)
Bankberatung: Völlig verschnitten, in: Finanztest, H. 5/2000, S. 12-19.

o.V. (2001a)
Gebühren für Finanzberatung - Teueres Vermögen, in: Finanztest, H. 3/2001, S. 54-55.

o.V. (2001b)
Advance Bank setzt auf mobile Berater, in: Süddeutsche Zeitung, vom 14./15.08.2001, S. 51.

o.V. (2001c)
Haftungsanspruch für Umsetzungsvorschläge/Empfehlungen aus dem VermögensVorsorgePlan, in: Gerling-Konzern (Hrsg.), Informationsunterlagen des Gerling-Konzerns zum Private Risk Management.

o.V. (2001d)
MLP Konzern, in: Versicherungswirtschaft, H. 11/2001, S. 882-883.

Obele, Evelyn (1998)
Bedürfnisorientierte Marktstrukturierung für Finanzdienstleistungen, Frankfurt am Main.

Oehler, Andreas (1995)
Die Erklärung des Verhaltens privater Anleger: theoretische Ansätze und empirische Analysen, Stuttgart.

Opelia, Nancy (1997)
The impact of Emerging Demographic Trends on Financial Planning, in: Journal of Financial Planning, Jg. 10 Nr. 6, S. 46-54.

Pape, Gerhard (1999)
Ein Jahr Verbraucherinsolvenz - eine Zwischenbilanz, in: Zeitschrift für Wirtschaftsrecht - ZIP, Jg. 20 Nr. 49, S. 2037-2047.

Pape, Gerhard (2000)
Vorschläge zur Reform der Verbraucherinsolvenz, in: Zeitschrift für Wirtschaftsrecht - ZIP, Jg. 21 Nr. 36, S. 1553-1564.

Parasuraman, A./Zeithaml, Valarie A./Berry, Leonard L. (1988)
SERVQUAL: A Multiple-Item Scale for Measuring Consumer Perceptions of Service Quality, in: Journal of Retailing, Jg. 64, Nr. 1, S. 12-40.

Patterson, Axel (1991)
Vermögensstrukturberatung durch Finanzdienstleister: eine konkurrenzbezogene Analyse, Kiel.

Pauluhn, Burkhardt (1998)
Multiple Channels als Komfortlösung, in: Betsch, Oskar/van Hooven, Eckart/Krupp, Georg (Hrsg.), Handbuch Privatkundengeschäft. Entwicklung - State of the art - Zukunftsperspektiven, Frankfurt am Main.

Pawlowski, Tadeusz (1980)
Begriffsbildung und Definition, Berlin.

Pechtl, Hans (2001)
Marketing und E-Commerce, in: BFuP, H. 2/2001, S. 109-123.

Pedersen, Per E./Nysveen, Herbjorn (2001)
Shopbot banking: an exploratory study of customer loyalty effects, in: International Journal of Bank Marketing, Jg. 19 Nr. 4, S. 146-155.

Perridon, Louis/Steiner, Manfred (1995)
Finanzwirtschaft der Unternehmung, 8. überarbeitete Aufl., München.

Plummer, Joseph T. (1974)
The concept and application of life style segmentation, in: Journal of Marketing, Jg. 38 Nr. 1, S. 33-37.

Popper, Karl R. (1971)
Logik der Forschung, 4. Aufl., Tübingen.

Porst, Rolf (1998)
Im Vorfeld der Befragung: Planung, Fragebogenentwicklung, Pretesting, in: ZUMA-Arbeitsbericht 98/02, Mannheim.

Porter, Michael E. (2001)
Strategy and the Internet, in: Harvard Business Review, March 2001, S. 62-78.

Poterba, James M./Wise, David A. (1996)
Individual Financial Decicions in Retirement Retirement Saving Plans and the Provision of Resources for Retirement, in: National Bureau of Economic Research, Working Paper 5762, Cambridge.

Prüfer, Peter/Rexroth, Margit (1996)
Verfahren zur Evaluation von Survey-Fragen: Ein Überblick, Mannheim.

Rapp, Andreas (1992)
Bankpreise und Kundenverhalten: eine empirische Analyse unter besonderer Berücksichtigung wissenschaftstheoretischer und verhaltenstheoretischer Erkenntnisse, Frankfurt am Main.

Rehm, Hannes/Simmert, Diethard B. (1991)
Allfinanz - Befund, Probleme, Perspektiven, in: Krümmel, Hans-Jacob u.a. (Hrsg.), Allfinanz - Strukturwandel an den Märkten für Finanzdienstleistungen, Berlin.

Reichheld, Frederick F./Schefter, Phil (2001)
Warum Kundentreue auch im Internet zählt, in: Harvard Business Manager, H. 12/2000, S. 70-81.

Reifner, Udo (1997)
Social Banking - Ansätze und Erfahrungen über die Integration sozialer Zielsetzungen in privatwirtschaftliche Finanzdienstleistungen, in: Schuster, Leo (Hrsg.), Die gesellschaftliche Verantwortung von Banken, Berlin.

Reifner, Udo (1998)
Verschuldung der privaten Haushalte in Deutschland, in: Arbeitsgemeinschaft der Verbraucherverbände e.v.; Deutsches Rotes Kreuz (Hrsg.), Schuldenreport 1999: Kredite der privaten Haushalte in Deutschland, Baden-Baden.

Reifner, Udo/Dörhage, Walter (1988)
Finanzdienstleistungen, soziale Diskriminierung und Verbraucherschutz, Lübeck.

Reips, Ulf-Dietrich (2000)
Was ist Online-Forschung?, in: Internet-Umfragen-Newsletter 18, http://www.or.zuma-mannheim.de/inhalt/informationsquellen/newsletter/um18.htm [Stand: 02.02.2002].

Reiß, Michael/Koser, Martin (2001)
Individualisierungspotenziale des E-Business, in: Zeitschrift für Organisation, Jg. 70 Nr. 3, S. 135-141.

Reittinger, Wolfgang J./Stracke, Guido/Tilmes, Rolf (1997a)
Gewinne durch Financial Planning (I), in: Die Bank, H. 10/1997, S. 580-585.

Reittinger, Wolfgang J./Stracke, Guido/Tilmes, Rolf (1997b)
Gewinne durch Financial Planning (II), in: Die Bank, H. 11/1997, S. 658-661.

Reittinger, Wolfgang J./Tilmes, Rolf (1998)
Financial Planning für vermögende Privatkunden im Rahmen der Altersversorgung, in: Cramer, Jörg E./Förster, Wolfgang/Ruland, Franz (Hrsg.), Handbuch zur Altersversorgung, Frankfurt am Main.

Reus, Peter (1998)
Merkmale und ökonomische Effekte elektronischer Märkte unter besonderer Berücksichtigung der Bankenmärkte, in: Burkhardt, Thomas/Lohmann, Karl (Hrsg.), Banking und Electronic-Commerce im Internet, Berlin.

Reuß, Udo (2001a)
Positive Ersterfahrungen mit der privaten Finanzplanung, in: Consultant, H. 5/2001, S. 39-44.

Reuß, Udo (2001b)
Neue Ausbildungskonzepte für anspruchsvolle Kunden, in: Consultant, H. 6/2001, S. 46-48.

Ricci, Umberto (1926)
L' Offerta del Risparmio, Part I 1926, Part II 1927.

Richter, Jörg (2001)
Grundsätze ordnungsmäßiger Finanzberatung, Bad Soden/Ts.

Richter, Rudolf/Furubotn, Eirik G. (1999)
Neue Institutionenökonomik: Eine Einführung und kritische Würdigung, 2. durchgesehene und ergänzte Aufl., Tübingen.

Ritterbex, Hans Dieter (1998)
Versicherungsgeschäft über den Bankschalter, in: Handbuch Privatkundengeschäft. Entwicklung - State of the art - Zukunftsperspektiven, Frankfurt am Main, S. 631-646.

Röbke, Thomas (2001)
Haste mal 'ne Mail, in: Die Zeit, vom 18.10.2001, S. 36.

Rodeghier, Mark (1997)
Marktforschung mit SPSS: Analyse, Datenerhebung und Auswertung, Bonn.

Rodin, Judith/Rennert, Karen/Solomon, Susan K. (1980)
Intrinsic Motivation for Control: Fact or Fiction, in: Baum, Andrew/Singer, Jerome E. (Hrsg.), Advances in Environmental Psychology: Application of Personal Control, Mahwah.

Roemer, Mark (1998)
Direktvertrieb kundenindividueller Finanzdienstleistungen - ökonomische Analyse und systemtechnische Gestaltung, Heidelberg.

Roßbach, Peter (2001)
Behavioral Finance - Eine Alternative zur vorherrschenden Kapitalmarkttheorie?, in: Arbeitsberichte der Hochschule für Bankwirtschaft, Frankfurt am Main, Frankfurt am Main.

Ruda, Walter (1988)
Ziele privater Kapitalanleger, Wiesbaden.

Schackmann, Jürgen/Steck, Werner/Hummer, Sabine/Rödl, Karin (2000)
Eine ökonomische Betrachtung von Customer Relationsship Management und individuellen Finanzdienstleistungen, in: Universität Augsburg, Lehrstuhl für Betriebswirtschaftslehre mit Schwerpunkt Wirtschaftsinformatik, Diskussionspapier WI-80, http://www.wiwi.uni-augsburg.de/bwl/bwl_wi/forschung/papers/ [Stand: 14.02.2002].

Schäfer, Henry (2001a)
Private Finanzplanung - Ein Instrument der Kundenbindung bei Versicherungen und Bausparkassen, in: Versicherungswirtschaft, H. 10/2001, S. 714-719.

Schäfer, Henry (2001b)
Private Finanzplanung - Antwort auf sozialpolitische Herausforderungen, in: Sparkasse, Jg. 118 Nr. 9, S. 394-402.

Schäfer, Henry/Unkel, Steffen (2000)
Private Finanzplanung in Deutschland - theoretische und konzeptionelle Grundlagen, Arbeitspapiere zu Finanzmärkten und Finanzdienstleistungen, Arbeitspapier 03/2000, Universität Siegen.

Schäfer, Henry/Unkel, Steffen (2001)
Financial Planning bei Versicherungen und Bausparkassen in Deutschland, in: AssCompact, H. 4/2001, S. 68-69.

Schannewitzky, Gerhard (1983)
Einführung in Theorie und Praxis des Definierens, Darmstadt.

Schlomann, Heinrich (1991)
Der Einfluß von Lebenszyklus und Familiensituation auf das Sparverhalten, in: Krümmel, Hans-Jacob/Rehm, Hannes/Simmert, Diethard B. (Hrsg.), Allfinanz - Strukturwandel an den Märkten für Finanzdienstleistungen, Beihefte zu Kredit und Kapital Heft 11, Berlin.

Schmähl, Winfried (1983b)
Lebenseinkommensanalysen - Einige methodische und empirische Fragen im Überblick, in: Schmähl, Winfried (Hrsg.), Ansätze der Lebenseinkommensanalyse, Tübingen.

Schmähl, Winfried (Hrsg.) (1983a)
Ansätze der Lebenseinkommensanalyse, Tübingen.

Schmidt, Karen (2000)
Beratung ohne persönliches Gespräch. E-Mail Marketing, in: Bank Magazin, H. 1/2000, S. 50-51.

Schnörer, Reinhard (2001)
Financial Planning - Ein Markt mit Zukunft, in: AssCompact, H. 4/2001, S. 60-66.

Scholz, Christian (2001)
E-Learning, in: WiSt, H. 11/2001, S. 611-614.

Schröder, Ralf R. (2001)
E-Brokerage - Beratung nun doch gefragt?, in: geldinstitute, H. 6/2001, S. 16-18.

Schüller, Stephan/Riedl, Michael (2000)
Multi Channel Management - die Vertriebsherausforderung im Retail Banking, in: Die Bank, H. 12/2000, S. 828-832.

Schütt, Henrik (1996)
Financial Consulting - Finanzberatung für private Haushalte, Stuttgart.

Schwabe, Gerhard/Filk, Christian/Valerius, Marianne (2001)
Warum Kooperation neu erfinden? Zum Beitrag der CSCW-Forschung für das kollaborative E-Learning, in: Buhl, Hans Ulrich/Huther, Andreas/Reitwiesner, Bernd (Hrsg.), Information age economy, Heidelberg.

Schweitzer, Anja/Müller-Peters, Horst (2001)
Evolution der Marktsegmentierung, in: planung & analyse, H. 4/2001, S. 28-35.

Selten, Reinhard (1990)
Bounded Rationality, in: Journal of Institutional and Theoretical Economics, Jg. 146, S. 649-658.

Sestina, John E. (1992)
Fee-only financial planning, Chicago.

Severidt, Katrin (2000)
Die Anlageberatung - Eine Erklärung vor dem Hintergrund der Transaktionskostentheorie, in: Marketing ZFP, H. 1/2000, S. 43-53.

Seyfried, Manfred (1998)
Lebensphasenmodell - Kundenwertmanagement in erster Näherung, in: Betsch, Oskar/van Hooven, Eckart/Krupp, Georg (Hrsg.), Handbuch Privatkundengeschäft. Entwicklung - State of the art - Zukunftsperspektiven, Frankfurt am Main.

Shefrin, Hersh M./Thaler, Richard H. (1988)
The Behavioral Life-Cycle Hypothesis, in: Economic Inquiry, Jg. 26, S. 609-643.

Sieweck, Jörg (2001)
Cyber Finance - die Zukunft des Finanzdienstleistungsmarktes, in: Sparkasse, Jg. 118 Nr. 4, S. 167-175.

Simon, Herbert A. (1959)
Theories of Decision-Making in Economics and Behavioral Sciences, in: American Economic Review, Jg. 49, S. 253-283.

Simon, Hermann (1992)
Preismanagement: Analyse, Strategie, Umsetzung, 2. vollständig überarbeitete und erweiterte Aufl., Wiesbaden.

Spatafore, Anthony R. (1998)
Client Relationships should be the focus in the financial planners's changing world of compensation, in: Journal of Financial Planning, August 1998, S. 113-114.

SPIEGEL-Verlag (Hrsg.) (2000)
Soll und Haben 5, Hamburg.

Springeneer, Helga (2001)
Umgekehrte Insolvenzwelten? Die bevorstehenden Änderungen des U.S. Bankruptcy Code im Vergleich mit dem Gesetzentwurf zur Änderung der InsO, http://www.iff-hamburg.de [Stand: 05.08.2001].

Srinivas, Valaipuram K. (2000)
Individual Investors and Financial Advice, Ann Arbor.

Stark, Daniel (2001)
Selbstselektion, in: online-forschung.de - Gastartikel, http://www.online-forschung.de/index.htm [Stand: 09.03.2002].

Starr-McCluer, Martha (1999)
The Measurement of Consumer Expectations using Survey Data, Washington.

Statistisches Bundesamt (Hrsg.) (1993)
Wirtschaftsrechnungen - Einkommens und Verbrauchsstichprobe 1993, Fachserie 15 Heft 1, Wiesbaden.

Statistisches Bundesamt (Hrsg.) (2001a)
Statistisches Jahrbuch 2000, Stuttgart.

Statistisches Bundesamt (Hrsg.) (2001b)
Wirtschaftsrechnungen - Einkommens und Verbrauchsstichprobe 1998: Einkommensverteilung in Deutschland, Fachserie 15 Heft 6, Wiesbaden.

Statistisches Bundesamt (Hrsg.) (2001c)
Wirtschaftsrechnungen - Einkommens und Verbrauchsstichprobe 1998: Einnahmen und Ausgaben privater Haushalte, Fachserie 15 Heft 4, Wiesbaden.

Statistisches Bundesamt (Hrsg.) (2001d)
Wirtschaftsrechnungen - Einkommens und Verbrauchsstichprobe 1998: Geldvermögensbestände und Konsumentenkreditschulden privater Haushalte, Fachserie 15 Heft 2, Wiesbaden.

Steiner, Jürgen (1993)
Allfinanz-Konzepte von Banken, in: Handbuch Finanzdienstleistungen, Stuttgart, S. 559-572.

Steiner, Manfred et al. (Hrsg.) (1999)
Elektronische Dienstleistungswirtschaft und Financial Engineering, Tagungsband der 2. internationalen FAN-Tagung 1999, Münster.

Steiner, Manfred/Bruns, Christoph (1995)
Wertpapiermanagement, 4. Aufl., Stuttgart.

Steinig, Richard (1998)
Zielgruppenbildung im Spannungsfeld von Einzelkundenmanagement und Mengengeschäft, in: Betsch, Oskar/van Hooven, Eckart/Krupp, Georg (Hrsg.), Handbuch Privatkundengeschäft. Entwicklung - State of the art - Zukunftsperspektiven, Frankfurt am
Main.

Stern, Barbara B./Solomon, Michael R./Stinerock, Robert (1992)
Surrogate Money Managers in the 1990s: Marketing Strategy for Financial Service Retai-
lers, in: Service Industries Journal, Jg. 12 H. 1, S. 78-96.

Stojan, Michael (1998)
Die neuen Preismodelle - Einheitspreise oder Baukastenprinzip?, in: Betsch, Oskar/van
Hooven, Eckart/Krupp, Georg (Hrsg.), Handbuch Privatkundengeschäft. Entwicklung -
State of the art - Zukunftsperspektiven, Frankfurt am Main.

Stracke, Guido/Geitner, Dirk (1992)
Finanzdienstleistungen: Handbuch über den Markt und die Anbieter, Heidelberg.

Stracke, Guido/Thies, Sven (1986)
Finanzplanung: Methode, Märkte, Anbieter, in: Die Bank, H. 8/1986, S. 402-408.

Süßenberger, Wolfgang/Weidenhaupt, Ursula/Behnert, Beatrix (1996)
Strategische Vermögensplanung der NORD/LB, in: Betriebswirtschaftliche Blätter, H.
10/1996, S. 456-461.

Thaler, Richard H. (2000)
From Homo Economicus to Homo Sapiens, in: Journal of Economic Perspectives, Jg. 14
Nr. 1, S. 133-141.

Tilmes, Rolf (1996)
Vermögensstrukturberatung: Schlüsseldienstleistung für Wohlhabende, in: Die Bank, H.
10/1996, S. 598-600.

Tilmes, Rolf (2000a)
Financial Planning im Private Banking: Kundenorientierte Gestaltung einer Beratungsdienstleistung, Bad Soden/Ts.

Tilmes, Rolf (2000b)
Der ökonomische Nutzen des Financial Planning, in: Die Bank, H. 8/2000, S. 550-553.

Traynor, Jean B. (1999)
Total Life Planning: A New Frontier in Work-Life Benefits, in: Employee Benefits Journal, Dezember 1999.

Trenkle, Thomas (2001)
Retail Banking bei Privatbanken: "privat" als Markenzeichen, in: bank und markt, H.
3/2001, S. 22-24.

Trück, Klaus (2001)
Ausbildung für Financial Planning in der Sparkassen-Finanzgruppe, in: Sparkasse, Jg. 118 Nr. 9, S. 407.

U.S Securities and Exchange Commission (Hrsg.) (1987)
Investment Advisors Act of 1940, Release No. IA-1092 1987 SC Lexis 3487, October 8, 1987.

Unger, David L. (1985)
The Activity Approach to Personal Financial Planning, in: Journal of Accountancy, Jg. 159 Nr. 4, S. 94-103.

Unser, Matthias (1999)
Behavioral Finance am Aktienmarkt: Empirische Analyse zum Risikoverhalten individueller Anleger, Bad Soden /Ts.

Urban, Glen L./Sultan, Fareena/Qualls, William J. (2000)
Placing Trust at the Center of Your Internet Strategy, in: Sloan Management Review, Fall 2000, S. 39-48.

v.d. Schulenburg, J.M. (1984)
Zum Verhalten von Versicherungsnachfragern in der sozialen Marktwirtschaft, in: Zeitschrift für Versicherungswissenschaft, Bd. 73, S. 295-320.

van Eimeren, Birgit/Gerhard, Heinz/Frees, Beate (2001)
ARD/ZDF-Online-Studie 2001: Internetnutzung stark zweckgebunden, in: Media Perspektiven, H. 8/2001, S. 382-397.

Veil, Michael (2000)
Das Portal zur virtuellen Welt, in: Bank Magazin, H. 7/2000, S. 42-44.

Veil, Michael/Behr, Rainer/Ackert, Christoph (2001)
Service im Internet - Kundenbindung, in: Bank Magazin, H. 2/2001, S. 44-46.

Veit, Susanne (1998)
Außergerichtliche Verhandlungen im Verbraucherinsolvenzverfahren, in: Schuldenreport 1999: Kredite der privaten Haushalte in Deutschland, Baden-Baden, S. 41-46.

Verwilghen, Nicholas Stanislas (1997)
Kundensegmentierung, Risikodialog und Risikomanagement für gehobene Privatkunden: Eine Betrachtung aus finanzmarktökonomischer Sicht, Bern.

Vogel, Günter (2001)
Der Facharzt fürs Finanzielle: Vorteile und Nutzen für Verbraucher und Versicherungsvermittler, in: AssCompact, H. 4/2001, S. 108-109.

Vogt, Kersten (1999)
Verzerrungen in elektronischen Befragungen?, in: Batinic, Bernard/Gräf, Lorenz/Werner, Andreas/Bandilla, Wolfgang (Hrsg.), Online Research: Methoden, Anwendungen und Ergebnisse, Göttingen.

Vollenweider, Ralph U. (2000)
Viel mehr als Vorsorge- und Steuerplanung/ Financial Planning - Beratung auf höchstem
Niveau, in: Neue Zürcher Zeitung, vom 16.05.2000, S. 99.

von Maltzan, Bernd-Albrecht (1999)
Strategisches Vermögensmanagement - Herausforderung für ein modernes Private Ban-
king, in: Warth & Klein (Hrsg.), Professionelle Vermögensverwaltung. Finanzplanung -
Steuergestaltung - EDV-Lösungen, Stuttgart.

Walz, Hartmut (1991)
Unabhängiger Vertrieb von Finanz- und Vorsorgedienstleistungen für private Kunden in
der BRD - Eine Analyse unter dem Transaktionskostenaspekt, Mannheim.

Warth & Klein (Hrsg.) (1999)
Professionelle Vermögensverwaltung. Finanzplanung - Steuergestaltung - EDV-Lösungen, Stuttgart.

Weingarth, Wilhelm (1999)
Neues Denken im Vertrieb - Kundenbeziehungsmanagement, in: Bank Magazin, H.
9/1999, S. 10-14.

Weingarth, Wilhelm (2000)
Private Banking: Mobilität in der Vermögensberatung, in: Die Bank, H. 4/2000, S. 236-
240.

Weisgerber, Thomas (2000a)
Die zehn populärsten Irrtümer bei der Einführung der kapitalgedeckten privaten Altersvorsorge, in: Die Bank, H. 10/2000, S. 686-688.

Weisgerber, Thomas (2000b)
Möglichkeiten der Alterssicherung aus Sicht der privaten Banken, in: ZfgK, H. 7/2000, S.
347-349.

Welge Martin K. (1980)
Management in deutschen multinationalen Unternehmen: Ergebnisse einer empirischen
Untersuchung, Stuttgart.

Wiek, Ekkehard J. (1993)
Bausteine, Einsatzinstrumente und Vorgehensweisen einer strategischen Finanzberatung
privater Haushalte, Frankfurt am Main.

Will, Andreas (1995)
Die Erstellung von Allfinanzprodukten: Produktgestaltung und verteiltes Problemlösen,
Wiesbaden.

Wind, Yoram (1978)
Issues and advances in segmentation research, in: Journal of Marketing Research, Jg. 15,
S. 317-337.

Wirtz, Bernd W./Lihotzky, Nikolai (2001)
Internetökonomie, Kundenbindung und Portalstrategien, in: DBW, Jg. 61 Nr. 3, S. 285-305.

Wiswede, Günter (1973)
Motivation und Verbraucherverhalten, 2. Aufl., München.

Wöhe, Günter (1993)
Einführung in die allgemeine Betriebswirtschaftslehre, 18. überarbeitete und erweiterte Aufl., München.

Wolfensberger, Daniel (2001)
Financial Planning - Erhöhung der Kundenbindung und Steigerung des Vertriebserfolgs, in: Trendmonitor - I VW HSG, H. 3/2001, S. 11-16.

Wolfersberger, Peter (2000)
Individualisierung von Finanzdienstleistungen - die optimale Disagiovariante eines Festdarlehens, in: Universität Augsburg, Lehrstuhl für Betriebswirtschaftslehre mit Schwerpunkt Wirtschaftsinformatik, Diskussionspapier WI-84, http://www.wiwi.uni-augsburg.de/bwl/bwl_wi/forschung/papers/ [Stand: 14.02.2002].

Wollnik, Michael (1977)
Die explorative Verwendung systematischen Erfahrungswissens, Plädoyer für einen aufgeklärten Empirismus in der Betriebswirtschaftslehre, in: Köhler, Richard (Hrsg.), Empirische und handlungstheoretische Forschungskonzeptionen in der Betriebswirtschaftslehre, Stuttgart.

Zarnekow, Rüdiger (1998)
Aktuelle Anwendungsfelder und Entwicklungsrichtungen intelligenter Softwareagenten am Beispiel agentenbasierter elektronischer Marktplätze, in: Burkhardt, Thomas/Lohmann, Karl (Hrsg.), Banking und Electronic-Commerce im Internet, Berlin.

Zimmermann, Matthias/Gadeib, Andrea/Lürken, Alexander (2001)
Marktforschung Online - Schöne neue Welt?, in: planung & analyse, H. 2/2001, S. 38-43.

Zunk, Dieter (2000)
Die Finanzplanung als Frühwarnsystem für Unternehmen, in: Finanz Betrieb, H. 9/2000, S. 557-562.

AUS DER REIHE Gabler Edition Wissenschaft

„Schriften zum europäischen Management"
Herausgeber: Roland Berger Strategy Consultants –
Academic Network

Jörg Löffler
Entwicklung von globalen Konzernstrategien
Modell, Konzepte und Methoden
2000. XXIV, 353 S., 53 Abb., 53 Tab., Br. € 59,00, ISBN 3-8244-7289-9

Zhen Huang
Transformation staatlicher Industriebetriebe in China
Eine organisationstheoretische und fallstudienbasierte Analyse
2001. XXII, 264 S., 36 Abb., 29 Tab., Br. € 49,00, ISBN 3-8244-7332-1

Bernd Hümmer
Strategisches Management von Kernkompetenzen im Hyperwettbewerb
Operationalisierung kernkompetenzorientierten Managements für dynamische
Umfeldbedingungen
2001. XXII, 375 S., 31 Abb., Br. € 59,00, ISBN 3-8244-7444-1

Sven Winkler
After-Sales-Feedback mit Kundenkonferenzen
Methodische Grundlagen und praktische Anwendung
2001. XX, 314 S., 53 Abb., Br. € 59,00, ISBN 3-8244-7411-5

Julian zu Putlitz
Internationalisierung europäischer Banken
Motive, Determinanten, Entwicklungsmuster und Erfolg
2001. XX, 245 S., 50 Abb., Br. € 49,00, ISBN 3-8244-7457-3

Alexander Ilgen
Wissensmanagement im Großanlagenbau
Ganzheitlicher Ansatz und empirische Prüfung
2001. XVI, 273 S., 92 Abb., Br. € 49,00, ISBN 3-8244-7489-1

John-Christian Lührs
Strategische Unternehmensführung bei hoher Marktturbulenz
Entwicklung eines Systematisierungsmodells am Beispiel von Netzwerkbranchen
2001. XVIII, 292 S., 41 Abb., Br. € 59,00, ISBN 3-8244-7507-3

Birgit Kuhles
Interkulturelles Management westlicher Banken in Südostasien
Analyse und Konzept am Beispiel von Singapur, Malaysia und Vietnam
2002. XXXII, 532 S., 53 Abb., 39 Tab., Br. € 69,00, ISBN 3-8244-7568-5

(Weitere Titel dieser Reihe finden Sie auf der folgenden Seite.)

(Fortsetzung)

Katrin Vernau
Effektive politisch-administrative Steuerung in Stadtverwaltungen
Möglichkeiten und Grenzen einer Reform
2002. XXII, 359 S., 70 Abb., Br. € 54,90, ISBN 3-8244-7606-1

Mandy Krafczyk
Quality Added Value
Wertorientiertes Qualitätscontrolling im Firmenkundengeschäft der Banken
2002. XXVII, 430 S., Br. € 59,90, ISBN 3-8244-7712-2

Yves Meinhardt
Veränderung von Geschäftsmodellen in dynamischen Industrien
Fallstudien aus der Biotech-/Pharmaindustrie und bei Business-to-Consumer-Portalen
2002. XVI, 400 S., 40 Abb., Br. € 59,90, ISBN 3-8244-7764-5

Nicolás Ebhardt
Privatbankiers im Elektronischen Markt
Herausforderungen und Strategien
2003. XXI, 255 S., 53 Abb., 19 Tab., Br. € 49,90, ISBN 3-8244-7746-7

Ulrich H. Krause
Zielvereinbarungen und leistungsorientierte Vergütung
Gestaltungsmöglichkeiten und Restriktionen im Tarifbereich
2003. XXVIII, 411 S., 82 Abb., 8 Tab., Br. € 59,90, ISBN 3-8244-7819-6

Gregor Tjaden
Erfolgsfaktoren Virtueller Unternehmen
Eine theoretische und empirische Untersuchung
2003. XIX, 279 S., 60 Abb., 49 Tab., Br. € 49,90, ISBN 3-8244-7802-1

Vatchagan Vartanian
Innovationsleistung und Unternehmenswert
Empirische Analyse wachstumsorientierter Kapitalmärkte
2003. XXIV, 269 S., 42 Abb., 79 Tab., Br. € 49,90, ISBN 3-8244-7810-2

Bernd Hochberger
Financial Planning
Eine Finanzdienstleistung für private Haushalte des Retail-Segmentes
2003. XXII, 338 S., 76 Abb., 31 Tab., Br. € 54,90, ISBN 3-8244-7908-7

www.duv.de

Änderung vorbehalten.
Stand: Juni 2003.

Deutscher Universitäts-Verlag
Abraham-Lincoln-Str. 46
65189 Wiesbaden